한국직업능력연구원 제2016-004415호 자격
검정주최 : (사)한국커피바리스타협회

커피바리스타
자격시험대비

COFEE BARISTA

커피바리스타
이론서

NCS
기반

국가직무능력표준(NCS) 바리스타 능력단위에 기반한 자격취득 대비

최종대, 김영아, 임은정, 곽봉준 공저

도서
출판 한수북스

머리말

-개정증보판에 부쳐-

우리나라 커피 산업 규모는 2006년 약 3조원대였던 것이 2017년 10조원을 첫 돌파하고, 2021년에 13조원이 넘을 것으로 예상하고 있다. 이는 세계에서 미국과 중국에 이어 3위에 해당하는 규모로서 커피류 수입량도 2020년 한해 기준 17만 6천톤, 수입금액은 7억 3천 8백만 달러(한화 약 8천 2백억원)에 이르러 가히 「커피 공화국」으로 부르는 것이 어색하지 않은 수치이다.

외형적으로 커피 산업의 규모가 확대되어 간다는 사실은 내적으로 해당 분야의 종사자가 증가한다는 것이다. 사이즈가 커짐에 따라 이 산업의 가공, 교육, 기구, 부자재, 인테리어 산업 전반에 커다란 변화가 일어나고 있다. 커피 직종에도 여러 가지가 있겠지만 그중에서도 고객을 직접 응대하고 커피음료를 서비스하는 바리스타 직종은 초반에 소수 사람들의 전유물처럼 여겨 오다 오늘날 청소년에서부터 중장년, 노년층에 이르기까지 선호되고 있으며 특히 노년층, 장애인 등의 취약계층이 당당히 사회로 진출할 수 있는 훌륭한 창구 역할을 해내고 있다.

이에 발맞춰 정부도 국가직무능력표준(NCS)에 바리스타 직종을 포함시켜 능력단위를 설정하였고, 바리스타 교육을 원하는 국민들에게 국비지원 프로그램을 활용할 수 있도록 함으로서 저변을 확대 하였다.

NCS란 개인이 자신의 업무를 성공적으로 수행하기 위해 요구되는 직무능력(지식, 기술, 태도 등)을 과학적이고 체계적으로 도출하여 표준화한 것으로서 (사)한국커피 바리스타협회(KcBA)가 시행하는 '커피바리스타 자격(등록번호 제2016-004415호)'의 검정체계는 이러한 NCS가 요구하는 능력단위별 요소에 가장 걸맞게 이루어져 있다.

도서출판 한수에서는 (사)한국커피바리스타협회의 검정체계에 따라 NCS의 능력단위 요소를 최대한 반영하여 이론서와 문제집을 편찬하였고, 커피바리스타 자격취득에 도전하는 많은 분들에게 충분한 안내서가 될 수 있도록 꾸몄다.

또한 이번 개정에는 지금까지 발전해 온 커피기술과 커피머신 분야에도 좀 더 자세한 내용을 수록하였고, 자격시험 응시에 필요한 이론적 지식에 더하여 바리스타가 된 이후 현장에서도 도움이 될 수 있는 내용들을 추가하였다.

그리고 수험생들의 편리성을 고려하여 이론서, 2급 문제집, 1급 문제집으로 분권하여 출간하였다.

끝으로 커피바리스타 자격취득에 걸맞게 설계된 이론서와 문제집이 교수, 강사 및 수험생들에게 실제적 도움이 되길 진심으로 바라며, 마지막으로 2014년 2월 초판이 나온 이래 개정증보판이 출간될 수 있도록 힘써주신 관계자 여러분들에게 심심한 감사를 표한다.

저자 일동

Contents

자격 요강

커피바리스타 1급, 2급

 **자격소개**

　노동부와 한국산업인력관리공단이 개발하고 있는 국가직무능력표준(NCS)에 따라 산업현장이 필요로 하는 직무능력에 근거하여 객관적인 자격 기준을 권위있는 심사위원의 평가로 인정받은 자격.

자격정보

- 자 격 명 : 커피바리스타 1급, 2급
- 자격의 종류 : 등록 민간자격
- 등 록 번 호 : 제2016-004415호
- 자격발급기관 : (사)한국커피바리스타협회

검정과정

STEP 01 약관 동의　STEP 02 필기 접수　STEP 03 필기 검정　STEP 04 실기 접수 (필기합격자)　STEP 05 실기 검정　STEP 06 자격증 취득

* 1급의 경우 신규 회원가입, 커피관련 경력자 및 타 자격 취득자는 본원 인증 필수입니다.
　단 본원 커피바리스타 2급 자격 취득자는 인증없이 접수 가능합니다.

응시자격

〈1급〉

1. 커피관련 학과(또는 전공) 3학기(재학) 이상인 자.
　단, 관련학과란 식품, 호텔, 관광, 외식, 제과제빵, 식음료서비스 등을 말함.
2. 커피관련 교육기관 또는 산업체 실무경력 18개월 이상인 자.
3. 등급이 없는 커피바리스타, 바리스타, 홈바리스타 등 커피분야 자격 소지자.
4. 등급이 있는 커피바리스타, 바리스타 2급 등 커피분야 자격 소지자
　단, 위 사항은 자격기본법에 의거 등록된 자격임을 요함.

〈2급〉

1. 대한민국 국민이면 누구나 응시가능 학력, 경력, 연령 제한 없음.

2. 외국인도 응시가 가능하며, 단 통역은 본인 해결.

3. 장애인 필기시험 면제 신청 방법.

 – 필기 응시가 어려운 장애우분들은 소정기간의 교육을 이수하면 필기면제 가능합니다.

 ※ 단, 장애인 할인율 적용과 필기면제는 중복 적용되지 않습니다.

 – 서류 : 장애인교육기관의 신고필증, 장애인복지카드, 관련교육의 출석부(108시간 이상의 교육이수 확인)

 ※ 접수기간 내에 제출 시에만 적용 가능합니다.

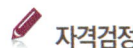 **자격검정**

〈1급〉

구분	검정과목	검정방법			합격기준	응시료
필기	- 커피학 일반 - 커피머신관리학 - 커피추출 일반 - 핸드드립과 라떼아트 이론 - 커피매장관리 및 창업	- 시간 60분, 60문항 출제 - 객관식 5지선다형			100점 만점 기준, 60점 이상	4만원
실기	- 핸드드립 2잔 - 라떼아트/메뉴조리 총 4잔 [카푸치노(하트), 카푸치노(나뭇잎), 카페마끼아또, 라떼마끼아또]	핸드드립 2잔			100점 만점 (핸드드립 40점, 라떼아트/메뉴조리 60점) 기준, 60점 이상 합격	6만원
		준비	조리	정리		
		3분	5분	2분		
		라떼아트2잔/메뉴조리2잔				
		준비	조리	정리		
		3분	6분	2분		

〈2급〉

구분	검정과목	검정방법			합격기준	응시료
필기	- 커피학 개론 - 커피기계학 - 커피추출원론 - 매장관리서비스	- 시간 50분, 50문항 출제 - 객관식 4지선다형			100점 만점 기준, 60점 이상	3만원
실기	- 에스프레소 1잔 - 카푸치노 1잔 - 카페 아메리카노 1잔 - 카페 라떼 1잔	총25분			100점 만점 기준, 60점 이상 합격	5만원
		준비	조리	정리		
		10분	10분	5분		

실기 심사과정

실기검정 : 필기 검정에 합격한 자에 한하여 응시할 수 있다.

응시자 유의사항

1. 실기검정 당일 오전응시자는 9시(오후응시자 13시30분)까지 도착하여 당일 부여번호를 추첨하여 순번을 배정받아야 한다.

2. 실기검정 당일 9시 30분(14시) 이후 도착하는 경우 실기검정에 응시할 수 없다.
   단, 실기검정 시작시간(오전응시자 9시 30분, 오후응시자 14시) 이전 도착의 경우 배정된 부여번호의 마지막 이후 번호를 배정받고 응시할 수 있다.

3. 실기검정 응시자는 신분증과 수검표, 행주를 본인이 준비하는 것을 원칙으로 한다.
   단, 수검표를 지참하지 못한 경우 검정장에서 준비된 예비 수검표를 받아서 사용할 수 있다.

4. 실기검정 응시자가 접수한 검정 일자 또는 검정장을 변경하는 경우.
   한국커피바리스타협회 홈페이지로 본인이 직접 변경 신청하여야 하며, 평가원은 환불 규정에 의거 처리한다.

5. 응시자가 검정장에서 소란을 피우거나 불미스러운 행동을 하는 경우 1차로 경고가 주어지며, 2차로 불합격 처리된다.

6. 응시자는 실기검정 진행과정에서 커피기계 또는 커피 그라인더 등을 파손시키는 경우. 장비사용 미숙으로 불합격 처리되며, 장비수리에 발생되는 실비를 본인이 배상하여야 한다.

7. 실기검정 채점표는 비공개를 원칙으로 한다.

원서접수 방법

인터넷 접수.

합격자 조회 및 자격증 수령 방법

- 필기 : 당일 오후 14시 이후 인터넷을 통해 확인할 수 있습니다.

- 실기 : 검정일 이후 한주 지난 돌아오는 월요일 14시 전후에 확인 바랍니다.

- 자격증 수령 : 합격자 조회 시 최종 합격자에 한해서만 자격증 신청이 가능합니다.

🖊 자격소개
2013~2020년까지 8년간 428명 배출, 평균 최종합격률 22%, 커피분야 최고권위 전문가 자격.

🖊 자격정보
- 자격명 : 커피마스터
- 자격의 종류 : 등록 민간자격
- 등록번호 : 제2016-004429호
- 자격발급기관 : (사)한국커피바리스타협회

🖊 검정과정

1. 신규 회원가입, 커피관련 경력자 및 타 자격 취득자는 본원 인증 필수입니다.
2. 본원 커피바리스타 1급 자격 취득자는 취득 후 6개월 이상인 경우 인증없이 접수 가능합니다.

🖊 응시자격
1. 4년제 대학관련학과 졸업 후 실무경력 6월 이상인 자.
2. 2~3년제 전문대학 관련학과 졸업 후 실무경력 1년 이상인 자.
3. 직업전문학교 관련학과 졸업 후 실무경력 2년 이상인 자.

   단, 관련학과란 식품, 호텔, 관광, 외식, 제과제빵, 식음료서비스 등을 말함.
4. 커피관련 교육기관 또는 산업체 실무경력 3년 이상인 자.
5. 등급이 없거나 커피바리스타 2급 수준의 커피분야 등록 민간자격 취득 후 2년 이상인 자.
6. 커피바리스타 1급, 바리스타 1급 등 커피바리스타 1급 수준의 등록 민간자격을 취득한 자.

   기타 위의 사항과 동등한 자격이 있다고 (사)한국커피바리스타협회가 인정하는 자.

Coffee Baristar ● ● ●

🖊 자격검정

구분	검정과목	검정방법			합격기준	응시료
필기	- 커피학개론 - 커피기계론 - 커피추출론 - 커피음료제조 - 커피매장경영관리	- 시간 80분, 80문항 출제 - 객관식 5지선다형			100점 만점 기준, 70점 이상	5만원
실기	1단계: - 생두선택, 로스팅한 원두와 프로파일 (로스트 로그) 제출 - 로스팅에 기초하여 본인이 추구하는 맛과 향 프레젠테이션 실시 - 제시한 맛과 향을 핸드드립 또는 싸이폰으로 2잔 추출로 표현 (두 가지 방법 중 시험 당일 무작위 선택된 방법에 따라 추출해야 함) 2단계: 라떼아트 - [거품있는 카푸치노(하트, 로제타) 2잔 - [플랫 화이트(2단 튤립, 3단 튤립)] 각 1잔 3단계: - 분쇄도 조정(그라인더 셋팅) - 아이스 샤케라또(쉐이커 사용) 1잔 - 카페 콘판나(휘핑기 사용) 1잔 - 카라멜마끼아또(드리즐 포함) 1잔	**1단계**			1단계 60점 2단계 70점 3단계 70점 합산 200점 만점, 100점 만점 환산 70점 이상	8만원
		준비	조리	정리		
		3분	5분	2분		
		2단계				
		준비	조리	정리		
		3분	5분	2분		
		3단계				
		준비	조리	정리		
		5분	6분	2분		

🖊 OMR 답안지 작성 방법.

1. 수검번호, 생년월일, 답안 마킹은 반드시 컴퓨터용 사인펜을 사용합니다.

2. 본인의 응시종목, 문제유형을 정확히 표기합니다. (오기 시 불합격 처리될 수 있습니다.)

3. 컴퓨터용 사인펜 표기는 ● 같이 하십시오.

   (답안 작성 오류로 인한 감점에 대한 책임은 응시자 본인에게 있음을 알려드립니다.)

4. 답안지는 구겨지지 않도록 하며 상단 양쪽의 엔커 마크(■)를 훼손해서는 안됩니다.

🖊 시험진행 방법.

1. 커피마스터 필기시험 시간은 80분입니다.

2. 시험시간 종료 후 절대 답안지 마킹 및 작성이 불가합니다.

3. 답안지 제출 시 OMR 답안지 감독관 확인란에 서명 날인을 받았는지 확인합니다.

4. 응시자는 검정 시 휴대폰 및 MP3, 전자사전 등을 지참할 수 없습니다. (적발 시 강제 퇴실 조치)

5. 응시자는 부정행위시 당해 검정이 무효가 됨은 물론 향후 3년 간 응시 자격이 제한됩니다.

6. 검정실 질서 유지를 위하여 검정에 방해되는 행위에 대해서는 강제 퇴실이 가능하며, 해당 시험은 무효 처리됩니다.

7. 실기검정 당일 오전응시자는 9시까지 도착하여 당일 부여번호를 추첨하여 순번을 배정받아야 한다.

8. 실기검정 당일 9시 30분 이후 도착하는 경우 실기검정에 응시할 수 없다.

   단, 실기검정 시작시간(오전응시자 9시 30분) 이전 도착의 경우 배정된 부여번호의 마지막 이후 번호를 배정받고 응시할 수 있다.

9. 실기검정 응시자는 신분증과 수검표, 행주를 본인이 준비하는 것을 원칙으로 한다.

   단, 수검표를 지참하지 못한 경우 검정장에서 준비된 예비 수검표를 받아서 사용할 수 있다.

10. 실기 검정 응시자가 접수한 검정일자 또는 검정장을 변경하고자 하는 경우. 한국커피바리스타협회 문의답변을 통해 신청하여야 한다. 단, 원서접수 기간안에서만 변경이 가능하며 원서접수가 마감된 이후부터는 변경이 불가능하다. 또한 이로인해 응시하지 않는 경우 결시처리 된다.

11. 응시자가 검정장에서 소란을 피우거나 불미스러운 행동을 하는 경우 1차로 경고가 주어지며, 2차로 불합격 처리된다.

12. 응시자는 실기검정 진행과정에서 커피기계 또는 커피 그라인더 등을 파손시키는 경우. 장비사용 미숙으로 불합격 처리되며, 장비수리에 발생되는 실비를 본인이 배상하여야 한다.

13. 실기검정 채점표는 비공개를 원칙으로 한다.

🖊 원서접수 방법

인터넷 접수.

🖊 합격자 조회 및 자격증 수령 방법

– 합격자 조회 : 검정일 기준 마지막주 필기(월요일), 실기(금요일) 각 오전 10시 전후에 확인하세요.

– 자격증 수령 : 합격자 조회시 최종 합격자에 한해서만 자격증 신청이 가능합니다.

인터넷 ON-LINE 필기검정 응시방법 안내

■ 시행날짜: 매월(2회) 둘째 주, 넷째 주 토요일

■ 시험 시작 및 발표 시간

구분	시험시작	시험종료	합격자 발표
커피바리스타 2급		10:50	
커피바리스타 1급	10:00	11:00	시험 당일 14:00
통합 필기		11:20	

■ 인터넷 시험은 매킨토시, 아이폰 등도 호환 가능

■ 응시자는 장소에 구애받지 않고 PC나 모바일을 이용하여 응시 가능

■ 응시자는 처음 사용된 PC 또는 모바일로만 응시 가능(여러 대의 PC, 모바일로 동시 접속 불가)

I. 컴퓨터(PC), 모바일에 의한 방법

■ 한국커피바리스타협회 홈페이지(HTTP://WWW.EKCBA.OR.KR/)에 접속한다.

■ 메뉴에서 "커피작격검정①"으로 들어간다.

■ 메뉴에서 "인터넷 필기 검정②"으로 들어간다.

 STEP 1

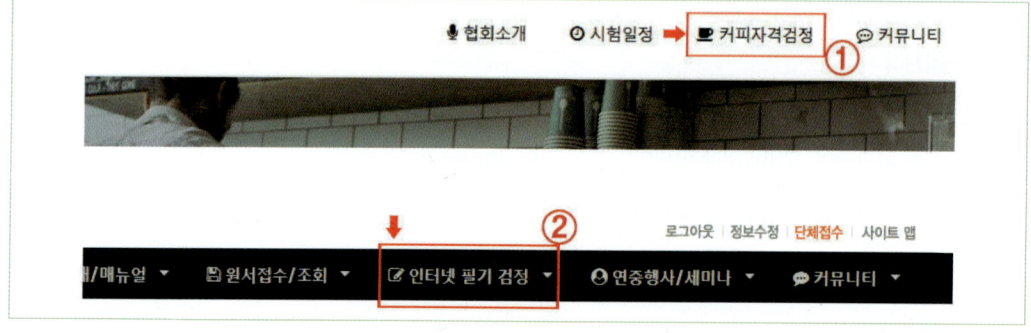

 STEP 2

■ 응시자 개인정보를 입력 후 확인을 누른다.

– 이름: 반드시 응시자 본인 이름 기입

– 생년월일: 1989년 1월 1일 생인 경우 –〉 890101

– 전화번호: 원서접수 당시 입력했던 전화번호를 입력해야 함

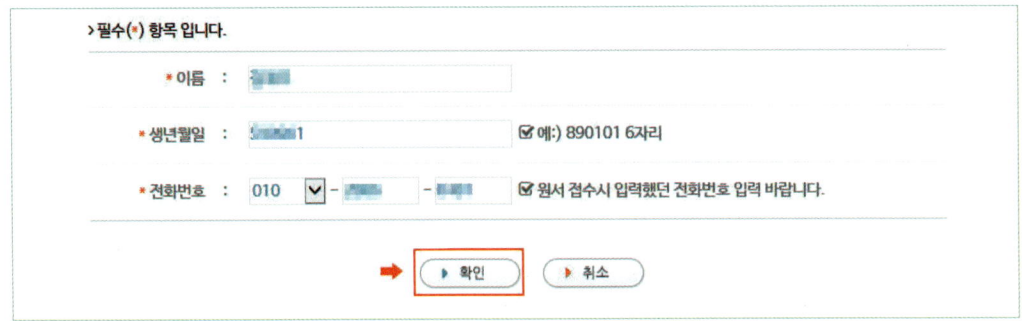

※ 필기 원서접수 당시 응시료를 납입했다면 수험번호가 자동 생성됩니다.

　만약 원서접수 마감일까지 응시료 미납 등의 사유로 수험번호가 생성되지 않은 경우 시험 당일 위 응시자 정보를 입력하더라도 '정보 없음'이 표시되며 시험을 치를 수 없습니다.

※ 응시자는 10:00 이전이면 언제라도 입장하여 응시자 개인정보를 입력한 후 대기할 수 있습니다.

※ 응시자는 서두르지 말고 시험 시작 10:00 이전에 미리 응시자 개인정보까지를 입력한 후 대기할 것을 권장합니다.

STEP 3

– 필기 검정일 오전 10:00에 '검정 시작'을 누르고 시험을 시작합니다.

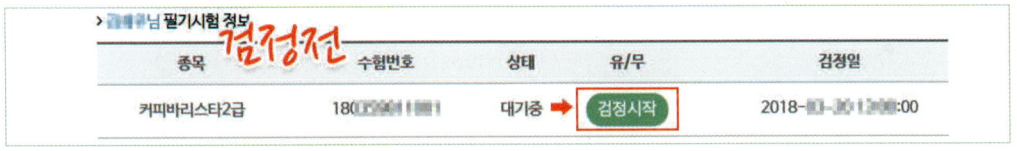

※ 10:00 이전에는 검정이 시작되지 않습니다.

※ 10:00 정각에 맞춰 '검정시작'이라는 버튼이 컬러로 바뀌면서 활성화 됩니다.

　이때 응시자는 컬러로 바뀐 버튼을 누르고 시험을 시작하면 됩니다.

※ 만약 10:00시 '검정시작' 버튼이 활성화 되지 않는 경우

　키보드의 'F5'(휴대폰의 경우"표시)를 누르면 새로 고침 되어 버튼이 활성화 됩니다.

※ 시험이 시작되면 디지털시계가 표시되어 남은 시간을 알려 줍니다.

　– 문제지 확인 후 답안지에 답을 체크합니다.

✏️ STEP 4

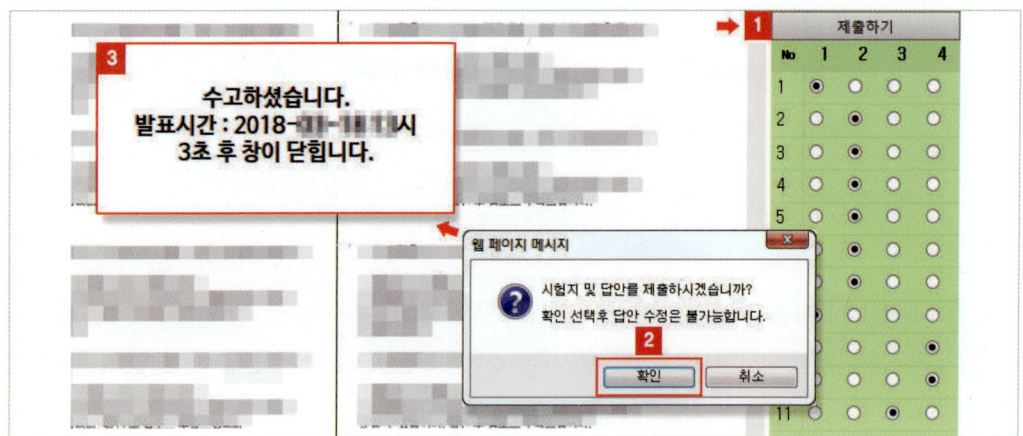

※ 왼쪽에 문제를 읽고 오른쪽 답안지에 답안을 체크합니다.

　　답을 잘못 입력했을 경우 곧바로 정답이라 생각하는 번호를 클릭하면 수정됩니다.

※ 시험 도중 오류나 버그가 발생하여 다운 등이 발생되는 경우,

　　당황하지 말고 다시 시험 절차를 진행하여 '이어하기'를 클릭하면 시험을 계속 진행할 수 있습니다.

※ '이어하기'는 시험 시간 지각없이 정상적으로 입장한 응시자에 한하여 가능합니다.

종목	수험번호	상태	유/무	검정일
커피바리스타2급	18◯◯◯◯◯◯	대기중 ➡	이어하기	2018-◯◯-◯◯◯◯◯◯

　　'이어하기'를 통해 시험을 다시 진행하는 경우 사고 발생 전 체크한 답안까지는 자동 저장되어 다음 문제부터

　　진행됩니다. (예, 8번 문제 답안 체크 후 문제가 발생해 '이어하기'로 진행할 경우 9번 문제부터 진행가능)

※ 답안 체크를 마친 경우, '제출하기'를 누릅니다.

※ 제출하기를 누르면 시험지와 답안지 제출 여부를 묻는 창이 뜨는데,

　　여기서 '확인'을 누른 경우 답안 수정이 불가능함으로 유의하셔야 합니다. (취소를 누르면 답안 수정 가능)

※ 정해진 시험 시간 전이라도 시험지와 답안지를 제출하고 마칠 수 있습니다. 제출이 완료된 경우 재차 입장할

　　수 없습니다.

※ 공공장소(PC방, 사무실 등)의 PC를 사용하는 경우 반드시 제출 후 로그아웃을 해야 합니다.

　　가정과 공공장소 모두 제출 후 로그아웃 할 것을 권장합니다.

※ 시험 시간내에 시험지와 답안지를 제출하지 못한 경우, 시험 종료시간에 맞춰 시험은 강제 종료되며 종료

　　시점까지 체크된 답안만으로 점수가 계산됩니다.

– 문제지와 답안지 제출하면 창이 닫히며, 합격자 발표 날짜와 시간이 공지됩니다.

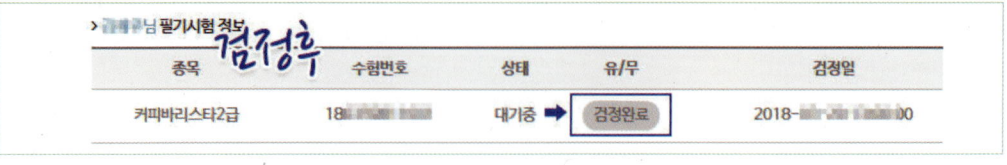

STEP 4

검정 완료 합격자 발표일 확인

※ 시험지와 답안지를 제출하면 창이 닫히면서 '검정 완료'로 메뉴가 바뀝니다.

※ 합격 여부는 통상 시험 당일 14:00 (오후 2시)에 확인할 수 있습니다.

Ⅱ. 온라인 검정 시 응시자 주의 사항

– 위에서 시간이라 함은 한국표준시간을 기준으로 하며, 개인 사정에 따른 시간은 인정하지 않습니다.

– 개인 PC나 모바일 자체 시스템 문제(버그, 바이러스 감염 등)에 의한 검정 불이익은 책임지지 않습니다.

– PC나 모바일 등 기계조작 미숙으로 인한 검정 불이익은 책임지지 않습니다.

– 위 내용 외에 환불규정, 지각 응시생 불합격 처리, 부정행위자 처리 등등은 기존 필기시험 운영규정을 그대로
  적용합니다.

– 시험지 및 답안지 특정부분이 보이지 않는 경우. 우선 진행중인 시험지/답안지 창을 닫은 후 아래 참조 바랍니다.
  (다시 시험 진행은 이어하기를 하면 됩니다.)

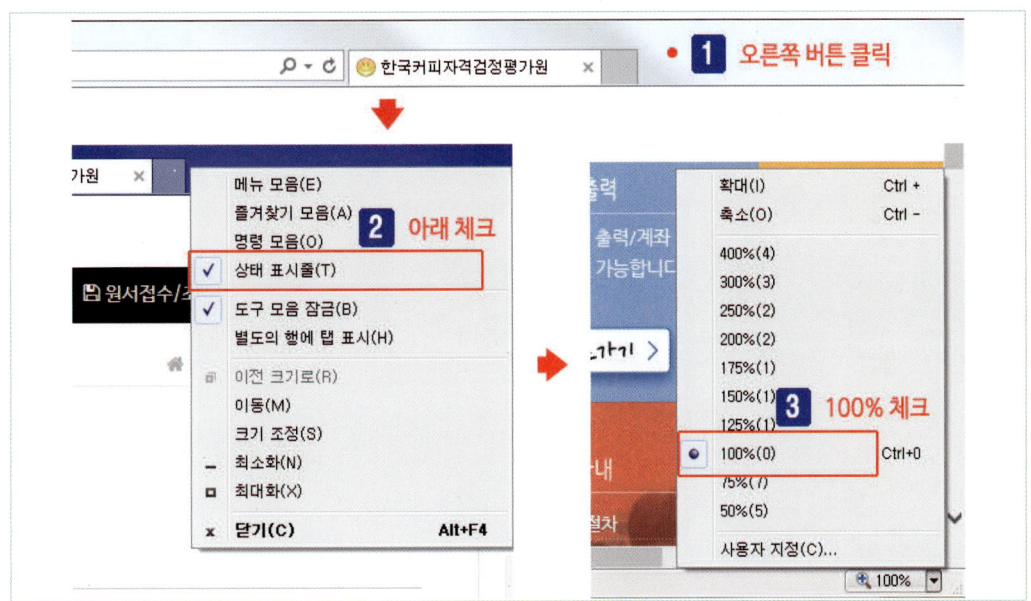

상세 내용을 원하시는 경우 홈페이지 (www. caea.or.kr) 공지사항에 있는 2급/1급 온라인(on-line) 필기시험에
따른 안내 말씀을 다운 받으시면 됩니다.

Coffee Baristar

제1편

커피학 개론

 제1장 **커피의 역사**

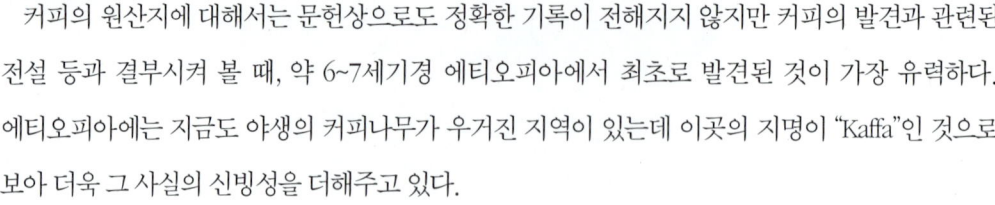

1절 커피의 유래

　　커피의 원산지에 대해서는 문헌상으로도 정확한 기록이 전해지지 않지만 커피의 발견과 관련된 전설 등과 결부시켜 볼 때, 약 6~7세기경 에티오피아에서 최초로 발견된 것이 가장 유력하다. 에티오피아에는 지금도 야생의 커피나무가 우거진 지역이 있는데 이곳의 지명이 "Kaffa"인 것으로 보아 더욱 그 사실의 신빙성을 더해주고 있다.

　　이 "Kaffa"라는 말은 "힘"을 뜻하는데, 일설에 의하면 아비시니아(Abyssinia: 에티오피아의 옛 이름)를 여행하던 아라비아인이 커피를 발견하고 그 나무에 대한 감사의 뜻으로 아라비아어인 "Kaffa"라는 이름을 지어주었다고 한다. 이것이 다시 아라비아로 건너가서 "카와(Qahwa)"로, 터키에서는 "카베(Kahve)"로 변하였으며, 그 후 영국에 커피가 전해진 10여 년 뒤인 1650년경 헨리 블런트경(Sir H, Blount)이 처음으로 "Coffee"라는 말을 사용하여 오늘에 이르게 되었다는 것이다.

　　카와(Qahwa)라는 단어를 잘못 해석하는 바람에 커피의 기원에 대한 시점을 잡는데 여러 가지 문제가 발생했다. 아랍의 문헌에서 술(Wine)이란 단어와 혼동되어 사용되었기 때문에 학자들은 커피의 기원이 실제보다 오래된 것으로 잘못 추측하기도 했다. 다른 아랍어 쿠와(Quwwa)에서 비롯되었다는 오해도 있다. 그 단어는 힘 또는 강함이라는 뜻인데, 이것은 기운을 돋우는 커피의 효과를 연상시킴으로 커피의 어원으로 여겨지기도 한다. 그밖에도 커피가 처음 발견된 에티오피아 지명 카파(Kaffa)에서 유래했다는 설, 커피나무를 처음으로 이용했던 에티오피아 여인의 이름에서 따왔다는 설 등 여러 가지 주장이 있다.

커피의 기원을 찾아 나서면 대륙과 역사를 뛰어넘어 거의 수천 년을 거슬러 올라가게 된다. 어떻게 그 빨갛고 달콤한 열매가 세계에서 가장 널리 소비되고 각광받는 음료의 원료가 될 수 있었을지 분명한 기록이나 고고학적 증거가 거의 없기 때문에 커피의 기원과 전래에 대한 이야기는 사실과 허구가 얽혀 재미있는 이야기로만 전해지고 있다. 16세기 이전의 커피의 역사에 대해서는 여러 가지 설이 있으나 뒷받침할 만한 확실한 문헌이 없어 알려져 있는 몇 가지 설을 말하고자 한다.

1. 칼디의 전설

월리엄 우커스(William Ukers)의 저서 「올 어바웃 커피(All about coffee)」에 수록된 커피의 발견에 얽힌 전설이다. 아주 오랜 옛날(7세기경으로 추정) 아프리카의 에티오피아에 양치기 소년 칼디(kaldi)가 살고 있었다. 어느 날 칼디는 자기가 기르고 있는 염소들이 흥분하여 이리저리 뛰어다니더니 그날 밤 잠을 자지 못하는 것을 발견하였다. 그동안 얌전했던 염소들이 갑자기 흥분한 모습을 지켜본 칼디는 그 뒤로 염소들의 행동을 주의 깊게 관찰하기 시작했다. 그 결과 염소들이 주변에 있는 어떤 나무의 빨간 열매를 먹었을 때 이러한 행동을 한다는 것을 알게 되었고 그 열매를 먹어본 칼디는 자신도 신기하게 기분이 상쾌해 지는 것을 느낄 수 있었다. 칼디는 곧바로 이러한 사실을 가까운 이슬람 사원의 승려에게 알렸고 이에 승려는 여러 가지 실험을 거쳐서 그 빨간 열매에 잠을 쫓는 효과가 있음을 발견하였다. 이 사실이 알려진 뒤로 커피는 여러 사원으로 퍼져 나가게 되었다.

2. 오마르의 발견설

칼디의 전설과는 달리 아라비아의 이슬람교 승려인 셰이크 오마르(Sheik Omar)가 커피를 처음 마신 뒤 전파되었다는 오마르의 발견설이 있다. 이 설에 따르면 1258년 아라비아의 승려 셰이크 오마르(Sheik Omar)가 문책을 당해 아라비아의 오우삽(Ousab)으로 추방당한 뒤 배고픔에 못 이겨 산 속을 이리저리 헤매고 다니다가 우연히 한 마리의 새가 빨간 열매를 쪼아 먹는 모습을 보고 그 역시 열매를 따먹었다는 것이다. 여기서 오마르는 이 열매가 피로를 풀고 심신에 활력을 되살아나게 한다는 사실을 알아내었다. 이 빨간 열매가 바로 커피 열매였던 것이다. 그 뒤로부터 그는 그 열매를 이용하여 많은 환자들을 구제하는 데 성공하고 결국 그동안의 죄가 풀려서 성자로서도 존경받게 되었다고 전해진다.

2절 커피의 전파 및 발달

1. 커피의 문헌기록

커피에 관한 역사적 근거를 따져보면 에티오피아 원산의 커피나무 열매는 본 고장에서는 음료보다는 곡류나 두류와 같이 분쇄하여 식량으로 사용하면서부터 점차적으로 커피나무가 아라비아 각 지방으로 분포되어 재배되어졌다고 한다.

11세기초 아라비아의 라제스(A, B, Lazes)와 아비세나(Avicenna) 등의 의학자들이 커피는 위장의 수축을 부드럽게 해주는 반면 각성제로서도 좋은 약이라고 말하여 그 후부터 달여 먹던 것이 하나의 기호음료로 전환되었으며, 급기야는 페르시아, 아라비아 전역에서 애음되었다고 전해진다.

문헌에 의하면, 볶은 커피를 절구를 이용해 부순 다음 커피 가루를 끓는 물에 넣고 커피찌꺼기 등 모든 내용물을 따른 다음 마셨다고 하며, 페르시아, 이집트, 오스만투르크에서는 최초로 도기 물병을 이용해 커피를 제조했다고 한다. 오스만투르크와 페르시아에서는 그물 국자 형태의 다공성 질그릇, 철제 그릇을 커피 볶는 도구로 이용했으며, 원통형의 터키식 원두 분쇄기와 터키식 철제 커피주전자 역시 이 시기부터 애용되었다고 전해진다.

각국에서 대중화의 물결이 일어나기 시작한 기원은 1517년 터키의 세림 1세가 이집트에 원정차 방문하였다가 커피의 애음풍습을 터키에 들여오면서 시작되었으며, 1554년에는 콘스탄티노플에 화려한 카네스 커피숍(Kanes Coffee shop)이 등장하게 되었다. 이 카네스 커피숍은 당시 큰 화제를 불러일으켰으며, 콘스탄티노플을 관광하는 관광객들은 항상 이곳에 들려 이국적인 정취와 기이한 커피 맛에 매료된 나머지 각자 자기의 나라에 그 풍습을 전하였다고 한다. 이렇게 해서 커피는 급속도로 세계 각국에 전파되기 시작하였으며 유럽 전역에는 1573년 독일의 의사 라볼프(L, Lavolf)의 기행문에 의해 처음으로 커피가 소개되었다.

아랍 문헌에 커피에 대해 처음으로 언급한 것은 15세기 후반까지 거슬러 올라간다. 아랍 세계에서 처음으로 커피를 먹기 시작한 사람은 이슬람교의 신비주의자들인 수피교도들이었다. 그들은 커피를 음료로 마셨던 것이 아니라 긴 밤 기도시간 동안 잠들지 않게 하는 약으로 사용하였다고 한다. 커피 원두를 그들에게 전한 사람은 다바니라는 이름의 학자였는데 커피 열매가 의약용으로 쓰이던 에티오피아에서 커피를 들여왔다. 다바니가 예멘으로 돌아왔을 때 그는 병이 들었는데 커피는 그를 병에서 구했을 뿐 아니라 기도할 힘까지 주었고 그 후로 커피는 수피교도들 사이에서 널리 쓰이게 되었다고 한다.

하지만, 1570~80년에 걸쳐 커피하우스의 인기를 시기 질투한 콘스탄티노플의 광신도 무리가 볶은 커피원두는 숯의 일종이라고 하여 율법학자가 커피를 법적으로 금할 것을 권고하기도 했으며, 코란에서 금하고 있는 와인과 커피를 동일시하여 커피하우스를 폐점할 것을 명하기도 했다고 전해진다. 하지만, 이 금지령은 엄격히 준수되지 않았고 이후에도 커피 밀매나 가정에서의 커피음용이 지속되었다고 한다.

커피의 발견과 오늘날 많은 사람들이 즐기는 커피가 전 세계로 빠르게 전파된 이유는 커피나무의 이식과 재배에 있었으며, 커피나무의 전파는 아라비아인들에 의해 전래되었다는 사실에는 변함이 없을 것이다. 아랍의 약으로 알려진 커피가 마침내 유럽에 소개됐을 때 커피는 온갖 병을 치유하는 만병 통치약으로 소개되었다. 유럽인들은 나중에야 비로소 아랍인들은 약효 때문에 커피를 마시는 것이 아니라 커피의 향을 즐긴다는 것을 알게 되었다.

그 후로 유럽인들은 커피를 마시기 좋은 형태로 발전시켰는데, 그때 아랍은 이미 원두무역에 대한 독점권을 확보하고 있었다. 아랍인들은 그들의 커피를 지키기 위해 싹이 터서 발아할 수 있는 종자의 반출을 막고 열매를 끓이거나 볶아서 유럽행 배에 선적했다. 뿐만 아니라 외국인은 커피 농장 방문이 금지되었으며 호주머니에 몰래 원두나 묘목을 숨겨 달아나지 못하도록 감시를 당했다. 하지만 메카로 가는 순례자들은 원두를 가지고 나오기도 하였다.

1600년경에는 이슬람 순례자 바바 부단(Baba Budan)이 인도 남부 마이소르의 치크마글러 지역에서 커피를 재배하는데 성공하면서 인도 지역 전체로 커피가 퍼져 나갔다고 한다. 16세기 중후반에는 아라비아 남서부의 모카항에서 네덜란드로 커피나무가 옮겨지고 본격적으로 네덜란드의 식민지였던 실론섬에서 커피재배가 시작되었다.

2. 유럽의 커피 전파

사라센 제국이 분열되고 있을 무렵 유럽인들은 십자군을 조직하여 이슬람 세계로 원정을 보내고 십자군 병사들은 처음으로 이슬람교 지역에서 자유롭게 커피를 향유하게 되지만 유럽에서는 이교도의 음료라 하여 자유롭게 마실 수 없었다. 그러나 십자군 원정 이후 르네상스시대라는 문예부흥운동으로 접어들면서 근대정신에 눈을 뜬 유럽인들은 종교적 교리로 인하여 이교도의 음료로 낙인찍힌 커피에 대해 관대해지게 된다. 더욱이 당시의 시인, 화가 등이 커피를 예술의 대상으로 삼기도 해서 그야말로 커피는 시인에게는 영감을, 음악가에게는 악상을, 철학자에게는 진리를, 그리고 정치가에게는 평화를 전한다고 찬미할 정도였다.

17세기에 이르러 비로소 기독교들도 마음 놓고 커피를 마실 수 있게 되자 1645년 베니스에서 처음으로 커피하우스가 생겼다. 이후 1687년에는 군인이었던 게오르그 콜스치스키(Georg Kolschitsky)가 비엔나에 커피하우스를 열었는데, 그는 비엔나를 점령하고 있던 터키군을 물리친 공로로 터키가 남겨 놓고 간 커피 500포대를 받았던 것이다. 다행히 아랍풍습에 익숙했던 그는 커피 추출에 대해 잘 알고 있었다. 그는 이슬람 제국의 상징인 초승달 모양의 케이크를 커피와 함께 손님들에게 내놓기도 했는데, 오늘날 케이크를 곁들여 커피를 마시는 것은 여기서 비롯되었다고 한다.

그리고 영국에서는 1650년경 에닌젤이라는 이름의 커피하우스가 옥스퍼드에서 문을 열었다. 영국에서의 커피하우스는 스미르나에서 커피 맛을 보고 돌아온 한 영국 상인과 그에게 커피를 끓여준 하인 파스카 로제에 의해 알려지게 되었다고 한다. 이렇게 하여 영국에서 커피 마시는 일이 유행하게 되자 이 상인은 1652년에 콘힐의 외곽지대에 오두막을 하나 세우고 그 하인으로 하여금 일반인들에게 커피를 팔게 하였던 것이다. 그 후 17세기말 런던에는 무려 2천개 이상의 커피하우스가 생겨났고 그 중에는 매우 특색 있는 커피하우스들도 있었다. 최신 해외 소식들을 접할 수 있었고 이민 티켓이나 보험 증서, 주식을 살 수도 있었으며 때로는 흑인, 이상한 새들 또는 식물의 경매에 입찰을 할 수도 있었다.

프랑스의 카페는 그 번창 속도가 영국의 커피하우스에 훨씬 미치지 못하였다. 최초의 카페는 1643년에 파리에서 문을 열었지만 커피 마시기가 유행하기 시작한 때는 1669년 르방의 한 대사가 부임하고 난 뒤부터였다고 한다. 파리 사람들은 그 이전에는 커피가 심한 질병과 무력증의 원인이 될 수 있다는 의사들의 경고 때문에 이를 멀리하고 있었다. 이러한 프랑스에 커피하우스를 보급하는데 공헌한 루이 14세는 1664년에 처음 커피를 마셔본 뒤 1670년경에는 해마다 네덜란드에서 왕실 전용 커피를 수입하도록 하였다.

또 다른 한편, 북아메리카에 커피가 전파된 것은 17세기 말로 뉴암스테르담(지금의 뉴욕)의 부유층 사이에서 마시기 시작했다고 한다. 당시만 해도 북미에서는 기호음식으로 차를 마셨는데,

카푸치노(Cappuccino)

17세기 프란체스코 수도회 산하 카푸친(Capuchin) 분파 수도사였던 마르코 다비아노(Marco Daviano)는 1683년 열정적인 설교와 연설로 기독교 연합군의 사기를 고무시켜 당시 신성 로마제국의 수도였던 오스트리아 빈을 이슬람교를 믿는 오스만 제국으로부터 지켜내는 데 기여했다고 알려졌다.

이때 오스만 군대가 버리고 달아난 군수품 중에는 500포대의 커피원두가 포함되어 있었다. 이 커피원두로 끓인 커피에 우유를 첨가한 커피는 다비아노가 속한 카푸친 사제들의 갈색 덧옷과 그 색이 비슷했고, 빈 시민들이 다비아노를 기리는 의미에서 이를 '카푸치노'라고 부르기 시작했다는 전설이 남아 있다. 또 다른 설은 카푸친 수도회의 수사들은 청빈의 상징으로 모자가 달린 원피스 모양의 옷을 입는데, 진한 갈색의 거품 위에 우유거품을 얹은 모습이 카푸친 수도회 수도사들이 머리를 감추기 위해 쓴 모자와 닮았다고 하여 '카푸치노'라고 이름이 붙여졌다는 설이 있다.

1773년 4월 영국 의회가 차세법(茶稅法)을 통과시켜 엄청난 세금을 부과하자 이에 반발한 시민들이 인디언으로 위장, 차를 가득 싣고 보스턴 항에 정박 중이던 영국 동인도회사의 배를 파괴해 버린 것이다. 미국 독립전쟁의 발단이 된 이 '보스턴 차(茶) 사건' 이후 북미에서도 차를 대신해 커피가 보편화되었다.

3. 아시아의 커피 전파

동양에 커피가 처음 들어온 것은 1878년경 일본에 들여온 묘목이 시작이라고 하며, 1888년 일본 동경에 커피점이 생겼다. 그리고 1690~1699년 사이에는 네덜란드인이 스리랑카와 인도네시아에 커피나무를 심어 재배에 성공했으며, 1740년에는 자바섬에서 필리핀으로 커피가 전파되었다. 1840년에는 영국인들이 인도를 자국에서 소비하는 커피의 공급지로 삼았다.

한국에 커피가 들어온 역사는 1896년 아관파천 때 러시아 공사가 커피나무의 열매를 한국에 가져오면서 부터였다. 이때 러시아는 이미 커피가 국내에 많이 전래되어 일반화된 무렵이었다고 한다. 러시아 공사는 가지고 온 커피 열매를 건조하여 잘 으깬 후 끓인 물을 넣고 맛있게 만든 다음 고종황제에게 진상하여 시음하게 한 것이 최초라고 전해진다.

당시 고종은 세자(순종)와 함께 약 1년간 러시아 공사관에 머물면서 커피를 마셨고 덕수궁으로 돌아온 뒤에도 그 맛을 잊지 못해 커피를 찾았다고 한다. 그때부터 커피는 궁중 내의 기호 식품으로 주로 벼슬아치들이 즐겨 마셨다고 한다. 이것이 바로 숭늉 문화에서 커피 문화로 가는 하나의 선구자적 역할을 했었던 것이다.

한편, 커피를 좋아했던 고종은 그로 인해 독살될 위기에 처하기도 했다. 1889년 러시아 역관으로 세도를 부리던 김홍륙이 친러파의 몰락으로 관직에서 쫓겨나고 또 러시아와의 통상에 거액을 착복한 사건이 발각되어서 흑산도로 유배가 결정되자 앙심을 품었던 것이다. 김홍륙은 덕수궁에서 일하던 두 하인을 매수, 고종의 생일에 독약을 탄 커피를 마시게 하려다 발각되었다고 한다.

그 후 독일여자 손탁이 러시아 공사관(정동 위치) 근처에 정동구락부라는 커피점을 열었는데 이것이 우리나라 최초의 다방이다. 이곳에서 커피가 처음으로 판매되었는데 당시 커피 한 잔 값이 너무나 비싸 부유한 사람만이 사서 마실 수 있었다고 한다. 그러던 중 6·25가 발발하여 미군이 주둔하면서 1회용 인스턴트커피가 등장, 무질서하게 유출됨으로써 일반화되었다.

그 당시 미군으로부터 유출된 인스턴트커피는 카페인이 너무 많이 함유되어 있어 과음을 하게 되면 불면증에 걸려 많은 사람들이 고생하였다고 한다. 그리고 1970년에 이르러서야 우리나라 최초로 인스턴트커피를 생산하게 되었는데 그 기업이 동서식품이다.

각국의 커피 문화

1. 아랍

아침 기도와 함께 커피로 하루를 시작한다. 유럽 여행가들이 "아랍에는 커피를 추출하고 마시는 것에 관련된 예절과 법도가 있다"라고 기록되어 있다. 이렇듯 아랍에서는 커피를 마시기 전에 절을 하고 상대를 존중한다는 표현을 많이 한다.

2. 브라질

세계 커피 생산량의 약 30%를 차지한다. 질 좋은 커피를 생산하고 강하게 배전하여 진하게 추출한 커피가 대중적이다. 일반적으로 데미타세(에스프레소 잔)에 설탕만 넣어서 마신다. 산토스 항구에서 커피의 대부분이 수출되어 산토스라는 커피 이름이 유래되었다.

3. 에티오피아

커피 원산지라는 자긍심이 대단하다. 그들에게 커피는 마시는 것뿐 아니라 생활 속에 깊이 뿌리박힌 문화의 전통을 계승하는 것이고 향을 피우고, 생두를 주석 냄비에 볶아 나무절구로 곱게 빻는 그들만의 문화와 전통을 계승하고 있다.

4. 인도

우유에 뜨거운 커피를 부어 마신다. 남부 지방에는 설탕을 충분히 넣어 단맛을 즐긴다. 때로는 바나나, 망고스틴, 튀김 감자와 함께 커피를 마신다.

5. 이탈리아

아침 노천카페와 길거리에서 수다와 함께 마시는 커피는 그들의 생활이 되어 있다. 강하게 볶은 원두를 곱게 분쇄한 커피가루를 사용하여 데미타세 잔에 담아 그대로 마시거나 설탕을(아침에는 코냑을 넣기도 함) 첨가한다. 그들에게 커피란 생활, 삶의 원동력, 예술의 혼, 대중의 문화, 정열적인 사랑을 섞어 놓은 삶의 결정체이다.

6. 그리스

아침, 오후 3시, 5시에 커피를 즐겨 마신다. 커피를 마시고 난 후에 잔을 엎어서 커피가 그려내는 모양으로 앞날을 예측하는 커피 점(占)으로 유명하다. 커피에 우유를 넣어 마시는 것을 좋아하고,

케이크, 치즈, 파이 등과 함께 먹는다.

7. 러시아

코코아 가루에 커피를 붓고 설탕을 넣어서 먹는 "러시아 커피"로 유명하다. 각 지방의 특색에 따라 우유 및 크림, 설탕, 잼을 넣는다. 최근에는 레몬이나 사과 등의 과일로 장식한 커피가 유행이며 단맛을 즐기기에 베이커리 종류도 반드시 함께 먹는다.

8. 콜롬비아

뜨거운 물속에 흑설탕을 넣고 끓여 녹인 뒤, 불은 끄고 커피 가루를 넣고 저은 후 가루가 모두 가라앉을 때까지 5분 정도 두었다가 상부의 맑은 커피만을 마시는 "틴토(Tinto)"가 유명하다.

9. 프랑스

에스프레소에 신선한 스팀 우유를 살짝 얹은 부드러운 거품의 카페오레가 유명한데 스페인에서는 카페오레가 "카페콘레체", 이탈리아에서는 "카페라떼"라고 불린다.

10. 오스트리아

커피란 단순히 커피가 아니라 그들의 음악적 여유와 아름다움을 반영하는 것이다. 블랙이면 모카, 밀크라면 브루넷이라고 불리는 메뉴이다. 유명한 비엔나커피는 본 고장에서 "아인슈패너(Einspanner)"라고 불린다.

11. 체코

유럽식 커피를 좋아한다. 호밀을 볶아 빻고 뜨거운 우유를 부어 마시는 호밀커피를 "체코의 모닝커피"라고 한다.

12. 에콰도르

오후 4시 반경 커피타임을 두고 사람을 초대하는 습관이 있다. 원두를 갈아 드립식으로 추출한다. 아침에 하루 동안 마실 커피를 만드는 것이 주부의 일과이다.

13. 독일

프리드리히 대왕이 커피를 금지시켰다. 비싼 가격으로 수입해야 하기 때문에 부자들만이 커피를 마실 수 있었다.

14. 미국

1773년 미국 독립의 계기가 된 보스턴 차 사건 이후 커피를 마시게 되었다. 미국 최초의 커피숍은 1670년 보스턴에서 문을 연 거트리지 커피하우스(Gutteridge coffee house)이며, 1696년에 뉴욕 최초의 커피숍인 더 킹스 암스(The King's Arms)가 문을 열었다.

엷고 담백한 커피가 주류(흔히, 아메리칸 커피라고 부르는 것)를 이루며, 약배전한 원두를 사용하여 설탕이나 크림을 넣지 않고 큰 잔에 마신다. 최근에는 배전의 강도가 높은 원두를 쓰면서 다양한 커피 메뉴가 만들어지고 있다(커피의 최대 소비국).

15. 영국

영국의 커피하우스 문화는 다양한 계층의 사람들이 모여 토론하고 이야기를 나누는 공간으로 문화의 중심지 역할을 하였다. 영국 최초의 커피하우스는 1650년 야콥에 의해 옥스퍼드에 문을 열었으며, 런던 최초의 커피하우스는 1652년 파스카 로제가 콘힐의 외곽지대에 열었다고 한다. 그리고 에드워드 로이드에 의해 1688년 런던에 로이드 커피하우스를 열었는데 오늘날 로이드 보험회사로 발전하는 계기가 되었다.

16. 대한민국

우리나라의 커피 전파는 시대적으로 비극적이다. 여러 가지의 기록이 전해지고 있지만 그중 가장 일반적인 것은 1896년 고종의 아관파천 당시 러시아 공사관 베베르가 고종에게 커피를 대접했고, 환궁 후에도 고종은 커피를 즐겨마셨다고 한다. 그 후 고종은 덕수궁 내의 경치 좋은 곳에 '정관헌'이라는 우리나라 최초의 양관을 짓는데 이 건물에서 커피를 즐겨 마셨다. 그리고 고종 순종 실록에 보면 커피를 "가배초의 차(茶)"로 기록하고 있으며 또한 커피를 서양에서 들어온 탕이라는 뜻의 "양탕국"이라고도 불렸다.

손탁호텔

1902년 10월 서울시 중구 정동 이화여고 자리에 들어선 서울 최초의 서양식 호텔이다. 이 건물은 외교관들의 사교와 로비의 장소로 활용되었고 특히 미국이 주축이 되어 구성된 반일 성향의 외교관 사교클럽인 "정동구락부"의 집회 장소로 사용된다. 이후에 이 건물을 헐어내고 현대식 건물을 지었는데 이것이 바로 손탁호텔이다. 이 호텔의 1층에 우리나라 최초의 커피숍인 '정동구락부'가 등장하게 되는데 이곳에서 왕실의 커피가 처음으로 백성들에게도 소개된 것이다.

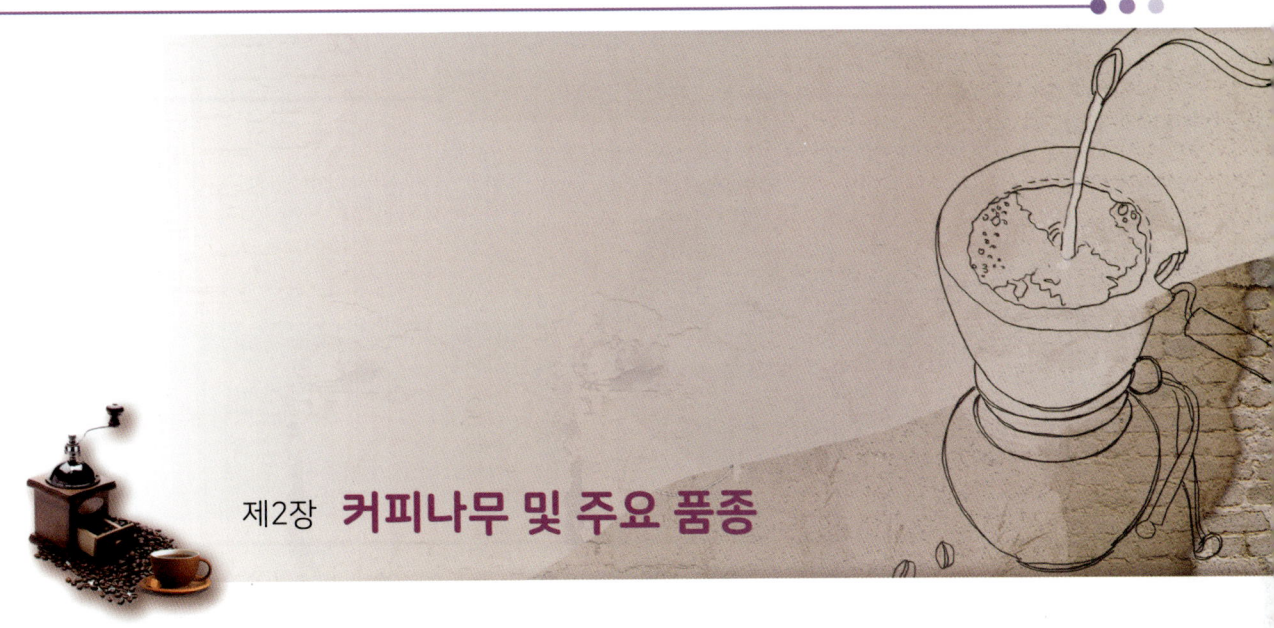

제2장 커피나무 및 주요 품종

1절 커피나무

　커피나무는 아프리카의 에티오피아가 원산지이지만 곧 아라비아 반도의 예멘에 전해졌으며 그 후 남아메리카에서 인도네시아에 이르는 세계의 따뜻한 지역에 널리 분포되었다. 1713년 프랑스인 주시에가 처음으로 커피나무를 쟈스미눔 아라비카눔(Jasminum arabicanum) 으로 명명했는데 그 후 많은 식물학자들이 나무의 크기, 잎의 모양과 크기, 열매의 색 등의 차이에 의해 7가지 아종으로 분류했고 현재 상업적인 목적으로 재배되고 있는 커피는 아라비카종과 로부스타종 두 가지이다.

　세계의 연평균 커피 생산량은 약 7천 5백만 부대(약 500만 ton)인데 이 가운데 70%가 아라비카종이고 30%가 로부스타종이다. 야생의 커피나무는 일반적으로 8~10m 정도 자랄 수 있으나 커피농장에서는 재배 및 수확을 쉽게 하기 위해 나무의 크기를 2~2.5m 정도로 조정한다. 잎은 마주보고 10~15cm 크기의 둥글고 긴 모양을 하고 있으며 진한 녹색에 광택과 파상무늬를 갖고 있다.

　꽃은 흰색으로 언제나 2개, 또는 3개가 마주 피고 꽃잎은 아라비카 5장, 로부스타 5~7장, 크기는 2cm 정도이며 피어 있는 시간은 2~3일 정도로 길지 않으며 쟈스민 향기가 난다. 수정된 꽃의 씨방은 직경 1.5cm 정도로 익게 되면 붉고 달콤하다. 핵과 외피는 두터운 펄프로 싸여 있으며 이것이 약 2mm 두께의 젤리 같은 펄프층을 감싸고 있고 이 속에 씨가 파치먼트라는 단단한 껍질에 싸여 있다. 파치먼트 안에 개개의 씨를 감싸고 있는 얇은 은색의 껍질이 있는데 이것을 실버스킨이라고 한다.

커피 열매의 구조

① 센터컷Center Cut: 생두 가운데 나 있는 홈
② 생두Green Been: 그린 빈
③ 은피Silver Skin: 생두에 붙어 있는 얇은 막
④ 파치멘트Parchment: 생두를 감싸고 있는 껍질
⑤ 점액질: 2mm 두께의 미끈미끈한 점액 부분
⑥ 펄프Pulp: 단맛이 나는 과육 부분
⑦ 외피Outer Skin: 맨 바깥의 껍질

커피 열매 속에는 대부분 두 쪽의 씨가 들어 있다. 그러나 때때로 수정이 충분하지 못하거나 영양상태가 좋지 못할 때, 또는 나무의 윗부분에서 따낸 열매 중에는 씨가 하나밖에 없는 경우가 있고 모양이 둥근데 이것을 피베리(peaberry)라고 한다. 정상적인 씨앗은 길고 둥근 모양이며 한쪽은 볼록하고 반대쪽은 평평하다. 생두의 가운데 난 홈을 센터컷이라고 하며 길이는 약 10mm, 무게는 약 0.15g이다. 색은 녹색을 띠며 회색에서 푸른색, 또는 붉은색에서 갈색으로 변하기도 한다.

아라비카 커피는 브라질, 콜롬비아, 멕시코, 과테말라 등 중남미 지역과 에티오피아, 탄자니아, 케냐, 르완다, 인도 등 많은 나라에서 생산되고 있다. 아라비카종은 병충해에 약할 뿐만 아니라 기온이 섭씨 30℃ 이상으로 올라가면 불과 며칠 사이에 해를 입고 만다. 일반적으로 아라비카종은 해발 500~1,500m 정도의 고지대에서 생산되고 있다. 아라비카종은 로부스타종에 비해 단맛, 신맛, 감칠맛 그리고 향기가 뛰어나 가격이 더 비싸다. 커피 생두의 모양은 아라비카종이 더 평평하고 길이가 길며 가운데 새겨진 홈이 굽어 있다. 색은 좀 더 진한 녹색이며 푸른 색조를 띠기도 한다.

한편 로부스타종은 해발 200~900m 정도에서 자라며, 볼록하고 둥글며 가운데 홈이 거의 똑바르다. 색상이 푸른 녹색이며 갈색 또는 회색을 띠는 경우도 있다. 로부스타종은 좀 더 강인한 종자로 어려운 환경에서도 잘 자란다. 쓴맛이 강하고 향기가 아라비카종에 비해 떨어지지만 가격이 저렴하기 때문에

▲ 로부스타종 원두   ▲ 아라비카종 원두

다른 것과 배합하거나 인스턴트커피를 제조하는 데 사용되며 인도, 아프리카, 인도네시아 그리고 브라질 일부 지역에서는 코닐론이라 부르는 로부스타 커피를 생산하고 있다. 최근에는 맛과 향기가 뛰어난 아라비카종과 병충해에 강한 로부스타종을 교배한 품종이 많이 나오고 있다.

커피나무는 열대성 식물이지만 섭씨 30℃ 이상, 섭씨 5℃ 이하에서는 성장할 수 없다. 특히 서리에 약해 어떤 농장에서는 바나나와 같은 잎이 큰 식물을 커피나무와 함께 심어 지나치게 내려쬐는 햇빛이나 서리를 막아주기도 한다. 꽃이 피기 전과 성장기에는 비가 적당하게 내려주어야 하며 건기와 우기의 구분이 뚜렷한 것이 좋다. 토양은 비옥하고 배수가 잘되는 곳이 좋으며 커피나무는 연중 꽃이 피고 열매 또한 계속 열리므로 다 익은 열매를 가려내어 일일이 손으로 따야 한다. 그러나 브라질처럼 건기와 우기가 뚜렷한 경우에는 대부분의 열매가 익기를 기다려서 나뭇가지를 잡아 훑어 내거나 기계로 수확을 하기도 한다. 수확한 커피 열매 중에서 필요한 부분은 열매 안에 있는 커피콩 뿐이다. 그 밖의 불필요한 부분은 정제과정을 거치며 제거되는데 정제 후 건조시킨 커피콩을 생두라고 하며 커피 생산국에서는 이 생두를 포대에 담아 수출한다.

2절 커피의 주요 품종

식물학적으로 커피나무는 쌍떡잎식물 꼭두서니목 꼭두서니과 커피나무속 상록관목으로서 아라비카(Arabica), 로부스타(Robusta)와 리베리카(Liberica) 품종이 있으나, 현재 상업적인 목적으로 재배되고 있는 커피는 아라비카 품종과 로부스타 품종이 주로 재배되고 있다.

최근에는 맛과 향기가 뛰어난 아라비카와 병충해에 강한 로부스타를 교배한 품종인 아라부스타(Arabuster)를 재배하고 있으나 아라비카 고유의 맛과 향은 간직하지는 못하고 있어 커피 생산국별로 아직도 많은 연구를 통해 신품종을 개발 중에 있다.

1. 아라비카종(Coffee Arabica: Arabian Coffee)

세계에서 생산되는 원두의 약 70%를 차지하고 있으며, 일반적으로 가장 많이 소비되는 품종이며, 에티오피아가 원산지라고 전해지고 있다. 아라비카종은 재배조건이 로부스타종보다 까다로워서 평균기온 20℃, 해발 500~2,000m의 고지대에서 재배되며, 특히 30℃ 이상의 온도에서는 이틀 이상을 견디지 못하는 등, 기후, 토양, 질병에 상당히 민감하다. 아라비카종은 신맛과 향기가 풍부하고 카페인 함유량도 로부스타종에 비해 낮은 편이다.

아라비카(Coffee Arabica)는 자가수분을 하는 나무이다. 많은 종류의 아라비카종 커피가 존재하는데

자연적인 돌연변이와 인위적인 품종개량의 결과로 여러 변형품종이 탄생했으며, 아라비카 중에서도 티피카(Typica)와 버번(Bourbon)이 대표적인 고유품종으로 구분된다.

1) 티피카(Typica)

아라비카 원종에 가장 가까운 품종이며, 지금까지 개발된 많은 품종들의 모태가 되는 품종으로 예멘에서 6세기 초반에 아시아로 유입되었고 1720년 카리브해 지역과 라틴 아메리카에 전파되었다. 현재 주로 중남미와 아시아에서 널리 재배되며 콩의 모양은 길쭉하고 얇은 형태로 나무는 원추형이고 가지는 거의 수평으로 성장하며 새 잎은 브론즈 색을 띤다. 다 자라면 키가 3.5~4m에 달한다. 뛰어난 향과 레몬 같은 산미와 달콤한 후미를 가지고 있으나 질병과 해충에 취약하며 그늘 재배가 필요하고 생산성은 매우 낮다. 콜롬비아, 중미, 카리브, 파푸아 뉴기니, 인도네시아(Java), 하와이(Kona) 등지에서 주로 재배된다.

2) 버번(Bourbon)

티피카의 돌연변이종이며, 마다가스카르 근처의 버번(지금의 Reunion섬)에서 1718년 처음 발견되었다. 커피 품종은 티피카와 비슷한 수준으로 강한 향과 감칠맛을 지니고 있으며, 생두는 상대적으로 작고 둥글고 단단한 편이며 센터컷이 S자형이다. 체리는 빈틈없이 빽빽하게 열리고 빨리 숙성되나 강한 바람이나 비에 잘 떨어진다. 티피카에 비해 가지가 많고 잎도 더 넓으며 잎의 가장자리는 파도모양이다. 재배의 적정고도는 1,000~2,000m로 고지대에 적합하며 수확량은 티피카 보다 20~30% 많으나 다른 품종에 비해 적은 편이고 격년 수확으로 점차 타 품종으로 개량되고 있다. 콜롬비아, 중미, 서부 아프리카, 브라질, 케냐(SL28), 탄자니아(N39) 등지에서 주로 재배되고 있다.

3) 문도 노보(Mundo Novo)

브라질에서 발견된 버번과 수마트라의 자연교배종이며, 1931년 브라질의 상파울루 지역에서 발견되었다. 생두 크기는 다양한 편이고 신맛과 쓴맛의 밸런스가 좋으며 맛이 재래종과 유사하다. 환경 적응력이 좋고 생산량은 버번종보다 30% 이상 많으나 성숙기간이 오래 걸리는 단점이 있으며 나무키가 3m 이상으로 매년 가지치기를 해야 하며 재배밀도가 낮다. 1950년부터 브라질에서 재배가 시작되어 현재는 카투라, 카투아이와 함께 브라질의 주력 상품이며 이 품종이 처음 등장했을 때 많은 희망을 걸어 이름을 문도 노보(Mundo Novo, 신세계)라고 붙이게 되었다. 재배의 적정조건은 고도 1,000~1,700m이며 강우량은 1,200~1,800mm 정도이다. 브라질 이외의 지역에서는 환경에 잘 적응하지 못했으며 잎과 체리의 특성은 티피카와 버번의 중간 형태를 띤다.

4) 카투라(Caturra)

1937년 브라질에서 발견된 버번의 돌연변이종이며, 생두의 크기는 소형으로 풍부한 신맛과 약간의 떫은맛을 지니고 있다. 잎과 열매의 특성은 버번과 유사하고 나무 키는 작으며(왜소종) 마디 사이가 짧다. 높은 생산성(2,000kg 이상/ha)을 가지고 있고 어떤 환경에서도 잘 자라지만 버번종과 같이 질병과 해충에 취약하며 집중적인 관리가 필요하다. 3~4회 수확한 후 나타나는 과잉수확(Overproduction) 현상과 견고하지 못한 특성 때문에 브라질에서는 환영받지 못했다. 브라질보다는 콜롬비아와 코스타리카에서 더 잘 적응했으며, 재배에 적합한 고도는 450~1,700m, 강우량 2,500~3,500mm 정도이다.

5) 카투아이(Catuai)

문도 노보와 카투라(Yellow Catura)의 교배종이며, 1949년 개발된 브라질 재배면적의 50%를 차지하고 있는 주요 품종으로서 문도 노보에 비해 맛이 단조롭고 감칠맛이 약하다. 카투라의 왜소종 특성을 가지고 있으나 견고성과 생장력(Vigor)은 문도 노보의 특성을 물려받았다. 키가 작으나 카투라 보다는 크며 가지는 줄기에서 45° 각도로 성장하고 잎의 모양은 둥근 편이다. 강풍에 강하고 강한 비바람에도 체리가 잘 떨어지지 않으며, 주요한 커피 질병과 해충에는 취약하다. 매년 생산이 가능하여 생산성은 높으나 생산 기간이 다른 품종에 비해 10여년 정도 짧은 것이 단점이며 집중적인 관리가 필요하다. 체리가 노란색 열매를 카투아이 아마렐로(Catuai Amarello), 붉은색 열매를 카투아이 베르멜호(Catuai Vermelho)라고 한다.

6) 마라고지페(Maragogype)

티피카의 돌연변이이며, 1870년 브라질의 한 농장에서 발견된 품종으로 나무 마디가 길고 잎과 체리와 생두의 크기가 큰 품종으로 중미, 멕시코 등지에서 재배되며 특별한 맛은 없으나 외견적 우수성으로 귀하게 여기기도 한다. 나무의 키가 크고 생산성은 낮으며 재배 적정고도는 600~750m 정도이다. 카페인 함량이 0.6%로 아주 낮은 편이다.

7) 티모르(Hybrio de Timor, HdT)

아라비카와 로부스타의 자연교배종이며, 동티모르 섬에서 1927년경에 발견된 품종으로 나무키는 매우 큰 편이고 뿌리가 튼튼하여 가뭄에 강하나 생산성은 낮으며 변동이 심하고 커피 맛은 떨어진다. 녹병에 강하고 생두의 크기는 큰 편이다.

8) 카티모르(Catimor)

티모르와 카투라의 교배종이며, 1959년 포르투갈에서 개발된 품종으로 커피녹병에 특히 강하고 조기수확이 가능하며 발군의 성장성과 다수확을 할 수 있는 품종으로 콩의 크기는 큰 편이다. 나무의 높이는 비교적 낮으며 생두의 크기는 큰 편이다. 이 품종을 기초로 한 새로운 품종이 많이 탄생되고 있는데 T5175와 T8667 품종이 널리 보급되었다.

9) 콜롬비아(Colombia Variety)

카티모르와 카투라의 교배종이며, 내병성이 뛰어나고 직사광선에 강하며 단기에 다수확이 가능하다. 콜롬비아에서 1980년대부터 널리 재배를 시작, 기존의 티피카를 추월하여 주력 상품이 되었으니 생두의 크기가 크고 커피 품질이 뛰어나다. 커피녹병에 강하니 매년 수확이 가능하다.

10) 켄트(Kent)

인도 고유 품종으로서 생산성이 높으며 병충해에 강한 품종으로 특히 커피녹병에 강하다. 티피카와 타 품종의 교배종이라는 설이 있다. 아프리카 동부지역에서 켄트종을 이식하여 재배하였으나 자연환경 적응에 실패하였으며 기존 품종의 품질도 떨어뜨리는 결과를 초래하였다.

11) 아마렐로(Amarello)

노란색의 열매이며 일반적으로 커피체리는 익어 갈수록 붉은 색으로 변하게 되는데 이 품종은 노란색으로 익게 된다. 라틴어 아마렐리우스(Amarellus, 노란색)에서 유래하였다. 나무의 키는 낮으며 생산성은 높다. 그러나 익은 체리를 식별하기가 어려워 수확이 어렵고 붉은 색 체리보다 일찍 떨어져 별로 선호하지 않는 품종이다. 옐로우 버번(Yellow Bourbon)과 옐로우 카투아이(Yellow Catuai) 등이 있다.

12) 블루마운틴(Blue Mountain)

티피카 계통이며 1730년부터 자메이카에서 경작되기 시작한 품종으로 커피베리병(Coffee berry disease)에 강하나 커피녹병에는 취약하며 고지대에서 잘 자라고 자메이카와 하와이에서 재배되는 품종으로 티피카의 일종이며 생산성은 보통 정도이다. 좋은 품질과 뛰어난 향으로 유명하나 다른 나라에서는 잘 자라지 못한다.

13) 게이샤(Geisha)

게이샤 커피는 에티오피아 서쪽 끝단 고리 게이샤 숲에서 자생하던 품종으로 나무와 열매가 크고 탐스러운 게이샤는 케냐, 탄자니아, 코스타리카를 거쳐서 파나마까지 전파되었으나 향미가 평범하여 그늘나무로 활용되는 정도였는데 에스메랄다 농원 높은 지역에서 자라던 나무의 커피가 엄청난 향미를 보이면서 최고의 커피에 등극하게 된 것이다.

【아라비카 (Coffee Arabica)의 품종】

종류	특성
티피카(Typica)	- 아라비카 원종에 가장 가까운 품종 - 생두는 긴 편이고 좋은 향과 신맛을 가지고 있으나 커피잎 　녹병에 취약함. - 블루마운틴, 하와이 코나가 대표적인 Typica 계통임
버번(Bourbon)	- Bourbon 섬(Reunion섬)에서 발견된 품종 - 생두는 작고 둥근 모양 - 수확량은 Typica 보다 20-30% 많음 - 중미, 브라질, 케냐, 탄자니아 등지에서 주로 재배
카투라(Caturra)	- Bourbon의 돌연변이 - 생두의 크기는 소형이며 수확량은 많음 - 풍부한 신맛, 나무 키는 작은 편
문도 노보 (Mundo Novo)	- Bourbon과 Typica(Sumatra)의 자연교배종 - 1950년부터 브라질에서 재배되기 시작 - 환경 적응력이 좋으나, 나무 키가 큰 것이 단점
카투아이 (Catuai)	- Mundo Novo와 Caturra의 교배종 - 나무 키가 작고 생산성은 높아서 대량생산 가능 - 강풍에 강함 - 생산기간이 타 품종에 비해 10여년 정도 짧은 것이 단점
켄트(Kent)	- 인도 고유의 품종으로 높은 생산성, 특히, 커피잎 녹병에 강함
티모르(HdT)	- 아라비카와 로부스타의 자연교배종 - 커피잎 녹병에 강하고 생두의 크기가 큰 편
카티모르 (Catimor)	- HdT Caturra 교배종 - 발군의 성장성과 다수확을 자랑하며 체리 사이즈가 큰 편
마라고지페 (Maragogype)	- 1870년 브라질의 한 농장에서 발견된 Typica의 돌연변이종 - 콩의 사이즈가 크고 나무 키가 크며 생산성은 낮음
게이샤 (Geisha)	- 에티오피아 서쪽 끝단 고리 게이샤 숲에서 자생하던 품종 - 케냐, 탄자니아, 코스타리카를 거쳐서 파나마까지 전파

2. 로부스타 품종

일반적으로 코페아 카네포라(Coffea Canephora)와 같은 의미로 사용되며, 아프리카 콩고가 원산지이다. 병충해에 강해 고온 다습한 저지대에서 잘 자라며 잎과 나무의 키가 아라비카종 보다 크지만, 열매는 작다. 생두의 형태는 둥글며 길이가 짧은 타원형의 모양을 하고 있다. 전 세계 생산량의 20~30%를 차지하며 쓴맛이 강하고 아라비카에 비해 향미는 풍부하지 않고 카페인 함유량은 많다. 주로 인스턴트커피의 주원료로 사용되며 에스프레소의 블랜딩용으로도 사용되고 있다.

[로부스타 품종]

품종	지역	특성
BP, SA 시리즈	인도네시아	자바에서 1920년대 개발된 주요 품종으로 씨앗이나 삽목(Grafting)에 의해 파종
S274, BR 시리즈	인도	인도의 주요 로부스타 품종으로 1950년대부터 재배하였으며 씨앗으로 파종
IF 시리즈	코트디부아르	자바와 콩고로부터 유입된 품종
Conilon(Kouilou)	브라질	콩고로부터 유입된 브라질 로부스타의 95% 이상을 생산하는 대표적 품종
CxR Variety	인도	1976년에 개발된 품종으로 로부스타에 비해 품질이 우수

[아라비카와 로부스타 품종의 주요 특성]

구 분	아라비카(Coffea Arabica)	로부스타(Coffea Canephora)
원산지	에티오피아	콩고
기록연도	1873	1895
염색체 수	44개(2n)	22개(2n)
기온	15~24℃	18~36℃
고도	500~1,500m	200~900m
적정 강우량	1,200~2,000mm	2,200~3,000mm
병충해	약함	비교적 강함
체리 완숙기간	6~9개월	9~11개월
카페인 함유량	0.8~1.4%	1.7~4.0%
맛	향미가 우수, 신맛이 좋음	향미가 약함, 쓴맛이 강함
주요 생산국	브라질, 콜롬비아, 코스타리카 등	베트남, 인도네시아, 인도 등
생산량	60~70%	30~40%

3. 리베리카 품종

열대 아프리카 라이베리아가 원산지이며, 로부스타 종의 커피나무보다 크고 높이가 15m에 달하며 열매도 크고 저지대에서 재배하기 적당하고 병충해에 강하지만 품질이 떨어져서 산지에서 소량 소비될 뿐 거의 생산되고 있지 않으며 자국 내에서 거의 소비가 이루어진다. 주요 생산국은 라이베리아, 수리남, 가이아나이다.

4. 새로운 품종

1) 루이루 11(Ruiru Eleven)

케냐의 루이루(Ruiru)에 있는 커피연구소에서 1965년 개발된 새로운 왜소종으로 루이루 11은 커피녹병과 커피베리병에 강하고 생산성이 높으며 조기수확이 가능하고 일반적인 기준보다 두 배 정도 조밀하게 심을 수 있으며 콩의 크기가 크고 품질이 뛰어나다.

2) 이카투(Icatu)

아라비카와 로부스타의 교배종을 문도 노보(Mundo novo)와 카투라(Catura)에 반복적으로 역교배(Back-crossing) 시켜 만든 품종이며 수확량이 문도 노보에 비해 30~50% 이상 많다. 키가 크고 가뭄과 추위에는 약하나 커피 품질은 뛰어나다.

3) 아라부스타(Arabusta)

2배체 염색체를 갖고 있는 로부스타를 아라비카와 같이 4배체 염색체를 갖도록 변이시킨 후 이를 아라비카와 결합시켜 수확량이 많도록 개량한 새로운 품종이다.

[품종 개량의 목적]

커피는 여러 가지 이유로 지속적으로 품종이 개량되고 있는데 그 이유는 아래와 같다.

- ▶ **다량의 수확** : 한 나무에 커피열매가 많이 열리게 하기 위함
- ▶ **수확의 용이성** : 조밀하게 심을 수 있어 생산성을 높일 수 있게 낮게 재배
- ▶ **내병성이 강한 품종** : 커피녹병에 강한 품종 개량
- ▶ **조기 수확** : 종래는 3년 이후 수확하지만 1~2년 만에 수확이 가능
- ▶ **동시 결실** : 수확기가 짧아 효율성 극대화
- ▶ **환경 적응성** : 가뭄과 서리에 특히 강한 품종의 개량
- ▶ **외견적 우수성** : 생두의 사이즈가 가능한 커지도록 개량
- ▶ **미각적 우수성** : 맛과 향이 뛰어난 품종으로 개량

3절 커피의 주요 산지

1. 중남미

1) 브라질(Brazil)

브라질리안, 상파울루 지방에서 생산되는 산토스 버번(Santos Bourbon). 세계 총 생산의 30%를 차지하는 브라질은 위도 상으로나 토질, 기후적인 면에서 커피 재배에 이상적인 조건을 갖추고 있다. 브라질 커피는 품질에 따라 산토스, 미나스, 리오, 빅토리아 등으로 구별된다.

2) 콜롬비아(Colombia)

콜롬비아는 마일드 한 커피의 대명사로 생산량 대부분이 최고급품으로 수출되고 있다. 안데스산맥 1,400m 이상의 고산지대에서 경작되며 수세건조법으로 가공되어 고른 품질을 유지하고 있다. 남미의 지붕인 안데스 산맥의 메델린, 마니잘레스, 페라이라, 아르메니아, 부카라망가, 보고타 지방이 주 생산지이다. 해발 1,000~2,000m사이의 가파른 고원지대에서 생산되는데 이곳은 화산재가 퇴적되어 형성된 비옥한 토양, 맑고 풍부한 물, 태양, 고원지대의 온화한 기후 및 큰 일교차 등 커피 재배에 최적의 조건을 갖추고 있다.

안데스 산맥의 이러한 기후 조건은 커피 열매가 서서히 그리고 자연스럽게 익도록 하여 맛과 향이 다른 어느 지역에서 재배된 커피보다 진하고 풍부하다. 엷은 청록색을 띄며 향기가 진하고 중량감 있는 맛과 균형 잡힌 산도를 지니고 있으며 스트레이트 커피로도 많이 사용된다.

원두크기를 나타내는 사이즈 스크린 17이상의 최상품을 '수프리모(Supremo)'라고 하며, 스크린 14~16을 '엑셀소(Excelso)'라고 부른다(수프리모, 엑셀소는 생두 품질의 등급이 아닌 생두 크기의 등급 분류다). 안데스 산맥에서 당나귀에 커피를 싣고 오는 콧수염의 '후안 발데즈' 아저씨 캐릭터로 더욱더 유명해졌는데 이 후안 발데즈 아저씨는 콜롬비아 커피생산자 협회에서 커피홍보를 위해 만들어낸 가공의 인물이다.

3) 코스타리카(Costa Rica)

코스타리카 따라주(Tarrazu) SHB 생두의 크기는 콜롬비아 커피에 비해 작지만 출하되는 제품의 크기는 매우 균일하다. 풍성하고 입안에 가득 퍼지는 풍미와 부드러운 신맛과 구수한 생두의 풋내, 과일의 상큼함이 느껴지며, 코나 팬시와 자메이카에 근접하다는 평을 받고 있다.

4) 과테말라(Guatemala)

과테말라는 1750년경에 커피가 도입되어 19세기 초 본격적인 커피생산을 시작했으며, 비옥한 화산재 토양에서 고급 커피를 생산하는 나라이다. 안티구아(Antigua)시 인근 지역에서 생산되고 대부분 그늘 경작법으로 재배되어지는 안티구아는 연기가 타는 듯한 향이 나는 스모크 커피의 대명사이다.

경작 고도에 따라 7등급으로 나뉘며 해발고도 1,370m 이상에서 경작되어지는 것을 최고등급 "과테말라 SHB(Strictly Hard Bean)"로 부른다. 쏘는 듯한 스모크 향과 깊고 풍부한 맛, 부드럽게 느껴지는 초콜릿 맛이 일품이며 향기가 풍부하고 좋은 신맛, 달콤한 맛, 중후함을 느낄 수 있다.

5) 자메이카(Jamaica)

자메이카 동쪽의 블루마운틴(Blue Mountain) 산기슭 해발 2000m 이상 고산지대에서만 경작된 커피를 블루마운틴이라고 부른다. 블루마운틴은 블렌딩이 필요 없을 정도로 그 조화로운 맛과 향이 우수한 원두로 "커피의 황제"로 통한다.

영국 여왕이 즐겨마셨으며, 영국 황실의 커피로 지정되어 더욱 유명해졌는데 일본의 한 커피회사에서 생산량의 90% 이상을 일본으로 수입해가는 독점구매 정책과 엄격한 생산량 제한, 품질관리를 통하여 상품의 회소성을 높임으로서 높은 가격으로 거래되고 있다. 유명한 커피수집 가공업체로 월렌포드(Wallenford), 마비스뱅크(Mavis Bank), 올드타베른(Old Tavern) 등이 있는데 일반인들에게는 커피농장의 이름으로 잘못 알려져 있다.

블루마운틴은 그 맛과 향을 위해 중배전인 하이로스트에서 시티로스트가 최적이다. 아주 훌륭한 Aroma와 부드러운 신맛이 난다.

6) 멕시코(Mexico)

아라비카종과 로부스타종이 모두 생산되며 전체 생산량의 97%가 아라비카종이고 아라비카 생산량은 세계 3위인 국가이다. 멕시코 국토의 30%정도가 고원지대이기에 고지대에서 생산된 커피라는 뜻의 "알투라(Altura)"가 멕시코 최고등급의 커피로서 화이트 와인과 같은 상쾌한 산미와 가벼운 바디감을 느낄 수 있는 멕시코 대표의 커피이다. 북미 자유무역협정으로 미국과의 교역이 활발해짐으로서 상대적으로 낮은 가격에 비해 품질이 우수하여 구매자들에게도 인기 있는 커피로 각광받고 있다.

7) 엘살바도르(El Salvador)

천혜의 자연조건을 가진 나라이지만 내전으로 인한 정치적인 혼란 속에서 정부차원의 교육과 투자가 제대로 이루어지지 않아서 경작과 가공법이 발달되어 있지는 않지만 엘살바도르 고유품종의 클래시컬한 맛이 잘 보존되고 있다는 평가를 받고 있다. 1990년대 이후에는 전체 면적의 12%가 커피 농장으로 조성되고 전체 인구의 10%가 커피산업에 종사하면서 커피산업이 본격화되었다. 마라고지페 품종과 파카지방의 카투라 품종을 접목시킨 "파카마라(pacamara)"는 부드러운 바디감과 신맛이 좋으며, 깊고 풍부한 향을 느낄 수 있는 대표적인 커피이다.

2. 아프리카

1) 에티오피아(Ethiopia)

아라비카 품종은 야생으로 자라던 에티오피아에서부터 기원했다. Coffee라는 이름도 에티오피아의 'Kaffa' 지방 이름에서 유래되었다고 전해지고 있다. 아직 상당수의 커피가 야생으로 자라고 있으며, 포도주 맛과 강한 향미가 느껴진다. 가장 높은 고산지대에서 자라는 것은 하라 커피이고, Shortberry / Longberry 로 구분되며, Longberry가 가장 맛이 살아 있다.

2) 케냐(Kenya)

케냐의 해발 1,500~2,100m의 고산지대에서 경작되며 1년에 두 번 수확하고 있으며 커피 산업의 생산관리, 품질관리, 유통관리 면에서 가장 우수한 커피생산국으로 인정받고 있다. 맛과 크기에 따라 AA(Screen 17~18), AB(Screen15~16). C(screen14 이하) 등으로 등급이 구분되며 특급품은 Kenya AA(더블에이)로 표시한다. 강한 신맛, 짙은 향미, 과실의 달콤함에 와일드함까지 밸런스가 잘 잡힌 고급커피로 와인과 딸기의 향미를 가진 커피라고도 평가된다. 커피열매가 익는 대로 한 나무에서 대체로 일곱 차례 열매를 딴다.

3) 탄자니아(Tanzania)

대부분의 커피가 케냐와 국경을 마주보는 탄자니아 킬리만자로(kilimanjaro) 산과 메루(Meru) 산에서 재배된다. 탄자니아 커피는 와인과 같은 깔끔한 산미와 와일드하면서도 깊고 풍부한 향미로 영국황실에서도 즐겨 마신다. 아라비카종과 로부스타종 모두 재배되고 있으며, 탄자니아인들의 식량인 바나나 나무와 함께 경작함으로서 자연스러운 그늘 경작환경이 이루어져 충분한 일조량과 적당한 강우량이 더해져 아프리카 특유의 커피 맛을 잘 표현해준다.

4) 잠비아(Zambia)

잠비아 커피는 1950년대에 탄자니아와 케냐로부터 선교사에 의해서 전해졌으며, 전체적으로 케냐의 커피 맛과 비슷하지만 달콤하면서도 새콤한 향이 나며 건포도의 느낌과 커피를 마시고 난 뒤에도 여운이 오랫동안 지속되는 특징이 있다.

5) 르완다(Rwanda)

르완다는 해발 1,500m 이상의 고지대에 자리잡고 있으며, 서쪽 끝에 면적 약 2,700km의 거대한 키부호가 있고 콩고민주공화국과 국경을 이루고 있다. 비옥한 화산재 토양과 고지대의 낮은 기온(평균21℃)과 적은 강수량으로 커피 재배지로서는 최적의 조건을 갖추고 있다. 르완다 버번 품종은 특유의 화려함과 화산재 토양에서 자라서 스파이시한 향과 새콤달콤한 여운이 남는 것이 특징적이다.

3. 아시아 / 태평양

1) 예멘(Yemen)

세계 최고의 커피 무역항이었던 예멘의 모카항의 이름을 따서 예멘커피의 대명사가 된 모카커피. 전통적인 유기농방법으로 생산되어져 수확한 그대로 생두의 등급을 무시하고 선별작업을 거치지 않아 생두들이 못생기고 크기도 제각각인 것이 특징이지만, 그 외형에 비해 커피 맛은 전 세계 커피 시장에서 인정해 주는 전통적인 커피이며 달콤하면서도 깊이 있는 초콜릿 맛이 일품인 것이 특징이다. 특히 예멘의 수도인 사나(Sana)의 서쪽에 위치한 커피 산지인 마타리(Mattari) 지방에서 수확된 커피가 생두의 밀도도 높고, 깊고 풍부한 정통의 맛과 향으로 유명하다. 독특한 초콜릿 향으로 인해 인스턴트커피에 초콜릿 향을 가미한 것을 모카커피라고 부르기도 한다.

2) 인도네시아(Indonesia)

인도네시아는 네덜란드인에 의해 1696년 처음으로 커피나무가 경작되기 시작하여 1706년에는 자바커피가 유럽으로 수출되기 시작하였다. 인도네시아의 주된 커피생산지는 자바, 수마트라, 술라웨시, 발리 같은 섬 단위로 구분되어져 있다. 전체 커피 생산량의 90%를 고품질의 로부스타종으로 재배하고 있다. 질 좋은 아라비카종은 5~8% 정도이지만 세계적으로도 고급 커피로 평가를 받고 있다. 만델링(Mandheling), 가요마운틴(Gayo Mountain), 코피 루왁(Kopi Luwak) 등이 유명하며, 중후한 바디감과 풍부한 향미로 유럽 사람들에게 특히 인기가 있다.

3) 파푸아뉴기니(Papua New Guinea)

자메이카 블루마운틴과 유사한 환경을 가지고 있으며, 연간 기온차가 크지 않고 적당한 강우량이 특징인 나라이다. 가장 큰 섬인 뉴기니섬에는 빌헬름 산이 있고 이 산을 중심으로 한 고원지대에서 대부분의 커피가 생산되고 있다. 아라비카와 로부스타 모두 생산되고 있으며, 연평균 약 7만 톤 정도의 커피가 생산된다. 대부분의 커피는 북아메리카로 소비되며 과일의 적당한 산미와 아로마가 풍부하며 밸런스가 좋은 커피이다.

4) 하와이(Hawaii)

단맛과 예민한 신맛, 산뜻하고 조화로운 맛을 지닌 최고의 커피이다. 북동 무역풍이 부는 열대우림 기후지역으로서 다른 커피 재배지역에 비하여 낮은 고도임에도 불구하고, 커피 재배에 탁월한 자연조건을 가지고 있는 하와이 빅 아일랜드의 서부 지역인 코나 지방에서 생산되는 커피이다. 하와이 주(州) 법(法)에 따르면 코나 커피가 10% 이상 들어간 제품에만 "코나"라는 명칭을 부여 할 수 있다. 생두의 스크린 사이즈가 19 이상인 'kona extra fancy'가 가장 좋은 최상급으로 분류된다. 그런데 커피의 명품이라는 유명세에 걸맞게 하와이지역 내에서도 가짜 코나 커피가 버젓이 판매되고 있다.

제3장 **커피의 재배**

1. 커피 재배지역 및 조건

커피나무가 잘 자라는 곳은 아라비카의 경우, 경사진 언덕과 약간의 평지가 어우러진 곳이 좋으며 로부스타는 주로 평지에서 재배를 하고 있다. 또한 표토층이 깊고 물 보유능력이 좋으며 배수가 잘되는 지형이 우수한 커피생산에 유리한 지형이다. 적도를 기준으로 고도가 높을수록 기온이 낮아지기 때문에 해발 1000~2000m 정도가 적합하다. 연평균 강우량은 1,200~2,000mm, 연평균 기온 18℃~22℃인 열대 아열대 기후에 속하는 지역으로서 지구의 적도를 중심으로 남북회귀선(남위 23.5도, 북위 23.5도) 내에 위치하여 마치 지구의 벨트와 같다고 하여 "커피벨트(Coffee belt)" 또는 "커피존(Coffee zone)"이라고도 한다.

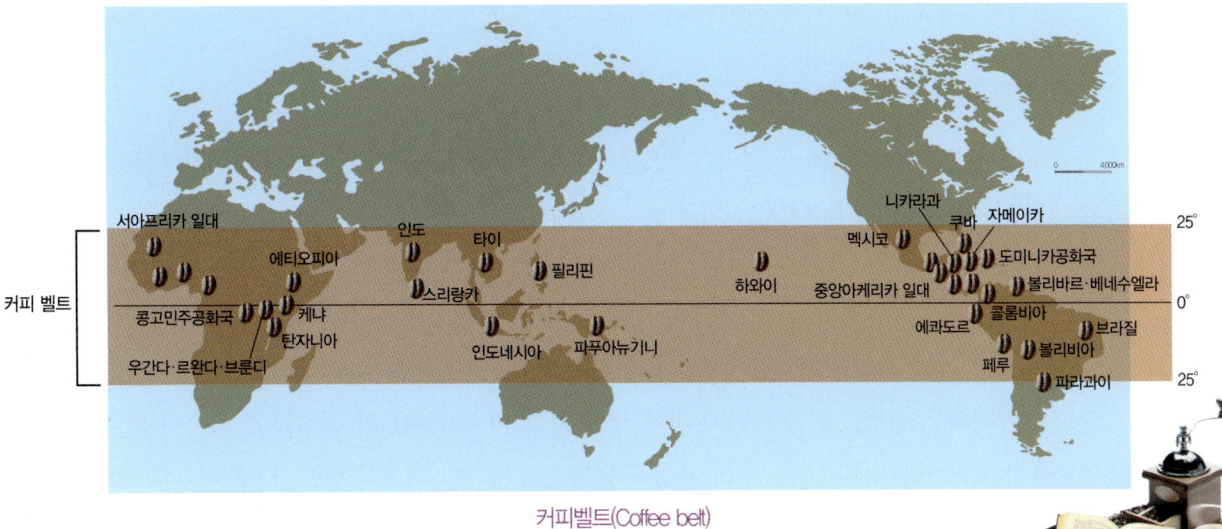

커피벨트(Coffee belt)

43

또한 커피벨트 내에 속하는 지역 중에서도 품질이 좋은 커피를 생산하는 지역의 모양을 조사해 보자면 커피 원산지인 에티오피아의 아라비아 고원 지역은 화성암의 풍화에 의해 형성된 부식토 함량이 높은 토양이고 브라질의 유명한 '테라로사' 역시 부식토가 풍부하고 질소, 인산, 석회 포타슘이 다량 함유된 토질로 되어 있어 커피나무가 생육하기에 아주 좋은 토질이다. 또한 동남아시아에 위치한 인도네시아 역시 화산작용으로 생긴 화산회질과 부식토로 이루어져 있어서 양질의 커피를 생산하고 있다.

커피는 고지대에서 천천히 생산될수록 보다 단단하고 밀도가 높아 향과 플레이버(flavor)가 풍부하고 맛이 좋고 진한 청록색이 된다. 특히 신맛은 고도가 높아짐에 따라 좋아진다. 바람이 강한 지역은 나무키가 작고 가지가 튼튼하며 바람에 강한 품종을 선택해야 하는데 셰이드 트리(Shade Tree)나 방풍림(Wind-break)을 심어 방풍 시설을 해서 재배한다.

2. 커피 수확

커피는 주로 해발 500~1,500m의 고산지대에서 일반적으로 따뜻하고 습한 기후에서 잘 자란다. 커피는 재배지의 조건이 좋을수록 그 맛과 향이 진하고 풍부해지는데 생두의 생산지가 어딘가에 따라 그 맛이 달라지는 것도 이런 이유이다.

커피의 재배과정은 묘판을 만들어 커피 종자를 뿌리고 40~60일 후 싹이 나오며 내피가 덮인 상태에서 줄기가 나온다. 기후에 따라 다르지만 발아 후 20~30일 만에 내피를 뚫고 잎이 나오고 종자를 파종하고서 약 5개월 후에 묘목이 된다. 종자를 뿌린 후 약 10개월에 농원으로 이식하고 약 1년 후에 최초의 꽃이 피고 열매도 조금 열리게 된다. 이식된 커피나무는 3~4년이 지나면 수확이 가능하지만 상품화가 가능한 성숙된 커피 열매는 5년 이상 자라야 한다.

커피체리가 충분히 익고 난 후, 수확하는 방법은 크게 세 종류로 나뉜다.

1) 핸드 피킹 (Hand Picking)

사람이 직접 잘 익은 체리만을 일일이 손으로 수확하므로 커피 품질이 우수하다. 하지만 비용이 많이 드는 단점이 있으며 대부분 습식가공 생산국가에서 사용한다.

2) 스트리핑 (Stripping)

체리가 어느 정도 익었을 때 커피나무 줄을 따라 나무아래에 천을 깔고 손으로 훑어 한번에 모든 체리를 수확하는 방법으로 수확기에 비가 오지 않고 비교적 체리가 균일하게 익는 지역에 적합하지만 커피나무에 손상을 주어 품질이 균일하지 않다는 단점이 있다. 대부분 로부스타 생산국가와 건식가공 커피를 생산하는 나라에서 이 방법을 사용하고 있다.

3) 기계수확 (Mechanical Picking)

브라질처럼 경작지가 평지이고 커피나무 줄 간격이 넓은 지역이나 하와이처럼 노동력이 부족하거나 임금이 비싼 지역에서 주로 시행하는 수확방법으로 나무의 키와 폭에 따라 조절이 가능한 기계를 이용하여 브라질에서 처음 개발되어 사용하고 있다.

[국가별 커피 수확 시기]

대륙별	국가별	수확 시기
아프리카	케냐(Kenya)	10월 ~ 03월(주 수확기) 05월 ~ 08월(부 수확기)
	에티오피아(Ethiopia)	11월 ~ 02월
	탄자니아(Tanzania)	10월 ~ 02월
	브룬디(Burundi)	10월 ~ 02월
	우간다(Uganda)	10월 ~ 02월
중남미	콜롬비아(Colombia)	10월 ~ 01월(주 수확기) 03월 ~ 05월(부 수확기)
	코스타리카(Costa Rica)	10월 ~ 03월
	과테말라(Guatemala)	10월 ~ 03월
	브라질(Brazil)	05월 ~ 09월
	멕시코(Mexico)	10월 ~ 03월
	파나마(Panama)	11월 ~ 03월
	자메이카(Jamaica)	12월 ~ 03월
	온두라스(Honduras)	10월 ~ 02월
	엘살바도르(El Salvador)	11월 ~ 03월
	페루(Peru)	07월 ~ 11월
아시아/ 태평양	예멘(Yemen)	10월 ~ 12월
	베트남(Vietnam)	10월 ~ 03월
	인도(India)	12월 ~ 03월
	인도네시아(Indonesia) 자바(Java)	06월 ~ 10월
	인도네시아(Indonesia) 수마트라(Sumatra)	10월 ~ 03월
	인도네시아(Indonesia) 술라웨시(Sulawesi)	05월 ~ 11월
	티모르(Timor)	05월 ~ 09월
	하와이(Hawaii)	10월 ~ 03월
	파푸아뉴기니(Papua New Guinea)	05월 ~ 07월

커피나무의 줄을 따라 이동하면서 유리섬유나 나일론으로 된 막대로 나무에 진동을 주면 익은 체리는 떨어지고 안 익은 체리는 나무에 달라붙어 있는데, 떨어진 익은 체리를 모아 압축공기를 이용하여 나뭇잎이나 다른 이물질을 제거하게 된다. 선별 수확이 어렵고 나무에 손상을 줄 수 있어 대량 수확물을 처리하기 위한 시설이 필요하고 고가의 기계 구입비용이 들고 기계사용이 가능한 지역으로 한정 된다는 단점이 있다.

3. 커피 가공

커피의 가공 방법에는 크게 나누어 2가지 방식이 있다. 햇빛이나 열풍을 이용하는 건식(Unwashed) 법과 물을 이용하는 습식(Washed)법이 있다.

1) 건식법(Natural, Dry Process)

건식법은 열매가 나뭇가지에서 검게 될 때까지 말렸다가 건조된 열매의 외피를 벗겨내는 방법이다. 빛이 충분하지 않을 경우에는 인공으로 건조시키기도 한다. 건식법을 사용한 커피는 브라질 커피와 에티오피아의 하라 커피가 대표적이다. 로부스타 커피도 대부분 건식법으로 처리하고 있는데 습식커피와 비교해 볼 때 결점두나 이물질이 섞일 가능성이 크지만 선별처리를 할 경우에는 커피 본래의 맛과 향이 살아 있는 제품을 얻을 수 있다.

▲ 라오스

▲ 커피 체리 건조

2) 습식법(Washed Process)

습식법은 브라질을 제외한 중남미 국가와 에티오피아를 제외한 아프리카 국가들 가운데 아라비카종을 생산하는 곳에서 이용하는 가공방법이다. 잘 익은 커피 열매를 따서 물통에 넣고 물 위에 뜨는 이물질과 품질이 좋지 않은 열매를 골라낸다. 가라앉은 열매만을 과육 제거기에 넣어 껍질을 벗기는데 물로 씻어내도 미끈미끈한 점액질이 붙어있으므로 24~36시간 동안 물에 담그고 발효시켜 점액질을 제거한다. 발효는 생두 자체의 미생물에 의해 일어나기도 하고 효소를 첨가시켜 주기도 한다. 발효가 끝나면 서너 차례 세척한 후 1~3주 동안 건조시킨다.

습식법은 각 작업 단계별로 계속해서 선별작업을 하므로 결점두를 거의 찾아볼 수 없다. 습식법으로 생산된 커피 가운데는 신맛이 강한 우수한 커피가 많지만 일광 건식법에 비해 시간이 경과함에 따라 품질이 떨어지기 쉽다. 습식법과 건식법 생두를 구분하는 방법은 커피를 볶아낸 다음 커피 중앙에 있는 선을 보면 된다. 중앙에 있는 선이 희면 습식법이고 다른 부분과 같이 짙은 갈색이면 건식법이다.

▲ 발효조

3) 펄프드 내추럴(Pulped Natural Process)

펄프드 내추럴 가공 방식은 열매 껍질을 제거하고 점액질은 남긴 상태에서 햇볕에 건조시키는 방법으로 건식법과 습식법의 중간 형식이다. 과육을 제거하는 과정을 펄핑(Pulping)이라고 하는데, 이 과정에서 펄퍼의 두께 조절이 가장 중요하며 덜 익은 열매는 이 과정에서 체에 남게 된다.

과육을 벗겨내는 정도에 따라서는 허니 프로세스(Honey Process)라는 가공방식을 채택하는 경우도 있다. 레드허니(Red Honey)는 커피열매의 표면을 살짝 제거했을 때 붉은 빛을 띠는 파치먼트가 나타나게 하여 내추럴 방식에 가까운 맛과 향을 내게 하는 특징이 있다. 옐로우 허니(Yellow Honey)는 레드허니에 비해 점액질을 많이 벗겨내어 10~20%만 남겨두고 파치먼트가 거의 보이게 하는 방식으로 워시드 방식에 가까운 맛을 낸다. 블랙허니(Black Honey)는 점액질 제거 정도는 레드허니와 비슷하지만 말리는 과정에서 하루는 그늘에서 말리고 하루는 햇볕에서 말리는 과정을 반복하는 것을 말한다.

▲ 필링머신

[가공 방식의 비교]

구분	건식법	습식법
과정	건조-펄핑-과육/파치먼트 동시제거	과육제거 - 발효 - 세척 - 건조
장점	생산단가가 저렴하고 친환경적임	품질이 높고 균일함
단점	품질이 낮고 균일하지 않음	환경오염 문제
맛의 특성	단맛, 강한 바디	신맛이 건식법 보다 높음
나라	브라질, 에티오피아, 인도네시아 대부분의 로부스타 생산국	대부분의 아라비카 생산국

4. 커피 건조

가공된 커피를 보관하는 과정에서 미생물이 증식하는 것을 막기 위해 대부분의 커피는 수분 함량을 낮추어주는 건조과정이 반드시 필요하다. 일반적으로 60~65%에 달하는 수분함량을 12%로 낮추는데 필요한 건조 방식에는 햇볕에 말리는 선드라이(Sun dry) 방식과 온실 또는 기계에서 말리는 방식을 채택하고 있다.

1) 파티오(Patio)

콘크리트나 아스팔트, 타일로 된 건조장을 파티오라고 한다. 넓은 공간에 커피 열매나 파치먼트 상태의 커피를 펼쳐 놓은 후 30~40분마다 갈퀴로 뒤집어주며 건조하게 된다. 일반적으로 파치먼트 건조는 7~15일 정도 소요되며, 열매 상태의 건조는 대략 12~21일 정도 소요된다.

▲ 파티오(Patio)

2) 온실건조(Plastic Shed)

우천 시 커피를 보호하기 위해 비닐 지붕으로 된 하우스 내부에서 건조하는 방식이다. 파티오 건조와 비슷하며 온도가 10~15℃ 정도이기에 건조가 잘 되고 환풍기로 인해 수분배출이 용이하다. 건조 시간은 대략적으로 3~14일 정도 소요되고 장소가 작을 경우 너무 빠르게 건조된다는 단점이 있다.

3) 기계건조(Machine Dry)

커피의 수분함량이 약 20% 정도가 되면 40~50℃의 열풍 건조기에서 수분함량을 12%로 낮추는 방식이다. 건조기의 종류로는 타워형, 회전형, 고정형 건조기가 있다.

1. 커피 생산지별 분류기준

커피생두의 분류는 생산지에 따라 분류하는 기준을 다르게 적용하고 있다. 일반적으로는 생산고도에 의한 분류, 생두 크기에 의한 등급 분류, 결점두(Defect Bean)의 양에 의한 분류로 등급을 결정한다. 최근 세계 커피시장에서는 생두의 생산에서 유통단계에 이르기까지 생산지 농민의 자체 품질관리가 이루어지면서 조합이나 재배자의 명칭도 중요한 품질의 기준으로 적용받고 있다.

1) 생산고도에 의한 분류

생산지의 재배고도에 따라 분류하는 방식으로서 코스타리카, 과테말라 등의 나라가 대표적인 곳이다. 생산고도에 의한 분류기준을 살펴보면 아래와 같이 설명할 수 있다.

* SHB(Strictly Hard Bean): 해발 1,370m 이상
* HB(Hard Bean): 해발 1,220~1,370m
* Semi Hard Bean: 해발 1,260m
* Extra Prime Washed: 해발 910~1,060m
* Prime Washed: 770~1,060m
* Good Washed: 770m 미만

2) 생두의 크기에 의한 분류

생두 스크리너(Screener)라고 하는 도구를 이용해 스크린 구멍의 사이즈에 따라 스크리닝 작업을 통해 생두의 크기를 구분하는 방식이다. 분류 방법은 생두의 가공과정을 마친 생두 300g을 스크리너에 부어서 1차 선별작업을 하고 크기별로 구분된 생두의 무게를 백분율로 환산하여 생두의 크기 등급을 정하는 것이다. 생두의 크기는 스크린 사이즈 (screen size)로 분류되며, 스크린 사이즈는 1/64 인치로 약 0.4mm이다. 콜롬비아의 경우 Supremo/Excelso로 구분하는데 Supremo는 스크린 사이즈가 17 이상, Excelso는 14~16이며, 케냐의 경우 AA/A/B 등으로 생두 등급을 분류하는데 AA의 스크린 사이즈는 17~18, AB는 15~16, C는 14이다.

[생두 사이즈의 분류]

스크린 (Screen)	크기 (mm)	English	Spanish	Colombia	Kenya
20	7.94	Very Large	-	-	
19	7.54	Extra Large	-	-	
18	7.14	Large	Superior	Supremo	AA
17	6.75	Bold			
16	6.35	Good	Segunda	Excelso	AB
15	5.95	Medium			
14	5.55	Small	Tecera		C
13	5.16	Peaberry	Caracol		PB
12	4.76				
11	4.30		Caracoli		
10	3.97				
9	3.57		Caracoliio		
8	3.17				

3) 결점두에 의한 분류

일반적으로는 샘플 생두 300g 안에 몇 개의 결점두와 불순물이 섞여 있는가를 기준으로 등급을 결정하는 방법이다. 브라질과 뉴욕 분류법에서는 NY2, NY3 등으로 분류되며 이런 결점두와 불순물을 블랙빈의 수량으로 환산하여 점수를 매기며, 두 가지 이상의 결점사항이 있는 경우 가장 큰 결점사항을 기준으로 판정한다. 에티오피아에서는 결점두가 3개 이하의 경우 Grade1, 4~12개 이하의 경우는 Grade2 등으로 구분한다.

SCAA(Specialty Coffee Association of America) 분류법에서는 커피를 스페셜티 그레이드(Specialty Grade)와 프리미엄 그레이드(Premium Grade)의 두 가지로 분류하는데 스페셜티 분류기준에 부합해야 하며 다시 결점계수를 환산하여 분류한다. 다른 분류법에 비해 다양한 방법으로 등급을 결정하는 SCAA분류 기준은 주로 생두의 크기, 모양, 불순물 등의 결점사항과 컵 테스트로 건조, 박피가 끝난 생두를 14~18개의 스크린을 이용해 크기를 구분한 다음 각 스크린 위에 남아있는 생두의 무게와 비율을 확인하는 과정을 거친다. 또한 샘플중량(생두 350g / 원두 100g), 생두의 크기(편차 5% 이내), 불량 생두나 이물질, 수분 함량 (워시드방식: 10~12% 이내, 내추럴방식: 10~13% 이내) 등을 테스트하고 로스팅의 균일성과 맛과 향미의 특성까지 고려하여 등급을 나눈다.

1. Full black bean 2. Full sour bean 3. Dried cherry 4. Foreign matter 5. Severe insect damage

6. Partial black_Sour bean 7. Parchment 8. Floater bean 9. Immature_unripe bean 10. Withered bean

11. shell 12. broken_chipped bean 13. hull_husk 14. slight insect damage

▲ 결점두 종류

[생두의 국가별 분류 기준]

대륙	국가	주요 재배지역	등급	분류 기준
아프리카	에티오피아 (Ethiopia)	예가체프(Yirgacheffe)	Grade1: 3개 이하	생두 300g당 결점두수
		시다모(Sidamo)	Grade2: 4~12개 이하	
		하라(Harra)	Grade3: 13~25개 이하	
			Grade4: 26~45개 이하	
	케냐 (Kenya)	케냐산(Mt.kenya)	AA: 17~18	스크린사이즈 (1스크린사이즈 = 0.4mm)
		엘곤산(Mt.elgon)	AB: 15~16	
		나쿠루(Nakuru)	C: 14	
	탄자니아 (Tanzania)	모시(Moshi)	AA: 18	스크린사이즈 (1스크린사이즈 = 0.4mm)
		탕가니카 호수 (Tanganyika)	A: 17	
			AB: 15~16	
		니아사 호수(Nyasa)	C: 14	

대륙	국가	주요 재배지역	등급	분류 기준
중남미	브라질 (Brazil)	미나스 제라이스 (Minas gerais) 상파울루(Sao paulo) 파라나(Parana) 에스피리루 산토 (Espirito santo)	No.2: 4개 이하 No.3: 12개 이하 No.4: 26개 이하 No.5: 46개 이하 No.6: 86개 이하	생두 300g당 결점두수
	콜롬비아 (Colombia)	메델렌(Medellin) 마니셀라스(Manizales) 보고타(Bogota) 아르메니아(Armenia)	Supremo: 17 Excelso: 16 U.G.Q: 15~16 C: 14	스크린사이즈 (1스크린사이즈 = 0.4mm)
	과테말라 (Guatemala)	우에우에테낭고 (Huehuetenango) 안티구아(Antigua) 산 마르코(San marcos) 코반(Coban)	SHB: 1,400m이상 HB: 1,200~1,400m 이상 SH: 1,000~1,200m 이상 EPW: 900~1,000m 이상	해발고도
중남미	멕시코 (Mexico)	치아파스(Chiapas) 베라크루즈(Veracruz) 푸에볼라(Puebla)	SHG: 18 이상 HG: 17~18 Good Washed: 16~17	스크린사이즈 (1스크린사이즈 = 0.4mm)
	자메이카 (Jamaica)	마비스 뱅크(Mavis bank) 월렌포드(Wallen ford)	No.1: 19 No.2: 17 No.3: 16	스크린사이즈 (1스크린사이즈 = 0.4mm)
	코스타리카 (Costa Rica)	따라주(Tarrazu) 트레리오스(Tre rios) 투리알바(Turrialba)	SHB: 1,200~1,650m 이상 GHB: 1,100~1,250m 이상 HB: 800~1,100m 이상 MHB: 500~1,200m	해발고도
아시아/ 태평양	인도네시아 (Indonesia)	수마트라(Sumatra) 자바(Java) 술라웨시(Sulawesi)	Grade1: 최대 11개 Grade2: 12~25개 Grade3: 26~44개 Grade4: 45~80개	결점두수
	인도 (India)	카르나타카(Kamataka) 케릴라(Kerala) 타밀나두(Tamit nadu)	Plantation Pb: 피베리 Plantation A: 17 Plantation B: 15 Plantation C: 14	스크린사이즈
	중국 (China)	운남(Yunnan)	Grade1: 15~17 이상, 5% 이하 Grade2: 12~14, 8% 이하	스크린사이즈 / 결점두수
	예멘 (Yemen)	베니 마타르(Bani Matter) 하라지(Haraz) 사나(Sana)	Mattari Hirazi Sanani	재배지역

대륙	국가	주요 재배지역	등급	분류 기준
아시아/ 태평양	하와이 (Hawaii)	코나(Kona)	Kona Extra Fancy: 19 / 10개 이내	스크린사이즈 / 결점두수
		카우아이(Kauia)	Kona Extra Fancy: 18 / 16개 이내	
		몰로카이(Molokai)	Kona Caracoil No.1: 10 / 20개 이내	
		마우이(Maui)	Kona Prime: 25개 이내	

2. 커피 로스팅

우리가 커피를 마시기까지 생두-로스팅-원두-추출 단계를 거치게 되는데, 생두(Green Bean)는 그 자체로는 아무런 맛도 향도 없으며 생두에 열을 가하여 볶는 로스팅 과정을 통해 원두(Roasted Bean)가 되며, 이 원두를 분쇄하여 추출을 하게 되면 비로소 우리가 마시는 커피가 되는 것이다.

생두에 열을 가하면 생두의 세포조직이 물리적 화학적 변화를 통해 구조가 변형되면서 그 안에 있던 여러 가지 성분들(지방, 당분, 카페인, 유기산 등)이 밖으로 방출되며 맛과 향이 나게 된다. 생두는 약 1,500가지가 넘는 물질로 구성되어 있는데 로스팅을 통해 맛과 향을 낼 수 있는 물질은 대략 700여 가지이다.

로스팅에서 중요한 것은 생두마다 다른 로스팅 포인트를 찾아 거기에 따른 여러 가지 조건들을 컨트롤 해 주는 것이다. 또한, 로스팅은 원두 조직을 최대한 팽창시킴으로써 원두가 지니고 있는 맛과 향을 발현시키는 것이며, 생두의 수분함량을 로스팅 포인트에 맞게 적정하게 방출시키는 과정이다. 로스팅을 잘하기 위해서는 생두의 특성을 잘 이해하고 있어야 한다. 즉, 가공 과정에 따른 특성의 차이, 원산지별 커피의 특성, 품종에 따른 특성, 수분 함유율과 밀도의 차이에 따른 특성 등을 잘 숙지하고 있어야 하며 더불어 로스팅 머신의 특성에 대한 이해가 반드시 필요하다.

1) 로스팅 머신

커피를 처음 로스팅하기 시작한 것은 12~13세기 아랍 지역으로 점토나 돌로 만든 그릇에 커피를 올려놓고 불 위에서 로스팅을 했으며 1650년경 얇은 철판으로 만든 원통형의 로스터가 출현하게 된다. 그 후 많은 기술적 발전을 통해 19세기에 오늘날과 같은 형태의 드럼형 로스팅 머신이 출현하게 되는데 처음에는 나무, 석탄 등을 화력으로 사용했으나, 오늘날은 전기나 가스 등을 주로 이용한다.

[로스팅 머신의 종류]

구분	구조	구동방식 & 열원
초창기 로스터		수동회전방식 (나무, 석탄)
핸드 로스터		가정용 직화식 수동방식 (금속, 수망, 도자기)
가정용 자동 로스터		가정용 직화식 자동회전방식 (가스/전기)
상업용 전기 로스터	〈드럼형〉　　　　〈타워형〉	자동회전방식 (전기/할로겐)
상업용 가스 로스터		드럼형 자동회전방식 (LPG/LNG)

2) 로스팅 머신의 가열 방식

　　로스팅은 산지별 생두에 대한 각각의 특성을 이해하는 것은 물론 로스팅 머신의 구조와 가열 방식에 대한 정확한 이해도가 무엇보다도 중요하게 작용한다. 로스팅 머신의 대표적인 구조와 가열 방식은 다음과 같이 직화식, 열풍식, 반열풍식이 있으며 각각의 로스팅 머신에 따라 장, 단점이 있기 때문에 특징에 맞게 선택하여 최적의 로스팅 결과물을 만들어야 한다.

방식	내부 구조	특징
직화식		- 가장 오래된 원통형 드럼회전방식 - 드럼통에 구멍이 있어 회전하면서 생두에 직접적으로 열을 전달 - 개성있는 맛과 향의 표현이 가능 - 생두 내외부의 균일한 로스팅이 어려움
반열풍식		- 직화식 로스팅 머신의 변형된 방식 - 드럼표면의 열과 후면에 뚫린 통풍구로 열풍을 전달 - 직화식에 비해 균일한 로스팅이 가능 - 로스팅 시간이 길고 원하는 향미 조절 가능
열풍식		- 고온 열풍을 드럼 내부에 전달하여 대류열만으로 로스팅하는 방식 - 직화식과 반열풍식보다는 균일한 배전이 가능 - 열풍의 양조절이 가능하여 안정적인 맛과 향의 표현이 가능함 - 직화식, 반열풍식에 비해 개성적인 맛에 대한 표현이 어려움

3) 로스팅의 열전달

로스팅에서 좋은 결과물을 얻기 위해서는 로스팅 머신 내외부에서 일어나는 열전달의 과정을 이해해야만 하는데 이를 위해 다음의 3가지 열전달 현상을 반드시 숙지하고 있어야 한다.

(1) 전도열(Conduction)

커피 표면에 직접적으로 가해지는 열로서 드럼 내부의 철판 표면과 생두의 표면에 직접적으로 열이 전달되는 것을 말한다. 로스팅 머신에 따라 드럼의 철판두께와 재질, 형태에 따라서 결과물에는 다양한 변화를 주게 된다. 전도열이 너무 강할 경우, 생두의 표면이 그을리거나 타는 현상이 생기기 때문에 화력조절과 함께 생두와 드럼 내부 상황을 상시 체크하며 열 조절을 해야 한다.

(2) 복사열(Radiation)

드럼의 회전 표면에서 전달된 열이 드럼 내부 중앙까지 복사되어 안정적으로 채워지는 것을 도와주는 열을 말한다. 로스팅에는 직접적으로 영향을 주지 않지만 로스팅이 일정한 조건에서 잘 진행될 수 있도록 도와주는 역할을 하는 것이다. 충분히 드럼 내부의 중앙까지 전달되지 않을 경우, 로스팅이 길어질 수 있기 때문에 화력조절에 주의를 기울여야 한다.

(3) 대류열(Convection)

드럼 내부의 표면부터 공기 이동에 의해 데워진 열기를 말한다. 안쪽으로 이동하기 쉬운 성질을 가지고 있어 대류열을 잘 응용하면 생두의 내부부터 천천히 잘 익힐 수 있다. 이러한 대류열의 흐름을 통제하고 커피의 향미를 조절하는 것이 댐퍼의 역할이며, 댐퍼를 잘못 조절할 경우 열이 계속 표면에만 축적되어 필요 이상으로 표면이 타게 되고 생두 안쪽은 익지 않아서 텁텁한 맛이 나기도 한다. 실제로 댐퍼를 열수록 표면이 밝고 맛이 가볍고 닫을수록 표면이 어둡고 맛이 무거운 것을 확인할 수 있다.

4) 로스팅 실전 과정

좋은 품질의 원두를 생산하기 위해서는 로스팅 전에 결점두를 선별해내는 작업이 반드시 필요하다. 미성숙 상태의 생두, 썩은 생두, 가공 중에 발생되는 생두의 손상, 벌레 먹은 생두, 수확과정에서 생두와 같이 실려 오는 돌, 옥수수 등을 건강한 생두로부터 분리해 내는 과정이다.

(1) 생두 투입

로스팅 머신을 미리 예열한 뒤, 드럼 내부 온도가 안정화 된 상태에서 선별한 생두를 투입하는 과정이다. 녹색의 그린빈 상태에서 투입되고 점차 색상이 황록색으로 변화되며 수분함량이 많을 경우 수분 증발시간이 느려지고 풋내가 발생한다.

(2) 수분 건조

생두가 가열된 드럼 내부의 열을 흡수하는 과정이며 흡열반응을 하는 단계이다. 드럼 내부의 열을 생두가 흡수하여 색상은 점차 황록색에서 노란색으로 바뀌게 되며 빵을 굽는 듯한 고소함과 단향이 올라오게 된다. 생두가 흡열반응을 하면서 70~90%의 수분이 소실되고 드럼의 내부온도가 서서히 증가하기 시작한다. 댐퍼(Damper: 배기송풍 조절기)를 통해 드럼 내부의 열량과 기압 공급이 균일하도록 유지하는 것이 중요하다.

(3) 갈변 반응

생두가 170~200℃에 도달하면 생두의 당 성분이 캐러멜화 되어 커피의 향기와 맛 성분들이 생성된다. 생두의 색상은 점차적으로 갈색을 띠면서 온도가 상승하게 되고 생두의 내부 온도가

팽창하면서 1차 크랙음이 발생하게 된다.

(4) 1차 크랙

열을 가한 생두는 이시기에 탄수화물이 산화되면서 생두의 센터 컷(Center Cut)이 탁탁 갈라지는 소리(크랙음)이 들리게 된다. 이 과정을 통해 원두의 표면은 보다 팽창되고 색은 갈색에 가까우며 표면도 매끈해진다. 또 신향의 발산이 강한 시점으로 불필요한 신향을 줄이고 싶다면 댐퍼를 열어둔다. 통상적으로 이 시점을 시나몬 로스팅(Cinnamon Roasting) 단계라고 한다.

(5) 2차 크랙

원두의 고유한 향이 발산되는 지점으로 로스팅 과정에서 가장 중요한 단계이다. 1차 크랙이후 원두 내부의 오일 성분이 원두의 표면으로 올라오게 된다. 원두는 점차 갈색에서 진한 갈색으로 바뀌며 원두의 표면은 1차 크랙 때보다 더 팽창한다. 대략 이 시점을 풀시티 로스팅(Full City Roasting) 단계라고 하며 가열로 인한 캐러멜화로 신맛보다는 단맛이 섞이게 된다. 2차 크랙 이후부터는 신맛과 단맛은 거의 없어지고 쓴맛이 강해지는 프렌치 로스팅(French Roasting), 이탈리안 로스팅(Italian Roasting) 단계가 된다.

(6) 배출 & 냉각

로스팅이 끝나면 즉시 열을 식혀야 하는데 그렇지 않으면 원두 내부의 열로 인해 원하는 로스팅 포인트보다 더 진행되기 때문이다. 대부분의 로스팅 머신은 찬 공기를 순환시켜 냉각하는 방식이며, 일부의 머신은 물을 분사시켜 냉각하게 되는데 물은 공기보다 냉각효과는 좋으나 물의 양이 많게 되면 커피에 흡수되므로 주의해야 한다.

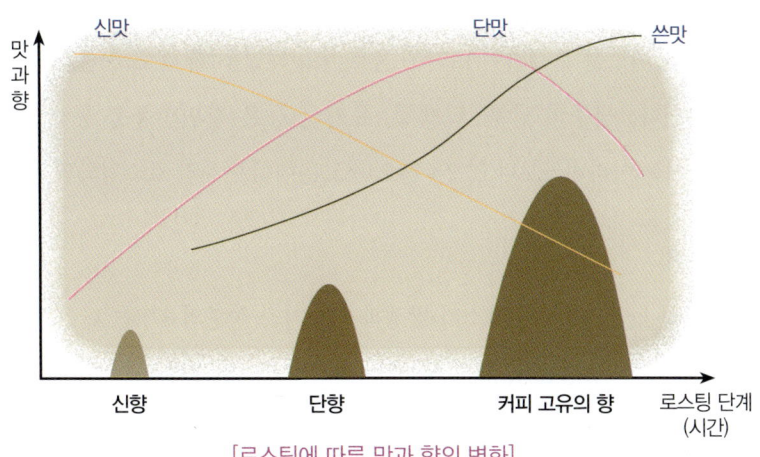

[로스팅에 따른 맛과 향의 변화]

5) 로스팅 과정의 물리적, 화학적 변화

(1) 수분함량

수분은 로스팅을 하면 가장 많이 줄어드는 성분으로 10~12%였던 것이 로스팅 정도에 따라 1~5%까지 줄어들며 미디엄 로스트일 때가 2~3% 정도이다.

(2) 탄수화물

탄수화물 중 유리당류는 원두의 갈색이나 향의 형성에 큰 영향을 미친다. 생두는 유리당류 중 흔히 설탕으로 불리는 자당이 가장 많은데 아라비카종은 커피에 6~8%, 로부스타종이 1~3% 포함되어 있다. 유리당류는 로스팅 후 거의 소실되고 다당류는 불용성으로 세포벽의 주성분인 섬유소, 헤미세룰로오스 등이다.

(3) 단백질

단백질은 원두의 향기 형성에 중요한 성분이다. 유리아미노산은 로스팅에 의해 급속히 소실되며 당과 반응해서 멜라노이딘 및 향기 성분으로 변화한다. 생두의 0.3~0.8%로서 일부 성분은 쓴맛 성분과 결합해서 갈색 색소 성분으로 변화한다.

(4) 지질

생두의 지질은 아라비카종에는 평균 15%, 로부스타종에는 평균 10% 정도 함유되어 있으며 트리글리세리드 형태가 가장 많다. 지방산 중 불포화지방산인 리놀레산과 포화지방산인 팔미트산이 가장 많이 함유되어 있다.

(5) 가용성분

가용성 성분이란 원두를 분쇄하여 뜨거운 물로 추출하였을 때 나오는 성분을 말하며 많을수록 맛과 향이 진해진다. 생두의 당분, 단백질, 유기산 등은 갈변반응을 통해 가용성 성분으로 변하는데 로부스타는 아라비카보다 약 2% 많으며 고온에서 단시간 로스팅하면 약 2~4% 증가한다.

(6) 가스(Gas)성분

로스팅 중 생두는 1g당 2~5ml의 가스가 발생하는데 가스 성분의 87%는 탄산가스로 고온의 열로 인한 건열 반응에 의해 생성된다. 탄산가스의 50% 정도는 로스팅 과정에서 방출되나 나머지는 서서히 방출되면서 향기 성분이 공기 중의 산소와 접촉하는 것을 막아준다.

(7) 휘발성분

휘발성 화합물은 당분, 아미노산, 유기산 등이 로스팅 과정을 거치며 갈변반응을 통해 생성되는데 50%는 알데히드이며, 20%는 케톤, 8%는 에스테르이다. 휘발성 화합물은 중량의 0.05% 미만인 700~2,500ppm으로 매우 적은 양이나 그 종류는 800여 가지가 되며 가스방출과 함께 증발, 산화되어 상온에서 2주가 지나면 커피 향기를 잃어버린다. 아라비카종이 로부스타종보다 더 함유되어 있으며 로스팅이 진행되면서 풀시티 로스팅까지는 증가하지만, 프렌치, 이탈리안 로스팅에 이르면 오히려 감소한다.

(8) 카페인

카페인은 푸린 염류에 속하며 함량은 로부스타종이 아리비카종에 비해 두 배 가까이 함유되어 있는데 씨앗뿐만 아니라 잎에도 소량 함유되어 있다. 생두에 1.0% 정도 함유되어 있는 카페인은 로스팅을 하면 약 16%정도 줄어들게 되지만 원두의 상대비율은 약 1.2%가 된다.

(9) 갈변 반응

식품이 조리나 가공 과정에서 갈색으로 변하는 것을 갈변 반응이라 하는데 효소가 관여하는 효소적 갈변 반응과 효소가 관여하지 않는 비효소적 갈변반응이 있다. 커피의 갈변은 열에 의한 비효소적 갈변 반응이며 원인은 캐러멜화와 마이야르 반응 때문이다. 캐러멜 반응은 마이야르 반응과 달리 자연적으로 발생하는 반응이 아니라 당을 고온으로 가열할 때 생두에 5~10% 포함되어 있는 자당이 캐러멜당으로 변화하는 반응이다. 마이야르 반응은 프랑스 화학자 마이야르가 포도당과 글리산을 가열하였을 때 갈색 색소인 멜라노이딘을 생성한다고 처음 발표하여 마이야르 반응이라고 한다.

생두를 로스팅할 때는 생두에 포함되어 있는 미량의 아미노산이 환원당인 자당과 다당류 등과 작용하여 갈색의 중합제인 멜라노이딘을 만드는 반응이다. 외관상으로 볼 때, 로스팅 된 커피는 이 멜라노이딘에 의해 검붉은 짙은 갈색을 띄게 되는 것이며 이 반응의 결과로 향을 느끼지 못했던 생두와 비교하여 휘발성 방향족 화합물이 생성되어 커피의 향을 만들어 내는 것이다.

- 캐러멜화(Caramelization): 당을 가열할 때 생두에 5~10% 포함되어 있는 자당(Sucrose)이 카라멜당으로 변하는 반응
- 마이야르 반응(Mailad Reaction): 비효소적 갈변반응으로 생두를 로스팅할 때 생두에 포함되어 있는 미량의 아미노산(Carbony group)이 작용하여 갈색의 종합체인 멜라노이딘(Melanoidine)을 만드는 반응
- 클로로겐산(Chlorogenic acid)에 의한 갈변: 고분자의 갈색색소는 클로로겐산류와 단백질 및 다당류와의 반응으로 형성된다.

6) 커피 로스팅의 단계(Degree of Roast)에 따른 분류법

(1) 분류법

로스팅의 단계별 명칭은 국가나 지역마다 조금씩 차이가 있다. 대표적인 것이 미국 스페셜티 커피협회(SCAA, Specialty Coffee Association of America)의 SCAA 분류법과 국내와 일본에서 주로 사용하는 전통적인 8단계 분류법이다. SCAA 분류법은 에그트론(Agtron)사의 M-basic이라는 기계를 이용해 총 8단계로 분류한다. 그리고 로스팅 정도를 눈으로 확인해 볼 수 있도록 Tile #95-#25까지 8단계로 분류된 Color Roast Classification System을 소개하고 있다. 8단계 분류법의 명칭은 나라마다 선호하는 로스팅 스타일에 따라 나라나 도시 이름을 따서 붙여졌다. 아래에서 사용되는 배전(焙煎)이라는 것은 로스팅을 한자식으로 표현한 말이다.

(2) 로스팅 강도

아라비카종은 시티 또는 풀시티 로스팅 단계에서 맛과 향이 최상이라는 평가를 받고 있다.

로스팅이 약할수록 신맛이 강하고, 수분 함량이 높고 로스팅이 강할수록 수분이 많이 빠져서 원두는 가벼워지고 쓴맛이 강하게 느껴진다.

① 라이트(Light) 로스팅(최약배전)

가장 약하게 로스팅된 상태로 이 라이트 로스팅 단계의 원두를 가지고 커피를 추출하면 커피가 가지고 있는 쓴맛, 단맛 등의 깊은 바디감을 느낄 수 없으며 생두의 수분이 어느 정도 남아 있어서 색상은 황색을 띠게 된다.

② 시나몬(Cinnamon) 로스팅 (약배전)

이 단계에서의 로스팅은 커피의 신맛이 가장 두드러지며 생두의 외피로부터 떨어져 나온 은피(Silver skin)가 가장 많이 제거되는 단계이다. 색상은 황갈색을 띠는데 커피의 신맛을 즐기고 싶다면 시나몬 로스팅이 제격이다.

③ 미디움(Medium) 로스팅 (중약배전)

아메리칸 로스트라고 불리는 단계로 신맛과 쓴맛을 적절히 느낄 수 있어서 편안하게 마실 수 있는 로스팅 단계로 원두의 색상은 담갈색을 띤다.

④ 하이(High) 로스팅 (중배전)

이 단계에서는 신맛보다 단맛이 더 두드러지게 되며 일반적으로 가장 많이 로스팅 되는 단계로 원두의 색상은 갈색을 띠고 레귤러 커피로서 핸드드립용으로도 가장 이상적이라는 평가를 받고

있는 로스팅 단계이다.

⑤ 시티(City) 로스팅 (강중배전)

이 단계는 균형 잡힌 맛과 다소 강한 향미를 느낄 수 있는 단계로 원두의 색상이 진갈색을 보여주며 하이 로스팅과 같이 가장 많이 로스팅되는 단계로 무난한 균형미를 보여주는 로스팅이라고 할 수 있다.

⑥ 풀시티(Full-City) 로스팅 (약강배전)

이 단계로 접어들면 신맛보다는 쓴맛과 진한 커피가 가지고 있는 고유의 강한 맛이 강조되는 단계로 아이스 커피를 만들어 마시기에 적합하고 우유가 들어가는 메뉴를 만들기에 적당한 로스팅이다.

⑦ 프렌치(French) 로스팅 (강배전)

진한 커피맛과 중후한 뒷맛이 강조되고 원두의 표면에 기름기가 보이기 시작하고 검은 갈색의 색상으로 커피의 진한 맛을 즐기기에 좋으며 로스팅 할 때 로스터로서의 경험과 숙련된 기술이 필요한 단계이다.

⑧ 이탈리안(Italian) 로스팅 (최강배전)

커피 본연의 향기가 약해지고 쓴맛이 정점에 달하는 단계로 생두에 따라서는 타는 냄새가 나는 경우가 있는 단계이며, 우유를 사용하는 에스프레소 음료에 주로 사용된다. 최근 이탈리아 현지에서도 거의 하지 않는 로스팅 단계이다.

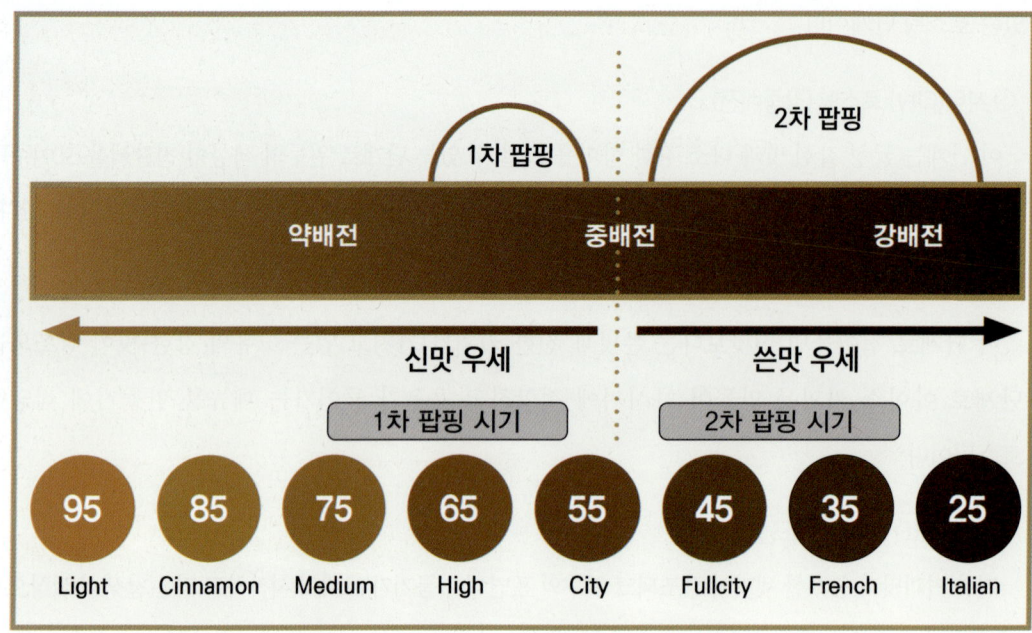

■ 주요정리

[커피 로스팅 정도에 따른 분류]

8단계 분류법			SCAA 분류법	
단계	색상	맛과 향	단계	색상
라이트 (Light)	황색	강한 신맛, 신향	Very Light	Tile #95
시나몬 (Cinnamon)	황갈색	다소 강한 신맛, 약한 단맛과 쓴맛	Light	Tile #85
미디움 (Medium)	담갈색	중간 단맛과 신맛, 약한 쓴맛, 단향	Moderately Light	Tile #75
하이 (High)	갈색	단맛 강조, 약한 쓴맛과 신맛	Light Medium	Tile #65
시티 (City)	갈색	강한 단맛과 쓴맛, 약한 신맛	Medium	Tile #55
풀시티 (Full-City)	진갈색	중간 단맛과 쓴맛, 약한 신맛	Moderately Dark	Tile #45
프렌치 (French)	검은 갈색	강한 쓴맛, 약한 단맛과 신맛	Dark	Tile #35
이탈리안 (Italian)	흑색	매우 강한 쓴맛, 약한 단맛	Very Dark	Tile #25

커피 블렌딩(Coffee Blending)

1. 커피 블렌딩의 의미

최초의 블렌딩 커피는 인도네시아 자바 커피와 예멘, 에티오피아의 모카커피를 혼합한 모카 자바(Mocha-Java)로 알려져 있다. 고급 아라비카 커피는 스트레이트(Straight)로 즐기는 것이 보통이지만 원두의 원산지, 로스팅 정도, 가공방법, 품종에 따라 혼합 비율을 달리하면 새로운 맛과 향을 가진 커피를 만들 수 있다. 또, 질이 떨어지는 커피도 조화로운 커피로 만들 수 있다. 커피 블렌딩은 각각의 원두가 지닌 특성을 적절하게 배합하여 균형 잡힌 맛과 향기를 내는 과정을 뜻한다. 따라서 커피 블렌딩을 위해서는 원두의 특징, 블렌딩 결과에 대한 경험과 이해가 필요하다.

블렌딩은 단종(스트레이트 Straight)커피의 고유한 맛과 향을 강조하면서도 좀 더 깊고 조화로운 향미를 창조할 수 있다. 또한, 개인의 취향에 따라 원두의 종류와 혼합비율을 달리할 수 있으므로 나만의 하우스 블렌드(House Blend) 커피를 만들 수 있고 스트레이트 커피로 즐기기에는 부족한 커피와 고급 아리비카 커피를 혼합하여 맛과 향의 상승효과를 내는 장점이 있다.

2. 커피 블렌딩 방법

커피를 블렌딩 할 때는 우선 원하는 기호에 잘 맞는 생두를 선택하는 것이 중요하다. 예를 들어 신맛을 강조하고 싶다면 예가체프, 탄자니아, 파푸아뉴기니 등을 선택하고, 쓴맛을 강조하고 싶다면 로부스타 커피를 선택한다. 다만, 혼합되는 원두의 가짓수가 너무 많지 않도록 3~5가지 안의 범위에서 선택하는 것이 좋고 원산지 명칭을 사용하는 경우에는 해당 커피를 30% 이상 사용하는 것이 좋다. 블렌딩 방법에는 2가지가 있다.

1) 로스팅 전 블렌딩(혼합 블렌딩: Blending Before Roasting)

기호에 따라 미리 정해 놓은 생두를 혼합하여 동시에 로스팅하는 방법으로서 시간을 단축할 수 있다. 한번에 로스팅을 하기에 편리하며, 블렌딩된 커피의 색이 균형적이다. 그러나 생두의 특징이 고려되지 않기 때문에 정점 로스팅 정도를 결정하기 어려운 단점이 있다.

2) 로스팅 후 블렌딩(단종 블렌딩: Blending After Roasting)

각각의 생두를 로스팅한 후 블렌딩하는 방법이다. 정점에서 로스팅된 원두가 서로 혼합되어 풍부한 맛과 향을 얻을 수 있다. 그러나 혼합되는 가짓수만큼 일일이 로스팅을 해야 하고, 생두에 따라 로스팅 정도가 다름으로 블렌딩 커피의 색이 불균형하다.

[대표적인 커피 블렌딩]

향 미	원 두	비 율(%)	로스팅 포인트
신맛과 향기로운 맛	콜롬비아 엑셀소	40	시티 (City)
	멕시코	20	
	브라질 산토스	20	
	예멘 모카	20	
중후하고 조화로운 맛	브라질 산토스	40	풀 시티 (Full-City)
	콜롬비아 엑셀소	30	
	예멘 모카	30	
달콤하고 약간 쓴맛	브라질 산토스	30	풀 시티 (Full-City)
	콜롬비아 엑셀소	30	
	인도네시아 자바	20	
	탄자니아 킬리만자로	30	
쓰고 약간 달콤한 맛	브라질 산토스	30	풀 시티 (Full-City)
	콜롬비아 엑셀소	30	
	엘살바도르	20	
	인도네시아 자바	20	
단맛이 있는 에스프레소	브라질 산토스	40	프렌치 (French)
	콜롬비아 수프리모	20	
	과테말라 SHB	20	

4절 커핑(Cupping & Cup Test)

컵 테스트의 가장 중요한 요소는 평가원의 관능평가 능력으로 관능 평가실을 운영하는 커피 회사에서는 6~8명의 관능평가원을 양성하고 있으며 관능평가는 통계적으로 평균값을 이용한다. 컵 테스트의 순서는 다음과 같다.

첫째, 로스팅 후 8~24시간 이내의 원두를 드립용보다 굵게 분쇄한다.

둘째, 6온스 컵에 분쇄커피 7.25g~8.25g을 넣고 150ml(5온스)의 끓인 물(90.5~96℃)을 붓고 3~5분간 침출한다.

셋째, 뜬 커피와 거품을 걷어내고, 위에 뜨는 액을 스푼으로 떠서 먼저 흡입한 후 맛을 평가한다.

넷째, 맛을 본 커피 액은 용기에 뱉으며, 약 1분 후 입 안에 남은 향미를 후미라고 한다.

다섯째, 향기와 맛을 평가한 결과는 커피 컵 테스트 표에 기재한다.

1. 커핑의 이해

1) 커핑의 평가 항목

(1) 후각(Olfction)

커피 향기를 느끼는 첫 번째 감각으로서 생두를 로스팅 할 때 생성되는 휘발성 유기화합물을 후각기관을 이용해 관능평가를 하는 것이다. 커피 향기를 평가하는 것은 다음의 네 가지 항목으로 구성되어 있으며 이들의 평가항목을 총칭해서 부케(Bouquet)라고 부른다.

* 프레이그런스(Fragrance): 로스팅한 커피가 분쇄 될 때의 향기로서 드라이 아로마(Dry Aroma)와 동일한 의미로 사용된다.

* 아로마(Aroma)

  - 드라이 아로마(Dry Aroma): 분쇄된 커피에서 나오는 향기

  - 아로마(Wet Aroma): 뜨거운 물에 적셔진 커피에서 나오는 증기 상태의 향기

* 노즈(Nose): 커피를 마실 때 느껴지는 향기

* 애프터 테이스트(Aftertaste): 커피를 마신 후에도 입안에 남아있는 맛과 향기(후미, 여운)

(2) 미각(Gustation)

인간의 미각작용은 혀를 덮고 있는 점막의 수용체가 가용성 화합물로 이뤄진 자극에 반응하여 느끼는 맛에 대한 감각이다. 인간의 혀는 기본적으로 신맛, 단맛, 쓴맛, 짠맛을 감지할 수 있다. 이 중에서도 커피에서는 신맛, 단맛, 쓴맛 3가지의 맛이 지배적이며 그것들을 생성하는 유기적 화합물이 커피에 가장 많이 포함되어 있다.

[맛의 원인물질과 온도와 맛의 변화]

맛	맛의 원인 물질	온도와 맛의 변화
신맛	카페인산, 구연산, 사과산, 주석산, 클로로겐산, 말릭산, 옥살릭산, 타타릭산, 시트릭산	과일산은 온도의 영향을 받지 않는다.
단맛	캐러멜당, 환원당, 단백질	온도가 올라갈수록 단맛을 약해진다.
쓴맛	카페인, 트리고넬린, 페놀 복합물, 카페익산, 퀴닉산, 클로로제닉산	쓴맛은 다른 세가지 맛의 강도를 조절한다.
짠맛	산화칼륨, 산화인, 산화칼슘, 산화마그네슘, 산화나트륨, 기타 산화물	온도가 올라갈수록 짠맛은 약해진다.

(3) 촉각(Mouthfeel)

커피에서의 촉각은 커피를 마셨을 때 입안에서 물리적으로 느껴지는 촉감을 말한다. 커피를 평가할 때 촉각을 자극하는 것은 혀와 입안에 있는 말초신경 조직이다. 커피를 마실 때 이러한 밀도, 점도, 표면 장력과 물리, 화학적 특성이 입안의 말초신경을 자극하여 촉감을 이끌어 낸다. 입안에서 아직 증발하거나 녹지 않은 성분이 남아서 감각을 느끼게 하는데 이것은 커피의 점도와 지방질을 감지하여 매끈함의 정도를 느끼는 것으로서 물과 우유를 마셨을 때 느껴지는 입안의 촉감으로 비유할 수 있으며 이를 마우스필(Mouthfeel) 또는 바디(Body)라고도 표현한다.

2) 커핑 준비물

커핑을 위해서는 주전자, 온도계, 원두, 스푼, 커핑 컵 및 여분의 컵이 필요하다.

3) 커핑법

(1) 향기 평가 (Sniffing)

향기 평가를 프레이그런스(Fragrance), 또는 아로마(Aroma) 평가라고도 한다. 향기 평가는 분쇄된 원두평가를 드라이(Dry), 커피가 뜨거운 물과 만나 가용성분이 나올 때의 향기를 크러스트(Crust), 부풀어 오른 커피를 터뜨려 그 사이로 올라오는 향을 브레이크(Break) 3단계로 분류한다.

(2) 맛 평가 (Slurping)

향기 평가 후 컵 위에 떠 있는 원두가루와 거품을 스푼에 떠서 한 번에 빨아들여 혀 전체를 이용해 맛을 평가한다.

(3) 삼키기 (Swallowing)

입안에 머문 커피를 입 안쪽에서 우물거린 후 코를 통해 전해오는 향과 조금 삼킨 후 커피의 후미를 평가한다.

2. SCAA(미국스페셜티커피협회) 커핑 프로토콜

1) 목적

The Specialty Coffee Association of America의 통계 표준 위원회는 이 커피 커핑 표준안을 권장한다. 이 가이드라인은 커피 퀄리티를 가장 정확하게 평가하는 능력을 갖추게 해줄 것이다.

2) 필요한 도구 및 환경

로스팅 준비	주변 환경	커핑 준비
- 샘플 로스터	- 조명이 잘 된 곳	- 저울
- 애그트론(Agtron) 　또는 다른 색판독기	- 청결하고, 다른 방해되는 냄새 　없는 곳	- 뚜껑 있는 커핑 잔
- 그라인더	- 커핑 테이블	- 커핑 스푼
	- 조용한 곳	- 물 끓이는 기구
	- 안락한 온도	- 커핑 용지와 메모지
	- 산만하게 하는 요소 배제 　(전화기 등)	- 필기구와 클립보드

* **커핑 유리잔:** 이 컵 유형으론 SCAA는 5온스나 6온스 잔을 추천한다. 맨해튼 또는 "락" 글라스.
175~225ml 사기로 된 수프 그릇 역시 가능하다. 컵은 실온 상태에서 어떤 냄새가 뚜렷하게 나지
않고 깨끗해야 한다. 뚜껑은 어떤 재질이라도 상관없다. 175~225ml의 사기로 된 "수프 그릇" 역시
괜찮다.

* 컵은 부피, 표면적, 제조 재질이 다 같아야 한다.

3) 샘플 준비

(1) 로스팅

- 샘플은 커핑하기 24시간 이내에 볶아서 최소 8시간 그냥 놔두어야 한다.

- 로스트 프로파일은 약볶음에서 약중볶음으로, M-Basic(Gourmet) 애그트론 스케일로 측정했을 때,
  대략 원두는 58, 분쇄한 커피는 63에서, +/− 1포인트(표준 스케일로 55~60이나 애그트론/SCAA
  로스트 타일 #55이어야 한다.

- 로스팅은 최소 8분에서 최대 12분 이내로 볶아야 한다.

- 겉이 그을려 타는 scorching이나 가장자리가 타는 tipping이 생기지 않게 해야 한다.

- 샘플은 공기바람으로 즉시 식혀야 한다(물을 끼얹어서는 안 된다).

- 실온(대략 75℉, 즉 20℃)에 이르면, 완성된 샘플은, 커핑할 때까지 공기 노출을 최소화하고 오염을
  막기 위해, 밀봉 용기나 공기가 통하지 않는 봉지에 넣어 두도록 한다.

- 샘플은 시원하고 어두운 곳에 둬야 하나, 냉장이나 냉동을 해선 안 된다.

(2) 계량하기

- 최적의 비율은 물 150ml에 커피 8.25g이다, 왜냐하면 이 비율이 골든컵(Golden Cup)을 낳는 최적의 균형 추출표에서 중간 지점에 해당하기 때문이다.
- 골라놓은 커핑컵에 맞춰 물의 양을 정하고 +/− 0.25g 이내의 비율로 커피양을 조절한다.

(3) 커핑 준비

- 샘플은 커핑하기 바로 전에 분쇄하고, 물 붓기까지 15분이 넘지 않도록 한다. 이렇게 할 수 없다면, 샘플을 덮어 두고, 분쇄한 지 최대 30분 이내에는 물을 부어야 한다.
- 샘플은 적정 컵의 용량에 맞게 사전에 정한 비율에 따라 원두(WHOLE BEANS)로 무게를 달아야 한다.
- 분쇄 입자 크기는 보통 필터 드립 추출에 쓸 때보다 조금 더 굵게 하여 분쇄입자의 70%에서 75%가 미국 표준 사이즈 20짜리 그 물체를 통과해야 한다. 샘플의 균일성을 평가하기 위해 각 샘플을 적어도 5컵씩 준비해야 한다.
- 각 샘플 컵들은 그라인더 청소용으로 샘플커피를 분쇄해 내버리고 나서 각 컵에 든 커피를 커핑용 잔에 따로따로 분쇄하여 샘플이 전체적으로 일관된 양으로 각 컵에 담겨지도록 한다. 분쇄 후 곧장 컵 뚜껑을 덮도록 한다.

(4) 물 붓기

- 커핑에 사용할 물은 깨끗하고 냄새가 나지 않아야 하지만, 증류수나 연수는 사용하지 않는다. 총 용해 고형질(TDS)는 125~175ppm이 이상적이나, 100ppm 이하나 250ppm 이상이어선 안 된다.
- 물은 갓 끓인 것으로, 분쇄커피에 부을 때 대략 200℉(93℃)이어야 한다.
- 뜨거운 물을 계량한 분쇄가루 바로 위에서부터 컵 가장자리 쪽으로 부어 가루 전체가 젖게 한다. 분쇄가루는 평가하기 전에 물이 스며들게 3~5분간 건드리지 않고 놔둔다.

4) 샘플 평가

관능평가는 3가지 이유에서 행해진다.

- 샘플 간의 실제 관능차이 결정하기
- 샘플 향미 기술하기
- 상품의 선호도 결정하기

하나의 테스트로 이 모든 것을 효과적으로 다 다룰 수는 없지만, 공통된 측면이 있다. 테스트의 목적과 테스트 결과가 어떻게 사용될지 평가자가 인식하고 있는 것이 중요하다. 이 커핑 프로토콜의 목적은 커퍼의 퀄리티 인지(認知) 결정이다. 특정 향미 속성의 특질을 분석하고 커퍼의 이전 경험에 근거하여 샘플을 숫자 척도로 평가하는 것이다. 그러면 샘플들 간의 점수를 비교할 수 있다. 더 높은 점수를 받은 커피는 더 낮게 받은 커피보다 확연하게 더 좋아야 한다.

커핑 서식용지는 커피에 대한 주요한 향미 속성들, 즉 향(Fragrance/Aroma), 향미(Flavor), 여운(Aftertaste), 신맛(Acidity), 바디(Body), 균형감(Balance), 균일감(Uniformity), 클린컵(Clean Cup), 단맛(Sweetness), 결함(Defects)과 총괄(Overall)을 기록하는 수단을 제공한다.

특정 향미 속성들은 커퍼들의 판단으로 부여되는 퀄리티의 긍정적 점수이다. 결함은 불쾌한 향미감지를 가리키는 부정적 점수이다. 총괄 항목 점수는 커퍼의 개인적인 평가로 개인의 향미경험에 근거해 채점된다. 이들은 16점 척도로 평가하며 6에서 9까지 숫자 값 사이의 한 칸을 4등분한 점수 차로 퀄리티의 레벨을 나타낸다. 이들 레벨은 다음과 같다.

[Quality Scale]

6.0 – Good	7.00 – Very Good	8.00 – Excellent	9.00 – Outstanding
6.25	7.25	8.25	9.25
6.5	7.5	8.5	9.5
6.75	7.75	8.75	9.75

이론상으로 위 척도의 범위는 최저값 0에서 최고값 10까지이다. 척도에서 가운데 밑으로는 스페셜티 등급이 아니다.

5) 평가 절차

먼저, 볶은 커피색에 대해 시각적으로 샘플을 검사한다. 이것을 서식 용지에 표시하고 특정 향미 속성을 평가하는 동안 참고용으로 사용한다. 각 속성을 평가하는 일련의 순서는 커피가 식어가면서 온도가 떨어짐으로 해서 생기는 향미 감지 변화에 기초한 것이다.

Step #1 - Fragrance/Aroma

• 샘플을 분쇄한 지 15분 이내에 뚜껑을 열고 마른 분쇄가루 냄새를 맡고 샘플의 마른 향내(dry fragrance)를 평가한다.

• 물이 배어들게 한 후, 최소 3분, 최대 5분이 넘지 않는 동안 표면을 흩어뜨리지 않고 놔둔다. 커피표면을 3번 휘저어 깨뜨려서 스푼 뒷면으로 거품을 밀쳐내며 차분히 냄새를 맡는다. 그런 다음 마른/젖은 (향)평가에 근거해 Fragrance/Aroma 점수를 표시한다.

Step #2 -Flavor, Aftertaste, Acidity, Body, and Balance

- 물을 부은 지 8~10분쯤 지나면서 샘플이 식어 160℉(71℃)가 될 때 커피 액에 대한 평가를 시작한다. 액체를 가능한 많은 부분에 특히 혀와 입천장을 뒤덮게 하는 방식으로 입안에 후루룩 빨아들인다. 이렇게 높은 온도일 때 후각 점막 세포에서 증기를 감지하는 강도가 가장 크기 때문에, Flavor와 Aftertaste를 먼저 평가한다.

- 계속 커피가 식어가면서(160℉~140℉), 다음으로 Acidity, Body와 Balance를 평가한다. Balance는 Flavor, Aftertaste, Acidity, Body가 얼마나 잘 어우러져 시너지 조합을 이루는지에 대한 커퍼의 평가이다.

- 다른 속성에 대한 커퍼의 선호는 샘플이 식어감에 따라 여러 다른 온도에서(2~3회) 평가한다. 16점 척도로 샘플을 평가하기 위해서는 커핑 용지에서 해당하는 체크표시(tick-mark)에 동그라미를 한다. 바꿔야 한다면(온도 변화로 인해 샘플에서 감지한 퀄리티가 늘어나거나 줄어든다면), 가로 척도에 다시 표시를 하고, 최종 점수 방향으로 화살표시를 한다.

Step #3 -Sweetness, Uniformity, and Cleanliness

- 커피가 실내 온도(100℉)에 이를 때, Sweetness, Uniformity, Clean Cup을 평가한다. 이들 속성의 경우, 커퍼는 각 컵을 개별적으로 평가하여 각각의 속성에 따라 컵마다 2점씩(최대 10점) 부여한다.

- 액체에 대한 평가는 샘플이 70℉(21℃)에 이르면 끝내고, Overall 점수는 관련된 속성 모두에 기초해 "커퍼 점수(Cupper's Points)"로 커퍼가 결정해 샘플점수를 매긴다.

Step #4 - Scoring

- 샘플을 평가한 후, 글 아래에 나오는 "Scoring" 부문의 설명에 따라 점수를 모두 더하고 최종 점수를 위의 오른쪽 박스에 적는다.

6) 개별 요소 점수

커피 속성 점수는 커핑 용지에 있는 해당 칸에 기록한다. 긍정적인 속성에는 2가지 체크표시 척도가 있다.

- 세로(상하) 척도는 평가 항목에 있는 관능 요소의 강도 수준을 매기기 위한 것으로 평가자의 기록용 표시이다.

- 가로(좌우) 척도는 심사위원의 샘플 감지와 퀄리티에 대한 경험상 이해를 바탕으로 한 특정

요소에 대한 상대적 퀄리티 인지 평가이다.

다음은 각 속성들에 대한 상세한 설명이다.

• Frangrance/Aroma

향 부문에는 아직 마른 상태일 때의 분쇄 커피 냄새로 정의되는 Fragrance와 뜨거운 물을 부었을 때의 커피 냄새인 Aroma가 있다. 커핑 과정에서 이것은 별개의 단계로 평가할 수 있다: (1) 커피에 물을 붓기 전 컵에 든 분쇄가루 냄새 맡기; (2) 표면을 깨뜨릴 때 발산되는 아로마 맡기; 그리고 (3) 커피에 물이 배어들었을 때 발산되는 아로마 맡기. 특정 아로마는 "qualities" 아래에 적고, 마른 향, 깨뜨릴 때의 향, 젖은 향 부문의 강도는 5점의 세로 척도로 표시한다. 마지막으로 점수는 샘플 Fragrance/Aroma의 3가지 측면에 대한 선호도를 다 반영해서 주어져야 한다.

• Flavor

향미는 커피의 주요 특성 즉, 맨 처음 맡는 커피 아로마의 첫인상에서부터 신맛과 마지막 여운에 이르기까지 그 사이의 "중간" 미감을 가리킨다. 이것은 모든 미각(taste bud)이 느끼는 감각들과 입에서 코로 통하는 후각 점막 세포가 감지하는 아로마에서 한꺼번에 같이 받는 인상이다. Flavor 점수는 평가할 때 입천장 전체에 다 접하도록 하기 위해 커피를 입안으로 힘차게 훌쩍 빨아들이면서 경험하는 맛과 아로마에서 한꺼번에 받는 강도, 퀄리티, 복합성에 주어진다.

• Aftertaste

여운은 입천장 뒤편에서 감지되고, 커피를 뱉어내거나 삼킨 후 남아 있는 긍정적 향미(맛과 향) 특질의 지속시간으로 정의된다. 여운이 짧거나 불쾌하다면 낮은 점수를 받게 된다.

• Acidity

신맛은 좋을 때는 "산뜻함(brightness)"으로, 좋지 않을 때는 "시큼하다(sour)"로 종종 묘사된다. 가장 좋을 때의 신맛은 커피에 생기, 단맛, 신선한 과일의 특성이 살아나고, 커피를 입으로 처음 후루룩 들이키면서 거의 동시에 경험하게 되고 평가된다. 하지만, 지나치게 강하거나 압도적인 신맛은 불쾌할 수 있고, 과도한 신맛은 샘플의 향미 프로파일에 적절치 못할 수 있다. 가로 체크 척도로 표시하는 최종 점수에서는 심사위원이 인지한 신맛의 퀄리티는 원산지 특성과 또 다른 요소들(볶음도, 사용 목적, 기타)에 기초해 예상되는 향미 프로파일과 관련하여 반영하게 된다. 케냐 커피와 같이 신맛이 많이 날 것으로 예상되는 커피나, 수마트라 커피처럼 신맛이 많지 않을 것으로 예상되는 커피들은 비록 그들의 강도 평가가 아주 다를지라도, 똑같이 높은 선호도 점수를 받을 수 있다.

• Body

바디의 퀄리티는 입에 물고 있을 때, 특히 혀와 입천장 사이에서 감지되는 커피액 촉감에 달려있다. 무거운 바디를 지니는 샘플들 대부분은 추출 콜로이드와 자당이 들어 있기 때문에 퀄리티와 관련해 역시 높은 점수를 받을 수 있다. 하지만 바디가 가벼운 샘플들 역시 입안에서 좋은 느낌을 지닐 수 있다. 바디가 높을 것으로 예상되는 수마트라 커피와 같은 커피들 또는 바디가 낮을 것으로 예상되는 멕시코 커피 같은 커피들이 비록 그들의 강도 평가가 아주 다르다 해도 선호도 점수가 똑같이 높을 수 있다.

• Balance

샘플의 향미, 여운, 신맛, 바디 이 모든 다양한 측면들이 다 함께 작용해서 어떻게 서로에게 보완이 되거나 또는 대조를 이루느냐가 밸런스이다. 샘플이 어떤 향이나 맛 속성이 부족하거나 어떤 속성이 압도적이라면 밸런스 점수는 줄어들게 될 것이다.

• Sweetness

단맛은 어느정도 뚜렷하게 나는 단맛 뿐 아니라 기분 좋게 하는 충만한 향미를 가리키며, 어떤 탄수화물이 들어 있는 결과로 인해 단맛을 감지하게 된다. 이런 의미에서 단맛의 정반대는 시큼하게, 떫음, 즉 "풋내(green)" 향미이다. 소프트 드링크와 같이 자당이 들어있는 음료처럼 커피에서 단맛을 직접적으로 감지하지 못할 수도 있지만, 다른 향미 속성들에 영향을 미치게 된다. 이 속성을 보여주는 각각의 컵에 2점씩 주고 최대 줄 수 있는 점수는 10점이다.

• Clean Cup

클린 컵은 처음 입에 댈 때부터 최종 여운에 이르기까지 부정적인 인상이 끼어 있지 않다는 것, 즉 컵의 "투명성(transparency)"을 가리킨다. 이 속성을 평가할 때는 마시는 첫 순간부터 마지막 삼키거나 뱉어내기까지의 총체적인 향미 경험에 주목한다. 커피답지 않은 맛과 향은 어떤 것이라도 개별 컵으로서 실격이 된다. 클린 컵의 속성을 보여주는 각각의 컵에 2점씩 준다.

• Uniformity

균일성은 테스트하는 샘플을 담은 컵들 간의 향미의 지속성을 가리킨다. 컵에서 다른 맛이 나게 된다면, 이 측면의 평가는 높아질 수 없다. 이 속성이 드러나는 각각의 컵에 2점씩 주고, 5컵 모두 같다면 줄 수 있는 최대 점수는 10점이다.

• Overall

"총괄" 부문의 점수는 패널 개인이 감지한 대로 샘플에 대한 전체적인 통합 평가를 반영하도록 의도된 것이다. 매우 좋은 측면을 여럿 지니고 있지만, 그다지 "척도로 평가"할 만하지 못한 샘플은 낮은 평가를 받게 될 것이다. 특성에 대한 기대치를 충족시키고 특정 원산지 향미 퀄리티를 보여주는 커피는 높은 점수를 받게 된다. 좋은 예로, 개별 속성의 개별 점수로 충분한 점수를 받지 못한 좋은 특성은 훨씬 더 높은 점수를 받을 수 있다. 이 단계에서 패널은 자신의 개인적 평가를 한다.

• Defects

결점이란 커피의 퀄리티를 떨어뜨리는 부정적이거나 나쁜 향미이다. 이들은 두 가지 방식으로 분류된다. 흠(taint)은 드러나지만 압도적이지 않은 나쁜 향미로서 흔히 아로마 측면에서 발견된다. "taint"는 강도 항목에서 "2"점이 주어진다. 결함(fault)은 흔히 맛 측면에서 볼 수 있고, 압도적이거나 샘플을 맛없게 만들어서 강도 평가에서 "4"점이 주어진다. 결함은 먼저 (taint인지 fault인지) 분류하고 나서, (예를 들어 "시큼한(sour)," "고무냄새(rubbery)," "발효," "페놀," 같은) 기술어로 표현하고, 그 표현을 적어 넣는다. 그리고 나서 결함이 드러난 컵의 갯수를 세고, 결함의 강도는 2 혹은 4로 기록한다. 결점 점수는 커핑지에 있는 지시에 따라 곱하여 총점에서 뺀다.

7) 최종 점수

최종 점수는 먼저 각 주요 속성에 부여한 개별 점수를 총 합산하여 "총점(Total Score)"이라고 표시된 네모 칸에다 적는다. 그런 다음 "총점"에서 결함 점수를 빼면 "최종 점수(Final Score)"가 된다. 다음의 점수 해석표는 최종 점수에 해당하는 커피 퀄리티 범위를 설명하는 데 있어 유의미한 방법이다.

[Total Score Quality Classification]

90 - 100	Outstanding	Specialty
85 - 89.99	Excellent	Specialty
80 - 84.99	Very Good	Premium
〉80.0	Below Specialty Quality	Below Premium

Coffee Baristar

■ SCAA 커핑 폼

Specialty Coffee Association of America Coffee Cupping Form

Name: _____

Date: _____

Quality scale:

6.00 - Good	7.00 - Very Good	8.00 - Excellent	9.00 - Outstanding
6.25	7.25	8.25	9.25
6.50	7.50	8.50	9.50
6.75	7.75	8.75	9.75

Sample #

Roast Level of Sample

Fragrance/Aroma — Score: — Qualities: Dry / Break

Flavor — Score:

Aftertaste — Score:

Acidity — Score: — Intensity High / Low

Body — Score: — Level Heavy / Thin

Uniformity — Score:

Clean Cup — Score:

Sweetness — Score:

Balance — Score:

Overall — Score:

Defects (subtract) — Taint=2 — Fault=4 — # cups × Intensity =

Total Score

Final Score

Notes:

SPECIALTY COFFEE ASSOCIATION OF AMERICA

74

제4장 커피와 건강

커피 원두에는 1,000가지 이상의 성분이 함유되어 있다고 하며 그 성분량은 커피 원두의 산지에 따라 다르고 커피를 볶는 방법이나 처리 방법에 따라서도 변화된다. 로스팅된 커피 원두의 주성분을 크게 나누면 일반적으로 지질류, 단백질류, 다당류, 미네랄류, 섬유 성분 이외에 카페인과 같은 알카로이드류, 클로로겐산을 대표하는 산류, 트리고넬린, 니코틴산, 그리고 셀 수 없을 정도의 휘발성 물질들을 가지고 있다. 그중에서도 휘발성 물질은 향이나 맛의 주성분으로서도 중요하며 커피를 기호품으로 즐기는 요소가 되기도 한다.

커피 품종과 로스팅 전후의 성분비를 아래와 같이 도표로 정리해보면 커피 생두를 열처리 하는 과정에서 맛과 향은 좋아지나 영양소가 많이 파괴되는 것을 알 수 있다.

커피는 99%의 물로 이루어져 있고 나머지 1%의 커피 추출물과 여러 가지의 향기물질, 맛을 좌우하는 성분들을 함유하고 있다. 커피는 약 400여종의 화학물질을 비롯하여 수분, 카페인, 단백질, 에테르 추출물, 지방, 당질, 섬유질, 회분, 휘발성분인 유기산, 이산화탄소, 방향성분 등을 포함하고 있다. 커피의 단맛은 당질, 쓴맛은 카페인, 떫은맛은 타닌, 신맛은 지방산에서 비롯된다. 각 성분의 비율은 커피 품종과 산지에 따라 다르지만 당질이 30%로 가장 많다. 당질은 설탕, 포도당 형태로 존재하며 열을 가하면 캐러멜로 변해 커피색이 되며 향기와 감칠맛을 증대시키는 작용을 한다.

[커피 품종과 로스팅 전후 과정의 성분비]

성분(%)	아라비카 품종		로부스타 품종	
	로스팅 전	로스팅 후	로스팅 전	로스팅 후
전다당류	50.0 ~ 55.0	24.0 ~ 39.0	37.0 ~ 47.0	-
소당류	6.0 ~ 8.0	0 ~ 3.5	5.0 ~ 7.0	0 ~ 3.5
지질	12.0 ~ 18.0	14.5 ~ 20.0	9.0 ~ 13.0	11.0 ~ 16.0
지방산	1.5 ~ 2.0	1.0 ~ 1.5	1.5 ~ 2.0	1.0 ~ 1.5
유기 아미노산	2.0	0	2.0	0
단백질	11.0 ~ 13.0	13.0 ~ 15.0	11.0 ~ 13.0	13.0 ~ 15.0
카페인	0.9 ~ 1.2	1.0	1.6 ~ 2.4	2.6
클로로겐산	5.5 ~ 8.0	1.2 ~ 1.3	7.0 ~ 10.0	3.9 ~ 4.6
트리고넬린	1.0 ~ 1.2	0.5 ~ 1.0	0.6 ~ 0.75	0.3 ~ 0.6
무기물	3.0 ~ 4.2	3.5 ~ 4.5	4.0 ~ 4.5	4.6 ~ 5.6
부식산	-	16.0 ~ 17.0	-	16.0 ~ 17.0

　　지방산은 탄소 결합물이다. 여기에는 포화지방산과 불포화지방산이 있는데 포화지방산은 단일 결합물로서 고체상으로 존재하며 불포화지방산은 이중 결합으로 상온에서 액체상으로 존재하는 특성을 갖는다. 로스팅을 할 때 커피 표면에 윤기가 나는 것은 바로 이 불포화지방산이다. 불포화지방산은 이중결합으로 불안정한 상태이며 커피 안에서 공기와 접촉하고 산소와 반응하여 산화된다. 이러한 산화과정에서 커피의 맛이 변하게 되는 것이다.

　　생두일 때는 생두 안쪽에 산소가 들어 갈 일이 없지만 로스팅 과정에서 생두 자체가 50~80% 정도 부피가 커지고 표면과 내부에는 수많은 구멍이 생겨서 산소가 들어가게 되는데 그 결과로 맛의 변화가 빨리 일어나게 되는 것이다. 커피 보관 문제는 바로 산소 유무에서 비롯된다. 커피 생두는 상온과 일반조건에서 약 2년 정도 보관이 가능하지만, 일단 로스팅 된 원두의 보관은 산소가 없는 상태, 즉 진공상태로 만드는 것이 보관기간이 가장 길어지고 맛의 변화도 줄일 수 있다.

　　지방은 향과 가장 깊은 관계가 있는 성분으로 약 12~16% 정도 포함되어 있는데, 팔미트산(Palmitic Acid), 리놀레산(Linoleic Acid)을 많이 함유하며 그 밖에 올레산(Oleic Acid), 스테아르산(Stearic Acid) 등을 함유하고 있다. 지방과 유기산은 물에 녹지 않지만 원두를 볶을 때 화학적 변화로 인해 유리되기 쉬운 상태로 변해 극소량의 기름이 물과 함께 빠져 나올 수 있다.

　　원래 커피 생두 자체에는 향이 없으나 이것을 일정한 조건에서 가열하면 원두 내부에서 화학적 변화, 즉 메일라드 반응이 일어나 커피 특유의 향이 생기게 된다. 커피생두를 볶을 때 수분이 증발하여 생긴 공간에 이산화탄소가 모이기도 하며, 많이 볶게 되면 페닐인단이 형성되며 커피향의 복합성이 떨어져 커피의 노화가 빠르게 진행된다. 또한, 타닌의 쓴맛 성분은 커피의 품질

저하에 영향을 준다. 커피의 향을 내는 주된 방향 성분은 카페올(Cafeol), 에스테르, 페놀 등인데 대부분 휘발성이므로 가열하면 휘발된다. 인스턴트커피는 100g 중, 당질이 약 61.9g, 단백질 20.2g, 지질 0.3g, 회분 8.2g 을 포함하고 있다.

2절 커피가 인체에 미치는 영향

커피가 가져오는 심리적 효과와 그 배경이 되는 생리적인 효과는 긴장이완 효과뿐만 아니라 기억능력과 같은 인지 기능을 비롯한 폭넓은 범위에 걸쳐 영향을 미치고 있다.

최근 미국 하버드 대학 보건대학원의 알베르토 아스체리오 박사 연구팀이 커피를 하루에 4 잔 이상 마시는 여성이 커피를 마시지 않는 여성보다 우울증에 걸릴 가능성이 20% 낮았다는 연구 결과를 얻어냈다. 연구팀은 우울증을 겪지 않은 평균 63세 여성 5만 명을 대상으로 이전 14년간 커피 섭취 습관을 조사해 섭취량에 따라 분류하고 이후에 10년간을 더 분석했다. 연구 결과는 커피를 마셨을 때 우울증에 걸릴 확률이 낮았다라고 분석되었다.

덴마크 아르후스 보건연구원에서는 커피를 좋아하는 임신 여성 1천여 명을 대상으로 한 그룹에는 카페인 커피를, 다른 그룹에는 무카페인 커피를 마시게 했다. 그 결과, 커피를 하루 5잔 정도 마신 산모에게서 태어난 아기의 평균 체중은 두 그룹 모두 3.5kg 정도로 정상 체중과 차이가 없었다. 또 연구팀은 두 그룹의 조산아 출산율은 카페인 커피를 마신 그룹이 4.2%, 무카페인 커피를 마신 그룹이 5.2%로 큰 차이가 없었다고 밝혔다.

또한 연구 결과에서는 흡연과 커피를 모두 즐기는 사람은 소화성 궤양이 진행되기 쉽다는 것이 밝혀졌다. 그러나 흡연하지 않는 경우, 커피가 소화성 궤양의 원인이 되는 것은 드물다. 위산과다증과 위산의 식도 역류는 레귤러커피를 마시는 사람에게도 무카페인 커피를 마시는 사람에게서도 모두 일어나기 때문에 카페인은 위산과다증을 유발하는 원인에서 제외된다.

한편, 고혈압증에 대한 대규모 연구가 미국에서 행해졌는데 과자 이외의 카페인을 포함하는 커피의 습관적 음용은 고혈압, 심근경색, 뇌졸중, 암 등과는 관계가 없는 것으로 나타났다. 이 연구에서는 10,000명의 고혈압증의 남녀를 대상으로 커피든 카페인이든 어느 한쪽을 섭취하지 않은 그룹과 생애에 걸쳐 양쪽을 경, 중, 강으로 섭취한 그룹으로 나누어 조사한 결과, 커피와 카페 섭취그룹과 전체 질병원인 사망률, 발작과 간질환 사망률, 암 사망률과는 상관이 없다는 것을 알아냈다.

또한, 최근 10년 동안 4만 5천 명의 남자를 대상으로 조사한 결과, 하루에 카페인이 함유된 커피

2~3잔을 마셨을 때 담석 발생률이 23~40% 정도 줄었으며, 4잔 이상을 마신 사람의 경우 45%까지 줄었다. 그 원인은 명확히 밝힐 수 없지만 커피 또는 카페인이 담낭위축을 증가시키고, 담석의 형성 가능성을 줄인다는 증거를 찾을 수 있었다. 또한 커피는 담석 결정체가 생성되는 것을 막아주는 것으로 연구되었다.

한때, 커피가 유방암이나 췌장암 등의 발병률을 높인다는 주장도 있었다. 그러나 최근 연구결과에서는 커피가 이와 무관함을 밝혀냈다. 노르웨이에서 진행된 연구에서는 마른 여성의 경우 커피가 유방암 예방효과가 있다는 결론을 내린 바 있고, 췌장암은 커피를 지나치게 많이 마실 경우 발병률이 높아지지만 소량씩 마시면 예방효과가 있는 것으로 알려졌다.

미국 암협회가 커피에 간암, 자궁내막암, 구강암, 인두암, 후두암, 피부암의 위험을 줄이는 효과가 있다는 연구결과를 내놓았다. 미국 암협회 셰릴 록(Dr. Cheryl Rock) 박사가 이끄는 연구팀은 커피가 구강, 인두 및 후두암뿐만 아니라 남성과 여성 모두에게 기저세포암, 그리고 여성의 악성 흑색종의 위험을 감소시킨다고 밝혔다.

볶은 커피에서 카페인, 플라보노이드, 리그난, 각종 폴리페놀을 포함한 생물학적으로 활성화된 수백 개의 화합물을 발견했다. 커피가 어떤 이유로 DNA 회복 작용을 하는지에 대해서는 아직 밝혀내지 못했지만, 커피 화합물들이 에너지 소비를 증가시키고 세포손상을 억제하고 DNA 회복과 관련된 유전자를 조절하고 항염증 특성을 가지고 있으며, 전이를 억제하는 효과가 있다고 전했다.

또한, 커피는 장(腸) 변형 시간과 발암물질의 간(肝) 대사에도 영향을 미치며, 이러한 요소들은 일부 소화기 암에 대한 위험을 낮출 수 있다고 설명한다. 다만, 65℃ 이상의 뜨거운 음료를 마시는 것은 식도암 위험을 높일 수 있으므로 적절한 온도에서 커피를 마시는 것이 좋다고 한다.

커피에 들어있는 카페인은 1~1.5%밖에 되지 않지만 중요한 성분으로 꼽는다. 카페인은 냄새가 없고 쓴맛을 가지고 있으며 과다하게 섭취하면 중독증상을 나타낸다. 식품 중의 카페인은 음료 식품뿐만 아니라 약제에도 함유되어 있다. 카페인이 체내에 흡수되면 중추신경계를 자극하여 카테콜라민(Catecholamine) 등 신경전달 물질의 분비를 자극하므로 각성 효과와 피로 회복 등의 효과가 있다. 카페인은 체지방의 분해를 증가시켜 일의 지속성을 향상시키고 기초대사율을 높이고 근육활동 능력을 증가시켜 왕성하게 일을 할 수 있도록 한다.

일반적으로 1,000mg 정도의 카페인을 섭취하면 불면증, 불안감, 흥분, 심박수의 증가와 같은 인체에 해로운 영향을 나타낸다. 만성적으로 커피를 마실 경우 혈청 콜레스테롤 농도가 증가된다는 보고가 있으며, 카페인은 과다하게 섭취하는 경우 혈관 확장 및 혈류량 증가를 유도하여 일시적인 혈압 상승을 일으킬 수도 있다. 카페인의 작용으로 증가된 혈류량은 배뇨량을 증가시켜 전해질의 체외 배설을 촉진시킨다.

최근 보건복지부에서 실시한 한 조사에서 자판기 커피 한잔의 카페인 함유량은 75mg 정도인 것으로 조사되었다. 성인기준 1일 카페인 섭취 권고량은 300~400mg이다.

[음료의 카페인 함량]

음료 (150ml 1컵 기준)	카페인(mg)
드립방식	115
에스프레소 (30ml 1컵)	40
인스턴트 커피	66
카페인 프리 커피	2-5
인스턴트 차	24-131
차	20-100
탄산음료(335ml 1캔)	21-34
코코아	5

커피는 그 향기만으로도 신체의 여러 부분에 자극을 준다. 커피를 마시면 뇌 속의 혈관이 팽창하므로 혈액순환이 좋아지고, 뇌에서 피로독소의 일부가 제거된다. 많이 마시면 화장실에 자주 가게 되는데 이는 커피가 이뇨작용을 하기 때문이다. 덕분에 혈액순환이 잘 되고 노폐물의 배출이 원활하게 된다.

또한 커피는 지방을 분해하고 적당하게 섭취하는 경우 혈관을 수축시켜 혈압을 올리는 등 신진대사를 높여 다이어트에 영향을 미친다. 장도 자극되어 활동이 빨라지고 배변이 원활해지며 위액분비도 활발해진다. 글리코겐보다 먼저 피하지방을 에너지로 변환시키는 작용을 하는 것으로 알려져 있는데, 마라톤선수가 레이스 중에 마시는 드링크에 카페인 음료가 많은 것은 이 때문이다.

또 커피에 들어있는 비타민의 일종인 나이아신(Niacin)은 칼로리 소비를 늘리는 작용을 한다. 나이아신은 구강염, 설사 방지에도 효과가 있으며, 하루 세 잔의 커피는 천식환자의 기침을 완화시키기도 한다. 카페인의 자극이 기관의 점액성 분비물을 마르게 하고 혈관을 수축시키기 때문에 천식에 효과가 있다.

흔히 "커피" 하면 졸음을 쫓거나 기분을 좋게 하는 각성제로 인식하는데, 이는 틀리지 않은 얘기이며 커피가 건강에 긍정적인 영향을 미친다는 증거가 될 수 있다. 커피는 심장을 자극해 박동을 빠르게 하고 근육의 컨디션도 순간적으로 좋게 만든다. 또한, 편두통을 완화시키고 만성피로를 느끼는 사람에게 원기를 되찾도록 도와주고 각성상태를 지속시키는 사이클링의 분해작용을 억제시켜 졸음을 방지할 수 있다. 때문에 공부하는 사람이나 오래 앉아서 일하는 사람의 기분을 전환시키는 작용을 한다. 정신 건강상으로 카페인은 자살을 방지하는 항우울 효과가 있어 적당한 양의 커피는 건강에

도움을 준다.

그리고 흔히 알려져 있지 않은 사실인데 커피가 음주 후 숙취 해소에 좋다는 것이다. 카페인은 간 기능을 활발하게 해 아세트알데하이드(Acetaldehyde)의 분해를 빠르게 하고 신장의 움직임을 활발하게 해 배설을 촉진시킨다. 그래서 가능하면 술을 마신 후에 한 잔의 물과 커피를 마셔주면 좋다고 한다.

그러나 이러한 수많은 장점에도 불구하고 커피의 부정적인 영향을 간과할 수는 없다. 아무리 몸에 좋은 비타민도 과용하면 부작용이 발생하듯이 커피도 지나치게 마시면 해가 될 수 있는 것은 당연하다. 사람마다 카페인에 대한 민감도는 다른데 어떤 사람은 하루에 5잔을 마셔도 잠자리에 들면 곧바로 잠에 빠지지만, 어떤 사람은 한 잔만 마셔도 잠을 못 이루는 경우도 있다.

정상인은 카페인을 하루 300~400mg까지는 무리가 없지만 카페인에 유난히 민감하거나 심장병이 있는 환자나, 칼슘 섭취가 부족한 사람, 불면증이 있는 사람, 임산부 등은 섭취를 줄이는 데 더 신경을 써야 한다.

카페인은 대뇌를 각성시키는 효과가 있지만, 심장박동을 증가시켜 예민한 사람은 부정맥이 생기기도 하고 혈압을 상승시키는 역할도 한다. 또 위산분비를 촉진하고 위산이 거꾸로 역류하는 작용이 있어서 위가 좋지 않은 사람이나 공복 시에는 커피를 삼가는 것이 좋다. 이를 방지하기 위해서는 카페인을 분해하는 간이 활발하게 기능할 수 있도록 단백질, 비타민 성분을 함께 섭취해 주는 것이 좋다.

또 카페인은 세포막 투과성이 좋아서 조직세포와 태반, 태아에까지 쉽게 침투할 수 있으므로 임산부는 과도한 섭취를 하지 않아야 한다. 건강한 성인 남자의 경우 6시간이 지나면 섭취한 카페인의 50% 정도가 분해된다. 그러나 흡연을 하거나 다른 약을 복용하는 경우에는 카페인이 몸 안에 머무는 시간이 길어지며, 어린이나 간이 심하게 손상된 사람의 경우 3~4일 정도 남아 있기도 한다. 또한 짧은 시간에 많은 양의 커피를 마시게 되면 캐피니즘(Caffeinism: 카페인 중독, 카페인 의존증)이라 하여 불안, 초조, 두통, 설사 등의 증상이 나타날 수 있다.

식사 후 1시간 안에 커피를 마시게 되면 카페인이 위장 내에서 음식물의 칼슘이나 철분 흡수율을 떨어뜨린다는 연구결과가 있다. 특히 폐경이 된 여성의 경우 장기간 하루 8잔 이상의 커피를 마시면 소변으로 배출되는 칼슘 농도를 증가시켜 골밀도를 떨어뜨릴 수 있다. 그러므로 칼슘이나 철분 등의 영양제를 복용할 때는 커피뿐만 아니라 녹차 등 카페인이 들어 있는 음료의 섭취를 피해야 한다. 그러나 커피를 지나치게 많이 마시지 않고 칼슘 섭취량을 늘려 준다면 이러한 걱정을 할 필요가 없다.

커피 이야기

커피와 다이어트

커피 한 잔은 지방을 분해하고 이뇨 작용을 증가시켜 혈액 순환을 원활하게 하고 쓸모없는 노폐물을 몸 밖으로 배출해 주기도 한다. 또한 커피는 혈관을 수축시키는 작용을 하기 때문에 신진대사를 증가시켜 다이어트 효과가 있으며, 인체의 에너지 소비량을 10% 증가시켜 비만방지에 도움을 준다. 커피 한잔 속의 카페인은 특히 운동시에 피하지방을 분해하여 이를 운동에너지, 즉 근육으로 바꿔주며, 카페인의 양이 많을수록 신진 대사율은 더 높아지고, 피곤을 느끼지 않고 장시간 활동할 수 있다. 그렇기에 커피를 마시며 운동을 병행하면 다이어트의 효과는 커진다.

커피 다이어트는 암이나 성인병 치료를 연구하는 과정에서 얻게 된 다이어트 요법이다. 난치병 치료로 유명한 거슨 요법의 유기농 커피관장법이 체중감량에도 효과적이라는 사실이 밝혀지면서 주목받게 되었다. 커피관장을 하면 체내에 축적된 각종 독소들이 빠져나가고 신체 생리대사 기능이 활발해지면서 지방축적이 억제된다는 원리이다. 뿐만 아니라 유기농 커피의 풍부한 무기물질과 독특한 성분들이 지방분해를 도와서 자연스럽게 체중이 빠지는 효과를 얻을 수 있다고 한다.

커피관장이 지방분해에 뛰어난 효과를 내는 것은 팔미테이트와 카페인 성분 때문이다. 팔미테이트는 해독기능을 가진 효소를 활성화시키는 성분으로 해독 효소의 기능을 6백 배 이상 높여 신진대사를 원활하게 해 준다. 카페인은 많이 마시면 해롭지만 직장을 통해 간으로 바로 흡수되면 담즙이 분비되는 것을 도와주기 때문에 지방을 효과적으로 분해시킨다.

많은 다이어트법이 나와 있지만 체중조절에 성공하기 어려운 이유는 요요현상 때문이다. 커피를 이용한 다이어트는 하루 1~2번의 관장만으로 자연스럽게 지방이 분해되기 때문에 굶을 필요가 없다. 즉 식사량을 줄여 살을 빼는 것이 아니므로 요요현상을 걱정하지 않아도 좋다.

커피 관장법을 통해 장을 깨끗이 씻어내면 변비가 없어지고 아래 뱃살이 빠지는 효과를 볼 수 있다. 대장을 통해 흡수되던 독소가 배출되어 여드름이나 기미 등의 피부 트러블도 자연스럽게 없어진다. 커피 관장법은 혼자서도 손쉽게 할 수 있으며 통증이 전혀 없다는 것이 장점이다.

3절 디카페인 커피

커피에 들어 있는 대표적인 화학물질은 카페인으로 중추신경에 자극을 준다. 커피를 마신 후에 졸음이 달아나고 약간의 긴장감을 느끼는 것은 카페인이 효과를 발휘하기 때문이다. 200ml 기준, 한 잔의 커피에 포함된 카페인은 대략 50~150mg 정도이다. 그러나 모든 커피에 들어 있는 카페인 양이 비슷한 것은 아니다. 커피에 있는 카페인은 커피 생두의 생산지 혹은 커피 생두의 종류나 상태에 따라서 함유량이 다르다.

예를 들어서 에티오피아에서 생산되는 아라비카 커피 생두는 서아프리카나 브라질, 베트남 등에서 생산되는 로부스타 커피 생두보다 카페인 함량이 적다고 알려져 있다. 또한 커피 한 잔에 들어 있는 카페인의 양은 커피의 종류는 물론 볶는 방법, 커피를 내리는 방법에 따라서도 차이가 난다.

카페인에 민감한 사람들은 저녁 무렵 혹은 오후에 커피를 마셔도 밤에 잠이 오지 않을 정도로 카페인의 위력은 대단하다. 그런 사람들이 찾는 커피가 있는데 바로 커피에서 카페인 성분만을 제거한 디카페인 커피(Decaffeinated Coffee)이다.

디카페인 커피는 커피의 맛과 향을 즐기면서 카페인 섭취를 하고 싶지 않은 사람들을 위해서 만든 커피이다. 그러나 디카페인 커피라고 해서 카페인이 100% 제거된 것은 아니며, 1~2% 정도의 양은 남아 있어도 카페인이 없는 커피로 분류된다. 그런데 수많은 화학물질이 포함된 커피 생두에서 카페인만 추출해 내는 작업은 간단하지 않다. 화학물질의 종류도 많으며, 화학반응을 통해서 선택적으로 카페인만을 제거하는 것도 불가능한 일이다.

1. 카페인을 추출하는 과정

물이 아닌 다른 용매를 사용해서 카페인을 추출할 수 있다. 커피 생두를 증기로 찐 후에 용매 이염화메탄(Dichloromethane, CH_2Cl_2) 혹은 에틸아세테이트(Ethyl Acetate, $C_4H_8O_2$)로 여러 차례에 걸쳐서 커피 생두를 씻어낸다. 그렇게 하면 커피에 포함된 다른 화학물질들은 그대로 놔두고 카페인만 빼낼 수 있다.

그러나 이염화메탄은 독성물질이라 요즈음에는 거의 사용하지 않는다. 비록 이염화메탄과 같은 용매를 사용했다 해도 카페인을 추출한 커피 생두를 긴 시간 동안 수증기로 씻어서 잔류 용매를 제거하는 과정을 가진다. 그래도 남아있던 용매는 커피 생두를 볶는 과정에서 증발하기 때문에

용매가 건강에 해를 끼칠 확률은 없다.

에틸아세테이트는 잘 익은 과일에 포함된 화학물질이다. 그렇다고 대량의 용매를 사용하는 생산 공정에 과일에서 추출한 자연산 에틸아세테이트를 사용하기는 어렵다.

최근에는 친환경 카페인 추출 용매로 이산화탄소를 사용하는데 초임계 상태(Supercritical State)의 이산화탄소는 아주 좋은 용매이다. 이산화탄소 용매로 카페인을 추출하면 커피 생두에 남아 있던 이산화탄소는 커피를 볶는 과정에서 혹은 실온에서 기체로 증발되어 사라진다.

이산화탄소의 초임계 상태는 비교적 낮은 온도와 압력(31℃, 73기압)에서 만들 수 있는데 이산화탄소는 초임계 상태에서 마치 액체의 특성을 나타내는 유체(Fluid)처럼 변한다. 이를 초임계 유체라고 하는데, 다양한 물질을 녹일 수 있는 용매로 사용할 수 있다. 특히, 이산화탄소는 다른 기체와는 달리 용매로 사용해도 독성이 거의 없고, 추출되는 화학물질과 분해반응도 쉽게 일어나지 않는다. 이것이 이산화탄소 초임계 유체가 추출용매로 각광을 받는 이유이다.

초임계 유체는 액체인지 기체인지 구별할 수 없는 상태로서 밀도와 용해성은 액체처럼 높으나 점성이 낮고 확산이 잘 되는 성질은 기체와 비슷하다.

2. 디카페인 커피의 기준

카페인을 추출할 때 일정한 부피의 용매를 사용해서 한 번에 추출되는 카페인의 양은 일정한 부피의 용매를 소량으로 나누어 여러 번 추출하여 모두 합한 카페인의 양보다 적다. 많은 양의 물로 그릇을 한 번 씻는 것보다 소량의 물로 여러 번 씻으면 더 깨끗해지는 것과 같은 원리이다. 디카페인 커피의 국제기준은 약 97% 이상 카페인이 제거된 커피인데 보통 디카페인 커피 한 잔에도 10mg 이하의 카페인은 포함되어 있다.

• 디카페인 커피(Decaffeinated Coffee)

디카페인 커피는 1819년 독일의 화학자 룽게(Friedrich Ferdinand Runge)에 의해 최초로 카페인 제거기술이 개발되었으나 상업적 규모의 카페인 제거기술은 로셀리우스(Ludwig Roselius)에 의해 1903년 개발되었다.

[디카페인 커피(Decaffeinated Coffee) 제조공정]

종류	공정	특성
용매추출법 (Traditional Process)	이염화메탄, 에틸아세테이트의 유기 용매로 카페인 추출	- 용매 잔류에 의한 안전성 문제 - 카페인의 용해성 - 낮은 비등점과 용매 제거의 문제 - 97~99%의 카페인 제거
물추출법 (Swiss-Water Process)	생두에 물을 통과시켜 카페인 제거	- 추출속도가 빨라 회수 카페인의 순도가 높음 - 유기용매가 직접 생두에 접촉하지 않아 안전하고 경제적 - 가장 많이 사용
초임계추출법 (CO₂ -Water process)	초임계 상태에서 CO_2는 액체 상태가 되며 생두에 침투해 카페인을 제거	- 유해물질의 잔류문제가 없고 카페인의 선택적 추출이 가능 - 설비에 따른 비용이 많이 드는 단점 - 카페인의 함량은 0.02% 이하

4절 커피의 보관

시중에서 어떤 원두를 구매하여도 유통기간이 1년에서 2년으로 설정되어 있는 것을 확인할 수 있다. 특히, 외국에서 로스팅한 원두를 구매했다면 소비지점까지의 유통기간이 더욱 길어지게 된다. 국내에서 로스팅했다고 하여도 마트나 매장에서 구매한 경우 일정부분 유통기간이 있음을 감안하여 빠른 소비를 하는 것이 좋다. 결국 유통기간이 길면 길수록 원두의 신선함이나 향미가 감소하는 것은 어쩔 수 없다.

그럼 로스팅 직후부터 언제까지가 가장 맛있게 원두커피를 즐길 수 있는가?

커피의 생산지, 품종, 로스팅 정도에 따라 맛이 다른 것이 사실이다. 일반적으로는 로스팅 한 날로부터 2~3주 이내에 모두 소비하는 것이 가장 좋으나 한 달 정도까지는 무난하게 원두커피 특유의 향미를 맛있게 즐길 수 있을 것이다.

아무리 신선한 원두를 구매하였다고 해도 보관을 제대로 하지 않는다면 식품인 원두는 결국 그 맛과 향을 모두 잃어버릴 뿐만 아니라 음용하기 힘들 만큼 맛이 변질되어 버리기도 한다.

1. 커피의 신선도 유지법

커피의 신선도는 생두의 질과 소비자의 만족도를 결정하는 가장 중요한 요소이다. 커피의 신선도는 산소와의 접촉정도에 따라 가장 큰 영향을 받고, 기타 보관 시의 주변 온도와 습도에 따라 영향을 받는다. 산소의 접촉을 최대한 줄여 방습 포장하는 것이 신선도를 유지하는 가장 좋은 방법이다.

커피는 일단 볶는 과정부터 맛과 향이 점차적으로 소멸되어 간다. 또한 볶은 후부터 이산화탄소가 방출되는데 이산화탄소는 커피로 침투하는 산소를 차단하는 역할을 한다. 그리고 볶은 후 약 2주가 지나면 맛과 향에 관계되는 물질들이 50~60%가 소멸된다. 특히 커피가 분쇄되면 이산화탄소, 맛과 향 물질의 휘발속도가 기하급수적으로 빨라지므로 커피를 볶은 후 원두상태에서 7~10일, 분쇄하면 4시간 이내에 소진하는 것이 커피를 가장 맛있게 음용할 수 있는 방법이다.

소비자들이 커피를 구입한 후 소비까지의 신선도 유지는 상당히 중요하다. 2주 이내에 사용 할 커피는 잘 밀봉하여 서늘하고 어두운 곳에 보관하며 2주 이상 보관할 경우에는 지퍼백에 넣어 밀봉한 후, 이중으로 밀폐용기에 넣어 냉장 보관한다. 일반적으로 원두 상태의 커피는 가루 상태의 커피보다 향이 훨씬 더 오래간다.

최근에는 직접 로스팅을 해서 100g 단위로도 판매하고 있는 카페들이 많기 때문에 특히 일반 가정이나 사무실에서 분쇄된 커피를 구매하는 경우에는 소량의 단위로 구매하여 음용할 것을 권장한다. 맛있는 커피를 즐기는 기본 조건은 로스팅 된 지 며칠 이내의 커피 원두를 소량으로 자주 구입하여 신선한 상태에서 소비하는 것이다.

산소, 열기, 습기, 그리고 빛은 커피의 4대 적이라 할 수 있다. 일단 개봉된 커피 봉투는 봉투 속에 있는 공기를 최대한 제거한 후 개봉한 부위를 테이프로 막고 공기에 노출되지 않도록 보관하는 것이 좋다. 지퍼백의 경우에도 지퍼를 닫기 전에 공기를 최대한 빼낸 후 지퍼를 닫고 나머지 부분은 접어서 실온의 상태로 그늘이 지고 서늘하면서도 바람이 잘 통하는 장소에 보관하는 것이 좋다.

커피는 보관 기간에 따라서는 냉동과 냉장 보관으로 구분하는데, 장기간 보관할 경우에는 냉동 보관을 하며 단기간 보관을 할 경우에는 냉장 보관하는 것이 좋다. 그리고 밸브 봉투에 담긴 분쇄커피인 경우에는 구입 즉시 밸브구멍 부위를 테이프로 밀봉하는 것이 좋으며, 냉동, 냉장 보관한 커피를 사용할 때에는 밀폐된 커피용기를 꺼내어 실내온도와 같아지게 한 뒤에 개봉하여 사용하는 것이 좋다.

100g의 커피를 산패시키는 데는 불과 15ml 정도의 공기면 충분하다. 이것은 소주잔 반 잔도 안 되는 공기의 양이다. 따라서 밀폐용기에서 신선도를 유지하려면 용기 속에 커피가 가득 차 있어야 한다. 그리고 밀폐용기 내에서 커피가 내뿜는 탄산가스의 향 또한 커피의 산패 지연과 향 보존에 어느 정도 역할을 하며 밀폐용기의 재질은 도자기로 된 것이 좋다.

커피전문점 등 업장의 경우 원두 상태로 구입하더라도 개봉된 커피는 수 시간, 적어도 하루만에 다 사용할 수 있을 정도의 소포장 단위로 구입하는 것이 좋다. 특히 분쇄커피의 경우라면 더욱더 그러하다. 또한 차가운 커피를 실내에서 바로 개봉하여 그대로 두면 이슬 맺힘 현상이 일어나서 맛의 변질을 가속화시킨다. 따라서 카페라 하더라도 500g을 초과하는 포장단위는 피하는 것이 좋다. 커피 그라인더의 용량이 500g, 1kg이라고 하더라도 한두 시간 정도에 판매할 수 있는 원두를 그라인더 호퍼에 넣고 사용하는 것이 좋다.

냉동, 냉장 보관하는 방법은 갓 볶은 신선한 커피이어야 의미가 있으며, 볶은 지 2주 이상 경과된 커피는 냉동. 냉장 보관 하더라도 효과가 없다. 따라서 보관할 때는 적은 양으로 나누어 밀봉한 봉투를 냉동 혹은 냉장 보관해야 한다.

포장봉투 안에는 가능한 한 여유 공간이 없어야 한다. 우리가 흔히 볼 수 있는 커피 포장봉투는 너무 많은 여유 공간을 가지고 있다. 보기에는 좋을지 몰라도 커피의 신선도 유지에는 좋지 않은 방법이며 일단 개봉되었던 커피는 아무리 밀봉을 잘해도 처음과 같은 풍부한 커피 향을 결코 느낄 수가 없을 것이다.

커피의 신선도를 논하면서 꼭 짚어야 할 것이 있다. 전기 커피메이커로 추출된 커피는 20분 이내로 마시는 것이 맛과 향이 살아있는 커피를 즐기는 방법이다. 그 이유는 커피메이커의 열판 위에서 20분 이상이 경과되면 그 커피의 맛과 향이 변질되기 때문이다.

2. 신선도의 결정요소

원두의 경우 필연적으로 산패가 발생하며 커피의 신선도는 "언제 볶았는가?" 하는 커피 로스팅 시점에 의해 결정된다. 언제 상품으로 포장되고, 어떻게 보관되고, 언제 한 잔의 커피로 추출되었는가에 의해서도 크게 영향을 받지만, 이러한 것들은 커피의 로스팅 시점에 비하면 부수적인 요소에 지나지 않는다.

3. 커피의 산패

　많은 사람들은 커피가 산패되어 간다는 사실을 모르고 있다. 산패는 부패와 조금 다른 개념이다. 산패란 유기물이 산화되어 지방산을 발생시키고 그로 인해 맛과 향이 변하는 현상이며 산패된 커피는 이미 커피로서는 가치와 생명을 잃은 것이다.

　신선한 커피란 아직 본격적인 산패과정이 진행되지 않은 커피라는 의미로 이해될 수 있다. 생두 상태에서는 몇 년을 저장할 수 있어도 일단 볶아지고 나면 그 커피 원두는 매 순간마다 변해간다. 로스팅된 커피원두는 산화를 지연시키는 포장상태 혹은 밀봉상태라는 조건하에서 로스팅 시점으로부터 2~10일 정도가 그 맛과 향의 절정에 이르게 된다.

　보관방법에 따라 약간의 차이가 있겠지만 로스팅 시점으로부터 15~20일 정도가 경과하게 되면, 그 커피 원두는 이미 산패과정에 접어들었다고 할 수 있을 것이다. 한편, 원두상태가 아니고 분쇄상태라면 이 기간은 훨씬 짧아지게 된다.

　지금은 커피를 구입하는 사람들도 유통기한을 많이 확인한다. 유통기한의 표시는 법적 표기사항으로 커피봉투에 유통기한이나 제조일자와 유통기간을 같이 표기하고 있다. 하지만 그 제조일자는 대개 상품으로 포장된 날짜를 의미하는 것일 뿐 로스팅 한 날짜가 아니다.

4. 커피의 신선도 저해요인

　커피산패의 주요원인은 공기(산소), 열, 햇빛. 습기이며 부수적 요소로는 로스팅의 강약 정도, 커피원두의 분쇄시점과 분쇄입자, 개봉 후의 보관상태 등을 들 수 있다. 궁극적으로 커피의 산패는

산소와 커피가 접촉하면서 발생되는데 바로 로스팅이 끝난 뜨거운 커피원두를 쿨링(cooling)하는 경우, 당연히 산패가 빨리 진행되며 더욱이 로스팅 된 커피원두는 마치 팝콘처럼 미세한 구멍이 수없이 뚫려 있는 건조한 다공질 조직이어서 스펀지가 물을 빨아들이듯 공기와 수분을 쉽게 흡수한다.

다른 식품들과 같이 커피도 보관온도가 높으면 산패가 빨리 진행된다. 그러나 커피는 다행히도 온도에는 그렇게 민감하지 않은 편이다. 그래서 우리나라와 같이 여름철에는 실내온도가 25℃ 이하 정도로 유지된다면 실온에서 보관해도 괜찮다.

냉장되었던 커피는 그것을 사용하기 위해 개봉하는 순간, 급속하게 주변의 공기와 습기를 흡수하게 되어 순수한 품질을 기대하기가 어려워진다. 냉동 보관된 커피는 냉동 보관 중에는 괜찮을 수 있지만 해동하는 과정에서 그 신선도는 급격히 낮아지게 된다.

또한 로스팅의 강약 정도에 따라서도 커피의 신선도 유지기간에 차이가 난다. 강한 로스팅은 약한 로스팅보다 그 원두의 조직이 더욱 다공질 조직이 되며 함수율도 더 낮다. 또한 원료면의 기름은 습기를 차단하기 보다는 기름기 그 자체가 산소와 접촉하면서 오히려 산패를 더 재촉하게 된다.

커피원두의 분쇄시점과 분쇄입자도 커피의 신선도와 밀접한 관계를 가지고 있다. 일단 분쇄된 커피는 아무리 포장을 잘해도 원두커피에 비하여 그 신선도를 유지하는 기간이 매우 짧아지게 된다. 동일한 포장방법을 사용하는 경우, 원두상태의 커피에 비해 분쇄커피는 그 신선도 유지기간이 1/4 미만인 것으로 알려져 있다.

완전한 진공압축포장이 아니라면 홀쭉했던 봉투가 점차 빵빵하게 부풀어 오르게 되는데 이것은 분쇄된 커피에서 방출되는 탄산가스 때문이다. 이렇게 봉투가 부풀어 오른다는 것은 신선한 커피를 즉시 포장했다는 것을 말해주기도 하는 것이다.

또한 커피원두는 미세하게 분쇄될수록 산패과정은 당연히 빨라지게 되는데 그 이유는 미세할수록 마찰열이 발생되고 공기접촉면이 증가하면서 커피향의 증발 현상과 함께 산패가 촉진되기 때문이다. 그래서 고운 분쇄도가 요구되는 에스프레소 커피의 경우 추출직전에 분쇄하는 것이 중요한 것이다.

공기포장은 말 그대로 밸브가 부착된 봉투에 그냥 커피를 담고 밀봉시키는 것으로서 가장 많이 사용되어지는 방법이다. 이때 사용되는 밸브는 봉투속의 커피에서 방출되는 탄산가스는 내보내고 산소와 습기의 유입은 막아주는 역할을 한다.

결국, 커피의 산패는 로스팅의 시기가 지나감에 따라 향기가 소실되고 더 나아가서는 맛이 변질되는데 증발(Evaporation), 반응(Reaction), 산화(Oxidation)의 3단계의 과정을 거치게 된다.

요 인	산패 진행
산소	포장 내부에 소량의 산소만 존재해도 완전 산화된다.
온도/습도	상대 습도가 100%일 때 3~4일, 50%일 때 7~8일, 0%일 때 3~4주부터 산패가 진행된다. 온도 10℃ 상승시마다 2.3승씩 향기성분이 빨리 소실된다.
로스팅 정도	강한 로스팅일수록 함수율이 낮으며 오일이 배어나와 있고 더 다공질 상태가 되어 산패가 약한 로스팅에 비해 빨리 진행된다.
분쇄입자	분쇄상태의 커피는 원두보다 5배 빨리 산패가 진행된다.

5. 커피의 포장기법

로스팅 된 커피가 한 잔의 음료로 만들어지기까지 산소와 습기로부터 최대한 보호되어야 본연의 커피 맛을 장시간 유지할 수 있다. 원두는 특성상 향기가 공기 중으로 날아가기 쉽고 반대로 공기 중에 있는 가스나 습기를 빨아들이는 특성도 강하여 커피의 향이 변질되기 쉽다.

이런 특성 때문에 원두를 방향제로 쓰거나 냉장고나 신발장에 넣어 탈취제로도 사용하는 것이다. 그렇기 때문에 사업적으로 유통되는 원두를 선택하기 위해 염두 해 두어야 할 부분이 원두 포장지의 재질이다.

원두의 신선도를 장시간 지속시키는 포장지는 두께와 재질에서 차이가 나며 포장방법으로는 밸브 포장(Valve Packing), 원웨이 포장(JFS Packing), 진공포장(Vacuum Packing), 질소 포장(Nitrogen Packing), 지퍼백 포장(Zip Packing) 등 5가지 기술이 주로 사용되고 있다.

1) 밸브 포장(Valve Packing)

아로마 밸브(Aroma Valve)라는 기구를 포장지에 부착하여 포장의 팽창과 파열을 방지하는데 사용하여 커피의 신선도를 유지하는 포장기술로 커피 포장지에 이 밸브를 달면 포장지 내부에서 발생한 가스는 외부로 나올 수 있는 반면, 외부의 공기는 포장지 내부로 들어갈 수 없게 된다. 이로써 커피의 신선도를 유지하는 기술이다.

2) 원웨이 포장(JFS Packing)

AMPAC사의 Jamison Freshness System 기술로 커피 원두 또는 분말형태의 볶은 커피를 포장하는데 별도의 장치를 사용하지 않고도 백의 실링 부분을 통해 가스를 배출할 수 있는 경제적인 시스템이다. 이 기술은 커피 백을 성형하는 성형기의 실링 부분을 특별하게 고안하여 실링 시에 내부의 이산화탄소가스가 외부로 배출될 수 있게 통로를 만들어 준다. 포장 내부의 특별한 압력 하에서만 배출구가 개봉되고, 압력이 낮아지면 다시 닫힌다. 즉 기능은 아로마 밸브와 동일하지만 별도의 부착물이 필요 없는 기술이다.

3) 진공 포장(Vacuum Packing)

진공포장은 분말형태의 커피 신선도를 장시간 보존하는 방법으로서 가장 일반적으로 사용되는 포장방식이다. 포장 시 내부의 공기를 얼마나 최소화할 수 있는지와 포장 후 발생할 수 있는 가스를 얼마나 잘 억제할 수 있는지가 중요한 관건이다.

4) 질소 포장(Nitrogen Packing)

포장재 속의 공기를 뺀 후 질소가스를 채우거나 내부의 공기 자체를 질소가스로 치환하여 공기와의 접촉을 차단함으로써 커피의 변질을 최소화하여 커피 보존기간을 늘리는 방법이다.

불활성 기체인 질소 가스는 산소의 유입을 근원적으로 차단하기 때문에 원두의 산화를 최대한 억제할 수 있지만 일단 개봉 후에는 외부환경에 노출되는 것을 막을 수 없다. 이 방법은 질소가스가 외부로 방출되지 못하도록 알루미늄 캔을 사용하므로 단가가 많이 든다.

5) 지퍼백 포장(Zip Packing)

분쇄하지 않은 커피를 선호하는 이유는 향을 최대한 유지하면서 보관하기 위해서이다. 소비자들은 원두를 별도의 전용용기에 보관하기 쉽지 않으므로 편리함과 진공포장의 성능을 최대한 유지하기 위한 방법이 바로 지퍼백 포장이다. 이는 커피에 산소와 수분이 접촉할 수 없도록 최대한 차단시켜 지방 산화를 지연시키는 데 효과가 크다.

MEMO

91

Coffee Baristar

제2편

커피기계학

제1장 **커피 머신의 발전**

■ 커피 머신의 역사 요약

베제라 (Bezzera)	증기압을 이용한 최초의 커피 머신, 최초의 상용 머신
라파보니 (La Pavoni)	- 커피 머신의 대중화 - 뜨거운 물 온도로 커피의 잡미 성분이 용해됨 - 증기압 1.5bar[1), 물과 증기의 혼합온도가 125℃ 이상
가찌아 (Gaggia)	- 피스톤의 원리 적용 - 물 온도는 유지하면서 추출 압력을 9bar로 올림 - 최초로 크레마 발견 - 커피의 크레마와 향이 빨리 사라지는 단점
페마 (Faema)	- 현대 커피 머신 대중화의 시초 - 전동펌프 사용 - 추출수와 분쇄원두와의 접촉시간 최소화(잡미 최소화)

1. 커피 머신의 이해

커피 머신(Coffee Machine)은 에스프레소 커피를 추출해 내는 기계장치이다. 바리스타는 에스프레소의 특성을 파악해야 함과 동시에 그 추출 도구인 커피 머신의 구조와 추출 원리, 관리 방법 등을 숙지하고 있어야 한다.

커피 머신은 제조사별로 구조가 조금씩 다르며, 하루가 다르게 새로운 기술의 최첨단 제품들이 속속 출시되고 있다. 머신의 기본 원리는 비슷할지라도 다양한 기능이 내재된 획기적인 제품들이 생산되고 있기 때문에, 바리스타는 새로운 제품에 적응하기 위하여 신제품의 작동원리나 구조를 익히려는 노력을 게을리 하면 안 되며, 어느 환경에서나 커피를 추출할 수 있는 전문인이 되어야 한다.

---

1) bar : 압력단위. 보일러 등에서 사용하는 압력 단위이며 1.2bar는 온도 123℃ 정도를 의미한다.

2. 커피 머신의 발전 과정

1980년대 기압을 이용해 커피의 추출속도를 높이는 여러 가지 기구들이 개발 되었는데, 대표적인 것이 지금의 베큠포트(사이폰) 방식의 진공 추출법이다.

로버트 나폴리에 의해 발명된 베큠포트(사이폰) 방식은 밀폐된 용기에 물을 넣고 끓이면

▶ 베큠포트(사이폰)

끓는 물이 증기의 압력에 의해 다른 용기로 이동하게 되고, 가열을 멈추면 압력이 떨어지면서 다시 원래의 용기로 복귀하는 원리를 응용한 것으로 당시에는 획기적인 발명품이었다.

에스프레소는 이탈리아 커피 문화의 산물이다. 에스프레소는 이탈리아어로 '고속의', '빠른'을 의미하는 말에서 나왔다. 1884년 토리노에서 안젤로 모리온도는 순수 수증기 압력을 이용, 뜨거운 물을 밀어내 커피가루를 통과시키는 방법을 시도하였다.

1901년 이탈리아 밀라노 출신인 루이지 베제라는 증기압으로 작동하는 초기 에스프레소 머신을 개발하고 이를 특허 출원 하였다. 이 당시 만들어진 베제라 커피머신은 포타필터에 한 잔 또는 두 잔 분량의 커피가루를 넣고 컵에 직접 추출하는 방식이 특징이었다.

1905년에는 라파보니(La Pavoni)에 의해 업그레이드 된 커피 머신이 개발되었는데 이탈리아의 카페를 중심으로 활발하게 보급함으로써 커피 머신의 대중화를 이끌었다. 베제라의 머신은 원통에 1.5기압의 수증기를 발생시켜 추출하는 방식으로서 고온에서 커피의 쓴맛과 잡미가

▶ 포타필터

추출되는 문제점을 안고 있었고 많은 양의 커피를 연속으로 뽑기 힘든 단점도 있었다.

1947년 가찌아(Gaggia)는 증기압 머신을 개조한 새로운 방식의 커피 머신을 개발, 특허를 취득함으로서 관심을 집중시켰다. 그는 추출압력을 높이기 위해 워터펌프를 사용했으며 스팀압력의 물을 피스톤을 활용해 실린더 속으로 밀어 넣는 방법을 고안하였다.

이렇게 고안된 피스톤식 커피 머신의 보급이 가속화 되면서 현재의 에스프레소 커피 머신의 기초가 되었다.

가찌아 머신은 스프링을 이용한 지렛대의 압력이 사용되어 바리스타의 힘 조절에 따라 추출 조건에 변화를 줄 수 있어 섬세한 추출이 가능했으며 미세한 맛 조절까지도 가능했다. 또한 증기압에 의존하지 않음으로 추출수의 적정온도를 유지할 수도 있었으며 9bar의 압력을 사용하면서 크레마도 이때 발견되었다.

그러나 피스톤식 커피 머신은 높은 온도에서 에스프레소 추출이 이루어지기 때문에 크레마와 향이 빨리 없어진다는 단점이 있었다.

1958년 페마(Faema)는 피스톤식 레버 대신 전동펌프를 사용해서 추출수와 분쇄원두의 접촉시간을 단축시킴으로써 커피에서 발생하는 불필요한 잡미를 최소화하였다. 또한 보일러에 열교환기를 내장해 추출수를 간접 가열하여 적정온도를 맞출 수 있도록 했는데 현재 사용하고 있는 머신 중 90%에 해당하는 일체형 보일러 머신은 이 방식을 그대로 사용하고 있다.

세계적으로 아라비카 원두 사용량이 증가함에 따라 커피의 볶음 정도가 바뀌면서 온도에 대한 민감성을 파악하고 추출수의 온도와 압력을 조절하여 사용하는 커피 머신이 지속적으로 개발되어 출시되고 있다.

제2장 **커피 머신의 종류**

구분	그라인더	커피추출	스티밍	비 고
수동 머신	분리	수동	수동	전 과정 수동
반자동 머신	분리	자동	수동	커피 추출만 자동
자동 머신	일체	자동	수동	그라인딩부터 추출까지 자동
전자동 머신	일체	자동	자동	우유 메뉴까지 자동

1. 수동 머신(Manual Espresso Machine)

사람의 힘으로 동작이 이루어지는 에스프레소 머신을 의미하며, 레버식 머신이라고도 불린다. 지렛대와 스프링의 원리를 이용한 피스톤 방식의 기계이다.

수동 머신은 사용자가 레버를 이용해 커피 추출을 직접 제어하는 머신으로서 이 머신을 통해 추출한 커피에서 처음으로 크레마[2]가 발견되었다. 레버를 아래로 당길 때 뜨거운 추출수가 분쇄 원두에 주입되어 사용자가 원하는 만큼 프리 인퓨전[3]을 할 수 있다.

수동 머신은 요즘 보편적으로 사용하는 9bar보다 훨씬 높은 13~15bar에 달하는 압력으로 추출을 시작해 추출시간이 길수록 압력이 약해진다.

2) 크레마 : 에스프레소 커피를 추출할 때 커피의 지방 성분과 수용성 성분이 혼합되면서 만들어지는 고운 황금색 커피 거품.

3) 프리 인퓨전 : 정상 압력으로 가압 추출이 되기 전에 적은 양의 물로 커피를 적시는 것. 원두가 압력을 받기 전에 미리 약간의 압력과 물을 가해서 커피 추출이 원활하도록 돕는다.

2. 반자동 머신(Semi-automatic Espresso Machine)

원두를 분쇄하는 그라인더와 에스프레소 머신이 분리되어 있는 방식으로 수동 머신은 스프링의 장력을 이용해 추출하는 데 비해 반자동 머신은 전동 펌프의 일정한 압력으로 커피를 추출한다.

터치 버튼 조작 또는 레버 조작으로 전자식 펌프를 이용, 간단하게 커피를 추출할 수 있다.

반자동 머신은 유량을 조절하는 장치가 내부에 있어 일정한 양의 커피가 자동으로 추출되는 방식과 유량 조절 장치가 없어 바리스타가 추출의 시작과 끝을 신경 써야 하는 머신이 있다.

3. 자동 머신(Automatic Espresso Machine)

그라인더와 에스프레소 머신이 일체형으로 구성된 형태이다.

반자동 머신은 커피를 추출하기 위해 바리스타가 별도의 그라인더로 원두를 분쇄해야 하는 과정이 있는 반면, 자동머신은 버튼 하나만 누르면 원두의 분쇄에서부터 추출까지 한 번에 이루어진다.

에스프레소가 추출되면, 머신과 일체형으로 되어 있는 스팀 완드를 통해 우유를 이용한 메뉴 제작도 가능하다.

4. 전자동 머신(Full Automatic Espresso Machine)

자동머신에 우유 스티밍 기능까지 포함되어 있어서 버튼 하나로 베리에이션 메뉴[4]까지 한 번에 만들 수 있다.

초기 전자동 머신은 잦은 고장과 오동작으로 좋은 품질의 커피를 만들어 내지 못했으나 요즘은 커피 전문점에서도 사용할 정도로 전자동 머신의 성능이 많이 향상되었다.

---

4) 베리에이션 메뉴 : 에스프레소에 우유나 그 외의 여러 첨가물을 넣은 커피 메뉴로 마시기 쉽고, 맛이 좋고, 양이 많기 때문에 일반 에스프레소 커피보다 대중적으로 인기를 끌고 있다.

제3장 커피 머신의 구조

1. 전기와 물

커피 머신이 동작하기 위해서는 전기와 물이 필수적이다. 전기의 공급이 원활하지 않으면 잔 고장 및 화재 위험성이 있고 머신에 적합하지 않은 물은 중장기적으로 머신 고장을 일으키는 주요 원인이 되기도 한다.

1) 전기

현재 국내에서 사용하는 머신의 대부분이 220볼트(V)의 전압을 사용하고 있으므로 전기 용량을 구하는 공식은 아래 표와 같다. 전기 용량은 기계가 사용해야 하는 총 에너지를 의미하고 전압은 에너지를 내기 위한 힘의 크기이고 전류는 힘에서 나오는 에너지를 나타낸다.

> W (전기용량) = V (전압) × A (전류)
> 총 에너지 = 힘의 크기 × 에너지

힘의 크기는 국내 대부분의 사용 전압이 220볼트(V)이므로 에너지를 구하는 공식은 간단해진다. 오른쪽 사진을 예로 보면 W3300이라고 표기되어 있는데, 공식을 이용하면 3300/220 = 15A(암페어)이다.

따라서 이보다 높은 20A 이상의 차단기를 사용해 줘야 하는 것이다.

Fabriqué par : RENEKA INTERNATIONAL Sarl
Parc d'activités de Rosenmeer
67560 ROSHEIM
reneka
Nr. Fab. : 302091936   Série : VIVA S
Tot. W : 3300   V : 200   Hz : 50/60
CE
Max Inlet Pressure   = 6 Bars
Max Boiler Pressure   = 9 Bars
S.V. Pressure Max = 1.5 bar = 150 kPa
Fabriqué en : 02/09
L1   L2   N   Made in France

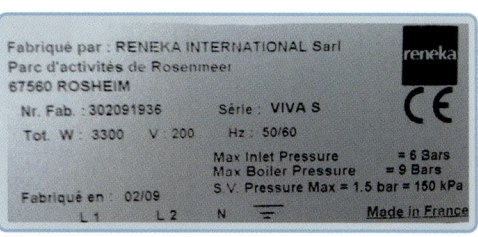

2) 물

커피의 대부분을 차지하는 것은 물이므로 어떤 물을 선택하느냐에 따라 커피 맛에 영향을 준다. 또한 커피 속에 무기질 함량이 높으면 스케일(Scale, 금속면 피막상의 불순물)을 생성하는 물질도 함께 증가할 확률이 있어 잦은 고장의 원인이 된다. 따라서 사용하는 물의 특성을 고려하여 정수기 등을 설치하여야 한다.

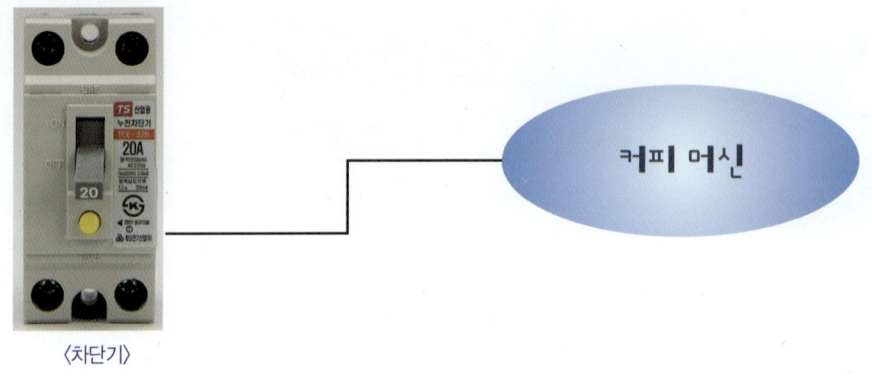

〈차단기〉

추출에 있어서는 물의 특성도 중요하지만 압력 또한 중요한 요인이다. 동일한 머신을 장소만 옮겨 사용할 경우 커피 추출이 종전과 같이 안 되는 원인 중 가장 큰 것이 물의 압력이다. 지역에 따라 수도의 압력이 2bar에서 7bar까지 다르므로 머신 세팅 시 물의 압력도 간과해서는 안 된다.

2. 머신 외부

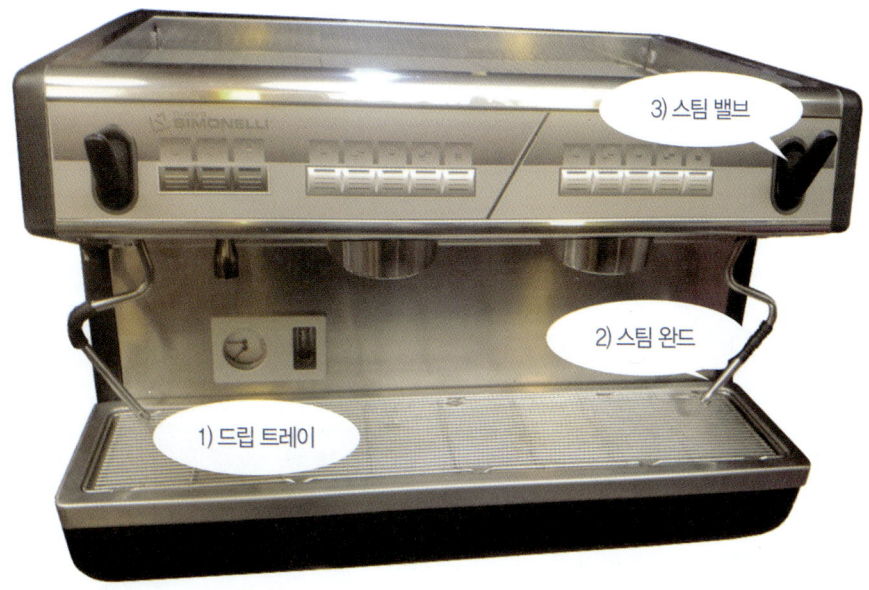

3) 스팀 밸브

2) 스팀 완드

1) 드립 트레이

1) 드립 트레이(Drip Tray) 및 그릴(Grill)

◦ **드립트레이** – 머신에서 떨어지는 물을 받아 배수관으로 흘려주는 받침대 커피, 온수, 스팀 등 머신에서 흘러나온 물이 이곳에 모였다가 배수된다. 마감 시 분리해서 깨끗이 닦아 줘야 한다.

◦ **그릴** – 커피 추출 시 잔을 놓는 받침대
드립 트레이 그릴은 드립 트레이 위에 있고 이곳에 잔을 놓고 커피를 추출한다. 잔을 올려놓는 곳이므로 항상 청결을 유지해야 한다.

2) 스팀 완드(Steam Wand, Steam Nozzle) – 스팀이 나오는 노즐

스팀 노즐은 우유를 데울 때나 거품을 낼 때 사용하는 장치이며 매우 뜨거우므로 조심해야 한다. 특히 우유와 직접적으로 접촉하기 때문에 항상 청결한 상태가 되도록 각별히 유의해야 한다.

스팀 팁은 구멍이 2~5개 있는 것이 주로 사용되는데 우유를 스티밍 할 때 보일러의 용량과 힘의 따라 스팀 팁의 구멍을 선택하면 된다.

3) 스팀 밸브(Steam Valve) – 스팀 사용 시 개폐 역할을 해주는 밸브

스팀 밸브는 다이얼식, 레버식, 버튼식 등 제조사마다 차이가 있다.

다이얼 식	다이얼을 돌리는 방식
레버 식	레버를 당기는 방식
버튼 식	버튼을 누르는 방식

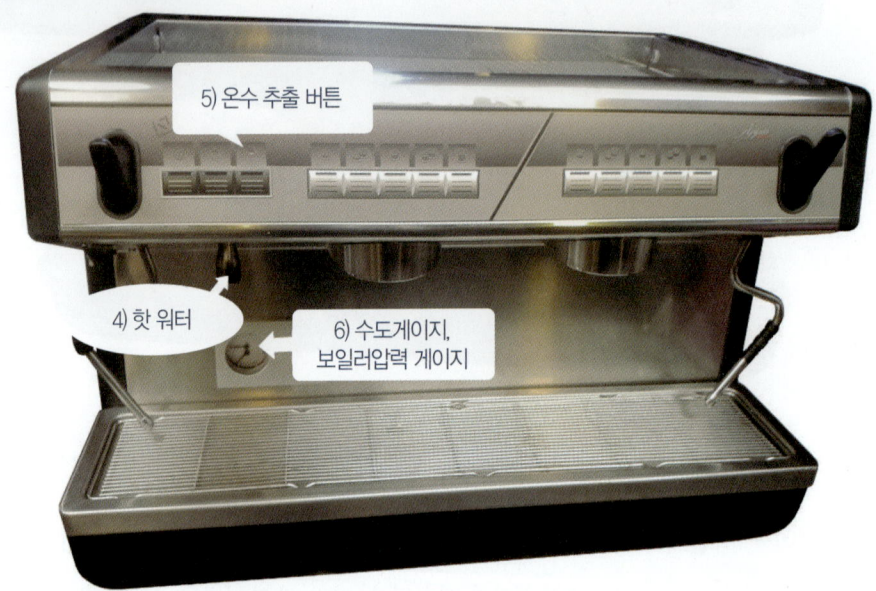

5) 온수 추출 버튼

4) 핫 워터

6) 수도게이지,
보일러압력 게이지

4) 핫 워터 스파웃(Hot Water Spout) – 온수 추출구

커피 머신 내부 보일러의 뜨거운 물이 직접 나오는 곳이므로 항상 청결하게 막히지 않도록 관리해야 한다. 한 달에 한 번 정도는 분리해서 확인을 해주는 것이 좋다.

5) 온수 추출 버튼(Hot Water Buttons)

머신마다 온수를 추출하는 방식에는 다이얼식, 레버식, 버튼식으로 차이가 있다.

6) 펌프, 보일러 압력게이지(Pump, Boiler Pressure Gauge)

◦ **펌프 압력게이지** – 추출 시 펌프의 압력을 표시해 주는 게이지

커피가 추출되는 압력을 표시해 주는데 기계마다 사용 가능한 범위가 부채꼴 모양으로 표시되어 있다.

◦ **보일러 압력 게이지** – 스팀 온수 보일러의 압력을 표시해 주는 게이지

스팀의 압력을 표시해 준다.

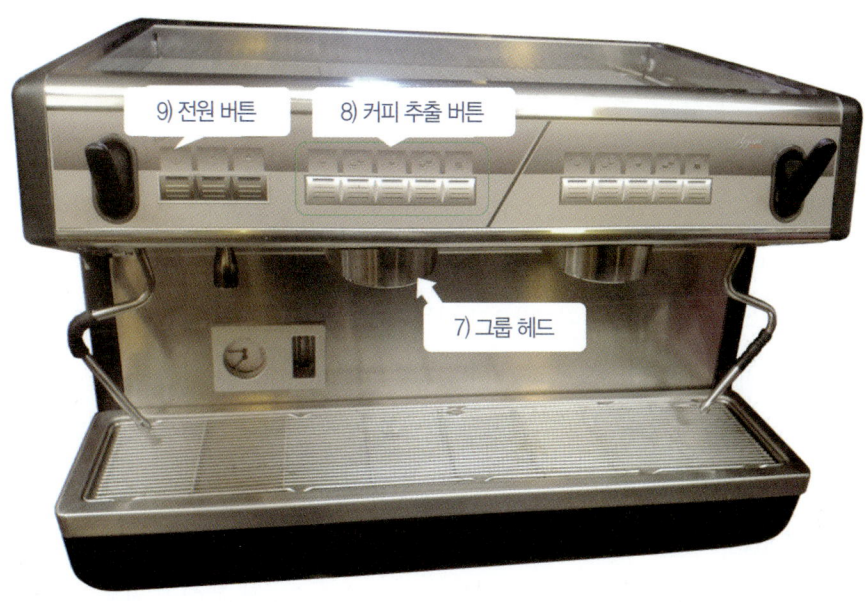

9) 전원 버튼   8) 커피 추출 버튼

7) 그룹 헤드

7) 그룹헤드(Group Head) – 포타필터 안에 물을 공급하는 장치

커피를 추출하는 물이 통과하는 곳으로 커피 가루가 담겨 있는 포타필터가 그룹헤드와 결합되어 커피가 추출된다. 커피 추출수가 최종적으로 통과하는 곳이므로 온도 유지가 매우 중요하다.

8) 커피 추출 버튼, 키패드(Brewing buttons, key pad)

작은 잔 이미지가 그려진 버튼은 적은 양의 에스프레소가 추출되고 큰 잔 이미지가 그려진 버튼은 많은 양의 에스프레소가 추출되는 버튼이다.

1잔 이미지 버튼	한 잔의 에스프레소를 추출
2잔 이미지 버튼	2잔의 에스프레소를 추출
연속 추출 버튼	한번 누르면 추출을 시작하고 다시 한번 누르면 정지

버튼의 이미지는 이해를 돕기 위함이며 사용자가 원하는 값을 설정하여 세팅하면 된다.

9) 전원 스위치(Main Switch) – 커피 머신에 전원을 공급 하는 스위치

전원 스위치의 생김새는 제조사마다 차이가 있으나 공통점은 커피머신에 전기를 공급하고 차단한다는 점에서 동일하다.

3. 머신 내부의 흐름과 부품

1) 머신 작동

(1) 전원 스위치

머신의 종류가 많은 만큼 전원 스위치의 종류도 많은데 보편적으로 로터리식 스위치가 많이 사용되고 있다.

로터리식 스위치는 보통 1단과 2단으로 나누는데 로터리를 돌려서 1단에 놓으면 히터를 제외한 모든 전자 장치가 켜지고 2단으로 하면 히터가 켜진다.

그때 물이 없는 상태에서 히터를 켜게 되면 고장의 원인이 되므로 항상 1단 스위치를 켜고 머신에서 물 받는 소리가 끝나면 2단으로 돌려야 한다.

3단까지 있는 스위치의 경우 평상시에는 2단으로 사용하다가 손님이 많은 시간대에 3단으로 놓으면 히터에 더 많은 에너지를 전달하게 되고 히팅 속도를 높여 뜨거운 추출수가 신속하게 만들어진다.

(2) 메인보드

머신의 상태 정보를 수집하고, 이를 바탕으로 명령을 내린다.

전원을 켜면 머신의 상태를 체크하고 커피를 추출할 수 있는 단계까지 준비해 준다.

추출 버튼을 누르면, 머신에 있는 다른 부속품들에 명령을 전달하고 커피의 유량 정보를 받아서 바리스타가 원하는 만큼의 커피가 추출되도록 도와주는 역할을 한다.

메인보드는 머신의 키패드에서 신호입력을 받는 곳, 보일러 유량과 추출수의 유량을 제어하는 곳, 추출을 담당하는 솔레노이드 밸브와 모터를 제어하는 두 곳으로 나누어진다.

(3) 로터리 펌프

머신에 처음 들어오는 평균 압력은 2~4bar이다. 추출에 필요한 압력은 9bar를 넘어야 하므로 인위적인 힘으로 추출 압력만큼 높여줘야 하는데 그 역할을 하는 부품이 로터리 펌프이다.

로터리 펌프는 유입된 물을 모터의 힘에 의해 9bar까지 올려준다.

머신에 유입되는 물의 압력이 너무 높을 경우에는 정수기와 커피 머신 내부 부속에 영향을 줄 수 있으므로 감압기를 설치하고, 유입되는 물의 압력이 너무 낮을 경우에는 가압 펌프를 설치하여 압력을 2~4bar까지 올려줘야 로터리 펌프가 원활하게 작동한다.

로터리 펌프에 물 공급이 원활하지 않을 시 과부하로 로터리 펌프의 고장 원인이 되며 수리비용이 많이 나온다.

(4) 2 way 솔레노이드 밸브

솔레노이드 밸브는 코일에 전기를 넣으면 자석이 되는 원리, 즉 전자석의 원리를 이용해 만들어진 것으로서 평상시에는 물의 흐름이 막혀 있다가 전기를 넣으면 물이 흐른다.

커피 머신에 2way 솔레노이드 밸브가 가장 많이 사용되는 곳은 보일러에 물을 공급하는 급수 라인이다. 머신을 처음 켰을 때 내부 보일러의 물은 만수위가 아니므로 펌프와 2way 솔레노이드 밸브가 작동하여 물을 받기 시작한다.

이때 수위 감지봉까지 물이 감지되면 펌프와 2way 솔레노이드 밸브가 작동을 멈추면서 물 공급을 멈춘다.

(5) 보일러

커피 머신의 두뇌가 메인 보드라면 몸통이 되는 부분이 보일러이다. 보일러는 물을 받아서 보관한 후 끓이게 되면 온수와 스팀을 생성하는 역할을 한다. 보일러 내부의 스팀온도는 머신마다 다르나 대략적으로 123~125℃ 정도를 유지한다.

커피를 추출하기 위한 추출수는 내부 스팀온도에 의하여 보일러 내부에 중탕으로 끓여지며[5] 이를 열교환기라고 한다. 스팀과 추출할 때 나오는 물은 열교환기에 별도로 분리되어 보관된다.

열 교환기

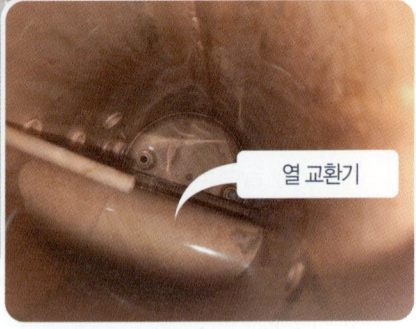

열 교환기

2) 추출 시

(1) 키패드

---

5) 보일러에서 바로 중탕하여 추출하는 머신은 현재 커피 머신의 90% 이상을 차지한다.

키패드는 바리스타가 커피 머신에게 신호를 주는 장치로서 버튼 식인 경우도 있고 LCD 화면 상태인 경우도 있다. 보통 카페에서 주로 추출하는 단위가 리스트레토[6]와 샷[7]임으로 1잔 추출과 2잔 추출량을 플로우 메타라는 장치에 기억시키고 바리스타가 버튼만 누르면 기억된 추출량이 나오도록 하고 있다.

또한 프리 추출 버튼이 있는데 이 버튼은 룽고[8] 추출이나 머신 청소 시 사용되는데 한 번 누르면 추출이 시작되고 한 번 더 누르면 추출이 멈춘다.

(2) 유량계

커피 머신에 세팅된 값의 추출 버튼을 누르면 항상 원하는 양만큼의 커피를 추출하게 되는데 그 역할을 하는 부품이 유량계이다.

유량계는 물이 들어오는 곳과 나가는 곳이 구분되어 있고 물이 들어가면 내부에 임펠러가 회전하면서 물 양의 정보를 메인보드에 전달해 준다.

(3) 그룹헤드

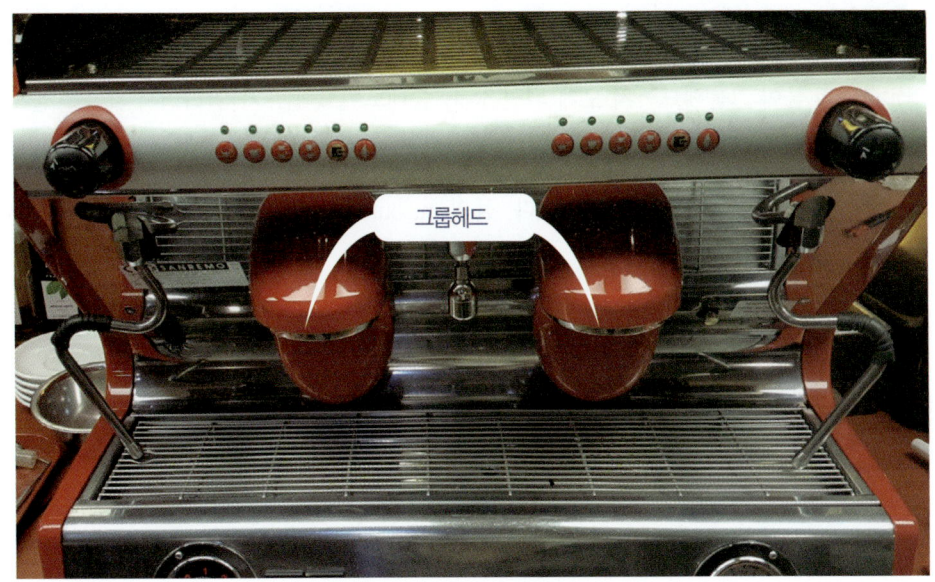

그룹헤드는 바리스타가 커피를 추출하기 위해 커피가 담긴 용기(포타필터)를 장착하는 곳이다. 그룹헤드는 최종적으로 커피를 추출하기 위한 물이 통과하는 곳으로서 온도 유지가 매우 중요하다.

---

6) 리스트레토 : 15~20㎖ 추출
7) 샷 : 28,235㎖ 추출
8) 룽고 : 40~50㎖ 추출

따라서 온도 유지를 위해 열교환기가 밀접하게 붙어 있게 된다. 그런 이유에서 PID 기능을 갖춘 머신이 유리하다.

(4) 3way 솔레노이드 밸브

열교환기의 물이 그룹헤드까지 오게 되면 3way 솔레노이드 밸브가 열리면서 차가운 물도 함께 진입하여 커피를 추출한다. 커피를 추출하고 남은 물은 남아있는 압력의 의해 솔레노이드 밸브의 후미가 열리면서 배수 트레이로 배출된다. 물의 in, out, 백플러싱 3가지의 역할을 하기 때문에 3way라 한다.

1	그룹헤드 내부에 머물러 있는 물
2	포타필터를 통과하여 커피가 추출되는 물
3	커피를 추출하고 그룹헤드 내에 남아있어 버려지는 물

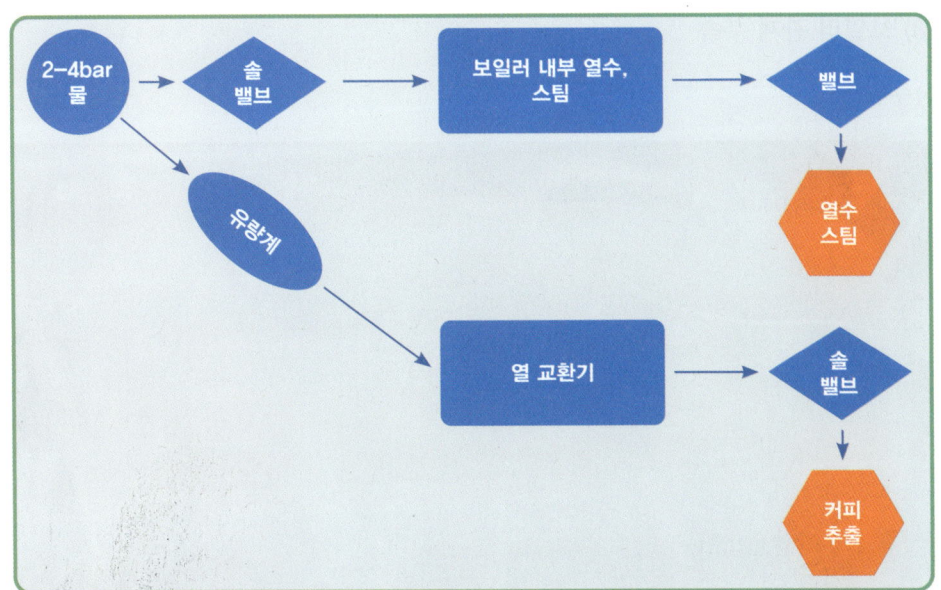

〈 커피 머신 내부 물의 전반적인 흐름도 (파란색–상온수, 오렌지색–온수) 〉

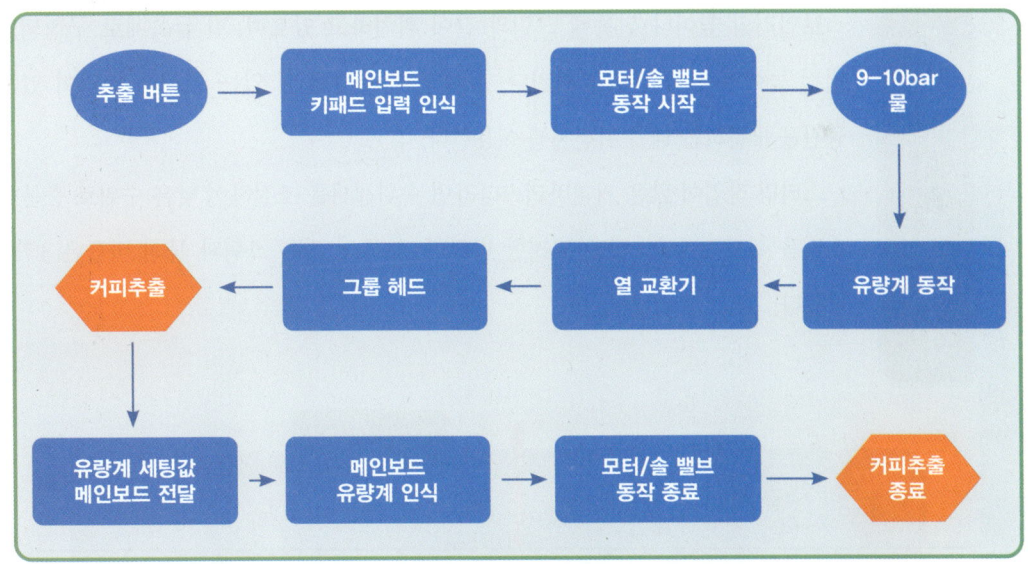

〈 커피 추출 흐름도 〉

3) 보일러 관계 부속

(1) 수위센서

　보일러의 옆이나 위쪽에 그림과 같이 위치하고 있으며, 긴 금속체로 구성되고 일정 높이만큼 물을 유입시킨다. 보일러 내부에 물이 있는 공간과 스팀이 있는 공간을 구분하는 데 수위센서를 이용한다.

　스티밍 작업이 많은 커피바리스타라면 수위센서를 조절하여 낮은 수위로 충분한 스팀을 확보해 보는 것도 고려할 만하다. 보통의 경우 스팀과 물의 비율은 3:7로 맞춘다.

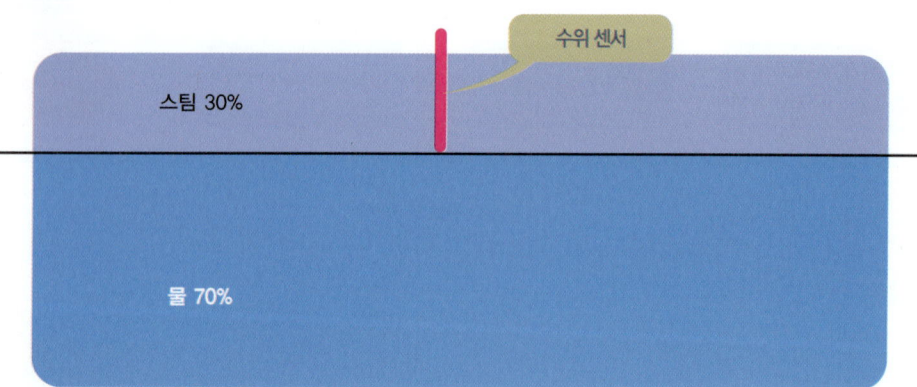

(2) 히팅 코일

커피 머신은 히터로 물을 끓여 고온 고압으로 커피를 추출하는 기계이다.

히터는 보통 한 개 또는 2~4개의 묶음으로 되어 있고 머신의 전기 용량이 매장의 전기용량을 넘을 경우 여러 개의 히터 라인 중 몇 개만을 사용하는 경우도 있다.

(3) 압력 스위치

압력 스위치는 동관으로 보일러와 연결되어 있고 증기 압력이 일정 수준까지 차오르면 스프링을 작동시켜 히팅 코일에 연결된 전기를 차단하는 역할을 한다.

보일러와 압력 스위치가 연결되어 있는 동관이 스케일로 막힐 경우 압력 스위치가 스팀을 차단시키지 못하게 되고 오버 히팅 된 보일러의 수증기가 과하게 생성되어 압력 스위치의 전기가 누전되면서 고장나는 경우가 많다. 그래서 자주 교체 되는 부품 중 하나이다.

(4) TC 온도 컨트롤러

요즘 출시되는 커피 머신은 압력 스위치 없이도 온도를 기준으로 히팅 코일에 전기를 연결해 주거나 차단해 줌으로서 보일러의 증기압력과 온도를 유지시키고 있다. 그러한 이유로 압력 스위치를 온도 컨트롤러로 대체한 머신들이 늘어나고 있다.

증기압력과 온도는 일정량의 상관관계가 있는 포화 증기표(일반적으로 압력에서 온도, 온도에서 압력의 관계를 알기 위한 표)를 보면 도움이 된다.

예를 들어 1.2bar = 123.12℃[9] 정도 된다.

9) 물에 포함된 미네랄의 함량에 따라 온도는 차이날 수 있다.

(5) 과열 방지기

과열 방지기는 보일러 몸체나 히터에 인접하게 위치해 있어서 제어장치 등의 고장으로 인해 보일러가 일정수준 이상으로 가열되는 것을 방지한다.

보일러 속에 물 온도가 아닌 동체의 온도를 측정하는데 동체의 온도가 일정수준보다 높아지면 히터로 흐르는 전기를 차단하도록 되어 있다.

(6) 과압력 방지밸브

안전장치 중 하나로 보일러 상단에 위치해 있다. 보일러 내부의 압력이 일정수준 이상으로 올라가게 되면 폭발 방지를 위하여 과압력 방지밸브가 터지면서 압력을 낮춰준다. 한 번 터진 과압력 방지밸브는 교체해야만 한다.

카페에서 많이 사용하는 반자동머신의 최대 세팅 값은 1.8~2bar 정도인데 과압력 방지밸브가 작동하는 경우에는 삑~~ 하는 고음이 들리며 이럴 경우 바로 머신을 끄고 전문 엔지니어에게 연락해야 한다.

(7) 진공 방지밸브

보일러 상단에 위치해 있으며 커피 머신의 숨구멍이라고 불리기도 한다.

커피 머신 전기 히터가 작동 전이라면 보일러 안에는 물만 차 있는데, 작동되면 물이 가열되어 증기가 차게 되고 그 압력으로 진공 방지밸브가 자동으로 닫힌다.

4) 기타 부품

(1) 과수압 방지밸브

커피 추출 시 펌프가 가동하면 9~10bar 정도를 유지하는 것이 정상인데 공급되는 수압이 갑자기 높아지게 되면 주변 부품에 영향을 줄 수 있다.

과수압 방지 밸브는 11bar 정도가 되면 안전을 위해 작동하며 펌프가 가동될 때 압력 게이지의 움직임이 늦어지고 커피 추출이 늦어지면 의심해 봐야 한다. 과수압이 열려 있으면 압력이 분산되기 때문이다.

(2) 믹싱 밸브

보일러의 뜨거운 물을 사용하여 아메리카노를 조리할 경우 물이 너무 뜨거워서 커피 맛에 영향을 미치는 경우가 있다.

그런데 믹싱 밸브가 내장된 머신은 뜨거운 물에 상온수를 섞어 적정한 온도로 아메리카노를 조리할 수 있도록 도움을 준다. 요즘은 매장마다 핫워터 디스펜서[10]가 있음으로 보일러의 뜨거운 물을 사용해 메뉴를 조리하는 일은 거의 드물다.

더구나 보일러 물을 자주 사용하게 되면 보일러 속의 물 온도가 계속 변하면서 스케일 발생률이 높아진다.

---

10) 핫워터 디스펜서 : 일정한 온도의 온수를 공급해 주는 전기온수기.

 제4장 **커피 머신의 원리**

커피 머신은 뜨거운 물과 압력을 이용하여 커피를 추출하는 기계장치이다. 물을 적정 온도로 유지해야 하고 추출 시 압력도 유지해야 한다.

기계적인 요소	- 물을 끓이는 히터, 압력을 올려주는 모터펌프
제어적인 요소	- 온도나 압력을 측정하여 히터를 끄고 켜는 기능 - 세팅된 시간만큼 커피가 추출 하게 되는 기능

커피 머신의 구조에 따라 아래와 같이 나누어진다. (2-그룹 기준)

이름	설명	히터	비고
관통형	열교환기가 보일러 내부 관통	1	온수스팀 추출 1
침출식	열교환기가 보일러 내부에 포켓 형태로 내장	1	온수스팀 추출 1
듀얼	스팀온수 보일러 한 개와 추출용 보일러 한 개	2	온수스팀1, 추출1
독립형	온수스팀 보일러와 별도로 커피 보일러가 그룹헤드에 각각 존재	3	온수스팀1, 추출2

1. 관통형 보일러

보일러 내부를 열교환기가 관통하는 형태로 가장 많이 보급되고 있는 머신이다. 머신에 히터가 하나 있으며 하나의 히터로 온수와 스팀 그리고 추출을 모두 담당한다.

장단점으로 추출을 담당하는 열교환기가 보일러 내부에 있어 겨울 동파 등의 원인으로 파손 시, 많은 수리비가 들어가는 단점이 있으나 제작비가 저렴하고 연속추출 등에서 비교적 안정적이다.

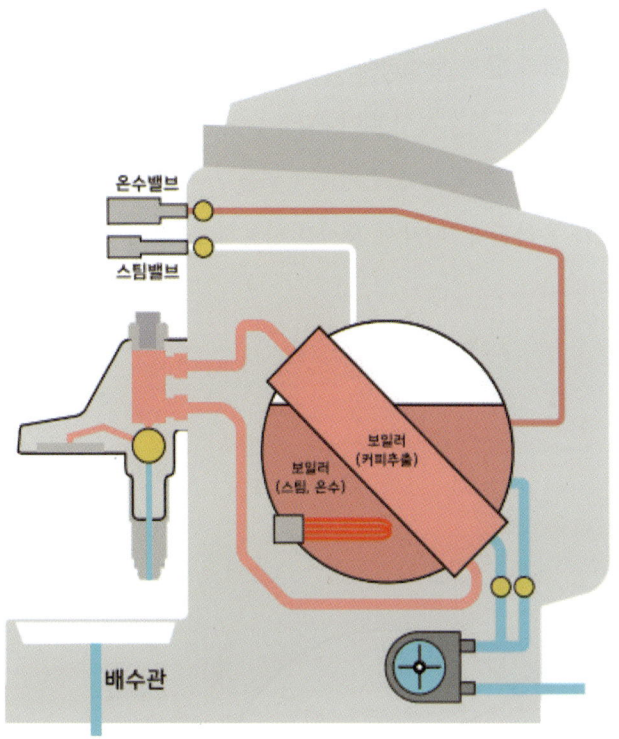

온수밸브

스팀밸브

보일러
(스팀, 온수)

보일러
(커피추출)

배수관

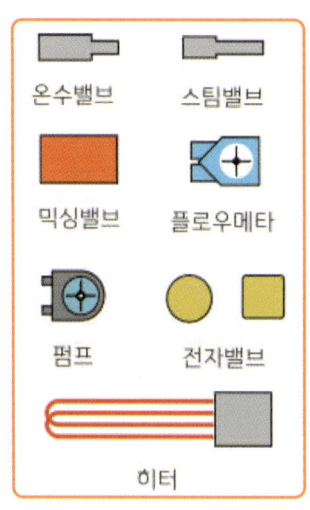

온수밸브   스팀밸브

믹싱밸브   플로우메타

펌프   전자밸브

히터

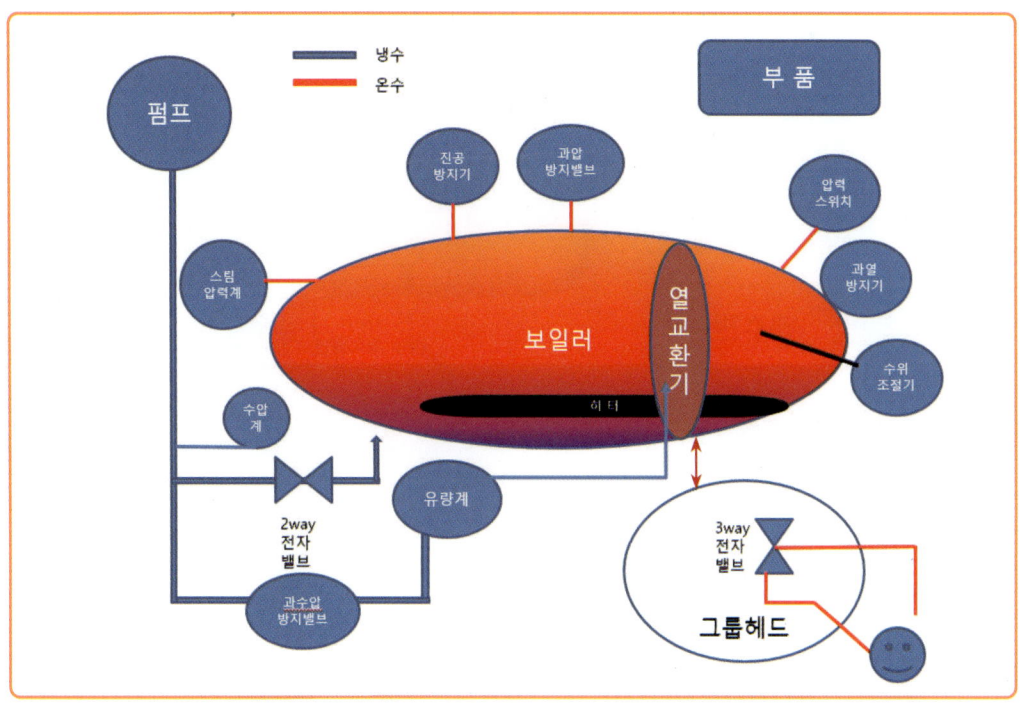

냉수
온수

부품

펌프

진공
방지기

과압
방지밸브

압력
스위치

과열
방지기

스팀
압력계

보일러

열
교
환
기

수위
조절기

수압
계

히터

2way
전자
밸브

유량계

3way
전자
밸브

그룹헤드

과수압
방지밸브

〈 일체형 머신의 전체적 도식 〉

115

2. 침출식 보일러

열교환기가 보일러를 관통하는 일체형과 달리 보일러에 열교환기가 삽입되어 있고, 그룹헤드에 바로 연결되어 있는 구조임으로 추출 시 온도유지 기능이 뛰어나다.

단점으로 침출식 보일러는 관통형 보일러와 달리 온수 순환구조를 가지지 않기 때문에 장시간 사용하지 않을 시 열교환기의 온도가 올라간다. 따라서 장시간 사용하지 않을 때는 물 흘리기를 해주는 것이 좋다.

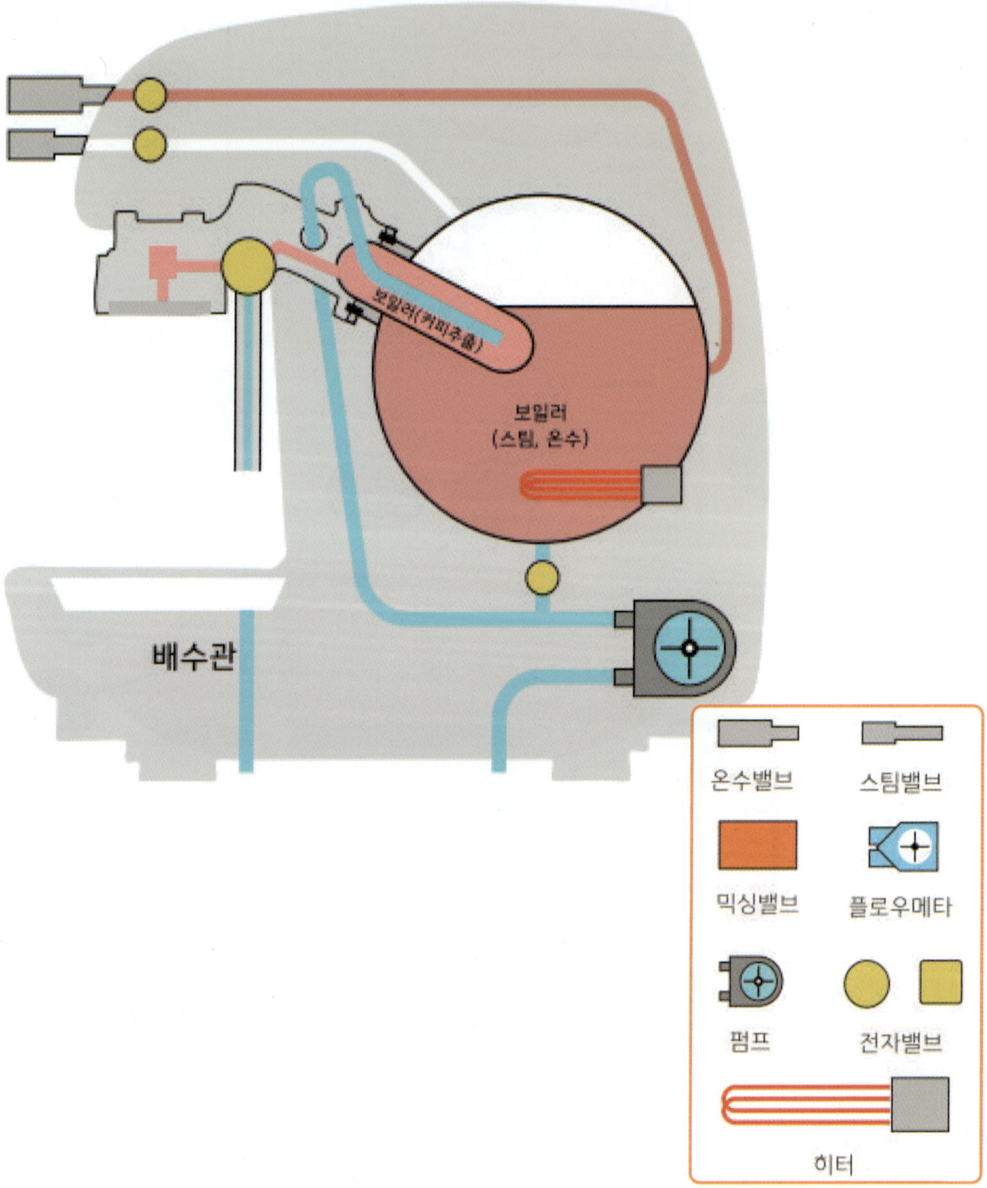

보일러(커피추출)

보일러
(스팀, 온수)

배수관

온수밸브

스팀밸브

믹싱밸브

플로우메타

펌프

전자밸브

히터

3. 듀얼 보일러

커피 머신의 보급량이 많아지면서 대용량 추출에 대한 고민이 생기게 되고 이에 대한 해결책으로 듀얼 보일러가 만들어졌다. 듀얼이라는 단어가 의미하듯 온수/스팀 보일러와 추출 보일러 2개로 구성되어 있다.

장점으로 2개의 보일러 용량이 크기 때문에 연속 사용에 유리하며 관통식 보일러 방식보다 추출수의 온도유지 능력이 뛰어나다. 단점으로는 그룹헤드가 추출 보일러에 부착되어 있는 구조이기 때문에 정밀한 온도제어 및 그룹별 온도설정이 불가능하다.

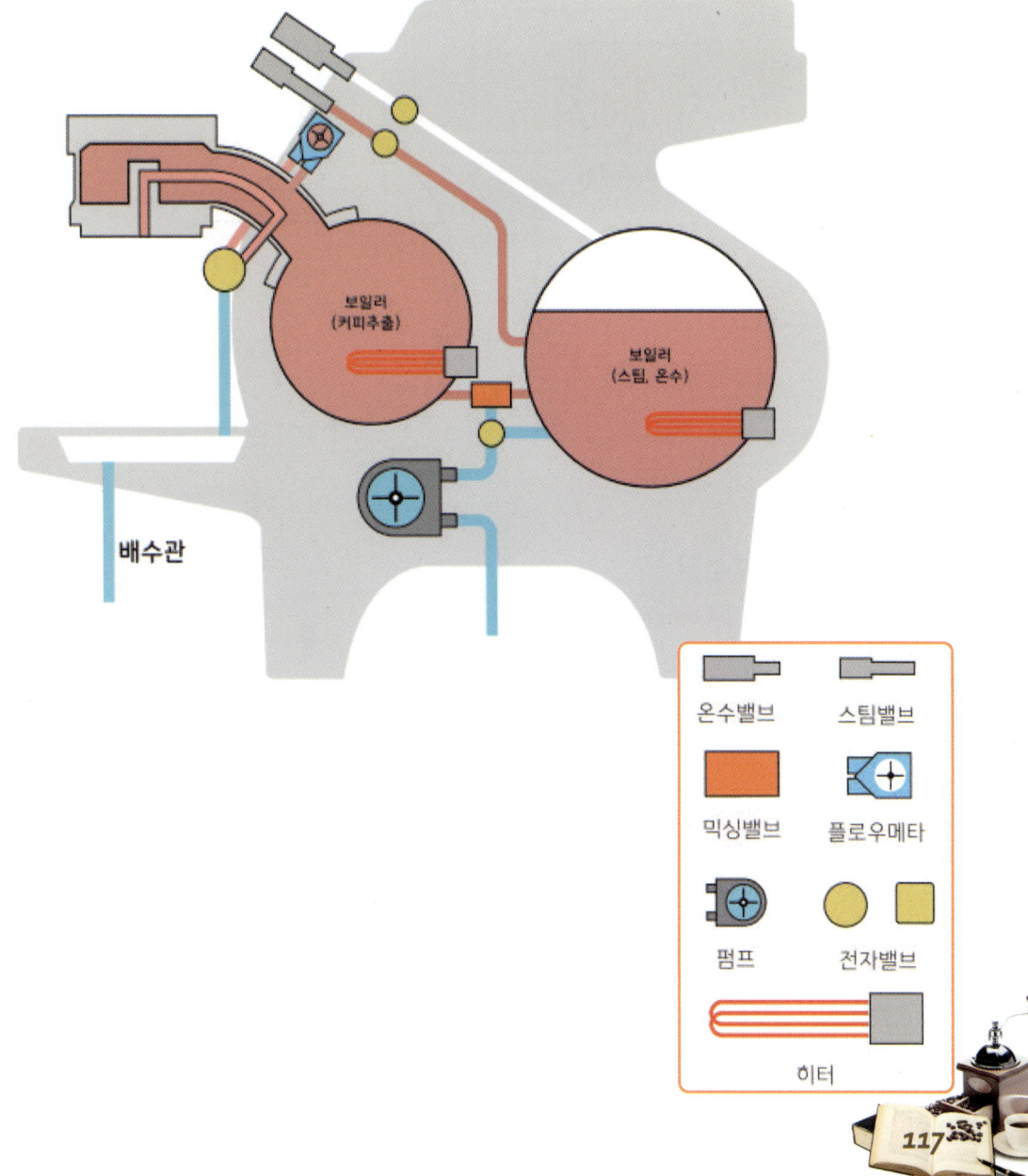

4. 독립형 보일러

독립 보일러는 온수,스팀 보일러 내부에 열교환기가 들어있는 방식과 달리 각 그룹헤드에 독립의 보일러가 있는 형식이다. 상온수가 들어와서 일부는 온수,스팀 보일러로 일부는 추출용 독립 보일러로 흘러간다. 그룹헤드 안에 보일러가 들어 있고, PID 온도 콘츄롤러와 정밀한 온도센서로 인해 그룹헤드 온도유지가 좋으며, 각 그룹헤드 별로 추출수 온도를 다르게 할수 있는 장점이 있다.

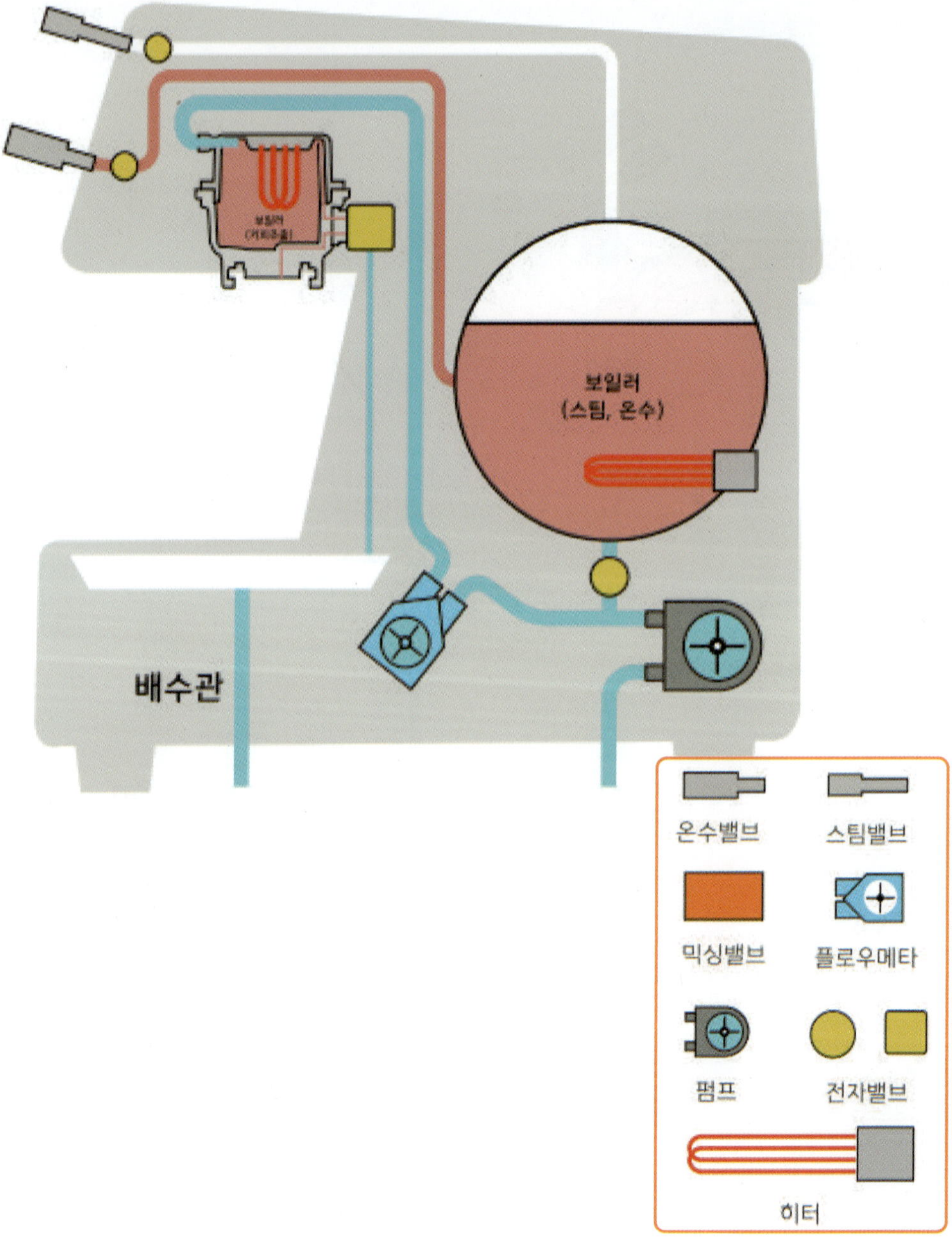

보일러
(거피그룹)

보일러
(스팀, 온수)

배수관

온수밸브　　　　스팀밸브

믹싱밸브　　　　플로우메타

펌프　　　　　　전자밸브

히터

5. 혼합 보일러 1

　듀얼 보일러의 장점과 독립 보일러의 장점을 결합한 형태의 커피 머신이다. 온수 스팀 보일러, 중탕 보일러, 각 그룹헤드마다 독립형 보일러가 존재한다.

　독립형 보일러의 단점이 연속 추출 시 온도 변화에 따른 원래 컨디션 회복 속도인데, 중간에 중탕 보일러를 둠으로서 중탕된 물을 커피 보일러에 유입시키기 때문에 온도 저하를 줄이고, 독립 보일러의 장점인 그룹헤드별로 추출수 온도를 다르게 할 수 있으면서 안정된 연속 추출이 가능한 머신이다.

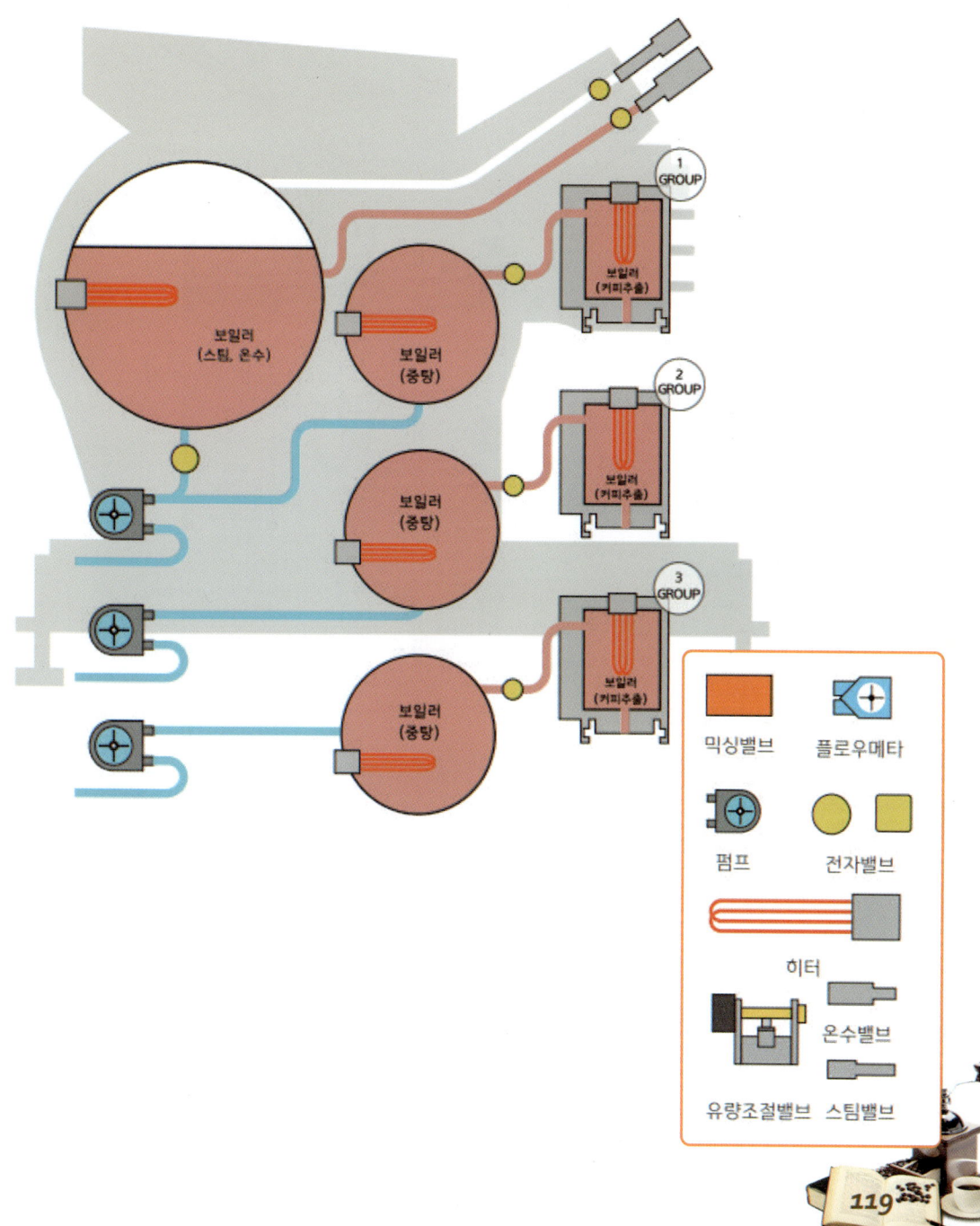

Coffee Baristar

6. 혼합 보일러 2

여러 시스템의 머신이 개발되는 가운데 연속 추출에도 정밀한 온도 유지에 포커스를 두고 머신들이 개발되기 시작했다. 정밀한 온도 제어를 위한 PID, 소형화된 독립 보일러 사용 등이 그것이다.

최근 많은 엔지니어들이 관심을 가지고 있는 부분은 유량제어 기술이며, 정확한 유량을 계산하고 유속을 설정하여 커피 원두에 정교하게 적용되도록 하는 기술이다.

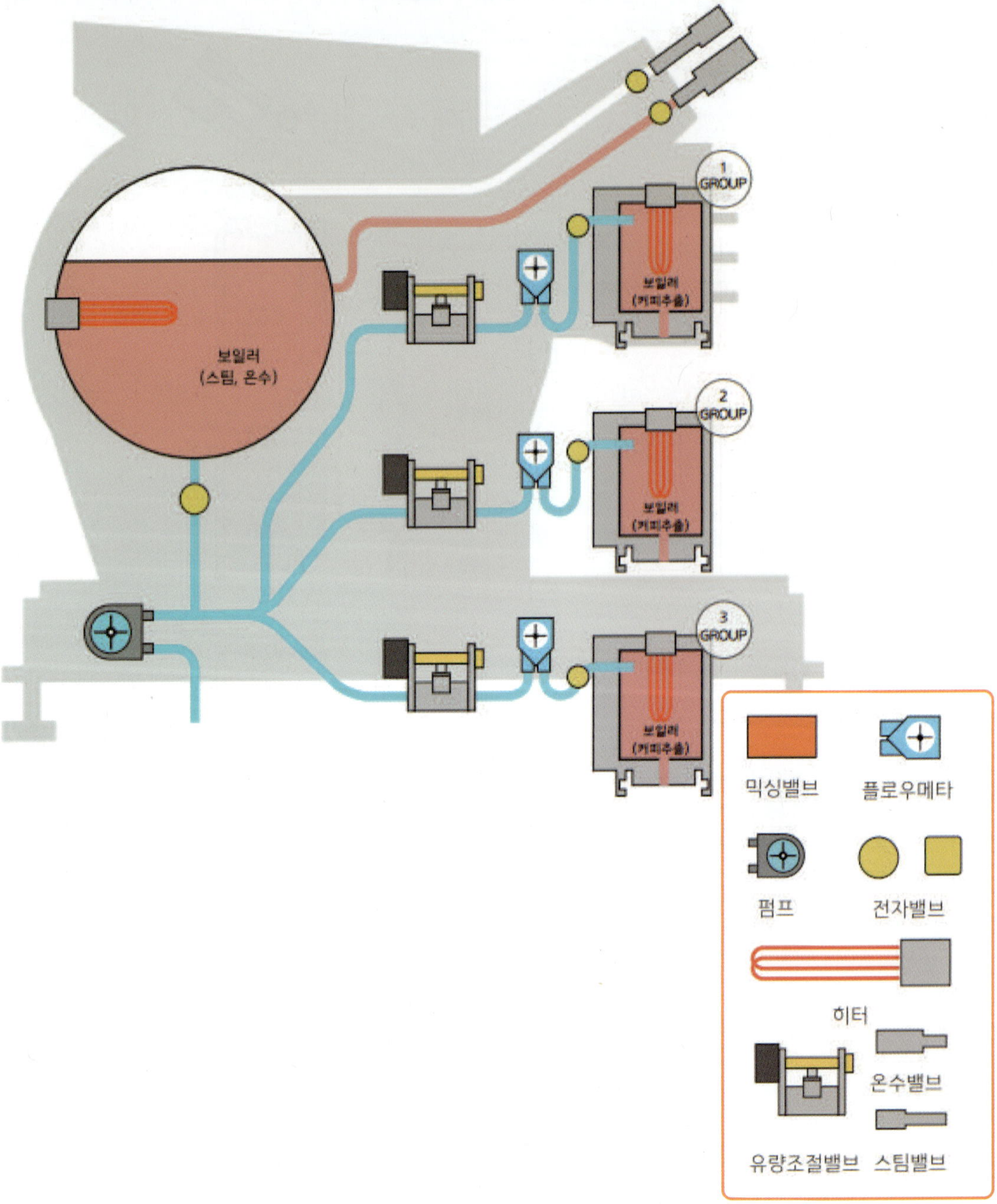

보일러
(스팀, 온수)

1 GROUP
보일러
(커피추출)

2 GROUP
보일러
(커피추출)

3 GROUP
보일러
(커피추출)

믹싱밸브　　플로우메타

펌프　　전자밸브

히터

온수밸브

유량조절밸브　스팀밸브

제5장 **커피 머신의 유지보수**

커피 머신은 사용 방법의 따라 커피 맛이 달라지고 또한 소모품의 유지보수 및 관리가 커피 맛에 영향을 미친다.

1. 그룹헤드, 스팀노즐 청소

1) 그룹헤드 청소

포타필터 속 바스켓 제거 후 블라인드 바스켓으로 교체하여 장착하거나, 바스켓 속 구멍들을 막아주는 개스킷을 결합시킨 후 약품을 넣고 청소한다.

청소 방법은 추출과 정지 버튼을 눌러 백플러싱 하여 청소하는데 자동 청소 기능이 있는 머신은 매뉴얼에 따라 청소를 해주면 된다. 많은 머신이 자동 청소 기능을 지원해 주고 있으므로 매뉴얼을 꼭 읽어봐야 한다.

자동 청소 기능이 없는 머신은 수동으로 작업해야 하는데 순서는 다음과 같다.

① 블라인드 필터나 청소용 개스킷을 장착한 포타필터에 약품을 넣는다.

② 포타필터를 그룹헤드에 장착한다.

③ 10~15초 추출 후 정지하기를 여러 차례 깨끗한 물이 나올 때까지 반복한다.

2) 디퓨저 및 샤워스크린 청소

하나의 물줄기가 디퓨저를 통과하면서 여러 물줄기로 분산되고 최종적으로 샤워스크린을 통과한 물을 포타필터에 담겨있는 원두에 분사시켜 준다.

커피가 추출되는 물이 통과하는 곳이므로 깨끗하게 관리하여야 하며 적어도 1주일에 한 번 정도는 약품에 담가 청소해 준다.

3) 포타필터

포타필터의 구성은 홀더, 바스켓, 와이어, 스파웃으로 이루어진다. 와이어로 고정되어 있는 바스켓에 커피 가루가 담기고 압력을 가하여 추출된 커피는 스파웃을 통해 내려온다.

약품 처리 방법
- 세정제와 물을 보통 희석하여 통에 담근다.
- 사용하는 물은 뜨거운 물일수록 좋다.
- 30분 정도 담가두고 수세미로 씻은 후 깨끗한 물로 헹궈낸다.

4) 스팀노즐 청소

스팀 노즐은 우유와 직접 접촉하는 부분임으로 깨끗한 젖은 행주를 사용하여 스티밍 후 즉시 청소해 주어야 한다. 특히 행주로 관리가 곤란한 노즐 내부와 스팀 팁의 연결 부위에 묻어 있는 우유도 청소해 주어야 하는데 청소 방법은 다음과 같다.

① 스팀을 열어 관절에 고여 있는 스팀을 분사하여 빼준다.

② 스팀피처에 온수를 받아 스팀 노즐을 담가둔다.

③ 스팀을 분사하여 내부 우유를 제거한다.

④ 스팀 노즐을 분리하여 청소한다.

2. 커피 추출을 위한 머신 세팅 법

커피 추출을 위한 세팅 방법은 머신마다 다르지만 버튼식의 경우를 예로 설명하자면,

① 5번 버튼이 보통 프리 추출 버튼인 경우가 많은데 5번 버튼을 길게 눌러준다.

② 버튼 전체가 깜박깜박 거린다.

③ 세팅할 버튼 하나를 누르고 있다가 적정량이 추출되면 같은 버튼을 한 번 더 눌러준다.

④ 5번 버튼을 다시 눌러 세팅모드를 해제한다.

2-그룹 머신인 경우 왼쪽 그룹을 세팅하면 오른쪽 그룹으로 자동 복사되는 머신이 많으며, 머신 안쪽에 스위치 형식으로 되어있거나 키 형식으로 잠겨 있는 경우도 있다.

3. 소모품 교체하기

1) 그룹헤드 개스킷

그룹헤드 개스킷은 커피 추출 시 포타필터 밖으로 누수가 있거나 포타필터를 그룹헤드에 장착 시 평소보다 빽빽하게 안 돌아가거나 오른쪽으로 과도하게 돌아가는 경우 교체 주기이다.

대부분 고무 재질인 개스킷은 그룹헤드의 꾸준한 열로 인해 사용 횟수가 많지 않아도 스스로 딱딱하게 굳어지기도 한다.

2) 샤워스크린

그룹헤드에서 나오는 물이 샤워스크린을 통과한 후에 포타필터를 거쳐서 커피가 추출되는데, 샤워스크린의 미세한 2중 구조망이 막히거나 훼손되면 추출수가 사방으로 튀어 나가게 되고 추출이 원활하지 못하게 된다.

약품을 이용해 청소를 했음에도 증상이 같은 경우에는 샤워 스크린을 교체해야 한다.

3) 개스킷 샤워스크린 교체 방법

개스킷과 샤워스크린이 일체형인 경우 지렛대의 원리를 이용, 숟가락 등을 사용하여 아래로 내리면 개스킷과 샤워스크린이 동시에 분리된다.

개스킷과 샤워스크린이 분리형인 경우 먼저 샤워스크린의 나사를 돌려서 제거한 후 송곳이나 드라이버로 샤워스크린을 분리시킨 후 교체한다.

4) 포타필터 바스켓

포타필터의 부품 중 바스켓은 그룹헤드의 압력을 받게 되는데 오랫동안 압력을 받으면 바스켓의
구멍이 넓어지거나 찢어지게 된다.

이렇게 넓어진 구멍으로 미분(분쇄 원두 중 가는 입자)이 통과하게 되면 커피 맛도 변하게 되므로
주기적으로 교체해주는 것이 바람직하다.

또한 분쇄도를 적정 수준으로 맞췄는데도 미분이 나오거나 추출 도중 추출압력이 풀려 버린다면
바스켓을 교체해야 한다.

5) 포타필터 스프링

커피를 추출하고 나서 커피 찌꺼기를 넉박스에 버리려고 할 때 바스켓이 같이 빠져 버린다면
스프링을 굵은 것으로 교체해 줘야 한다.

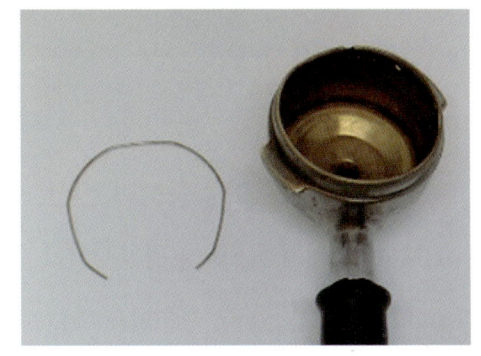

6) 스팀 밸브코어 개스킷

스팀을 잠거도 지속적으로 스팀이 새는 경우는 스팀이 나오지 않도록 막아주는 개스킷이 노후 되었거나 경화가 된 것이다. 스팀 뭉치를 풀어서 개스킷을 교체해 줘야 한다.

장기간 교체하지 않으면 개스킷이 막아주는 구명의 부식이 생겨 뭉치를 갈아줘야 한다.

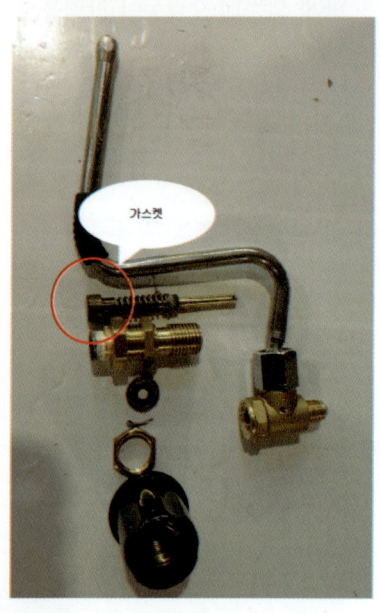
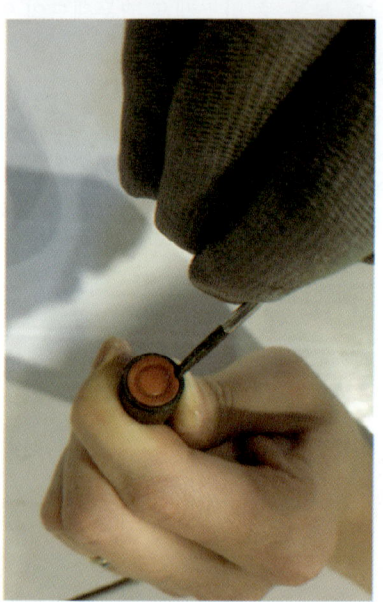

4. 커피 머신의 고장 증상과 진단

1) 전원 스위치를 2단에 위치시키고 한참이 지나도록 온수가 나오지 않는다.

* 히팅 코일 고장 – 히터 속 코일을 보호하는 충전제 크랙으로 인한 누전

* 압력 스위치 고장 - 압력 스위치 오작동으로 히터에 전기 공급 차단

* 과열방지기 고장 - 과열방지기 오작동으로 전기 공급 차단

2) 머신 정상 가동 중 추출 버튼을 눌렀을 때 전원이 꺼진다.

추출 버튼을 누르면 전기 신호가 메인보드에 전달되고 메인보드에서 다시 펌프와 3way 솔레노이드 밸브에 전달되게 되는데 추출 버튼을 누를 때 전원이 꺼진다면 양쪽 그룹이 모두 꺼지는지 한쪽만 꺼지는지 체크한다.

한쪽만 꺼진다면 솔레노이드 밸브 누전이며, 양쪽 모두 꺼진다면 메인보드의 콘덴서 및 릴레이 문제이다.

3) 추출 버튼을 누르면 머신에서 엄청난 굉음 소리가 난다.

보통 업소용 머신의 경우 로터리 펌프를 사용하는데 굉음은 펌프에 물이 공급되지 않는 경우가 많으므로 물 공급 라인이 잠겨있지 않은지 부터 확인해야 한다. 머신의 물 인입부의 막힘, 정수 필터의 막힘, 급수라인의 막힘 등등을 꼼꼼하게 살펴봐야 한다.

가끔 소리가 나는 경우에는 인접한 상권에서 갑자기 물을 많이 사용하거나 머신과 인접한 제빙기에서 물을 끌어가는 경우에도 그와 같은 현상이 발생할 수 있으므로 시간차를 두고 체크해 볼 필요가 있다.

또 다른 경우는 펌프의 열 발생으로 인해 모터와 펌프가 맞물리는 부위의 베어링이 붙어버려 움직이지 않을 때이다. 그 원인으로는 온수 역류, 배관이 막혀 펌프에 과부하가 걸릴 때인데 주기적으로 배관 관리를 해주는 것이 바람직하지만 일반적으로 배관을 분해하기가 쉽지 않다.

4) 추출 시 추출량이 계속 변하거나, 세팅이 되지 않는다.

커피 추출은 유량계가 물의 양을 감지하여 기억된 양이 지나가면 추출을 멈추는 방식인데, 유량계 자체의 고장 혹은 유량계와 메인보드와의 전자 신호에 관여하는 부품인 상부 커넥터 고장 등을 의심해 볼 수 있다.

5) 2그룹 머신인데 한쪽 그룹만 추출량이 너무 약하게 나온다.

그룹헤드의 지글러, 배관, 3way 솔레노이드밸브 중 어느 하나가 막히게 되면 추출량이 약하게 나온다. 지글러는 헤드나 유량계 및 배관 사이에 위치하고 있는 경우도 있는데 찾아서 점검 및 세척해 주어야 한다.

6) 그룹헤드에서 물이 떨어진다.

커피 추출 시 3way 솔레노이드 밸브를 개폐하게 되는데 솔레노이드 밸브는 한 방향 전자 코일이 플런저를 아래로 당겨서 물길을 열어주는 역할을 한다.

그런데 플런저 스프링 부분에 이물질이 껴서 장력에 방해를 주고 있거나 플런저의 물마개 부분인 바이톤에 작은 이물이 끼거나 시간이 흘러 경화돼 제대로 마개 역할을 못하는 경우이다.

이때 분해 세척하거나 플런저 교환 및 솔레노이드 밸브 바디를 교환해 줘야 한다.

7) 보일러의 진공 방지밸브나 과압력 방지밸브에서 물이 계속 새고 있다.

진공 방지밸브는 보일러의 온도 변화에 따른 수축 방지 목적과 진공 상태 이후 포화기화를 형성하기 위한 안전장치이다. 만약 스팀이 새는 경우라면 고무링이 경화되어 진공이 되지 않는다는 의미이므로 교체하여야 한다.

스팀이 아닌 물이 넘친다면 보일러 수위 만수 증상으로 급수 솔레노이드 밸브가 역할을 못해 차단을 시켜주지 못하거나 강제 급수 밸브가 열려 있어 발생하는 현상이다.

또한 스티밍 작업을 할 때 스팀 완드에서 물이 많이 섞여 나온다면 수위 감지봉에 스케일이 쌓여 감지가 잘되지 않아 수위가 높아진 경우임으로 수위 감지봉을 분해하여 세척해 주어야 한다.

8) 스팀 압력이 한쪽이 약하게 나온다.

사용량이 많아 고무링 같은 소모 부품이 잘려서 막히는 경우거나 오랜 시간 사용하지 않아 우유가 굳어 있는 경우가 대부분이다.

또한 스팀 뭉치와 밸브와 밸브코어의 거리 조정이 가능한 머신들이 있는데 거리 조정이 잘못되어 스팀이 약할 수 있다.

9) 스팀 압력이 높아 스티밍이 어렵다.

오버 히팅으로 인해 발생하는 현상으로 압력 스위치를 조정하여 스팀의 압력을 낮춰줘야 한다. 이때 압력 스위치를 천천히 시계 반대 방향으로 돌려가면서 스티밍이 되는 시점을 찾아가야 한다.

보급형 머신이라면 스팀 압력을 낮추면 추출 온도도 같이 내려가므로 커피 맛과 스티밍을 확인하면서 신중하게 세팅해야 한다.

제6장 **그라인더**

그라인더는 커피 맛에 큰 영향을 주므로 그 구조와 원리, 고장 증상 및 대처요령, 청소법 등 바리스타가 반드시 숙지해야 할 부분이다. 또한 그라인더는 온도와 습도에 민감하기 때문에 수시로 분쇄도를 조절해주며 최상의 커피 맛을 유지할 수 있어야 한다.

1. 그라인더 관리와 구조

그라인더는 커피 머신과 더불어 에스프레소 추출에 있어 매우 중요한 부분을 차지한다. 따라서 그라인더를 이해하지 못하고 원하는 품질의 에스프레소 커피를 추출하기는 매우 어렵다.

분쇄도는 에스프레소의 맛에 관여하므로 커피바리스타는 각각의 변수[11]에 따라 분쇄도와 원두의 양을 조절하여 커피 머신에서 커피를 추출하는 시간과 맛을 최적으로 유지할 수 있도록 해야 한다.

1) 그라인더의 구조

* 호퍼

원두를 담는 통

* 원두투입 레버

레버를 밖으로 당기면 원두가 내려가지 못하고 막히게 되고 밀어 넣으면 원두가 그라인더 날까지 내려간다.

---

11) 습도, 온도 이외에도 원두가 로스팅 된 날짜 등에 따라 분쇄도를 조절해야 한다.

* 분쇄입자 조절레버

  원두의 분쇄도를 조절하는 레버

* 도저

  분쇄된 원두를 보관하는 통

* 도징 레버

  앞으로 당기면 분쇄 원두가 배출되고 스프링의 힘으로 원위치 된다.

분쇄입자
조절레버

원두
투입레버

도저

조절레버

2) 칼날

그라인더의 칼날은 원두와의 끊임없는 마찰로 마모되고, 마모된 그라인더 날은 원두를 곱게 분쇄할 수 없을 뿐만 아니라 분쇄입자의 균일도가 떨어져 추출에 영향을 주고 커피 맛을 떨어뜨리므로 마모된 그라인더 날은 즉시 교체해 주어야 한다.

또한 원두가 분쇄될 때 칼날과 칼날 사이에 마찰열이 발생하고 그 마찰열과 원두에 남아 있는 수분과 오일 성분이 흡착하여 칼날 사이에 원두 찌꺼기가 쌓이게 되면 곰팡이가 생기게 되는데 주기적으로 칼날과 칼날 사이의 원두 찌꺼기를 제거해 줌으로서 추출 시 나쁜 맛이 섞이지 않도록 관리해야 한다.

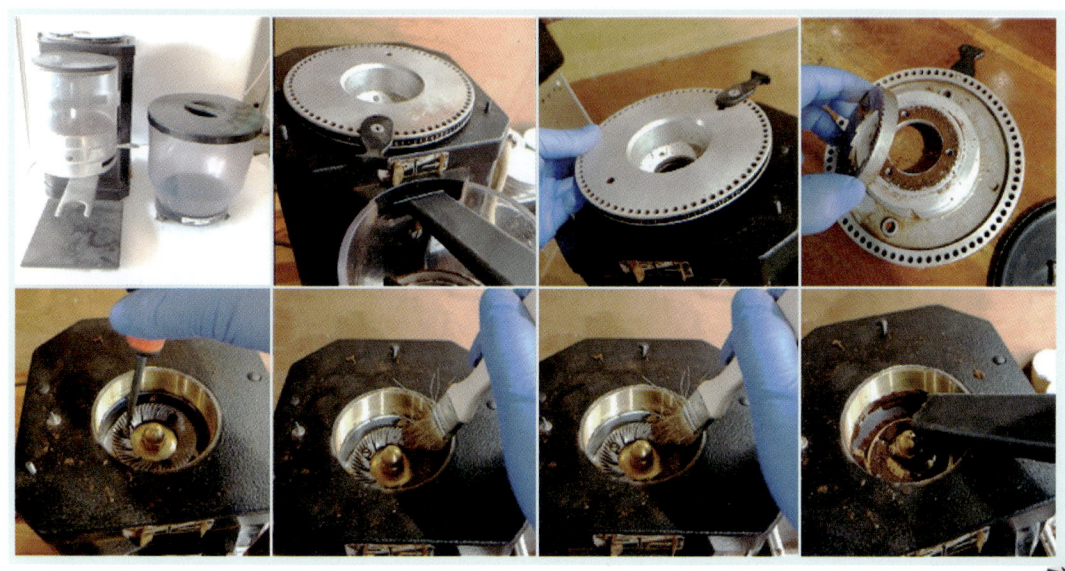

3) 도저

분쇄된 원두를 보관하는 통인 도저는 매일매일 청소하여 청결 상태를 유지해야 하는데 솔 등을 이용하여 원두 가루를 털어내야 한다. 그렇지 않으면 산패가 일어나 커피 맛에 영향을 주게 된다.

도저의 역할은 가스가 많거나 그라인딩 시 발생되는 정전기가 추출에 영향을 주므로 미리 분쇄해 놓고 디개싱(Degassing) 또는 에이징(Aging) 시키는 것이라 할 수 있다.

4) 호퍼

호퍼는 원두가 보관되는 곳으로 원두커피 표면의 오일이 많이 묻는다. 오일이 오랜 시간 방치되면 커피 맛에 영향을 주게 되므로 주기적으로 청소하고 관리해야 한다. 그리고 오일은 수용성이 아니고 지용성 성분이기 때문에 반드시 세제를 사용하여 청소해야 한다.

2. 고장 증상에 따른 대처 방안

1) 그라인더 속도가 약해졌을 때

그라인더 모터에 붙어있는 콘덴서 불량임으로 교체해야 하는 현상인데, 그라인더 소리가 전보다

작아지거나 가동 시간이 오래 걸리는 등 평상시와 다른 점이 있다면 콘덴서 교체 시기이다.

콘덴서가 수명을 다하게 되면 모터의 힘이 약해져서 원두를 분쇄하는 힘이 약해져 고속으로 원두를 분쇄하지 못 한다.

2) 모터가 회전하지 않을 때

일단 콘덴서를 의심해 보고 콘덴서 고장이 아니라면 수동식 그라인더의 경우 스위치 불량인 경우가 많다. 또한 전자동식 그라인더라면 내부에 기판이 있는데 기판에 붙어 있는 퓨즈(fuse)를 점검해 봐야 한다.

때에 따라 원두가 갈리는 공간에 이물질(돌, 나사 등)이 끼어 있는 경우도 있다.

3) 레버가 원위치로 리턴 되지 않을 때

레버는 그라인더 바닥에 있는 스프링의 힘으로 움직이게 되는데, 그 스프링이 마모되었거나 기타 다른 충격으로 빠져 있는 경우 발생하는 현상인데 스프링 교체 혹은 위치 교정으로 해결할 수 있다.

4) 레버가 빽빽하여 돌아가지 않을 때

회전 날에 이물질이 껴 있거나 원두 찌꺼기가 너무 많이 끼어 있을 경우 빽빽할 수 있는데 분해 조치한 후 청소해 주어야 한다.

Coffee Baristar

제3편

커피추출

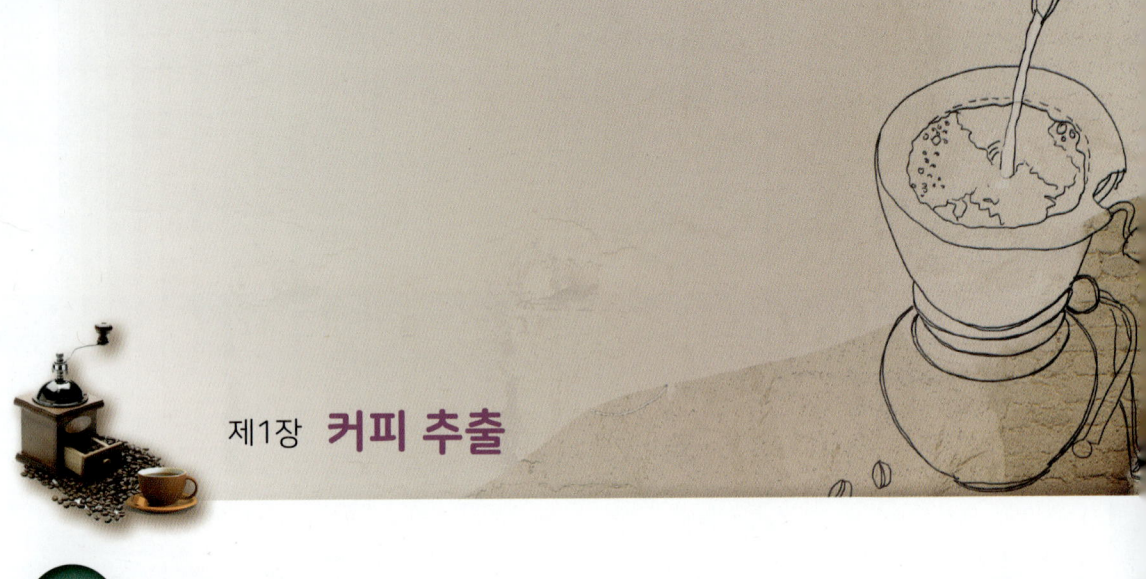

제1장 **커피 추출**

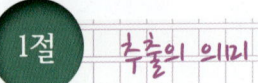

1절 추출의 의미

커피 추출이란 좋은 생두를 선별하여 추출방식에 맞게 용융될 수 있는 포인트로 로스팅 된 원두를, 적정한 크기로 분쇄한 후 커피가 가지고 있는 성분을 다양한 기구를 이용하여 맛과 향을 뽑아내는 것을 의미한다.

커피추출을 'Brewing' 또는 'Extraction'이라고 하는데 Brewing은 커피를 제조한다는 넓은 의미라면 Extraciton은 커피 성분을 뽑아낸다는 뜻이다.

원두는 수용성 물질과 불수용성 물질로 나뉘며, 이를 분쇄하여 용매라는 뜨거운 물을 투입하면 커피의 수용성 물질인 용질이 녹아나와 용매와 섞여서 추출되는데 이것을 용액이라고 한다. 이 용액을 그대로 마시기도 하고 물을 더 추가하여 마시는데 이것을 우리는 커피라고 한다.

용매와 용질을 다시 설명하자면 커피원두를 가루로 갈아서 적정온도의 뜨거운 물을 부었을 때 녹아 나올 수 있는 물질을 용질, 뜨거운 물은 용매라는 것이다 (용질+용매=용액).

용매과 용질의 가장 이상적인 비율은 용질 1~1.5%, 용매(물) 98.5~99% 이며 이렇게 아주 적은 양의 용질을 사람의 코로 지각할 수 있는 향기를 가진 물질을 "농축된 방향물질"이라고 일컫는다.

농도는 1~1.5%의. 용질을 의미하며 농도가 1보다 낮으면 약하다, 1.5보다 너무 높으면 강하다 또는 진하다라고 느끼고 표현하게 된다.

수율은 추출하고자 투입한 커피 가루에서(원두량) 녹아내린 용질의 양을 나타내며 강하게 로스팅 한 커피입자로부터 물에 녹여 낼 수 있는 성분은 대략 30%이지만 (섬유질 성분을 제외한 추출량) 사람들이 가장 선호하는 맛은 18~22%가 가장 이상적이라고 한다.

이보다 낮으면 풀냄새가 나고 이보다 높으면 지나치게 쓴맛이 강하여 비선호적이다. 즉 최적의 추출을 위해서는 반드시 최대 추출 지점에 닿기 전에 추출을 멈추어야 하며, 농도와 추출율의 최적의 밸런스를 사람들은 가장 이상적인 커피(The Ideal Cup)라 부른다.

2절 추출 메커니즘

커피의 성분이 어떻게 이동 되는지를 추출 메커니즘을 통해 이해해 보자면 추출은 분쇄된 커피입자 표면에 있는 성분을 씻어내는 과정(Washing)과 입자 내부에서 표면으로 이동하는 확산(Diffusion) 과정으로 나눌 수 있다. 표면의 성분을 씻어 내는 세정과정은 뜨거운 물과 접촉 즉시 일어나고, 확산은 세정보다 천천히 일어난다.

커피가루 표면과 내부에서 성분을 끄집어내는 것을 추출이라고 하는데, 커피가루는 고체이므로 이 고체와 물을 분리시켜야 되므로 필터를 필요로 하게 된다. 현재는 종이, 융, 철제 등을 사용하고 있다. 이와 같이 필터는 커피가루를 계류시키는 여과기능을 한다.

커피 층 내에서 물의 이동은 우선 가루와 가루 사이에 있는 공기를 물이 밀어내고 들어앉아 커피가루를 적시게 되고, 커피가루는 고체 층이므로 이 고체 층에 무언가를 축적시키지 않고 빠져나가는 것이다. 이것을 유체역학 측면에서는 퍼콜레이션(침출)이라한다(에스프레소는 다른 방식임).

1. 적심, 뜸들이기 (Wetting)

커피가루는 투입된 물에 의해 적셔지면서 이산화탄소를 방출하게 되고 난류를 일으키면서 부풀어 오른다.

2. 추출 (Extraction)

초기에는 점성이 있는 농축된 상태이나, 점점 희석되어 나옴.

3. 난류, 교반 (Turbulence)

교반은 말 그대로 물이 갈려진 커피 사이에 들어감으로서 커피들을 섞어주는 동작을 말한다. 즉 각자 분리되어 있는 커피입자들에 물이 똑같이 유입될 수 있도록 도와 정상 추출이 될 수 있도록 하는 것이다.

> **참고**
> 커피는 1g당 2g의 물을 흡수한다(커피 품종, 생산 일자, 일정하지 않은 로스팅, 세포 구조 주변의 초과된 Oil, 물의 경도, 분쇄 입자의 분포 정도에 따라 더 많은 양의 물을 흡수하기도 함). 즉 9g의 커피를 넣고 물 18g을 얹으면 (Washing or Wetting) 추출이 되지 않는다. 이것을 우리는 '뜸 들인다'라고 한다.

1700년대까지는 주로 터키식 방법(이브릭)으로 추출을 했지만 1850년대 이르러는 다양한 추출기구가 개발되고 기구에 맞는 추출 방법들이 개발되어 왔다. 커피의 추출 방식을 보면 투과 · 여과 방식과 침출 · 침지 방식으로 나눌 수 있다.

일반적으로 침출법은 커피 성분이 지나치게 많이 나올 수 있고 통제가 어려워 상대적으로 투과법의 커피가 더 좋은 것으로 평가되기도 한다.

1. 투과법

여과법으로도 불리는데 분쇄된 커피가루위에 뜨거운 물을 부어 종이나 금속으로 된 필터를 물이 한번에 통과하여 커피성분을 뽑아내는 방식이다. 이때 커피 추출액은 별도의 용기에 받게 되는데 페이퍼드립, 융드립, 더치커피, 에스프레소가 이에 해당된다.

2. 침출법

침지법, 담금법으로도 불리며 여과식에 비해 오래된 추출법이다. 추출 용기에 분쇄된 커피가루와 뜨거운 물이나 찬물을 넣고 가열 또는 담가 우려내는 방식이다. 터키식, 보일링, 퍼콜레이터가 이에 해당된다.

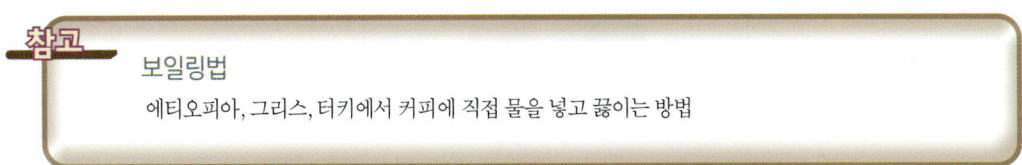

참고

보일링법
에티오피아, 그리스, 터키에서 커피에 직접 물을 넣고 끓이는 방법

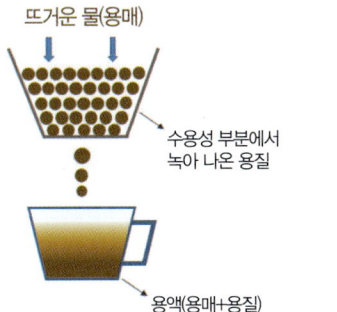

뜨거운 물(용매)

수용성 부분에서 녹아 나온 용질

용액(용매+용질)

1. 가루 위에 뜨거운 물을 부어 투과

뜨거운 물(용매)

수용성 부분에서 녹아 나온 용질과 용매

2. 가루를 뜨거운 물에 담금

추출 방법은 위와 같이 크게 두 방법으로 분류할 수 있고, 다음과 같이 더욱 세분화할 수 있다.

■ 커피 추출 방법 요약

분류	추출 기구	추출 방법
담금 (Steeping)	프렌치 프레스 (French Press)	뜨거운 물에 커피 가루를 담근 후 우려내 추출하는 방식
달임 (Decoction, Boiling)	터키식 이브릭 (Turkish)	물과 곱게 분쇄한 커피파우더를 함께 끓이는 방식
침출 (Percolation)	퍼콜레이터 (Percolator)	추출도 되고 여과도 되는 용기에 커피를 담아 뜨거운 물을 재순환 공급
드립여과 (Drip Filtration)	핸드드립, 융드립 (Hand Drip / Flannal Drip)	커피가루를 용기에 담은 후 가열한 물을 통과시키는 방식
진공여과 (Vacuum Filtration)	베큠팟 (Vacuum Pot) 사이폰 (Syphon)	담금 방식의 변용으로 수증기의 압력이 물을 위로 올리고, 여기서 추출이 이루어진 후 열을 제거하면 커피가 아래로 내려오는 방식

가압주입 (Pressurized Infusion)	 모카포트 (Moka Pot), 에스프레소 (Espresso)	2~10기압 압력을 주어 커피가루를 통과하는 방식

4절 추출의 조건

맛있는 커피를 즐기기 위해서는 여러 가지 전제 조건이 필요하다. 품종이 동일한 커피 기준으로 커피의 신선도 (수확 시기, 로스팅 시기), 적정한 분쇄입자(그라인딩), 물의 종류와 온도 등이 뒷받침 되어야 우리가 원하는 한잔의 커피가 완성될 수 있다.

물론 가장 중요한 것은 커피의 신선도이다, 즉 로스팅 후 커피는 조직이 다공질로 바뀌며 탄산가스와 함께 커피의 향기 성분이 급속히 날아가기 때문에 시간이 경과하여 산패가 되면 맛까지 변질된다. 그래서 커피는 "신선 식품이다"라고 한다.

커피의 산패에 영향을 주는 요인은 산소. 수분. 온도. 냄새. 로스팅 정도. 포장법 등 다양한 요인들이 있다.

> **참고**
>
> 커피를 추출하기에 앞서 우리는 농도. 수율. 용질. 용매. 용액과 같은 기본적인 공식을 이해할 필요가 있다. 물과 커피의 비율. 분쇄도. 추출도구. 추출방법. 물의종류. 물의 온도 등과 어떤 방법으로 추출할 것인지, 몇 g을 이용하여 몇 ml를 추출 할 것이지 원칙을 정한다면 항상 일정한 커피 맛을 유지하는데 기여할 것이다.

1. 커피 추출의 필수 요소들

① **정확한 물과 커피의 비율** : 허용될 수 있는 농도의 비율 (브루잉 1~1.5% / 에스프레소 9~11%), 고형성분과 물의 비율은 98.5~99.0%

② **시간에 맞는 커피 분쇄입자** : 추출 기구별 분쇄 입자가 다름

③ **정확한 시간** : 물과 커피의 접촉시간

④ **물의 온도** : 차갑거나 미지근한 물은 제대로 추출하기 어려움

   - 이상적인 추출범위 온도보다 낮을 경우 under 추출 (낮은 신맛과 플레이버)

   - 이상적인 추출범위 온도보다 높을 경우 over 추출 (떫은맛과 쓴맛)

⑤ **난류, 교반** : 물이 분쇄된 커피 입자 사이에 들어감으로서 커피를 섞어주는 동작

⑥ **좋은 품질의 물** : 미네랄 50~100ppm이 녹아있는 물

   - 경수는 under 추출

   - 연수는 over 추출

⑦ **적절한 필터링 도구** : 녹지 않는 커피 고체를 분리시켜줌

   - 직물(Colth), 금속(Metal), 종이(Paper), 차단거름망(Screen), 금속필터(Filter Basket) 등이 있다.

⑧ **그라인딩** : 원두를 잘게 분쇄함

   - 분쇄의 주된 목적은 추출 표면적을 늘리는 것이다. 표면적을 넓힘으로써 커피의 고형성분이 물에 쉽게 용해되어 수용성 물질과 에멀전화될 수 있는 성분을 빼 내기 용이하도록 하기 위함이다. 분쇄입자를 조절하는 것은 쓴맛과 떫은맛을 조절하는 가장 효과적인 방법으로 굵은 분쇄입자는 물과 커피의 접촉시간을 줄이고, 쓴맛. 떫은맛을 줄인다.

가는 분쇄입자는 젖산과 클로로제닉산 그리고 카페인에 의해 쓴맛. 떫은맛을 증가시킨다. 또한 분쇄는 원두상태보다 산패가 훨씬 빨리 진행됨으로 항상 추출 직전에 해야 한다.

2. 추출 방법에 따른 분쇄 입자의 변화

커피의 분쇄입자 크기는 물과 접촉시간에 따라 달라지는데 추출 시간이 긴 경우 굵게, 짧은 시간일 경우 가늘고 미세하게 분쇄하여 수용성 물질을 알맞게 추출해야 한다. (터키식은 문화 관습적인 방식임으로 제외한다)

그라인더 표기	가는 분쇄 Fine	중간분쇄 Medium	굵은분쇄 Coarse
굵기	0.3mm 이하	0.5~1.0mm 이하	1.0mm 이상
추출방법	에스프레소 이브릭	페이퍼드립 사이폰 커피메이커	퍼콜레이터 프렌치프레스
이미지			

제2장 **다양한 추출 도구 및 방법**

1절 터키식 커피

세계에서 가장 오래된 커피추출법으로 알려진 터키식 커피(Turkish coffee)의 핵심은 원두를 밀가루처럼 곱게 갈아 진한 맛을 낸다는 점이다. 뚜껑이 있는 기구인 이브릭(Ibrik) 또는 뚜껑이 없는 체즈베(Cezve)라 불리는 전용 기구를 사용한다.

커피를 거르지 않고 물과 함께 끓인 후 마시므로 강한 바디(농도. 촉감)를 느낄 수가 있다. 전용 그라인더를 사용해야 할 정도로 에스프레소보다 더 곱게 분쇄하여 사용하며 커피를 마시고 난 다음 컵 바침에 커피 잔을 올려놓고 기다린 후 생기는 모양을 보고 커피 점을 치기도 한다(그리스).

■ 추출 방법

① 분쇄된 커피를 용기 속에 넣는다.

② 뜨거운 물을 넣는다.

③ 커피 가루를 물에 잘 개어준다

④ 약한 불로 가열한다.

⑤ 커피가 끓으면서 거품이 발생하면 불에서 들어준 후 스틱으로 저어 거품을 가라 앉힌다.

⑥ 다시 불에 올려 두세 차례 반복한다.

⑦ 불을 끈 후 가루가 가라앉게 잠시 기다렸다 잔에 따른다.

2절 모카포트

모카포트는 1933년 이탈리아의 알폰소 비알레티(Alfonso Bialetti)에 의해 탄생하였으며 사용법이 간단하고 가격이 저렴하여 가정에서 손쉽게 즐길 수 있는 에스프레소 추출 기구이다.

재질은 주로 알루미늄인데 그 외에도 스테인리스, 도기 재질의 모카포트도 있으며 불에 직접 올려놓고 가열하는 직화식으로 이탈리아에서는 마키네타(Macchinetta)라 하며 스토브 탑이라고도 부른다.

모카포트는 추출압력이 낮아 크레마가 잘 형성되지 않는데 이를 보완하여 추출구에 압력 밸브를 달아 크레마 형상이 가능한 제품도 있다. 모카포트는 필터 바스켓에 커피를 가득 채워 사용해야 그 맛이 좋게 되므로 평소 즐기는 양에 맞는 사이즈를 구입하는 것이 좋다.

■ 추출 방법

① 따뜻한 물을 워터탱크(보일러) 압력밸브까지 채운다.

② 바스켓에 정량의 커피파우더를 채운다.

③ 보일러에 바스켓을 넣는다.

④ 컨테이너(추출 포트)를 끼운다.

⑤ 가스렌지 중불을 이용하여 뚜껑을 연 상태로 커피가 끓어 오를때까지 기다린다.

⑥ 크레마가 올라오면 뚜껑을 덮고 불을 끈다.

⑦ 포트의 추출이 끝나면 잔에 따른다.

3절 프렌치 프레스

커피프레스, 커피플런저, 커피팟이라고도 불리며 철제로 사용하던 용기를 1930년대부터 유리로 대체 사용하였다. 다른 기구에 비해 자유도가 없는 단순한 방법이지만 분쇄도, 온도, 시간 등을 조절한다면 자신만의 커피를 추구할 수 있으며, 가정에서도 간편하게 사용할 수 있어 많이 보급된 커피 기구이다.

1850년대 프랑스에서 처음 금속 재질로 만들었으며, 1930년 칼리마니(Attilio Calimani) 라는 이탈리아인이 유리와 금속 재질을 이용한 프렌치 프레스를 만들게 되었다. 커피 플레이버 성분과 에센셜 오일 성분이 컵 안에 남게 되어 바디가 강한 커피를 추출할 수 있으며, 물과의 접촉 시간이 길어 원두를 굵게 분쇄하여 사용해야 한다.

한국과 북미에서는 보통 프렌치 프레스라고 하지만 이탈리아에서는 'caffettiera a stantuffo', 프랑스에서는 'cafetière à piston'이라는 명칭을 사용한다.

■ 추출 방법

① 7~8g 정도 원두를 굵게 분쇄하여 용기 속에 넣는다.

② 뜨거운 물 120~150ml 넣는다.

③ 15~20초 지난 후 스틱으로 잘 저어준다

④ 뚜껑을 닫고 3분 정도 기다린다.

⑤ 플런저(Plunger)를 눌러서 커피 찌꺼기를 분리하고, 컵에 커피를 따라낸다.

　(담금 시간 및 분쇄 굵기를 조정하여 개인의 취향에 맞도록 한다.)

4절 사이폰

1840년경 스코틀랜드의 로버트 네이피어(Robert Napier)가 사이폰의 원형인 진공식 추출 기구를 개발하였다. 플라스크를 가열하여 발생하는 증기압에 의해 뜨거운 물이 가는 연결 관을 통해 커피가루를 담은 용기로 이동하여 커피가루와 섞인 후 추출된 액이 불을 끄면 관을 통해 다시 플라스크 쪽으로 돌아오는 원리이다.

1841년 프랑스의 바슈 (M. Vassieux) 부인에 의해 상하를 연결해 사용하는 방식이 고안되었으며, 1924년 일본인 고노에 의해 상품화에 성공하여 '사이폰'이라고 부르고 있다.

사이폰 추출은 산뜻하고 깨끗한 맛을 표현할 수 있으며 깔끔하면서 풍부한 향을 느낄 수 있다. 사용되는 열원은 가정용으로 쓰이는 알코올램프와 업소용 할로겐램프, 가스버너 등이 있다.

■ 추출 방법

① 끓인 물을 플라스크에 넣어 열원으로 가열한다.(플라스크에 물방울이 있는 체로 가열하면 깨질 수 있으니 주의한다)

② 필터를 상단 로드에 넣고 스프링을 로드 관 파이프 밑으로 잡아 당겨서 고리를 걸어 고정시키고 분쇄된 커피가루를 상단 로드에 넣는다.

③ 상단 로드를 하단 서버에 살짝 기울여 올려놓은 후 물 기포가 올라오기 시작하면 상단 로드를 플라스크에 결합한다.

④ 증기압에 의해 물이 플라스크에서 로드로 상승하여 올라간다.

⑤ 스틱으로 저어주어 커피가루에 물이 충분히 접촉할 수 있도록 해준다.(커피가루에 충격을 주지 않도록 균일하게 섞어 준다)

⑥ 기포 층이 두툼하게 형성이 되어야 한다(침지 시간 20초).

⑦ 침지 시간이 끝나고 열원의 불을 끄고 스틱으로 가볍게 휘저어 준다.

⑧ 추출된 커피가 플라스크로 다 내려오면 추출이 완료된다.

⑨ 조심스럽게 플라스크를 분리한 후 스탠드를 잡고 잔에 따라준다.

5절 핸드드립

드립(Drip) 방식은 커피가루가 나오지 않게 드립포트에 헝겊을 덮은 것이 기초가 되어 1800년 초 프랑스 벨로이(Belloy)가 드립포트를 완성한 후 위층에 커피가루, 아래층에 여과되어 떨어지는 드립법이 확립되었다. 커피메이커(Coffee Maker), 브루어(Coffee Brewer) 등 전기를 사용하는 것과, 사람의 손으로 내리는 방식이 있다.

드립은 영어로 "액체를 방울방울 흘리다." 라는 뜻을 갖고 있으며 주전자(Port)를 이용하여 사람의 손으로 뜨거운 물을 부어 커피를 내리는 방법을 일컫는다.

독일의 멜리타 벤츠(Melitta Bentz)가 1908년에 최초로 드립용 드리퍼를 발명하였고 종이필터와 멜리타 드리퍼를 소개한 이후, 일본의 고노, 칼리타, 하리오 등 많은 브랜드 들이 소개되었다.

종이필터 이전에는 융(Flannel)을 이용한 핸드드립을 했으며 100년이 지난 지금은 다양한 추출기구와 수많은 핸드드립 도구가 개발 되고 있다. 또한, 같은 커피라 하더라도 사용한 드립도구와 바리스타 기술에 의해 각각 다른 개성있는 커피가 표현되기도 한다.

1. 핸드드립을 위한 기본 도구

드립용 그라인더, 필터(페이퍼, 융, 금속), 드리퍼(고노, 칼리타. 하리오. 클레버 외), 드립포트 (주전자), 드립서버, 온도계, 타이머, 저울

드립포트	 하리오 부오노 1.2 스테인리스 플라스틱 손잡이	 Bonmac 엘레강스 1.2 동(銅) 수제 동드립포트	 유키와 딜럭스 0.75 스테인리스 무게감이 있음
	 멜리타 MJ0402 pot 1.3 스테인리스 나무 손잡이	 다까히로 0.9 스테인리스	 마메종 법랑 그린 0.6 법랑 충격이나 스크래치 주의
드립서버	 하리오	 칼리타	 기타 드립서버
온도계, 타이머			
저울			

1) 필터 (Filter)

커피추출 중에 커피 찌꺼기를 걸러내는 거름장치(여과지)를 필터라고 한다.' 종이(Paper), 융(Flannel), 금속(Metal) 등 다양한 필터가 있고, 소재에 따라 맛의 편차가 크기 때문에 추출도구 특성에 맞게 잘 선택해야 한다.

특히 종이필터는 드리퍼의 브랜드, 디자인, 크기에 맞는 필터가 필요하며 대표적으로 사다리꼴과 원뿔형을 많이 볼 수 있다.

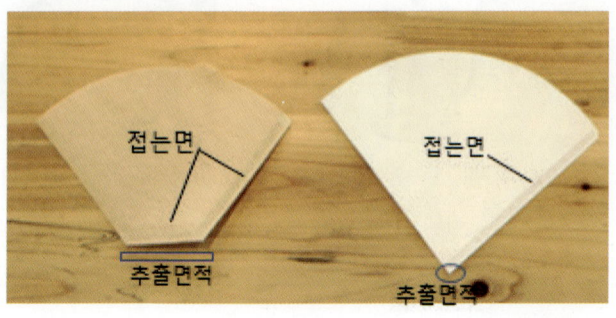

2) 드리퍼 (Dripper)

여과지를 올려놓고 분쇄된 커피를 담는 기구를 드리퍼라고 한다. 재질과 구조, 크기 다양한 종류가 있으며, 형태에 따라 추출성분의 밀도가 달라져 개성에 차이가 있다.

리브(Rib)

드리퍼 안쪽에 빗살무늬처럼 일자나 회오리 형태의 뼈대를 말하는데 추출 시 물의 흐름을 도와 추출을 원활하게 해주는 통로이며, 드리퍼의 내구성을 강화해주는 역할을 한다.

손잡이
리브

추출구

주변에서 흔하게 사용되는 대표적인 모양의 드리퍼를 설명하자면

리브의 형태	추출구

구분	멜리타 (Melitta)	칼리타 (Kalita)	고노 (Kono)	하리오 (Hario)
리브 형태				
추출구	1개	3개	1개	1개
특징	내부 폭이 크고 경사가 가파르지만 추출구가 1개임으로 빠른 속도의 추출을 늦춰주기도 한다. 강배전한 독일식 스타일에 적합	리브가 위부터 촘촘하게 설계되어 있어 추출 속도를 적당히 유지해주므로 일정한 맛을 낼 수 있는 장점있어 초보자가 사용하기에 적절하다. 반침지식, 반여과식	원뿔형 모양의 리브가 짧고 본체의 경사가 가파르다. 추출구가 크며 추출속도가 빨라질 수 있기에 점드립 방식으로 물을 부으며, 물이 빠르게 빠지는 구조라 맛의 편차가 커질 수 있다.	원뿔형 모양의 리브가 드리퍼 안쪽을 길게 감싸고 있는 나선형으로 물과 가스가 잘 빠진다. 큰 추출구와 60°로 된 리브의 경사를 비롯해 커피 성분을 빠르게 추출하므로 추출변수를 적절히 조절하지 않으면 과소 추출되어 연하고 떫은 커피가 될 수 있다.

(1) 융 (Flannel)

융(Flannel)은 면실로 짠 직물을 말한다. 종이필터에 비해 신축성이 있어서 커피 추출 시 원두가 팽창하는 데 제한이 없다. 그러므로 표면적이 넓어져 커피성분 추출에 범위가 넓어진다.

특히, 융 특유의 기모가 커피 오일을 흡수하지 않고 추출되기 때문에 향미와 바디감을 잘 느낄 수 있다. 장점이 많은 드리퍼이지만 관리의 번거로움으로 전문점이 아닌 곳에서 융 드립 커피를 보기 어렵다.

(2) 금속 (Metal)

금속판에 타공이 있는 필터이다. 종이필터에 비해 타공 부위가 커서 미분이 배출되는 단점이 있지만 오일성분이 추출되어 풍부한 향미를 느낄 수 있다.

3) 드립포트 (Drip Pot)

커피 추출 시 사용되는 주전자이다. 수구(水口: 물의 배출구)를 통해 물줄기를 원하는 대로 조절할 수 있으며 주로 S자 형태로 되어 있다. 일본에서는 학의 부리와 같다고 하여 학구(鶴口)라고 부른다.

수구 손잡이 형태에 따라 정교한 물줄기, 굵은 물줄기 등 물량 조절의 편리함이 다르다. 재질에는 제조회사에 동, 스테인리스, 범랑 등이 있고 일반 주전자와 다르게 가열하지 않고 데운 물을 받아서 쓰지만 이런 불편함을 해소하기 위해 전기 포트식 드립포트도 있다. 일반적으로 크기는 0.6~1.3 *l* 로 다양하다.

[왼쪽부터 동 – 스테인리스 – 에나멜]

4) 드립서버 (Server)

드리퍼를 통해 내려오는 커피를 아래 부분에서 받아내는 도구로서 투명한 유리도구를 권장한다. 서버는 투명할수록 커피의 추출현상을 확인하는 데 유리하며 하단에 눈금이 있어 추출량을 확인할 수 있다(도자기 재질은 온도 유지에 좋지만 추출량 확인이 어려움). 용량은 브랜드에 따라 300~1200cc까지 다양하다.

5) 온도계 (Thermometer)

디지털과 아날로그 두 종류가 있으며, 드립포트에 꽂아 쓰는 클립형 온도계도 있다.

6) 타이머 (Timer)

드립커피의 다양한 변수 중 추출시간이 미치는 영향도 크므로 초 단위로 표시되는 타이머를 사용하는 것이 좋다.

7) 계량 저울

원두 계량과 추출된 커피의 양을 ml가 아닌 g으로 확인하고자 할 때 도움이 된다.

0.1g 단위 표시가 되는 저울이 편리하며, 브루잉 전용 저울에는 타이머가 장착된 것도 시중에 있다.

2. 핸드드립 과정

핸드드립은 추출과 동시에 여과가 일어나는 것이 특징이며 물과 분쇄커피의 접촉시간에 영향을 주는 요소들을 보면 원두 양, 분쇄도, 드리퍼 종류, 물 온도, 물 주입속도, 드립방법 등 다양한 변수가 있다.

또한 과학적인 근거에 의한 것이 아닌 문화적 측면과 음용방법, 음용습관에 따른 고착화를 배제할 수 없다. 그러므로 특정 방법을 기준으로 최고의 방법이라 여기지 말고 다양성에 결과 변수를 경험해 볼 것을 권장한다.

3. 린싱 (rinsing)

린싱은 종이필터의 이취(필터 자체 혹은 주위 냄새 흡수)를 없앨 뿐만 아니라 서버의 보온 효과를 얻는 장점이 있다(서버의 물은 예열 후 버리고 추출을 시작한다).

린싱을 할 경우 필터가 드리퍼에 밀착되어 분쇄된 커피의 고정과 리브의 장점(특징)을 높여주며 마른 필터로 수용성 성분이 흡수되는 것을 최소화해서 농축액 추출에 용이하다. 핸드드립은 린싱을 하는 방법과 린싱을 하지 않고 그대로 사용하는 방법이 있다

4. 뜸들이기 (Wetting) = 적심 = 불림 (Infusion)

커피추출 전 뜨거운 물로 분쇄커피를 살짝 적셔주는 작업을 말한다. 분쇄된 커피는 물을 받아들인 후 이산화탄소를 방출하고 커피의 수용성 성분을 밖으로 내보내는 데 시간이 필요하고 이 시간 동안 난류를 일으켜 부풀어 오른다. 물이 분쇄커피를 골고루 적셔질 수 있어야 하며, 한쪽에 치우치지 않도록 한다. 머핀처럼 부풀어 오른 부분에 크랙이 생기면 추출을 시작하는데 원두의 신선도, 물 주입,

153

분쇄도에 따라 Wetting 시간은 다르다.

방법은 여러 가지가 있으나 분쇄커피의 중앙에서 시작하여 점차 외곽으로 나아가는 나선형 방식이 널리 알려져 있고, 한 방울 한 방울 점을 찍듯 드립하는 점드립 방식 등으로 다양하다.

Wetting 시간 없이 바로 추출하게 되면 커피의 수용성 성분이 용융될 시간이 없어 싱거운 커피, 밸런스 없는 커피가 추출된다.

참고

난류

흐름을 예측할 수 없는 물의 흐름, 즉 뜨거운 물, 분쇄커피. 기체가 비정형적으로 혼합되어 기체를 방출하면서 일어나는 것으로 물이 분쇄커피를 통과하는 속도를 늦추면서 표면에 가스를 일으키게 한다. 난류에 의해 커피가루는 재배열되어 분쇄커피 층 전체에 균일한 흐름을 유도한다. 이때 과도한 물 주입은 난류에 영향을 주므로 과잉추출을 유발한다.

5. 추출(Extraction)

뜨거운 물을 커피가루 위에 골고루 적셔주며 여러 번 나누어 주입한다. 다음은 일반적으로 사용되는 추출 방법을 소개한다.

① 페이퍼 필터를 위생적을 접는다.

② 드리퍼에 밀착 시키다. (린싱 여부는 본인 판단)

③ 원두를 계량하여 분쇄 후 드리퍼 필터에 담는다. (미디엄 로스팅 원두 20g)

④ 커피 표면이 수평이 될 수 있도록 드리퍼 옆을 살짝 흔들거나 쳐 준다.

⑤ 준비된 뜨거운 물로 뜸을 들인다.

(물 주입량 조절 잘하기 : 보통 원두양 만큼 드립 할 경우 적정하다)

⑥ 분쇄 커피에 크랙이 생기면 추출을 시작한다. (뜸 들인 후 약 30~40초정도 소요)

⑦ 1차 물 붓기: 물줄기를 얹듯이 직각으로 가늘게 안에서 밖으로 천천히 돌린다. (물줄기 낙하지점을 보면 나선형을 그리는 데 도움이 된다)

⑧ 2차 물 붓기: 머핀처럼 부푼 가스가 평평해질 무렵 두 번째 드립 한다.

⑨ 3차 물 붓기: 물 주입량을 늘려 굵게 주입하여 추출량을 맞춘다.

⑩ 원하는 양의 추출이 이루어지면 마친다.

참고

1. 추출 전 서브하고자 하는 커피 잔을 예열하고 핸드드립에 필요한 재료 및 도구를 준비한다.
2. 추출방법 1~3차는 일반적이며 5차까지도 가능하며, 이 모든 다양성은 바리스타가 결정하여 추출한다.

제3장 에스프레소 추출

에스프레소는 지금까지 언급되었던 추출방법과는 본질적으로 다른 '가압식 추출방식'이다. 가압에 의해 추출되어 나온 레오파드 문양 흔히 호랑이 무늬가 나타나며 거품층과 추출액이 오일 방울로 이루어진 에멀션 상태(Emulsion, 주로 섞이지 않는 두 액체 사이에서 일어나며 기름 속에 물이 들어간 상태), 고체입자의 부유 상태(Suspension, 물속이나 수면에 떠있는 상태). 용액상태(solution)와 함께 존재하며 흔히 에스프레소를 다면상의 음료라고 한다.

1절 에스프레소의 정의

에스프레소(Espresso)는 이탈리아어 "빠르다"에서 나온 말로, 주문과 동시에 만들어진다는 영어 'Express'에 해당한다. 즉, '빠르게 추출된 커피'란 뜻이다.

즉석추출, 가압추출, 신속한 추출의 특징을 갖는 에스프레소는 곱게 분쇄된 원두 7~8g에 90~95℃의 뜨거운 물과 8~10bar의 가압으로 25~30ml의 양을 25~30초의 짧은 시간에 금속필터를 통과시켜 농축되게 추출한 커피를 말한다.

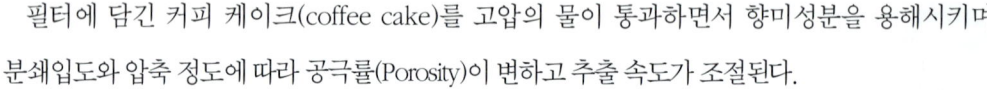

2절   에스프레소의 특징

　필터에 담긴 커피 케이크(coffee cake)를 고압의 물이 통과하면서 향미성분을 용해시키며 분쇄입도와 압축 정도에 따라 공극률(Porosity)이 변하고 추출 속도가 조절된다.

　다른 추출방법과 달리 미세한 섬유소와 불용성 커피오일(Insoluble Coffee Oil)이 유화상태로 함께 추출된다.

　에스프레소는 추출 변수에 예민하게 반응하기 때문에 기술적인 부분에서 약간의 변화만 주어도 다양한 맛의 커피음료를 만들 수 있다.

　일반적인 커피 추출 및 전체적인 커피음료 제조과정을 브루잉(Brewing)이라는 표현을 쓰지만 에스프레소 추출은 익스트랙션(Extraction)이라는 표현을 쓰며 복합적인 성분을 가압을 이용하여 짧은 시간에 추출한다.

에스프레소는 위에 거품층과 아래 액체로 구성되어 있으며 위의 거품층을 크레마(Crema)라고 한다. 크레마는 휘발성의 향 물질을 다량 포함하고 있으며 기포로 이루어져있다.

커피에서 계면활성 성분의 화학적 본성이 아직까지 완전히 밝혀지지 않았지만 당지질(glycolipid)이나 당단백질(glycoprotein)과 같은 복합분자들이 이런 특성을 보인다.

크레마의 특징은 지속성인데 추출 후 크레마가 깨지면서 커피 표면이 드러날 때까지 3분 정도는 지속되어야 하며 크레마의 부피가 10%는 되어야 한다.

크레마의 색상, 질감은 에스프레소를 평가하는 관능적 평가(Sensory)의 기준이다.

구분	정상 추출	과소 추출	과다 추출
특징			
컬러	Brown with Reddish	yellow, white	black
밀도	잔을 기울어 크레마의 곡선을 확인. 45° 이상	곡선이 없음	곡선이 얇음
지속력	3분	지속력 약함	–
두께	3mm	얇고 쉽게 깨짐	두꺼우나 커피와 분리되어 깨짐
문양	레오파드(타이거) 벨트	–	–
채도	광택이 남	밝은 색의 거친 기포	채도가 낮고 텁텁함

Tip

탬퍼(Tamper)

    탬퍼는 커피를 다지는 기술에서 중요한 역할을 하게 된다. 머신 개발회사는 탬퍼를 직접 제작하지 않기 때문에 그룹헤드 규격에 맞는 포타필터를 사용하게 되므로 포타 필터 바스켓 지름과 유격이 거의 없는 1mm 이내의 차이가 나는 탬퍼를 선택해야 고른 탬핑을 할 수 있다.

    필터바스켓 사이즈는 52~58mm 등 다양하며 적정양을 담기 위해 지름이 작은 바스켓은 깊이가 깊고, 지름이 큰 바스켓은 얇은 특징이 있으며 추출에도 영향을 준다.

4절   에스프레소 추출 방법 및 순서

0. 잔 준비하기
- 음료에 적합한 잔이 있는지 확인한다.
- 잔이 따뜻한지 확인한다
- 잔이 차가우면 음료의 온도에도 영향을 주지만 크레마가 빨리 경화되어 검게 된다.

1. 포타필터 분리
- 포타필터의 손잡이를 잡고 몸의 왼쪽으로 45° 정도 돌리면 그룹헤드에서 포타필터가 분리된다.
  (포타필터의 평균 무게는 600g 정도로 무겁고 뜨거우므로 그립 부분만 잡고 떨어뜨리지 않도록 주의한다)

2. 물 흘려버리기 (열수 버리기)
- 과열된 물을 흘려버린다.
- 2~3초 정도면 충분하다.
- 그룹헤드 부위에 묻어 있을 수 있는 커피 찌꺼기를 제거하는 이유이기도 하다.

＊기계에 고여 있는 열수를 추출 버튼을 작동시켜 어느 정도 흘려주어야 커피의 향미와 감촉이 저해되지 않는다, 열수 흘리기는 패킹단계 전, 후 상관없다. 너무 과도하게 흘리는 경우 물 온도가 내려가 추출에 영향을 줄 수 있으니 주의한다.

3. 필터 바스켓 닦기 (물기 제거)
- 린넨 또는 마른 행주를 사용한다.
- 행주를 얇게 잡고 바스켓 안쪽까지 잘 닦아준다.
- 포타필터 내부에 고인 물이 흐르거나 커피 찌꺼기가 주위에 떨어지지 않도록 넉박스(찌꺼기통) 위에서 닦는다.

4. 분쇄 커피 받기 (Grinding / Dosing)

- 그라인더 거치대에 포타필터 올린다.
- 그라인더 작동 스위치를 켠다.
- 그라인더 도저에 부착된 레버(손잡이)를 규칙적으로 당긴다.
  (레버를 끝까지 당기면 딸깍 소리가 나면서 도저 내부가 시계방향으로 회전하면서 일정량의 커피를 도저 홈을 통해 배출한다)
- 너무 빠르거나 느리지 않도록 한다.
- 필터 바스켓 중앙에 받을 수 있도록 배출구쪽을 보면서 레버를 당긴다.
- 커피가루가 바스켓 한쪽에 치우치면 좌. 우로 회전시키면서 담는 것도 한 방법이다.
- 커피가루가 바스켓에 80~90% 정도 채워지면 스위치를 끄고 도저에 남은 커피로 바스켓을 채운다.(도저에 커피가 남지 않은 것이 좋다).

5. 고르기

- 포타필터 바스켓에 분쇄된 커피가 평평하게 담기도록 손으로 가볍게 한다.

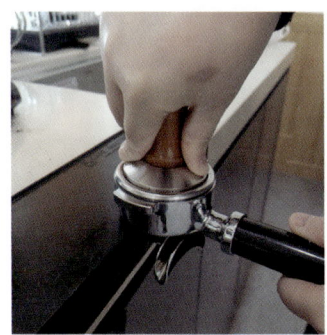

6. 탬핑

- 필터 바스켓에 담겨진 분쇄커피를 일정한 힘으로 눌러 다져주는 동작이다.
- 포타필터 스파웃에 이물질이 묻지 않도록 한다.
- 탬퍼가 수평이 되도록 한다.
- 1차 2차를 나누어서 2회로 하거나 바리스타에 따라 1회로 마치는 경우도 있다.
- 균형 잡힌 자세가 중요하다
- 탬퍼 관리를 위생적으로 한다.

7. 가장자리 털어내기

- 탬핑 완료 후 그룹헤드 개스킷과 접촉하는 면과 포타필터 가장자리에 붙어 있는 커피가루를 털어준다.
- 주변 위생을 위해 넉박스 위에서 작업한다.
- 스파웃이 오염되지 않도록 한다.
- 입으로 불지 않는다.

8. 장착하기

- 포타필터를 왼쪽 45°에서 오른쪽(몸 쪽) 90°가 되도록 돌린다.(머신에 따라 각도는 상이함)
- 장착 시 헤드 주변과 충돌하지 않도록 한다.
- 너무 약하거나 너무 강하게 장착하지 않는다.
- 한손으로 장착하는 것이 좋으며 다른 한손은 머신면을 잡아주면 균형 잡힌 장착을 할 수 있다.

9. 추출·잔에 받기

- 고열에 커피가루가 노출되지 않도록 추출 버튼을 신속히 누른다.
- 포타필터 스파웃 아래에 잔을 받친다.
- 낙차가 크면 아로마와 크레마가 손실되므로 잔 바닥에 충격이 가해지지 않게 잔의 가장 자리에 비스듬히 떨어지도록 한다.

10. 포타필터 분리 / 커피 찌꺼기 버리기

- 추출 후 그룹헤드에서 포타필터를 분리해 넉박스(찌꺼기 통-)에 커피 케이크(coffee cake, espresso puck)를 제거한다.
- 바스켓 내부의 커피케이크 상태를 점검한다. 물이 흥건하거나 홀이 생겼다면 투입량이 적거나 고르기가 잘못된 경우가 있다.(기계적인 문제 제외)

11. 물 흘려 버리기 / 린싱

- 물 흘려버리기를 통해 머신 샤워스크린. 개스킷 사이에 묻어 있을 수 있는 찌꺼기를 제거한다.
- 잔류 찌꺼기는 공기와 접촉하면서 또는 헤드 온도에 의해 쉽게 경화되어 다음 커피 추출 시 영향을 줄 수 있다.

12. 포타필터 장착하기

• 포타필터를 그룹헤드에 장착해 둔다.
• 항상 장착시켜 두어야 포타필터의 온도가 유지되면서 다음 커피 추출에 변수를 주지 않는다.

5절 에스프레소 범위 (추출에 영향을 주는 변수 범위)

구분	기준	under extraction	over extraction	조정(Control)
원두 투입량	7g±1g	기준치 이하	기준치 이상	원두 양 조절
추출압력	9±0.5bar	기준치 이상	기준치 이하	기계적
물의온도	90±5℃	기준치 이하	기준치 이상	기계적
추출 시간	25±5초	기준치 이하	기준치 이상	기술적
추출 량	25±5cc	기준치 이상	기준치 이하	기술적
크레마 양	추출량의 10%	기준치 이상	기준치 이하	기술적
분쇄입자	0.3~0.4mm	기준치 이상	기준치 이하	입자조절
탬핑	10~14kg	기준치 이하	기준치 이상	힘 조절

올바른 에스프레소 추출의 조건

① 커피 양을 충분히 받는다.
② 적정한 분쇄를 한다.
③ 탬핑 시 수평을 유지해 준다.
④ 적정한 탬핑을 한다.
⑤ 편차추출이 생기지 않도록 한다.

6절 에스프레소 평가 방법

커피는 기호식품으로 커피의 맛과 향의 기준은 국가별 민족별 개인별로 다르다.

1. 추출이 잘된 경우

- 크레마의 컬러가 다크브라운 레디쉬(dark brown reddish) 컬러가 형성되어야 한다.

- 레디쉬 컬러가 전체 면적의 절반 이상을 차지할수록 좋다.

- 패턴이 레오파드 문양이나 타이거 벨트가 형성 되어야 한다.

- 크레마 표면이 광택이 나야 한다.

- 밀도와 지속력이 있어야 한다.

2. 잘못된 경우

- 밀도와 지속력이 약하다.

- 옐로(yellow)나 화이트(white)에 가까운 컬러이다.

- 크레마 거품이 거칠게 형성된다.

  (로부스타가 블랜딩 된 경우 크레마가 전체적으로 검붉은 색을 띄며 잔거품이 많이 생기기도

  한다)

3. 지속력과 복원력 평가 방법

- 서브된 잔을 45°로 기울인다.

- 크레마와 커피가 흘러 내려오는 모습을 통해 지속력과 복원력을 간접적으로 평가한다.

- 아크에 가까운 곡선이 나올수록 좋다.

- 크레마가 깨지거나 두꺼우며 밀도 없이 둥둥 떠 있는 경우는 잘못되었다.

4. 맛(Taste)

신맛, 단맛, 플레이버, 마우스 필, 에프터 테이스트, 밸런스를 평가한다.

1. 리스트레또 (Ristretto)

에스프레소보다 짧은 시간에 약 15~20ml의 양을 추출한 커피이다. 신맛과 단맛이 강하며 진하고 부드러운 커피음료로 '응축된, 농축된, 압축된'이라는 뜻이다. 이탈리아에서 작지만 훌륭하다는 뜻으로 '포코마부오노(Pocoma buono)'라고 부른다.

2. 에스프레소 (Espresso) : 추출한 양이 25~30ml이다.

3. 에스프레소 룽고 (Lungo)

에스프레소를 길게 추출한 음료로 약 35~45ml의 양을 추출한 커피이다. 길게 추출하여 쓴맛이 강한 커피이며 뒷맛이 오래간다.

4. 도피오 (Doppio) : 각 음료의 더블 추출한다.

참고

도피오의 정의

영어로는 더블(double) 추출, 통상적으로 투샷 (two shots)이라고 한다.
두 배의 추출을 의미하며 리스트레또 도피오, 에스프레소 도피오, 룽고 도피오 모두 가능하다.

종류	에스프레소	도피오(doppio)
리스트레또 (Ristretto)	15~20ml	30~40ml
에스프레소 (Espresso)	25~30ml	50~60ml
룽고 (Lungo)	35~45ml	70~90ml

Tip

- 1샷은 1온스로 약 29.6ml이다
- 에스프레소 추출은 1초에 약 1ml 정도 추출되는 것이 바람직하고, SCA 규정은 정확도를 위해 'g'(그램)으로 측정한다.
- 에스프레소를 추출할 경우 일반적으로 더블(2인용) 포타필터를 사용하며, 한잔을 추출할 경우 싱글(1인용) 포타필터를 사용하여 에스프레소 낭비를 줄일 수 있다.
- 리스트레또 도피오는 에스프레소 잔을 사용한다.
- 에스프레소 도피오와 룽고 도피오는 도피오 잔(80~100ml) 또는 세미 카푸치노 잔(120~150ml)을 사용한다.
- 도피오 추출 시 바텀리스(Bottomless) 포타필터를 사용하면 편리하다.

Tip

커피 잔의 종류

데미타세   도피오   카푸치노   카페라떼

잔 종류	용량	사진
데미타세	2oz(60~70ml)	
카푸치노	6oz(180~190ml)	
카페라떼	9oz(270ml) 이상의 잔을 사용하며 레시피에 따라 상이하다.	
아메리카노 머그잔	9oz(270ml) 이상의 잔을 사용하며 에스프레소의 양에 따라 상이하다.	

Tip

데미타세

    에스프레소잔을 이탈리아에서 데미타세라 하며 프랑스어로 Demi(반)와 Tasse(잔)을 뜻하는 합성어이다. 보통 사용하는 커피 잔(4oz, 120ml)의 반(2oz, 60ml) 정도라고 해서 붙여진 이름이며, 데미타세는 아주 진한 이탈리아식 커피인 에스프레소(Espresso)나 터키시 커피(Turkish Coffee)를 담는 잔이다. 일반적으로 흰색 도자기 잔 받침과 함께 만들어지나 일부회사들은 화사하게 장식된 잔을 생산하기도 한다.

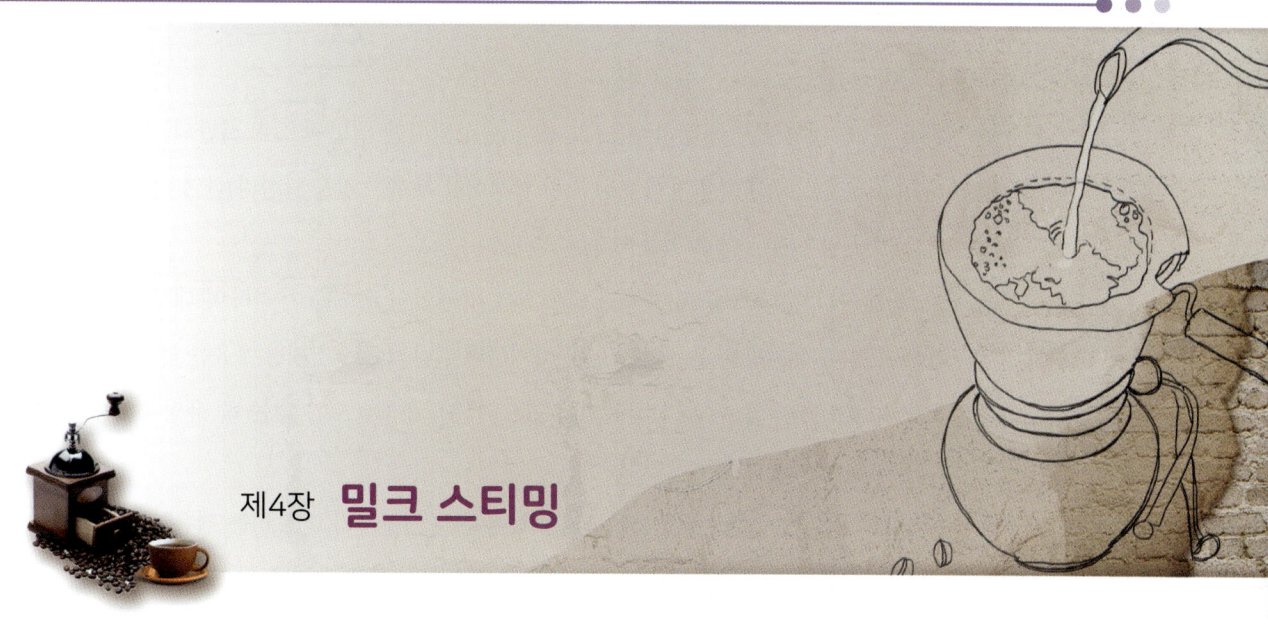

제4장 밀크 스티밍

우유에 뜨거운 스팀을 유입시켜 폼(Form)을 형성시키는 방법을 밀크 스티밍(Milk Steaming)이라고 한다. 커피머신의 보일러에서 만들어진 수증기(Steam)가 머신에 장착된 스팀노즐(Steam Wand)을 통해 분출되면서 주변의 공기를 끌고 들어가 우유 거품이 생성되는 원리이다.

우유는 3℃ 정도에 차가운 우유일수록 스팀한 우유의 품질이 좋아지기 때문에 항상 차가운 상태를 유지해야 한다. 또한 유지방 함량이 높으면 고품질의 스티밍폼을 만들 수 있다. 스티밍이 잘된 우유는 점성이 있고 광택이 나며 부드럽고 고운 느낌을 주므로 음료의 균질성을 높여준다.

1절 우유의 종류 및 성분

1. 시유

일반적으로 마시는 흰 우유이며 유제품 중에서 가장 기본이 되는 제품이다.

2. 가공유

시유에 다른 성분을 첨가하거나 가공을 한 제품을 말하며 웰빙 및 특별한 목적에 맞게 생산되는 제품을 말한다.

3. 우유의 성분(일반 시유)

우유의 성분에는 수분(물), 단백질, 지방, 탄수화물, 비타민, 무기질 및 여러 효소가 들어있다. 우유를 가열하는데 품질에 작용하는 요소는 유단백질과 유지방이다.

원유는 그대로 두면 지방구가 부상하여 크림 층이 형성되지만 일반적으로 시판되는 우유는 지방구를 작게 만들어 균질화(생우유에 함유된 지방 알갱이를 부수는 것을 말한다)한 것이다. 또한 모든 영양소가 골고루 함유된 질 좋은 식품이다.

수분은 우유 전체에서 약 80%를 차지하고 단백질은 카제인이 82%를 차지하며 대부분 유청 단백질로 구성되어 있다. 유지방은 우유의 3.5%를 차지하며 일반적으로 저지방 우유는 약 1%이다. 탄수화물은 유당이라고 하며 약 4.6%가 함유되어 있으며 유당분해효소가 없는 즉 유당불내증이 있어 우유 소화를 힘들어하는 사람들도 있다.

생우유에는 약 4%의 지방이 함유되어 있는데 그 대부분은 지방구라고 불리는 작은 알갱이로 존재하는데 지방구는 클수록 잘 떠오르기 때문에 생우유를 그냥 두면 지방분만 크림 층이 되어 떠오른다.

한번 분해된 지방 입자는 다시 뭉쳐지지 않기 때문에 우유가 지속적으로 액체 상태를 유지하게 된다. 이러한 현상을 방지하기 위해서는 균일화시키는 기계를 사용해 지방구를 잘게 부수게 된다.

2절 스티밍 도구

1. 스팀피처

우유 거품을 만들거나 우유를 데울 때 필요한 도구로 스티밍 피처(Steaming Pitccher, milk jug)를 사용한다. 데워진 우유를 담을 음료 용기의 크기와 한번에 만들어야 하는 잔 수에 따라 스팀피처 크기를 선택할 수 있어야 한다.

1) 재질

유리, 플라스틱, 스테인리스 재질 등이 사용되며 상대적으로 열전도율이 높아 우유의 온도를 제어하기 용이하고, 재질이 단단하여 내구성이 좋은 스테인리스 제품을 많이 사용한다. 요즘에는 열전도율을 높이기 위해 코팅된 제품을 사용하기도 한다.

2) 스팀피처의 크기

300ml 600ml 1000ml 등 다양한 크기의 피처가 있다.

스테인리스 제품(크기별)   코팅 제품

2. 스팀밸브(steam valve)

밀크 스티밍의 기본 기구로 커피머신에 장착된 스팀밸브와 노즐이 있다. 스팀밸브는 스팀의 개폐를 통해 스팀의 양을 조절하며 돌리는 손잡이식(스팀 노브라고도 불림)과 위아래 업다운 방식으로 작동하는 레버(lever) 방식이 있다.

1) 스팀 밸브의 역할

스팀의 개폐를 담당하며 손잡이식(노브, Knob)은 시계방향으로 돌리면 잠기고. 반시계방향으로 돌리면 스프링이 늘어나면서 밸브가 잠기게 된다. 밸브를 많이 열면 강하게 나오고, 조금 열면 약하게 나오며 스팀의 세기는 스프링에 의해 조절되지만, 일정량 이상을 열었을 경우 스팀의 세기는 동일하다.

레버식은 일반적으로 위아래 방향으로 조절하며 위로 올리면 잠기게 되고 아래로 내리면 밸브가 열려 스팀이 나온다. 적응도에 따라 편리성은 다르게 해석된다.

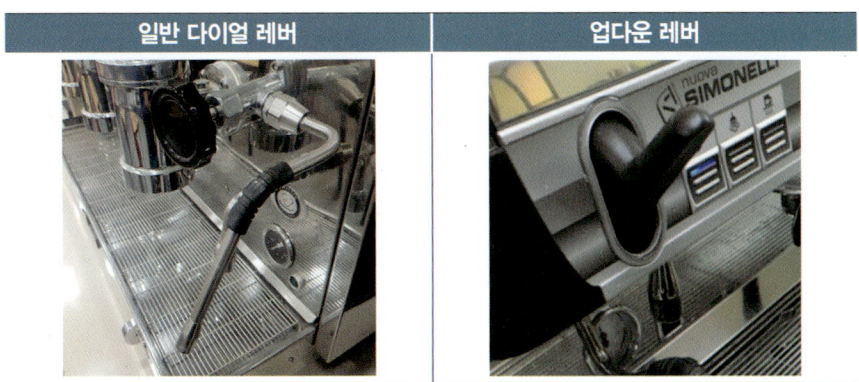

일반 다이얼 레버	업다운 레버

2) 스팀노즐

스팀이 배출되는 가는 파이프 형태와 끝부분의 스팀 팁으로 구성되어 있으며 전체를 스팀노즐 또는 스팀완드라고 부르기도 한다.

스팀 팁은 모양도 다양하고 분사 시 나오는 구멍이 1개부터 5개까지 있으나 일반적으로 3,4개가 주를 이룬다.

스팀압력은 머신상태에 따라 다르지만 스팀 팁 구멍의 개수가 많을수록 많은 양의 우유 스티밍 시 유리하다.

3) 스팀노즐 관리

- 사용 전·후 스팀노즐을 분사하여 내부에 남아 있을 수 있는 우유 및 잔여 수분을 제거한다.
- 스티밍 후 노즐 표면을 깨끗이 닦고 우유 잔여물을 제거한다.
- 청소 방법은 노즐 팁을 분해하고 파이프 안은 청소용 솔을 이용하여 닦아준다.
- 작은 솔을 이용하여 스팀 팁도 닦아준다.
- 스팀피처에 물을 채워 스팀 노즐을 담가 놓으며 파이프 안에 있을 수 있는 우유 잔여물을 분해 해주는 것이 좋다.

3. 유의 사항

부패하기 쉬운 우유를 데우는 역할을 하므로 무엇보다 위생적으로 관리해야 한다. 일련의 청소과정을 철저히 함으로서 위생적인 머신 관리를 한다면 기계의 수명도 늘릴 수 있다.

고온·고압이 사용되므로 화상 및 안전에 유의하고 젖은 행주를 사용하여 스팀이 신체에 직접 닿지 않도록 한다.

3절 우유 거품(Milk Steaming) 만드는 순서

우유 거품은 Dry foam과 Wet foam으로 나뉜다. 공기 주입량이 많을 경우 Dry foam, 적을 경우 Wet foam 이라 하며 스팀노즐에서 분사되는 스팀 관리능력과 훈련이 필요하다.

1. 피처에 우유 담기(차가운 스팀피처, 냉장 우유 사용)

제조할 음료 양에 맞춰 스팀피처 크기와 우유 양을 결정하고 스팀피처는 열전도율이 빠르므로 차갑게 관리하여야 스티밍에 용이하다.

상온의 우유는 부패의 위험도 있지만 우유 데우는데 시간이 빨라져 양질의 스티밍을 하기 어렵다.

2. 스팀노즐 물기 제거

스팀 밸브를 개방하여 스팀 노즐에 남아있는 물을 제거한다. 행주를 사용하여 작업대 주변이나 작업자의 신체에 스팀이 분사되지 않도록 한다.

3. 스팀노즐 우유에 담그기

스팀 노즐 팁을 우유표면과 직각으로 맞춰 담근다. 우유 표면과 스팀 노즐의 각도는 직각을 이루는 것이 좋다.

스팀 팁의 구멍에서 나오는 스팀의 세기는 동일하기 때문에 중앙이면 골고루 분사되지만 기울거나 비스듬해 져서 스팀피처로 직접 분사하게 된다면 스팀피처를 가열하게 되고 밀크 폼 형성에 어려움이 있다.

4. 스팀 분사

스팀 노즐과 피처의 각도가 80°정도 된 상태에서 피처의 중앙에 팁을 위치시킨 다음 1~2cm정도 담근 상태에서 스팀을 분사시킨다.

5. 공기 주입

스팀이 분사되면서 맑은 소리가 나고 폼이 형성된다. 거품이 스팀 팁을 덮게 되면 공기주입이 되지 않으므로 피처를 조금 아래로 내려주어서 피처의 70~80%이상 거품이 올라올 때까지 천천히 반복한다.

이때 피처를 너무 빨리 내리게 되면 공기주입이 급하게 이루어져 거칠고 밀도가 약한 폼이 만들어지게 되므로 피처를 천천히 내려야한다.

우유의 온도가 상승하면 거품이 만들어지지 않으므로 공기주입을 35~37℃ 전에 즉 초반에 완료해야 한다. 또한 공기주입이 안되면 우유가 데워지고 끓기만 하여 핫 밀크만 제작되고 카푸치노처럼 우유거품이 필요한 음료를 만들 수 없다.

6. 혼합

공기 주입을 통해 만들어진 폼 밀크와 스팀에 의해 데워진 핫 밀크(피처의 아래부분 우유)를 섞어 주는 것을 말한다. 원하는 만큼의 거품이 생성되면 더 이상 스팀피처를 내리지 않고 스팀 노즐 팁을 스팀피처의 옆면으로 위치시킨다.

스팀 압력에 의해 소용돌이를 유도하여 상단의 거품과 하단의 데워진 우유를 잘 섞어준다. 혼합이 잘 이루어질수록 고운 폼이 만들어진다.

> **참고** 가열 시 우유의 온도
>
> 음료를 음용하기에 좋은 밀크 스티밍 온도는 65~70℃ 사이가 가장 바람직하다. 우유의 온도가 너무 높을 경우 우유의 피막현상 및 영양소가 파괴되고 비릿한 냄새들이 발생하여 음용에 영향을 미치게 된다.

온도계를 이용하여 정확도를 체크하는 것이 바람직하나 신속성을 위해 손의 감각을 이용하는 연습이 필요하다.

> **참고** 스티밍 과정 중 스팀피처 잡는 법
>
> 한 손은 스팀피처의 손잡이를 잡고 나머지 한 손은 밸브를 돌리고 바로 스팀피처의 상단에 위치시켜 온도를 감지한다. 즉 폼 밀크의 온도를 느껴야 한다.

7. 스팀 닫기

충분히 가열 되었다고 판단이 되면 신속히 스팀을 꺼준다.

8. 스팀노즐 청소

밀크 스티밍을 마치면 매번 스팀밸브를 열어 분사하고 노즐을 닦아주며 안에 빨려 올라간 우유와 잔여물을 빼준다.(밸브를 잠그면 기압차로 인해 우유가 스팀노즐 안으로 빨려 올라감)

신속히 닦아주지 않으면 스팀노즐에 묻어 있는 우유가 굳거나 냄새가 날 수 있고 팁의 구멍이 막힐 수 있으므로 젖은 행주로 잘 닦아 위생적으로 관리해야 한다.

9. 태핑

스티밍을 마치고 혼합과정에서 없어지지 않고 남아있는 잔거품들이 있는데 디자인의 완성도를 위해 없애주는 작업이 필요하다.

스팀피처 상부를 한손으로 가리고(밖으로 튀는 것을 방지) 스팀피처를 테이블에 톡톡 2~3회 쳐주면 큰 거품들이 사라지게 된다.

우유는 스티밍이 끝남과 동시 폼 밀크(상부)와 핫 밀크(하부)가 쉽게 분리되어 텍스처가 망가지기 시작한다.

때문에 피처를 회전시켜 분리를 지연시키며 폼 밀크(상부)와 핫 밀크(하부)의 우유가 잘 섞이도록 해준다. 신속히 이루어지는 것이 우유온도가 내려가는 것을 방지할 수 있다.

9. 보조피처 사용 및 피처관리

밀크 스티밍 후 음료제작을 위해 보조피처에 나누어 사용함으로써 균일한 음료의 맛을 낼 수 있다.

즉 밀크 폼의 분배가 보조피처를 사용하지 않는 경우보다 균일하다. 이때 우유의 온도 유지를 위해 보조피처는 따뜻하게 관리해야 한다. 음료제조 후 피처에 남은 우유는 안전과 위생상 재사용하지 않는다.(적정 우유 사용능력 필요)

보조피처 사용 및 피처관리

밀크 스티밍 후 음료제작을 위해 보조피처에 나누어 사용함으로써 균일한 음료의 맛을 낼 수 있다.

즉 밀크 폼의 분배가 보조피처를 사용하지 않는 경우보다 균일하다. 이때 우유의 온도 유지를 위해 보조피처는 따뜻하게 관리해야 한다. 음료제조 후 피처에 남은 우유는 안전과 위생상 재사용하지 않는다.(적정 우유 사용능력 필요)

동시 추출

밀크 스티밍이 끝나면 신속히 메뉴를 만들어야 음료 맛에 좋은 영향을 주므로 에스프레소 추출과 동시 밀크 스티밍이 이루어질 수 있도록 훈련이 필요하다.

제5장 **카푸치노 제작**

1절 밀크 스티밍 폼 이해하기

드라이폼 (Dry foam)	웨트 폼(Wet foam)
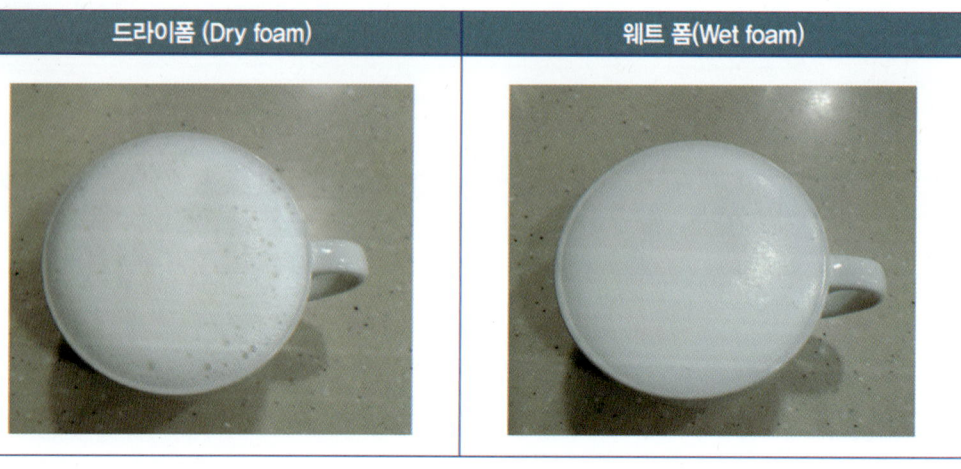	

1. 드라이 폼 (Dry foam)

드라이폼 은 밀크 스티밍 시 공기주입을 크게 또는 많이 넣어 밀도가 낮고 건조한 느낌이 나게 하는 폼으로 좋은 평가를 받지 못하지만, 드라이 카푸치노 또는 3D형태의 아트를 제작할 수 있다.

2. 기본 폼 (Semi foam)

디자인 카푸치노 또는 라떼아트를 만들 때 가장 많이 사용한다. 사용한 우유량의 1.5배 정도의 폼이 형성된다.

3. 폼(Wet foam)

얇은 형태의 스팀을 말한다. 주로 넓은 잔을 이용해 라떼아트를 할 때 사용되는 방법이며 플랫화이트처럼 사용한 우유 양의 1.3배 정도의 폼이 형성된다.

2절 프리 푸어링(Free Pouring)의 이해

푸어(pour)는 그릇을 비스듬히 기울이고 '붓다', '쏟다', '음료를 따르다'라는 뜻으로 스티밍 한 우유를 커피에 붓는 동시에 손 기술을 이용하여 다양한 디자인을 만들어 디자인 카푸치노 또는 카페라떼를 제작할 때 사용된다.

바로 붓기는 신속하고 깔끔하게 음료를 제공할 수 있기 때문에 현장에서 많이 사용하는 방식이다. 사과 반쪽을 잘라 놓은 듯한 잔의 중앙에 동그라미, 하트와 같은 고정적인 디자인과 나뭇잎(로제타), 튤립(2,3단) 같은 유동적인 디자인으로 나뉜다.

또한 우유의 낙하속도를 이용해 크레마와 조화를 이루거나 크레마를 밀어서 표면을 회전시켜 일정한 패턴을 만드는 일련의 기술이다. 이 기술은 바리스타의 숙련도를 측정하는 평가기준이라고 할 수 있으며 연습이 많이 요구되는 부분이다.

3절 원 그리기

카푸치노 또는 카페라떼를 제작할 때 다양한 디자인을 표현하는 방법도 있지만 가장 기본이 되는 중앙 모으기가 우선시 되어야 한다.

한쪽 손엔 잔을 들고 한쪽 손으로 스팀피처를 들어, 위에서 아래로 내리면서 우유거품이 크레마 위에 띄워지는 원리를 이용한다. 즉, 스팀밀크가 든 피처를 잔에서 적정 높이로 띄워 낙차를 이용하여 크레마를 안정화 시킨 다음, 크레마와 우유 폼의 밀도가 같아지면서 잔의 절반정도로 채워지면 피처를 내려 푸어링하면 된다.

이때 피처의 스파웃(따르는 주입구)은 잔의 중앙으로 향하면 선명한 우유로 원이 그려지며, 한 잔의 카푸치노가 완성된다.

참고

피처 잡는 법

- **기본방법** : 기본 원형 및 하트 푸어링에 편리함

- **유동적 방법** : 라인하트 , 나뭇잎 등 핸들링이 편리한 방법

제6장 라떼아트

라떼아트는 스티밍한 우유를 이용하여 커피표면에 예술적 가치가 있는 문양을 그려 넣는 기술을 말한다.

커피에 따뜻한 우유를 넣어 마시는 것에서 출발한 라떼아트는 에스프레소 스티밍 기술이 개발되면서 더 많은 발전을 하였다. 미세하게 스티밍하는 기술, 크레마와 밀크 폼의 밀도를 비슷하게 만들어 내는 것이 라떼아트의 핵심이다.

기본요소로 에스프레소의 추출 기술. 스티밍 기술. 라떼아트 기술 등 복합적인 방법이 필요하며 크레마. 미세거품. 바리스타의 기술이 필수요건이다. 준비사항으로 벨벳 스티밍 법. 피처잡는 법. 푸어링 이해가 필요하다.

1절 중앙 모으기

라떼아트의 기본은 중앙 모으기이다. 선명한 크레마와 흰 우유를 구분하여 중앙에 원을 그려 넣는 방법으로 사과반쪽 모양처럼 보이며 잔 표면에서 보았을 때 크레마와 우유의 비율은 1:2:1가 된다.

한손에 잔을 들고 한손은 스팀피처를 들어 스팀우유를 잔에 절반정도 채운 후 위에서 아래로 내리면서 유량과 유속을 이용하여

잔의 중앙을 향해 붓는다.

　피처를 좌우 흔들며 중앙에 붓는 방법도 있으며 비대칭 원을 방지하게 위해 흔들기도 하고
핸들링 즉, 결하트 및 나뭇잎 제작에 도움이 되기도 한다.

2절 　푸어링 하트

- 한손에 잔을 잡고 한손에 스팀피처를 잡는다.
- 잔을 기울여 크레마 위에 스팀우유를 떨어 뜨린다.
- 일정 높이에서 우유를 푸어링하여 우유가 크레마 표면에 뜨지 않도록 한다. (크레마 안정화)
- 잔의 50%를 채운다.
- 스팀 밀크의 부어주는 위치가 중요하며 잔의 1/3 지점에 부어 주며 천천히 잔을 바르게 한다.
　(이때 손잡이와 스파웃은 90°가 되도록 한다)
- 잔에 우유양이 90% 이상 채워지면 피처를 들면서 주입했던 부분의 반대방향으로 그림을
　가로질러 가늘게 하트 꼬리를 완성한다.

3절 　결하트

- 한손에 잔을 잡고 다른 한손에 밀크 스티밍 피처를 든다.

- 쉐이킹 하면서 우유와 폼의 밀도를 확인하다.

- 잔을 기울여 크레마 위에 스팀 우유를 떨어뜨린다.

- 일정 높이에서 우유를 푸어링하며 크레마를 안정화시킨다.

- 잔의 40%를 채운다.

- 스팀피처를 아래로 내리며 컵의 오른쪽 1/3 지점에서 피처를 6~7번 좌우 프리푸어링 하면서 잔의 중앙을 향해 밀어 넣는다.

- 좌우 흔들기를 계속하며 우유가 떠오르면 잔을 천천히 바르게 세워 적당한 크기가 될 때까지 좌우 흔들기를 계속해준다.

- 잔에 우유 양이 채워지면 피처를 들면서 주입했던 부분의 반대 방향으로 손목 스냅만을 이용하여 마무리하면 결하트가 완성된다.

4절 로제타(나뭇잎)

- 한손에 잔을 잡고 다른 한손에 밀크 스티밍 피처를 든다.

- 쉐이킹 하면서 우유와 폼의 밀도를 확인하다.

- 잔을 기울여 크레마 위에 스팀 우유를 떨어뜨린다.

- 일정 높이에서 우유를 푸어링하며 크레마를 안정화 시킨다.

- 잔의 40%를 채운다.

- 크레마의 중앙에서 3~4회 흔들며 우유가 떠오르는 것을 확인한다.

- 잔을 바르게 하면서 피처를 7~8번 좌우로 흔들며 잔의 오른쪽으로 이동한다.

- 잔의 오른쪽 끝 부분에서 피처를 7cm 정도 들면서 그림을 가로질러 왼쪽으로 유량을 가늘게 하여 이동한다.

5절   하트 인 하트

- 한손에 잔을 잡고 다른 한손에 밀크 스티밍 피처를 든다.

- 쉐이킹 하면서 우유와 폼의 밀도를 확인하다.

- 잔을 기울여 크레마 위에 스팀 우유를 떨어뜨린다.

- 일정 높이에서 우유를 푸어링하며 크레마를 안정화시킨다.

- 잔의 50% 채운다.

- 중앙에 큰 원을 그린 뒤 붓기를 멈춘다.

- 원의 오른쪽 끝에서 원 안으로 스팀 밀크를 밀어 넣으며 하트를 그린다.
  (이때 잔의 각도를 잘 조절해야 한다.)

- 스팀 피처를 점점 상승시켜 하트 줄기를 가늘게 만든다.

2단 튤립

- 한손에 잔을 잡고 다른 한손에 밀크 스티밍 피처를 든다.

- 쉐이킹 하면서 우유와 폼의 밀도를 확인하다.

- 잔을 기울여 크레마 위에 스팀 우유를 떨어뜨린다.

- 일정 높이에서 우유를 푸어링하며 크레마를 안정화시킨다.

- 잔의 50% 채운다.

- 왼쪽 중앙에 큰 원을 그린 뒤 붓기를 멈춘다.

- 원의 오른쪽 끝에서 다시 원을 그린 뒤 붓기를 멈춘다.

- 마지막으로 가장 오른쪽에 작은 원을 그린다.

- 스팀 피처를 점점 상승시켜 그림을 가로질러 가늘게 왼쪽으로 이동한다.

 * 모든 작업에는 잔과 스팀피처의 각도가 중요하다

7절 에칭

1. 도구를 이용한 에칭

진한 크레마 위에 흰색의 우유 거품으로 여러 가지 그림을 그리는 방법이다. 초보자도 쉽게 할 수 있으며, 우유가 들어가는 모든 메뉴에 활용할 수 있다. 병아리, 꽃, 나비 등 다양하며 아래는 병아리를 그리는 방법이다

① 잔 중앙에 푸어링하여 원을 그린다.

② 에칭 펜을 이용하여 우유의 한 부분을 살짝 밀어 넣어 병아리 입을 만들어준다.

③ 에칭 펜으로 크레마 부분에서 안쪽으로 3개를 그어 모양을 잡는다.

④ 에칭 펜으로 아래쪽에 발을 만들어 준다.

⑤ 에칭 펜으로 크레마를 묻혀 눈과 날개를 만들어 준다.

> **참고**
>
> 에칭(Etching)
>
> 에칭 기술은 도구를 이용해 우유와 크레마의 표면에 문양을 만들어 내는 기술을 말하며 '에칭 아트라 한다.
>
> 에칭 펜이라는 도구를 사용하며 크레마와 우유거품 만을 이용하여 제조하는 방법과 소스를 이용하여 제조하는 방법 등 최근에는 입체적인 표현(3D)이 가능하다는 장점이 부각되어 다양한 상상력을 부여하는 기술로 정착되고 있다.

2. 소스를 이용한 에칭

갈색의 크레마와 흰 우유거품. 진한 초콜릿 소스가 잘 조화되어 만들어지는 기법이다. 휘핑크림을 얹지 않는 카페모카, 핫 초코 등 우유와 초콜릿 음료에 활용하며 프리 푸어링을 이용한

라떼아트보다 화려해 보는 이의 눈을 호강시켜주는 메뉴이다.

  국화, 히비스커스 등 에칭 펜을 이용하여 'S', 'O'자를 그어 다채로운 디자인을 표현 할 수 있으며, 음료의 온도 유지를 위해 신속하게 작업해야 한다.

  다음은 중앙 모으기를 이용하여 꽃잎과 S곡선을 이용한 방법이다.

  ① 잔 중앙에 푸어링하여 우유거품으로 원을 그린다.

  ② 소스를 이용하여 원 안에 작은 크기로 동그라미를 그린다.

  ③ 크기를 달리해서 원안에 다른 원을 3~5개 그린다.

  ④ 에칭 펜을 이용하여 우유거품 중앙에서 잔의 바깥으로 선을 긋는다.

  ⑤ 대칭되는 곳에서 반복하여 선을 긋는다.

  ⑥ 바깥에서 중앙으로 선을 그어 들어온다.

  ⑦ 선의 개수는 더 다양하게 해볼 수 있다.(에칭 펜은 위생 행주에 항상 닦아준다.)

참고

다양한 초코에칭

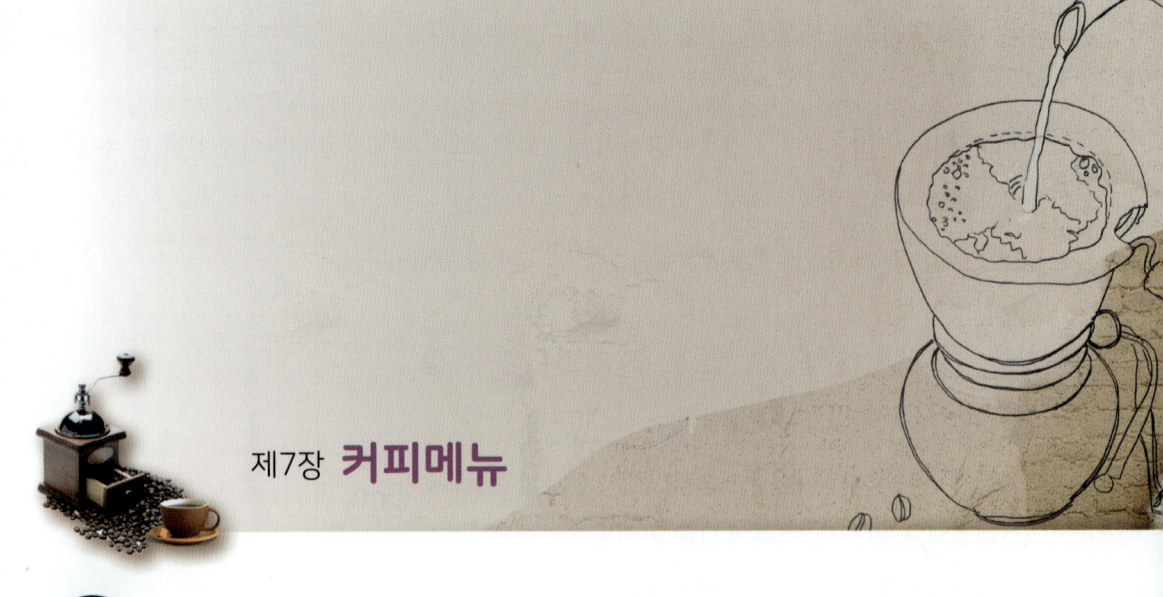

제7장 **커피메뉴**

1절 다양한 커피메뉴

커피숍의 메뉴에는 이탈리아어가 많다. 테이크아웃 열풍의 진원지는 미국이지만, 테이크아웃 커피숍에서 주로 판매하는 에스프레소 커피가 이탈리아를 중심으로 발달했기 때문이다. 여기에 미국의 용어들이 일부 첨가됐다.

다음은 에스프레소와 관련된 주요 커피 메뉴들이다.

1. 카페 아메리카노

에스프레소에 뜨거운 물을 첨가하여 농도를 약하게 만든 커피이다.

미국인들이 많이 마셔온 묽은 커피 맛과 비슷하다고 해서 이 같은 이름이 붙었다.

에스프레소와 물의 비율이 1:5일 때 가장 이상적으로, 30ml의 에스프레소와 150ml의 물을 사용한다면 180ml 이상의 잔이 필요하다는 계산이 된다.

2. 카푸치노

① 에스프레소와 우유를 1:2의 비율로 섞은 것으로, 카페라떼보다 우유가 덜 들어가 커피 맛이 더 진하다. 아침식사 또는 샌드위치 등의 담백한 식사에 좋다.

② 소금 간이 강하고 고기, 지방류가 많은 서구식 식사에는 에스프레소가 어울리지만, 채소가 많고 양념이 강한 한국 음식에는 에스프레소보다 카푸치노가 더 어울린다고 평가된다.

③ 이탈리아 본토에서는 식사 후 반드시 에스프레소를 마시지만, 미국, 한국 등에서는 카푸치노와 같이 우유가 첨가된 에스프레소 음료도 즐겨 마신다.

3. 카페라떼

이탈리아어로 우유를 '라떼'라고 부르며, 에스프레소와 우유의 비율을 1:4로 섞어 부드럽다. 아침식사로 빵과 곁들이거나 이것만 마셔도 든든하다. 프랑스의 카페오레와 같다.

카푸치노와 카페라떼는 조리방법이 같지만 잔의 크기가 달라 우유 양이 차이가 나므로 맛이 다른 음료이다.

4. 카페 마키아토

마키아토(Macchiato)는 '얼룩진', '점찍다'라는 뜻의 이탈리아어이다. 에스프레소를 추출할 때 나타나는 크레마에 우유 거품이 얼룩진 모양을 뜻한다.

실제로 이탈리아에서는 일반적인 크기의 커피 잔을 이용해 에스프레소 본연의 맛을 더욱 강조하고 있지만, 국내에서는 이보다 좀 더 큰 머그컵에 우유 또는 우유 거품을 좀 더 풍부하게 하여 부드러운 맛을 내는 것이 보통이다.

거품을 얹는 방법 외에 잔을 들고 중앙부터 우유 거품을 붓는 방법도 있는데 카푸치노보다 강하고 에스프레소보다 부드럽다.

5. 라떼 마키아또

데운 우유를 유리잔에 담은 후 에스프레소를 올려 젓지 않는 메뉴이다. 커피와 우유가 섞이지 않도록 하려면 우유와 우유거품을 먼저 분리시켜 놓는다.

우유와 우유거품, 에스프레소, 시럽을 입안에서 혼합시켜 마시는 메뉴이며 설탕시럽 대신에 바닐라, 메이플, 캐러멜, 헤이즐럿 등 여러 시럽을 사용하여 다양한 맛을 만들 수 있다.

6. 카페 콘파냐

콘(Con)은 이탈리아 어로 '~을 넣은'이라는 뜻이고, 판나(Panna)는 '생크림'을 뜻한다. 에스프레소를 베이스로 생크림을 넣어 부드럽게 마시는 에스프레소 기본 메뉴이다.

카페 비엔나(Cafe Vienna)와 유사하지만, 물로 희석하지 않는 차이가 있다. 따라서 에스프레소 본연의 쌉쌀한 맛과 향기를 좀 더 즐기기 위한 카페 비엔나의 변형이라고 할 수 있다. 기호에 따라 우유를 첨가하거나 설탕, 시럽, 다양한 토핑으로 마무리한다.

7. 카페 모카

초콜릿 향이 나는 예멘의 스페셜티 커피인 모카(Mocha)커피를 변형한 것으로 에스프레소에 초콜릿 시럽이나 초콜릿 가루를 넣어 인위적으로 초콜릿 맛을 강조한 커피이다.

초콜릿 소스 15ml 정도에 에스프레소와 우유를 1:3 정도의 비율로 섞고 휘핑크림을 올린 후 땅콩가루나 아몬드로 장식한다. 취향에 따라 캐러멜, 화이트 초콜릿 시럽, 생크림 등을 추가할 수 있고, 휘핑크림을 배제할 수도 있다.

8. 에스프레소 로마노

작은 레몬 껍질 조각과 함께 제공되는 일반적인 에스프레소이다. 일종의 에스프레소인 브라질의 카페지노(cafezinho)도 보통 레몬 껍질과 함께 제공된다.

9. 아이리시 커피

아이리시 커피는 아일랜드 더블린공항 로비라운지에서 고객서비스 차원에서 추운 승객들에게 제공해 주던 칵테일이다.

먼저 글라스 테두리에 황설탕을 묻히고 아이리시 위스키 1온스를 붓고, 글라스를 알코올램프에 데워 불이 붙으면 커피를 부어서 생크림을 씌운 후 계피가루를 약간 뿌려준다.

베이스가 브랜디이면 로열 커피가 되고, 아이리시 위스키 대신에 베일리스를 쓰면 베일리스 커피가 된다.

10. 카페 로열

커피에 브랜디를 넣은 것으로, 방법은 커피 컵에 스푼을 걸치고 그 위에 브랜디를 부운 후에 불을 붙이는 것을 말한다.

11. 카페 비엔나

카페 비엔나(Cafe Vienna)의 유래에 대해서는 여러 가지 설이 있는데 그 중 대표적인 것이 오스트리아의 교통수단이었던 마차의 마부들이 설탕을 젓지 않아도 한 손을 이용해 마실 수 있도록 고안해 내었다는 것이다. 그러나 정작 오스트리아에는 카페 비엔나라는 메뉴는 없다.

다만, 이와 유사한 형태의 커피 메뉴로 아인슈패너(Einspanner) 커피가 있는데, 뜻은 '한 마리 말이 끄는 마차'로 마부가 주인을 기다리는 동안 즐겼던 휘핑크림을 얹은 커피에서 유래하였다.

따라서 이것이 오스트리아의 대표적인 커피 메뉴, 카페 비엔나로 불리게 되었다고 짐작해 볼 수 있다. 기호에 따라 물 대신 데운 우유를 넣기도 하지만 일반적으로 에스프레소와 물을 1:3 정도의 비율로 섞고 설탕을 넣은 후 휘핑크림을 얹는다.

본래 아인슈페너는 커피 위에 생크림과 설탕을 얹었는데, 이후 단맛이 더욱 강한 휘핑크림이 등장하면서 휘핑크림을 사용하게 되었다. 아인슈페너는 에스프레소 위에 크림을 올린 '에스프레소 콘파냐(Espresso Con Panna)' 보다 쓴맛이 덜해 조금 더 대중적인 맛을 낸다.

12. 아이스 에스프레소(카페 샤케라토)

아이스 에스프레소는 갓 추출한 에스프레소를 급랭해서 먹는 커피이다. 차게 하는 과정에서 신맛이 강하게 올라올 수 있는데, 기본적으로는 약간 쌉싸래하면서도 기분 좋은 쓴맛이 감돌도록 만드는 것이 좋다.

셰이커를 사용해 만드는 방법과 그냥 얼음을 넣어 만드는 방법이 있다. 셰이커를 사용할 경우에는 에스프레소 2샷을 용기에 넣고 재빨리 흔드는 것이 핵심이다. 그래야만 얼음이 녹지 않으면서 에스프레소가 차가워지기 때문이다. 많이 흔들어서 에스프레소 안에 공기가 충분히 들어가면 좀 더 부드러운 맛이 난다.

샤케라토(Shakerrato)는 이탈리아어로 '흔들다'는 뜻이다. 얼음과 설탕, 에스프레소를 충분히 셰이킹한 후 투명하고 길쭉한 잔에 조심스럽게 따른다. 아래쪽의 커피와 크레마 거품이 층을 이루기 때문에 고급스러운 분위기를 풍기는 아이스커피 메뉴이다.

카페 프레도(Cafe Freddo)와 유사하지만, 에스프레소를 거품 내어 커피 원액과 거품이 1:1 정도로 보이게 하는 차이가 있다. 기호에 따라 얼음을 갈아서 넣거나 휘핑크림, 초콜릿 가루를 토핑 한다.

13. 카페 프레도

일반적으로 아이스커피(Iced Coffee)라 불리고 여러 나라에서 다양한 방법으로 베리에이션하며 이탈리아에서는 '카페 프레도(Cafe Freddo)'라고 한다.

프레도(Freddo)는 이탈리아어로 거품이 있는 아이스 음료를 말하는데, 거품은 얼음을 넣은 컵에 에스프레소와 찬물, 설탕 시럽을 넣고 셰이킹(Shaking)하는 과정에서 발생한다.

에스프레소와 찬물의 비율은 1:0.7 정도로 하는데 정통적인 이탈리아 방식은 설탕 시럽을 따로 내는 것이다. 유사한 메뉴로 커피 원액과 거품이 1:1 정도로 보이게 하는 샤케라또가 있다.

14. 롱 블랙

뜨거운 물 위에 에스프레소 샷을 넣어 만드는 커피의 한 종류로, 호주와 뉴질랜드에서 주로 마신다. 아메리카노와 유사하지만 만드는 순서가 달라 크레마가 보존되고, 양이 더 적고 진하다는 특징이 있다.

아메리카노는 에스프레소 위에 뜨거운 물을 붓는 과정에서 크레마가 사라지지만, 롱 블랙은 뜨거운 물 위에 에스프레소를 붓기 때문에 크레마를 그대로 살린 채 커피를 즐길 수 있다.

또 아메리카노는 에스프레소와 물을 1:4 ~ 1:5 정도의 비율로 섞는 반면, 롱 블랙은 에스프레소와 물을 1:1.5 ~ 1:2 비율로 섞어 더 진한 맛이 난다.

15. 플랫 화이트

에스프레소를 기본으로 미세한 입자의 실크나 벨벳의 질감에 비유가 될 만큼 부드러운 마이크로 폼(micro foam) 스팀 밀크를 혼합하여 만든 커피이다.

우유 거품의 형태가 카푸치노와 같이 부풀어 있지 않다 하여 '평평한'이라는 의미의 '플랫(flat)'에 우유를 의미하는 '화이트(white)'가 더해져 이름 지어졌다.

또한 에스프레소나 더블샷 에스프레소를 기본으로 하고 카푸치노나 카페라떼에 비해 작은 잔을 사용함으로 상대적으로 진하게 느껴지며, 주로 우유의 층을 보여주기 위해 투명한 잔을 사용한다.

참고

베리에이션 메뉴

에스프레소에 우유나 다양한 시럽, 술, 소스, 생크림 등을 넣은 커피를 말한다.

Variation Menu	우유. 생크림	카페 마키아또, 라떼 마키아또, 카페라떼, 카푸치노, 카페콘판나, 카페오레 , 카페모카, 카페프레도, 아인슈페너
	알코올. 리큐어	아이리시 커피, 카페로열, 카페 코레토, 카페 칼루아

참고

칼루아

멕시코의 베라크루스(Veracruz) 지역에서 생산되는 커피리큐어 칼루아는 100% 아라비카 커피원두와 사탕수수의 혼합으로 만들어진 증류주에 바닐라와 캐러멜을 더하여 특별한 맛을 낸다. 칵테일의 종류 중 하나인 에스프레소 마티니의 최고의 재료로 사용되기도 한다.

MEMO

Coffee Baristar

제4편

업장관리 서비스
및 창업

제1장 **업장관리**

1절 식자재 검수관리 이해

업장에서는 식자재 비용이 전체 매출액의 약 30%~40% 비율을 차지하기 때문에 식자재의 검수 관리는 매우 중요한 요소로 작용하고 있다. 식자재의 낭비를 줄이고 필요에 맞게 항상 신선한 식재료를 구매함으로써 메뉴의 품질유지와 업장의 이윤창출을 극대화하기 위해 식자재 검수관리에 대한 이해는 무엇보다도 중요한 단계임을 확인할 수 있다.

1. 식자재 검수관리의 개념

검수란 계약이나 발주서에 의해 발주된 물품의 품목, 품질, 수량, 중량, 규격, 크기, 가격, 납기일 등의 구매 발주서와 거래명세서에 제시된 내용과 일치되게 납품되었는가를 확인하는 일련의 과정으로써 단계별 프로세스는 다음과 같이 이루어진다.

구매관리 ➡ 검수관리 ➡ 저장관리 ➡ 출고관리 ➡ 재고관리

2. 식자재 검수절차 및 효과

먼저 식자재 검수절차를 위해서는 요리 품목별로 표준목표량을 작성하고 정확한 양이 산출될 수 있도록 하여 최대한 식자재의 낭비를 줄여야 한다. 또한, 고객의 기호도를 사전에 파악하여 주기적으로 메뉴 재정비와 불필요한 식재료 구매를 차단하고, 적정재고 유지 및 과잉재고를

방지함으로서 원가절감에 기여하도록 하는 것이 목적이다.

< 식재료 검수절차 5단계 >

* 1단계 - 구매 발주서대로 식재료를 확인 및 대조한다.
* 2단계 - 구매 시 적용한 명세서와 확인하여 대조한다.
* 3단계 - 식재료의 양과 질, 가격 등의 송장을 확인한다.
* 4단계 - 송장을 근거로 수령일보를 작성하여 검수일지를 작성한다.
* 5단계 - 구매한 식재료가 제자리에 입고되었는지 확인한다.

< 구매 시 검수절차가 생략되거나 시행되지 않을 시 발생되는 요인 >

① 식자재 품질 저해의 요인이 된다.
② 과잉재고로 인한 식자재 원가손실의 원인이 된다.
③ 정확한 구매목적 달성 계획 수립에 방해요소로 작용한다.
④ 식품안전사고 방지 및 식재료의 효율적 관리에 차질이 생긴다.

3. 식자재 검수관리 종류

검수관리 종류에는 크게 전수 검사, 발췌 검사, 무검수 방식이 있다.

1) 전수 검수법(Total Inspection)

납품된 모든 아이템을 하나씩 전부 검수하는 방법으로 식재료가 소량이거나 고가품 또는 희귀물품 등 특별한 경우 사용되며 시간과 비용이 많이 들어간다.

2) 발췌 검수법(Calculated Sampling Inspection)

품질관리를 위하여 생산의 각 단계인 제품 중에서 필요한 샘플을 발췌하여 검사하는 방법으로 같은 조건으로 제조된 제품의 한 집단 속에서 랜덤의 샘플링으로 시료를 발췌하여 통계학적으로 미리 정해진 판정기준과 조합하여 집단 전체의 합격 여부를 판단하는 방식으로 임의 발췌 검수라고도 한다.

3) 무검수

기타 검수 방식으로 거래처의 품질관리를 신용할 수 있을 때 관리하는 방식이다. 무검수라는 것은 '검수하지 않는다라는 의미보다는 자체적으로 보다 엄격한 품질관리 시스템을 통해 스스로 완벽한 품질관리를 하고 있다는 의미를 내포하고 있는 것이다.

4. 검수관리 담당자의 업무 및 요건

검수관리 담당자는 먼저 정확한 계량 설비와 도구 및 척도의 사용여부에 대한 점검을 하여야 하며, 저장 및 검수 공간의 확보와 위생적 관리가 필수적이다. 또한, 직무수행에 대한 정기점검 및 순환 활동이 요구되며 항시적으로 검수관리 담당자는 원가 마인드의 개념을 고려해 검수관리에 임해야 한다.

< 검수관리 담당자가 갖춰야 할 요건 >

① 지식(Intelligence)

식재료에 대한 세부적인 명세서와 특징, 기능, 성능의 전문적인 지식과 경험이 필요하다.

② 성실성(Integrity)

시장의 흐름이나 동향을 파악하여 조사방법을 습득하고, 거래처의 평판이나 신용 등을 지속적으로 조사하는 자질이 필요하다.

③ 관심(Interest)

시장의 신제품이나 가격정보, 물품의 평가 및 분석 등을 지속적으로 파악하는 자질이 필요하다.

④ 정보(Information)

시장 동향에 따른 경쟁사, 경제상황, 시장상황 등의 정보를 파악하는 자질이 필요하다.

2절 구매관리

구매관리란 적정한 품질과 수량, 시기, 가격, 장소 등 필요한 식자재를 공급원을 통해 구매 및 확보하여 최적의 상태로 보관하였다가 이를 필요로 하는 시간에 업장에 조달하여 메뉴 제공을 원활하게 하는 과정이다.

또한, 고객의 욕구에 부응하여 고객을 만족시키기 위한 지속적인 신 메뉴의 개발과 이에 필요한 신선한 식재료에 대한 구매 활동을 통해 매장의 영업활성화에 효과적 역할을 담당하는 부분이라고 말할 수 있다.

이때 식재료 구매를 담당하는 구매담당자는 식재료에 대한 다양한 경험과 체계적 지식을 바탕으로 구매관리를 함으로써 효율적인 직무수행이 가능하게 된다. 먼저, 일반적인 구매업체의 구매업무 흐름을 살펴보면 다음과 같은 프로세스를 통해 구매가 이루어지는 것을 알 수 있다.

1. 구매 방식 및 구입처 선정

1) 구매방식

(1) 집중 구매와 분산 구매 방식

집중 구매 방식은 한 업체에 집중시켜서 공급받는 방법으로 일괄된 구매방침을 확립할 수 있고 가격이 저렴하여 비용의 절감을 통해 효율성 상승과 업무 단순화의 장점이 있다.

분산 구매 방식은 각 품목별로 전문화된 업체에서 구매하는 방법으로 구매 절차가 간편하고 능률적이며 긴급 시 또는 소량 품목을 구매하는 데 도움이 되는 데 반해 배송으로 인한 경비가 많이 들어서 단가가 높아진다는 단점이 있다.

(2) 정기 구매와 수시 구매 방식

정기 구매 방식은 일반적으로 고정 거래처에서 정기적인 구매를 통해 안정적으로 물품을 공급받을 수 있는 장점이 있다.

수시 구매 방식은 다양한 메뉴개발을 위해서는 정기적으로 시장의 동향을 반영한 식자재 구매가 수시로 이루어져야 하기에 고정 거래처에서 취급하지 않는 물품을 직접 구매할 수 있다는 장점이 있다.

(3) 시장 구매와 투자적 구매 방식

시장구매 방식은 시장 변동에 따라 시세에 맞게 적정한 수량의 식자재를 알맞게 구매하는 방법이다.

투자적 구매 방식은 식자재의 시장 변동을 미리 예측하여 대량으로 구매함으로서 안정적인 물량을 확보하기 위한 직접적인 구매방식이다.

2) 구입처 선정 시 고려사항

납품업체의 지리적 위치에 따라 운송시간, 운반비용, 사고 위험, 기상적 요인 등에 영향을 주고 있다는 점을 인지하고 자금 능력에 따라 식재료의 확보 능력과 거래선으로서의 순위 결정에 가산점을 주도록 하며 인사관리에 대한 노사분규와 관련하여 공급 차질 등도 고려하여 선정하도록 한다.

제조 및 납품업체 평가요인으로는 상품 및 소스 제조기술, 가격 경쟁력, 생산능력, 상품관리 능력,

주문 처리의 편리성, 긴급주문 처리능력, 유지 보수의 용이성, 사후 서비스, 거래실적, 시장점유율, 판매 능력, 자본력, 인적관리 능력, 신용도, 성실도, 협력도, 납기이행 능력, 도덕성을 포함한 객관적인 평가 체크리스트를 선정한 후 공정한 평가를 통해 업체를 선정하여 신뢰도를 기반으로 관리해 나가도록 한다.

2. 구매계획 수립 및 일반적 구매 절차

1) 구매 계획 수립

매장 운영시간이나 회전율, 재고량을 고려한 후 구매 시기를 적절히 조정하여 구매 결정을 해야 한다. 하루 단위로 구매해야 할 상품과 2~3일, 1주일, 1달 단위로 구입해야 하는 상품을 선별하는 작업이 우선 시 되어야 하며 과일이나 야채, 해산물 중 생물일 경우, 시간이 경과함에 따라 쉽게 변질되는 상품은 가급적 일일 단위로 구입하는 것이 좋으며, 냉동제품이나 육류는 1주일 단위로 구매하는 것이 좋다. 매장의 규모와 업종, 매장 운영의 원활성을 고려해서 구매계획을 수립해야 할 것이다.

2) 일반적 구매 절차

먼저 메뉴 생산에 필요한 식자재를 적절한 수량과 질, 가격을 고려하여 결정하고 필요로 하는 식자재에 대한 시장조사를 실시한다. 시장조사를 바탕으로 품목별로 구매 여부를 결정하고 구매 목록을 작성한 후, 납품업자와 가격에 대한 조정을 협의한다. 구입한 식자재들에 대한 효용 가치 및 경제성을 평가하여 가치분석을 객관화함으로써 구매 활동에서 반복되는 실수를 최소화하고, 업무의 질적 향상을 이루어 장래의 구매 및 운영 효율을 증진시킬 수 있도록 체계적인 구매 절차가 필수적이다.

상품 재고 파악 ➡ 구매 인식 ➡ 상품별 및 업체별 분리 ➡ 구매 목록 작성 ➡ 발주

3. 구매 결정 원칙 및 매입 방법

메뉴의 종류와 품질이 다변화됨에 따라 다양한 식음료 재료의 효율적인 구매 결정을 하기 위해서는 구매관리 업무에서 가장 핵심적인 준수사항을 상시 점검하도록 해야 한다. 적정구매량의 결정(Quantity), 최적 재료의 구입(Quality), 최적의 주문시점(Time), 구매가격의 관리(Price), 적절한 공급자의 선정(Supplier)을 토대로 구매 결정 원칙을 사전 검토하여 최적의 재료를 경제적인 가격으로 적기에 구매하여 원가절감 및 경영이익을 추구하도록 한다.

1) 구매 결정 원칙

(1) 정기적이고 면밀한 시장조사를 통해서 구매 품목이 용도에 적합하도록 선정한다.

(2) 관련 업체를 주기별로 평가 및 우량업체를 선정하여 식음 관련 재료를 구매한다.

(3) 필요로 하는 납품시간과 일정에 알맞도록 관리한다.

(4) 각 식음재료의 유효기간 및 포장상태 등 보존 특성을 잘 파악하여 저장 기간과 구매 시점을 관리하도록 한다.

(5) 구매부서는 상시 재고량 점검 및 품질기준을 설정하여 구매명세서 작성, 경쟁적 입찰자 획득, 납품업자 사전조사, 결제 조건을 고려하여 구매 시기를 결정한다.

(6) 배송 관리 감독, 반품에 대한 조건 결정, 구매 상황 조절, 신상품 개발 조사, 대금 결제 등에 항상 적극적으로 대처해 나갈 수 있도록 한다.

2) 매입 유형

(1) 산지매입

각 산지농협과 직결 유통경로를 구축하고, 중간 유통경로를 생략하여 저렴하게 구입할 수 있는 방법으로 대규모 저장시설을 갖춘 외식업체에서 대량 구입 시 구매하는 방법이다.

(2) 공동매입

지역적으로 인접한 여러 외식업소들이 모여 일괄 구입하는 방법으로 비교적 저장하기 쉬운 조미료, 유지류 등을 구입하는 품목이 주를 이루며 대량의 구매량으로 할인받기 때문에 원가 절감의 장점이 있으나 품질관리가 어려운 단점이 있다.

(3) 중앙구매

대규모 외식체인 업체에서 주로 사용하는 구매 방식으로 체인 전체를 위한 총괄구매를 함으로써 보다 저렴한 가격으로 공급받을 수 있는 강점이 있다.

(4) 창고구매

창고에서 대량의 물건을 쌓아놓고 판매가 이루어지는 구매 방법으로 저렴한 가격으로 물품을 구입할 수 있는 장점은 있으나, 품질에 이상이 있는 물품을 구입할 위험이 높기 때문에 구매 시에는 항상 유의해야 한다.

4. 구매 관리 효과

체계적인 구매 관리 시스템을 마련하여 효율적인 원가관리의 수행을 실천함으로써 원가절감과 양질의 제품을 생산 및 공급하여 질 중심의 서비스를 제공하고, 고객만족 및 매출증가까지 연계되어 서비스 품질 유지 효과에 긍정적으로 기여하게 된다. 관리 소홀로 인해 발생하는 구매비용의 상승과 상품의 품질이 저하되는 요인은 더불어 재료관리 비용의 증가로 인해 메뉴원가를 상승시키고, 가격상승으로 인한 고객이탈로 인한 매출감소와 경영 악화를 초래하게 된다.

1) 원가절감을 통한 기업의 이익 증대

생산 계획에 따라 소요량 산출 및 외부로부터 구매 계획을 체계적으로 진행하여 구매 원가를 절감함으로써 기업의 이익 향상에 기여할 수 있다.

2) 기술혁신의 원동력

제품의 중요한 부분을 차지하는 원·부재료가 있을 경우 이를 낮은 가격으로 구입하는 방안을 모색하거나 기술혁신의 원동력을 통해 구매 경쟁력을 높일 수 있다.

3) 재료비 절감

원가 구성 중 가장 큰 비중을 차지하는 재료비는 유관 부서에 지원업무 수행을 통해 기업의 이익을 창출하는 주요 기능 효과가 있다.

4) 구매와 타 기능 부분과의 관계 중요성

생산, 기술, 판매, 창고 부분 등 모든 부분에서 업무 협의 및 관리 검토가 필수적이다.

5. 구매 계약 방법

1) 일반 경쟁계약

계약내용 및 입찰 내용을 불특정 다수에게 공고하여 경쟁 입찰에 참여하게 만들어 정해진 예산범위 내에서 가장 적합한 가격에 유리한 조건으로 입찰자를 선정하는 계약 방식이다. 공개입찰 및 지명 경쟁 입찰 방식이 이에 해당한다.

2) 수의계약

경쟁계약과 반대 개념으로 계약 담당자가 적정하다고 인정되는 특정 업체와 협의하여 계약을

체결하는 방식으로 장점은 절차가 간편하고 경비를 줄일 수 있어 신용이 확실한 거래처의 선정이 용이한 계약 방식이다. 단점은 구매 공정성이 결여될 수 있으며 가격 및 단가 경쟁력이 미흡하고, 구매윤리 및 도덕적 부분에 취약하다.

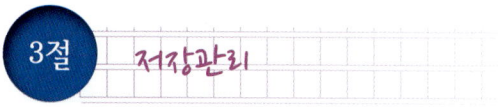

3절 저장관리

저장관리(Storing)란 검수과정을 거쳐 입고된 식재료를 손실 없이 보관하여 출고가 원활히 이루어지도록 보존·관리하는 과정을 의미한다.

1. 저장관리의 개념 및 목적

1) 저장관리의 개념

식재료의 보관은 영양가와 맛, 위생, 안전을 고려하여 식품고유의 특성을 잘 이해하고 보존하여야 한다. 또한 물품의 품목, 규격, 품질별 특성을 고려하여 냉장 및 냉동식품 별로 구분하여 저장하여야 하며 좀 더 체계적인 분류 기준을 두고 저장관리 하여야 한다. 적정재고 유지와 출고와 관련하여 특정 담당자에게 책임과 권한을 위임하여 관리할 수 있도록 제도적 장치를 마련해야 한다.

더불어 도난이나 부패를 방지하는 것은 물론 능률적인 재고관리와 출고가 이루어질 수 있도록 저장시설에 대한 정기적인 점검과 관리항목을 체크함으로서 항상 쾌적한 상태의 저장 관리 기능을 발휘할 수 있도록 해야 한다.

2) 저장관리의 목적

(1) 출고된 식재료에 대해서는 매일 총계를 산출하여 식재료의 일정량을 유지 및 관리하도록 한다.

(2) 물품청구서에 의한 식재료의 출고는 매번 사용되는 시점에서 반드시 서식으로 작성된 항목을 체크하여 권한과 위임을 받은 자가 서명하여 확인 및 관리하도록 하여 체계적인 보관 및 관리를 통해 품질 보존을 유지하도록 한다.

(3) 정기적으로 식재료를 분류 및 저장 상태를 체크함으로서 상시 식재료를 최상의 상태로 유지하여 부패를 미연에 방지하고, 적정재고 유지를 통해 식재료의 손실을 최소화하도록 한다.

3) 저장관리 유형

(1) 품목별 저장 분류의 체계화 원칙

대분류, 중분류, 소분류에 따른 식재료의 사용빈도에 맞춰 배치함으로서 능률적으로 재고관리 및 출고관리의 선제 조건을 준수하여 물자의 소재를 언제든지 손쉽게 찾아 사용할 수 있도록 분류하는 저장관리 방식이다.

(2) 품목별 위치의 표식화(바코드) 원칙

품질특성별로 구획을 정리하여 Tag시스템 관리를 준수하는 방식으로 품목별 명칭, 규격, 용도 및 기능별로 카드작성을 통해 효율적인 관리를 할 수 있는 저장관리 방식이다.

(3) 선입선출(First-in, First-out) 원칙

선도유지 및 유통기한을 준수하여 먼저 저장된 순서에 따라 사용할 수 있도록 적재하는 방식으로 재료의 저장기간이 짧을수록 재고자산의 회전율이 높고, 자본의 재투자가 효율적으로 이루어지는 저장관리 방식이다.

(4) 저장 공간 활용의 최대화 원칙

저장 물자의 양과 부피에 따라 저장 공간이 결정되며, 동선의 효율성을 고려하여 자주 입출고되는 식자재는 저장시설의 입구에 두거나 가운데 선반에 보관하도록 하는 저장관리 방식이다.

(5) 품목별 품질 보존의 원칙

냉장고와 냉동고에 따른 적정온도 유지를 준수하며, 저장시설 개폐 시 잠금 상태를 반드시 확인하도록 하여 고급 식자재의 경우, 잠금장치의 상태를 점검 및 보관 상태를 확인하여 변질 및 재고파악 변수를 상시 확인하는 저장관리 방식이다.

출고관리(Issuing)란 식재료 관리 활동에서 이루어지는 가장 마지막 단계의 활동을 가리키며 저장된 식재료를 사용부서에 공급하는 일련의 과정을 의미한다. 적정 재고량을 유지하는 담당자가 공식적인 절차를 통해 각 부서별로 필요한 양만 출고하는 행위를 목적으로 두고 있다.

1. 출고관리 절차

1) 청구서 내용 확인 및 순서에 의한 출고관리가 이루어지는지 검토하여 저장실 재고 카드의 수량과 실제 보유 수량에 대한 임의 추출 대조를 통해 원활한 출고관리를 수행하도록 한다.
2) 출고업무의 처리과정에서 출고의뢰서와 운반중인 식재료별 수량이 일치하는지를 대조하여 절차에 의해 출고가 이루어지는지를 상시 검토하도록 한다.
3) 물품취급에 따른 업무 효율성을 위하여 식재료 출고 이후의 관리도 세심하게 관리하도록 한다.

2. 출고관리 유형

모든 식재료는 공정한 검수과정을 통하여 창고에 저장되어야하며 저장된 식재료는 각 식·음료 부서로 출고될 때까지 물품청구서 양식에 의해서 출고되도록 해야 한다. 일부 식재료는 기능과 특성, 종류, 상황에 따라 분류된다.

1) 출고

검수과정에서 직접 출고되는 직접 출고재로서 사용부서의 요구에 의해 물품이 저장고로부터 반출되는 출고관리 방식이다.

2) 직접 출고

일시적으로 저장창고에 보관되었다가 출고되는 임시 출고재로서 검수 직후 생산부서로 바로 보내도록 하여 당일의 식품원가에 포함시키는 출고관리 방식이다.

3) 저장품 출고

식재료를 장기적으로 보관해 두었다가 출고하는 저장 출고재로서 저장 창고에 1일 이상 보관 후 식품에 부착된 라벨지를 출고전표에 첨부하여 원가 계산에 이용하는 출고방식이다.

5절 재고관리

재고(Inventory)란 조직이 보유하고 있는 상품, 반제품, 원재료 등을 가리키며 재고관리(Inventory Management)란 물품의 수요가 발생했을 때 신속하고, 경제적으로 적응할 수 있도록 발주시기, 발주량, 적정 재고수준 결정 등의 제반과정을 포함한 재고를 최적의 상태로 관리하는 절차를 의미한다.

정기 또는 부정기적으로 수량, 품질 등을 조사하는 작업으로서 재고정리를 하게 되면 감량, 부채, 변질, 기장 누락, 기장 착오 등의 실제 잔고와의 사이에 오차가 생기지 않도록 하여 불확실한 수요와 공급을 예측하고, 재고유지에 소요되는 비용, 도난, 부주의 등에 의한 손실을 최소화하여 물품의 과부족 없이 적정 재고량을 유지하도록 한다.

1. 재고관리 기능

1) 상품의 기능에 대한 품질 및 안전 관리를 통해 안정적인 재고를 확보할 수 있다.

2) 실제 재고 양과 수요를 예측한 양의 차이를 한 눈에 파악할 수 있어 정확한 재고자산 파악이 가능하다.

3) 재무보고서 작성에 필요한 재고 금액을 확인할 수 있다.

4) 식재료 항목 및 용도를 파악하여 자주 이용되지 않는 식재료를 구분함으로써 식재료 재고를 보충할 시점을 파악할 수 있다.

2. 재고관리 유형 및 특징

1) 실사재고 조사법

정기적으로 모든 저장창고에 보유하고 있는 물품의 수량을 직접 세고, 기록하는 방법으로 식재료비를 정확히 계산하려면 기초재고량과 기말재고량, 기간 중 매입량을 모두 파악하여 매출이익을 산출하는 재고관리법이다.

> 총 식재료비 = 총 재고량(기초재고량 + 당기 매입량) – 기말 재고량

일반적으로 실사에 의한 재고 조사법은 이용 가능한 재고를 파악하는데 주로 월말에 한번 정도 실시하며 분기별, 연말 등 회기가 끝나는 시점에 맞추어 실시하기도 한다. 기록지 양식은 선반에 진열된 순서에 따라 물품명, 포장단위, 물품 특성, 단위당 가격, 총 재고가치 등의 순서로 기입하도록 한다.

2) 영구재고 계속 기록법

물품의 입고와 출고 시점에 수량을 계속 기록하여 현재의 재고 목록과 수량을 파악할 수 있는 방법으로 어느 시점에서라도 재고 수량과 재고 가치를 파악할 수 있으며 고가품목에 제한하여 관리가 이루어지며 노동력이 많이 소요되는 재고관리법이다.

(1) 구매소요 기간(Lead Time)

특정 아이템을 주문하여 도착할 때까지 걸리는 공급기간을 의미한다.

(2) 재주문 시점(Reorder Point)

재주문 시점을 결정하는 데 요구되는 정보 파악 및 구매 소요기간, 기간 동안 소요되는 양, 구매주기를 의미한다.

> **참고**
>
> 파스톡(Par Stock)이라는 재고관리법은 주로 바(Bar) 등 주류 영업장에 물품 공급을 원활히 수행하기 위하여 신속한 서비스를 도모하기 위한 목적으로 사용되며 일정 수량의 재고를 저장고에서 인출하여 영업장의 진열대나 기타의 장소에 보관하여 필요할 때 사용하는 방법으로 저장되어 있는 적정 재고량의 기준을 의미한다.

3. 재고가치 평가

1) 선입선출법(FIFO : First In First Out)

매입순법이라고도 하며 장부상으로 먼저 입고된 것부터 순차적으로 출고되는 것으로 출고단가를 결정하는 원가주의 평가방법이다. 출고품의 가격은 제일 먼저 입고된 물품의 원가에 의해 결정 및 표시된다.

2) 후입선출법(LIFO : Last In First Out)

재고자산의 단가를 계산하기 위해 가장 최근에 입고한 재고부터 판매와 제조에 사용된다고 가정한 것으로 실제 재고의 흐름과는 상관이 없이 나중에 창고에 입고된 재고에 대해서 가치평가를 한다.

3) 이동평균법(Moving Average Method)

매입 시마다 구입수량과 금액을 이전 잔액에 가산하여 새로운 평균단가를 산정하고 출고단가를 계산하여 기장하는 방법이다. 이 방법은 물가변동의 영향을 완화하여 평균화하는 장점이 있으며 매입

횟수가 빈번하면 계산의 복잡성과 계산에 대한 소비가 많은 점이 단점이다.

4) 가중평균법(Weighted Average Method)

기초 재고자산과 회계기간 중에 매입 또는 생산된 재고자산의 원가를 가중평균하여 재고항목의 단위 원가를 결정하는 방법으로 상황별, 매입별, 생산별에 따라 주기적으로 계산하는 방식이다.

5) 지수평활법(Exponential Smoothing)

미래의 매출액을 정량적으로 예측하기 위한 방법으로서 복잡한 예측 모형에 비해 수식이 단순하고, 계산량이 적으며 예측 능력에 유리하여 많은 종류의 수요를 일별 · 주별로 관리하기에 적합하다.

6절 메뉴관리

메뉴란 고객과 업장을 연결하는 소통 창구의 역할과 고객이 상품을 결정하는 직접적인 매개체로써 경영목표 수립을 위한 필수적인 마케팅 도구로 사용되고 있다. 1960~70년대는 메뉴의 생산지향적인 측면을 강조한 음식의 상품목록 및 명시화 하는 기능으로 주로 사용되어졌으며 1980년대는 조직 내부의 중요한 관리 도구로써 원가관리 측면이 강조됨에 따라 메뉴는 외식업 운영의 가장 중요한 마케팅 요소로 자리 잡게 된다.

1. 메뉴 분류

메뉴의 분류는 변화 정도에 의한 메뉴, 가격 및 내용에 의한 메뉴, 시간에 따른 메뉴로 분류된다.

1) 고정 메뉴(static menu)

메뉴 품목이 많지 않아 메뉴의 통제와 조절이 용이하여 전문화시킬 수 있는 방식이다.

2) 순환 메뉴(cycle menu)

단체 급식에서 주로 사용되며 학교, 병원, 대학에서 주로 사용되는 방식이다.

3) 일시적 메뉴(maket menu)

특별한 계절이나 기간에 판매되는 시즌 메뉴로 구성되어 있는 방식이다.

4) 구두 메뉴(verbal menu)

메뉴 리스트에 없는 구두 메뉴로 구전효과 및 업셀링(Up-selling) 효과를 얻을 수 있는 방식이다.

2. 메뉴 디자인 계획

메뉴 계획은 외식업의 종류와 형태에 따라 달라지므로 식음료 자재의 시장조건을 감안하여 아이템 수를 결정하도록 한다. 고객측면에서는 메뉴의 특색, 영양적인 측면, 목표고객에 대한 식음료 습성과 선호하는 품목의 여부, 가격수준을 고려하여 수익성이 있는 아이템을 선정해야 한다.

선별된 아이템을 가장 이상적인 디자인으로 미적인 측면과 실용적인 측면을 고려하여 메뉴판을 통해 고객에게 제시한다. 더불어 관리측면에서는 비용대비 최대의 이윤을 얻을 수 있는가의 정도, 식재료 원가율 및 판매가 등을 고려한 예산 측정, 시설 및 설비가 종사자의 수준이 고려된 알맞은 아이템 선정인지를 고려하여 메뉴 계획을 설계하도록 한다.

3. 메뉴 디자인 목적 및 원칙

메뉴 디자인은 고객들의 구매 욕구를 자극하여 잠재고객 창출이라는 마케팅 전략으로써 활용된다. 다양한 메뉴 아이템 중에서 고객의 시선을 유도하여 특정한 메뉴를 선택하도록 해야 하며 최소의 비용으로 최대의 서비스를 창출하여 이윤을 극대화할 수 있도록 고안되어야 한다.

메뉴 계획과 디자인 과정, 메뉴구성과 가격이 확정되면 업종의 특성과 콘셉트에 따라 물리적 메뉴 디자인의 원칙을 토대로 매력성, 사실성, 이해성, 독창성을 고려하여 메뉴판을 완성한다.

1) 메뉴 디자인 원칙 4가지

(1) 매력성

흥미를 줄 수 있는 그래픽과 색상을 선정하여 콘셉트에 어울리는 디자인, 품목배열, 글자의 크기와 서체를 선정하여 판매 매출을 증대시킨다.

(2) 사실성

신뢰성을 중시한 재료에 대한 정확한 정보를 게시하여 주 메뉴 품목의 조리방식과 신소재 식음료 재료를 사용하여 고객의 흥미를 이끌어낸다.

(3) 이해성

성별, 소득계층, 교육수준, 연령과 관계없이 메뉴판 공간을 잘 활용하여 누구나 쉽게 이해할 수 있도록 명시성 있는 메뉴판을 디자인한다.

(4) 독창성

메뉴 설명은 지역과 인간적인 감성을 자극하는 이름을 사용하여 메뉴와 관련한 정보가 잘 표출되어 있는지 특별메뉴와 세트메뉴를 구성한 독창성을 활용한다.

4. 메뉴가격 결정

메뉴가격 결정 시 원가의 유동성, 목표고객의 경제적 여건, 주변 동종업계의 경쟁상황, 목표매출액, 수요형태를 고려하여 선정해야 한다. 메뉴가격 결정 방법에는 크게 원가중심 , 구매자 중심, 경쟁업체 중심으로 구분되어진다.

첫 번째, 원가중심의 메뉴가격을 결정할 경우에는 원가를 토대로 구매, 생산, 서비스, 마케팅 등에 사용된 모든 비용을 산정하여 적절한 기대 이윤이 포함된 수준에서 가격을 결정한다. 두 번째, 구매자 중심의 메뉴가격을 결정할 경우에는 목표 고객의 특성과 메뉴에 대한 고객의 가치인식에 따라 가격을 결정한다. 세 번째, 경쟁업체 중심의 메뉴 가격을 결정할 경우에는 유사한 성격의 메뉴군 선정 및 가격을 비교하여 메뉴 가격을 결정한다.

1) 원가중심 메뉴가격 결정법

(1) 가격계수에 의한 계산법

판매가를 100%로 산정하여 식재료 원가의 비율을 정한 후 가격계수를 산정하는 원가 계산 방법이다.

(2) 주요원가에 의한 계산법

식재료 원가율과 직접인건비 원가율을 계산하여 주요원가에 대한 가격계수를 구한 뒤 가격계수 계산법에 직접인건비를 추가하여 판매가격을 결정하는 방법이다.

(3) 실제원가에 의한 계산법

변동비율, 고정비율, 이윤비율을 뺀 나머지 비율을 식재료 원가와 총 인건비에 포함시키는 방법이다.

2) 구매자중심 메뉴가격 결정법

(1) 홀수가격 결정법

제품가격이 홀수일 경우 더 저렴하다고 인식되는 방법이다.

(2) 중량기준 가격 결정법

메뉴 무게당 정해진 가격에 따라 계산하는 방법이다.

(3) 복합가격 결정법

각각의 메뉴를 세트메뉴로 주문하여 저렴하게 인식되는 방법이다.

(4) 유인가격 결정법

저렴한 가격의 메뉴 순으로 게시하여 다른 메뉴에 대한 판매를 유도하는 방법이다.

3) 경쟁중심 메뉴가격 결정법

(1) 상대적 고가격 결정법

품질수준이 비슷할 때 시장에서의 명성과 인지도가 높은 경우를 이용하는 방법이다.

(2) 상대적 저가격 결정법

물가상승으로 인한 가격 상승 시 고객의 거부감이 상대적으로 큰 부분을 감안하여 원가 구조상 우위에 있을 때 사용하는 방법이다.

(3) 경쟁자 가격 결정법

경쟁 메뉴 가격과 유사한 수준에서 결정하는 방법으로 고가격 또는 저가격 전략의 효과가 없을 경우 사용하는 방법이다.

5. 메뉴 수익성 분석

일정 기간 동안 판매를 한 후에는 전체 판매량에서 각각의 메뉴 아이템에 대해 판매한 수량을 기준으로 수익성과 인기도를 분석한다. 메뉴판에 나열된 모든 품목들을 기록하고 일정기간 팔린 각 품목의 수, 각 품목의 식자재 원가, 각 품목의 판매가 등을 체크하여 메뉴에 대한 수익성을 분석한다.

1) 메뉴 엔지니어링 개념 및 효과

현재의 메뉴구성을 토대로 이익률을 분석하여 기업의 경영 수익에 가장 높은 메뉴품목을 선정하고 단위당 공헌이익이 가장 높은 메뉴, 판매량이 가장 우수한 메뉴로 평가 받게 된다. 평가결과의 신뢰성을 높이기 위해 적어도 1개월 이상 장기간의 매출을 기준으로 같은 범주의 메뉴군을 정기적으로 비교 및 분석해야 한다.

정기적으로 수행 시 수익 증진 및 메뉴변경 시 유용한 의사결정 도구로 사용되어짐으로써 새로운 메뉴의 고객반응을 평가하여 인플레이션으로 인한 가격변동이 생기는 경우 그 영향을 분석할 수 있는 평가도구로 활용된다.

2) 메뉴 엔지니어링 분석표 작성법

* 메뉴믹스 = (개별품목판매량/총판매량) ×100
* 공헌이익(품목별 판매수익) = 판매가격 − 식재료 원가
* 평균공헌이익(평균판매수익) = 총수익/총판매량으로 메뉴품목별 수익성을 판단하기 위한 분석
* 평균선호도 = (100%/메뉴품목 수) × 70% = {(1/메뉴품목 수)×0.7}×100

3) 메뉴 매트릭스에 의한 메뉴관리법

(1) Star - 높은 수익성과 높은 선호도 품목

메뉴판에서 가장 잘 보이는 위치에 배치하고, 가격탄력성이 적어 메뉴가격 상향조절이 가능하므로 메뉴품질과 현재수준을 엄격히 표준화 및 규격화하여 지속적인 수익을 유지해주는 특상품을 배치하도록 한다.

(2) Plowhorse - 선호도는 높으나 수익성이 낮은 품목

메뉴판에서 고객의 눈에 안 띄는 곳에 재배치하여 고객수요를 낮추고, 가격탄력성과 수익성을 고려하여 메뉴품목 재배치나 재포장을 통해 수익성을 높이기 위한 방안을 모색하는 상(上)상품을 배치하도록 한다.

(3) Puzzle - 수익성은 높으나 선호도가 낮은 품목

수요를 증가시키기 위한 방안 모색을 위해 가격인하, 메뉴명 변경, 종사원의 권유판매, 메뉴품목의 가치 증대에 따른 사이즈 업, 차별화 된 가니쉬, 고품질의 식재료 사용을 통해 고객관심을 유발시키는 중(中)상품을 배치하도록 한다.

(4) Dog - 인기가 없고 수익성이 낮은 품목

식음료 재료의 장기적인 저장 및 메뉴 생산에 상당한 소요시간이 걸리는 경우, 특별한 기술을 요구하여 관리가 어려울 경우에는 메뉴를 삭제하거나 특정 잠재력이 있는 메뉴 품목일 경우에는 가격인상으로 수익성은 높으나 선호도가 낮은 품목 (Puzzle) 메뉴 관리법 수준으로 변화시켜 공헌이익을 높일 수 있는 하(下)상품으로 재배치하도록 한다.

제2장 **매장관리**

   고객에게 최상의 서비스를 제공하기 위해 매장 위생 관리, 영업 준비, 영업 마감, 기물 관리 및 안전 관리 등 체계적인 관리 능력이 필수 불가결한 시대이다. 더불어 올바른 직업관 확립 및 맡은 업무에 차질이 없도록 봉사성(Service), 청결성(Cleanness), 능률성(Efficiency), 경제성(Economy), 정직성(Honesty), 환대성(Courtesy & Hospotality)을 갖추어 수준 높은 서비스를 제공하기 위한 중요성을 인식하고, 확고한 접객태도와 지속적인 품질 관리를 지향하여 매출과 직접적으로 연결되는 고객응대를 위한 전반적 관리 체계를 갖추도록 해야 한다.

1절 매장 위생 관리

   외식산업의 발전과 국가 경제발전으로 외식산업 식품군에 대한 인식은 기호식품 또는 건강의 수단으로 변화되어지며 식품, 식품첨가물, 기구, 용기와 포장을 대상으로 하는 식용 가능한 상품을 고객에게 직접 제공하는 모든 과정에서 발생할 수 있는 식품의 안정성, 깨끗한 환경, 고객의 안전과 쾌적한 공간 확보를 위한 위생적 환경 제공 및 매력적인 분위기를 제공함으로써 부가적 서비스를 제공하도록 해야 한다.

1. 식품위생법 정의

(1) 식품이란 모든 음식물(의약으로 섭취하는 것은 제외한다)을 말한다.

(2) 식품으로 인하여 발생하는 위생상의 위해를 방지하고, 식품 영양의 질적 향상을 도모하며

식품에 관한 올바른 정보를 제공함으로써 국민 보건의 증진을 목적으로 한다.

(3) 시설 기준은 영업을 하려는 자는 총리령으로 정하는 시설 기준에 맞는 시설을 갖추어야 한다.

(4) 총리령으로 정하는 영업자 및 그 종업원은 건강 진단을 받아야 하며 건강 진단의 실시 방법 등과 타인에게 위해를 끼칠 우려가 있는 질병의 종류는 총리령으로 정하여 질병이 있는 자를 영업에 종사시키지 않는다.

(5) "식품위생"이란 식품, 식품첨가물, 기구 또는 용기·포장을 대상으로 하는 음식에 관한 위생을 말한다.

(6) 식품위생 교육은 대통령령으로 정하는 영업자 및 유흥 종사자를 가리키며 식품 접객업 영업자의 종업원은 매년 식품 위생에 관한 교육을 필수적으로 받아야 한다.

2. 식품 등의 위생적 취급에 관한 기준

(1) 식품 등을 취급하는 원료 보관실·제조가공실·조리실·포장실 등의 내부는 항상 청결하게 관리하여야 한다.

(2) 식품 등의 원료 및 제품 중 부패·변질이 되기 쉬운 것은 냉동·냉장시설에 보관 및 관리하여야 한다.

(3) 식품 등의 보관·운반·진열 시에는 식품 등의 기준 및 규격이 정하고 있는 보존 및 유통기준에 적합하도록 관리하여야 하고, 이 경우 냉동·냉장시설 및 운반시설은 항상 정상적으로 작동시켜야 한다.

(4) 식품 등의 제조·가공·조리 또는 포장에 직접 종사하는 사람은 위생모를 착용하는 등 개인위생관리를 철저히 하여야 한다.

(5) 제조·가공(수입품을 포함한다)하여 최소판매 단위로 포장(위생상 위해가 발생할 우려가 없도록 포장되고, 제품의 용기·포장에 법에 적합한 표시가 되어 있는 것을 말한다)된 식품 또는 식품첨가물을 허가를 받지 아니하거나 신고를 하지 아니하고 판매의 목적으로 포장을 뜯어 분할하여 판매하여서는 아니 된다. 다만, 컵라면, 일회용 다류, 그 밖의 음식류에 뜨거운 물을 부어주거나 호빵 등을 따뜻하게 데워 판매하기 위하여 분할하는 경우는 제외한다.

(6) 식품 등의 제조·가공·조리에 직접 사용되는 기계·기구 및 음식기는 사용 후에 세척·살균하는 등 항상 청결하게 유지·관리하여야 하며, 어류·육류·채소류를 취급하는 칼·도마는 각각 구분하여 사용하여야 한다.

(7) 유통기한이 경과된 식품 등을 판매하거나 판매의 목적으로 진열·보관하여서는 아니 된다.

3. 식품위생법 관련 용어

1) 식품

의약으로 섭취하는 것을 제외한 모든 음식물을 가리킨다.

2) 식품 첨가물

식품을 제조·가공 또는 보존하는 과정에서 식품에 넣거나 섞는 물질, 식품을 적시는 데에 사용되는 물질로 기구·용기·포장을 살균·소독하는 데에 사용되어 간접적으로 식품으로 옮아갈 수 있는 물질을 가리킨다.

3) 화학적 합성품

원소 또는 화합물에 분해 반응 외의 화학적 반응을 일으켜 얻은 물질을 가리킨다.

4) 기구

식품 또는 식품첨가물에 직접 닿는 기계·기구나 식품을 채취하는 데에 쓰이는 기계와 기구 등의 물건을 가리킨다.

5) 용기·포장

식품 또는 식품첨가물을 넣거나 싸는 것으로 식품이나 식품첨가물을 주고받을 때 함께 건네는 물품을 가리킨다.

6) 위해

식품, 식품첨가물, 기구 및 용기·포장에 존재하는 위험 요소로서 인체의 건강을 해치거나 해질 우려가 있는 것을 가리킨다.

7) 표시

식품, 식품첨가물, 기구 및 용기·포장에 적는 문자, 숫자 또는 도형을 가리킨다.

8) 영양표시

식품에 함유되어 있는 영양소의 함량 등 영양에 관한 정보를 표시하는 것을 가리킨다.

9) 영업

식품 또는 식품첨가물을 채취·제조·가공·조리·저장·소분·운반·판매하거나 기구 및 용기·포장을 제조·운반·판매하는 업을 가리킨다.

10) 영업자

영업 허가를 받은 자나 영업 신고를 한 자 또는 영업 등록을 한 자를 가리킨다.

11) 식품 위생

식품, 식품첨가물, 기구 또는 용기·포장을 대상으로 하는 음식에 관한 위생을 가리킨다.

12) 식품 이력 추적 관리

제조·가공 단계부터 판매 단계까지 각 단계별로 정보를 기록·관리하여 식품의 안전성 등에 문제가 발생할 경우 해당 식품을 추적하여 원인 규명 및 필요한 조치를 할 수 있도록 관리하는 것을 가리킨다.

13) 식중독

식품 섭취로 인하여 인체에 유해한 미생물 또는 유독 물질에 의하여 발생하였거나 발생한 것으로 판단되는 감염성 질환 또는 독소형 질환을 가리킨다. 식중독 예방을 위한 3대 원칙은 다음과 같다.

(1) 청결의 원칙

손을 자주 씻어 식품을 위생적으로 취급하고 청결을 유지하여 세균 오염을 방지하도록 한다.

(2) 신속의 원칙

조리된 음식은 가능한 한 바로 섭취하여 세균 증식을 방지하도록 한다.

(3) 냉각·가열의 원칙

가열 조리가 필요한 식품은 중심부 온도가 75℃ 이상이 되도록 조리해야 하며 조리된 음식은 5℃ 이하 또는 60℃ 이상에서 보관하도록 한다.

211

4. 영양 표시 대상 식품 및 HACCP의 이해

1) 영양 표시 대상 식품

총리령으로 정하는 식품이란 장기보존 식품(레토르트 식품만 해당), 과자류 중 과자, 캔디류 및 빙과류, 빵류 및 만두류, 초콜릿류, 잼류, 식용 유지류, 면류, 음료류, 특수용도 식품, 어육가공품 중 어육소시지, 즉석섭취식품 중 김밥, 햄버거, 샌드위치가 해당된다.

2) 영양 표시 제외 식품

즉석 판매제조·가공업자가 제조·가공하는 식품, 최종 소비자에게 제공되지 아니하고 다른 식품을 제조·가공 또는 조리할 때 원료로 사용되는 식품, 식품의 포장 또는 용기의 주 표시면 면적이 30㎠ 이하인 식품이 이에 해당된다.

3) HACCP의 이해

(1) HACCP은 위해분석(HA: Hazard Analysis)과 중요관리점(CCP: Critical Control Point)의 영문 약자로써 위해 가능성이 있는 식품의 생산, 유통, 소비의 전 과정을 지속적으로 관리 및 식품의 안정성을 확보하고, 보증하는 사전 예방적 '식품안전관리인증기준' 체계를 의미한다.

(2) 식품의 원재료부터 제조, 가공, 보존, 유통, 조리 단계를 거쳐 최종소비자가 섭취하기 전까지의 각 단계에서 생물학적, 화학적, 물리적으로 발생할 수 있는 위해요소를 과학적으로 분석 및 규명하여 자율적, 체계적, 효율적인 관리로 식품의 안전성을 확보하기 위한 위생 관리 시스템이다.

(3) 현재 미국, 일본, 유럽연합, 국제기구(Codex, WHO, FAO)에서도 모든 식품에 HACCP을 적용할 것을 권장하고 있다.

5. 세정제의 기능 및 종류

식품을 위생적으로 제조·가공하기 위해서는 모든 단계에서 청결과 안전을 확보하는 노력이 필수 불가결한 사항이다. 물로만 제거되지 않는 지방성 물질, 세균류 등의 오염 물질은 세제를 이용하여 제거한다. 세제는 크게 무기세제와 계면 활성력을 갖는 세척제로 구별되며 계면 활성제 중 비누나 중성세제는 물에 용해하면 그 활성 부위가 음이온을 나타내는 것으로 음이온 계면 활성제라고 한다.

세정제의 종류는 크게 3가지로 분류된다.

(1) 1종 세제 - 과일이나 야채류를 세척하여 먹을 수 있는 세제

(2) 2종 세제 - 식기류에만 사용하는 주방세제

(3) 3종 세제 - 자동식기 세척기나 산업용 식기류 및 식품의 가공기구와 조리기구 전용 세척제

6. 병원 미생물 및 위생 해충 종류에 대한 이해

1) 병원 미생물의 이해

바이러스, 세균 등 사람에게 질병을 일으키는 미생물을 가리키며 병원체가 음식물이나 물에 오염되어 경구적으로 침입되어 감염이 일어나는 소화기계 감염병으로 장티푸스, 콜레라, 세균성 이질, 폴리오, 유행성간염, 파라티푸스 등이 이에 속한다. 호흡기계로 감염되는 감염병은 환자나 보균자의 객담, 콧물 등의 비말에 의해 직접 전파되거나 공기 전파로 디프테리아, 백일해, 홍역, 성홍열, 유행성 이하선염, 풍진, 인플루엔자, 중증급성호흡기증후군(SARS), 중동호흡기증후군(MERS) 등이 해당된다.

2) 위생 해충 종류에 대한 이해

매장에서 주로 문제가 되는 혐오감을 주는 곤충으로 모기, 파리, 바퀴, 쥐, 쥐에 기생하는 이, 벼룩 등이 이에 해당하며 위생 해충을 제거하는 방법으로는 크게 4가지로 분류된다.

(1) 물리적·환경적 방법

서식 장소를 완전히 제거, 질병 매개 곤충의 발생이나 유입을 막기 위한 시설 완비, 질병 매개 곤충의 종류에 따른 적절한 덫을 사용하여 밀도를 낮추는 방법이다.

(2) 화학적 방법

곤충 성장 억제제 또는 살충제를 사용하여 유충과 성충을 완벽히 제거, 잔류성 살충제를 사용하여 추가적 유입 차단, 살충제 처리 된 모기장이나 창문 스크린을 사용하는 방법이다.

(3) 생물학적 방법

모기 방제를 위한 유충을 잡아먹는 천적(미꾸라지, 송사리, 잠자리 유충 등)을 이용, 모기 유충 서식처에 미생물 살충제를 사용하는 방법이다.

(4) 위생적 방법

건물의 출입문, 환기통, 배관, 외벽, 외벽과 창문 및 전선 등을 통하여 쥐가 침입하지 못하도록 방서처리 실행, 쓰레기 더미, 퇴비장 등의 쥐가 숨어있는 서식처를 사전에 제거하고, 음식물 쓰레기 및 기타 쓰레기통 용기는 먹이 제공을 방지하기 위해 완전 밀폐시키는 방법이다.

2절 매장 영업 준비 및 마감 관리

원활한 매장 영업을 위해 각 장비의 작동 여부 확인 및 장비 사용에 따른 필요한 기물들이 세팅되었는지 사전 점검은 필수적이다.

체계적인 장비 사용을 위한 유지·보수 관리 시스템을 마련하고, 정기적인 위생 관리 및 음료의 퀄리티를 유지함으로써 폭넓은 관찰력과 경험, 기술적 관리 노하우가 요구됨에 따라 매장 영업의 활성화를 위해 중요한 요소인 청결함과 단정한 이미지 연출, 전문적인 지식과 기술력, 고객의 컨디션과 상황에 맞추어 니즈를 경청하고, 다양한 질문과 요구사항에 적극적으로 응대하기 위한 긍정적 사고를 지향하도록 한다.

1. 장비 점검 관리 요령

1) 에스프레소 머신 점검

① 영업 오픈 전 펌프 압력 게이지, 스팀 작동 여부 및 작동 상태를 확인 뒤 샘플 추출을 하여 커피 맛의 컨디션을 확인 후 포타필터 등의 청결 상태를 확인한다.

② 영업 마감 시 머신의 보일러 압력이 1~1.5bar 상태 여부 확인, 스팀봉 청소, 에스프레소 머신용 세정제를 사용하여 그룹 개스킷, 샤워 홀더, 필터 홀더를 깨끗이 청소하고 건조시킨다.

2) 그라인더 점검

① 영업 오픈 시 그라인더 작동 유무 상태 및 분쇄도의 굵기를 확인하고, 샘플 추출을 통해 그라인더 날의 마모 상태, 작동여부, 호퍼 및 도저 청결 상태를 확인한다.

② 영업 마감 시 그라인더 내부에 있는 커피찌꺼기 및 이물질을 제거한다.

3) 블렌더 점검

① 영업 오픈 전 블렌더 작동 유무 및 볼의 청결 상태를 확인한다.

② 영업 마감 시 시럽류나 과일 등의 재료를 사용한 볼의 청결 유지를 위하여 뜨거운 물로 신속하게 세척·건조시킨다.

4) 쇼케이스 및 냉장·냉동기기 점검

① 영업 오픈 전 서브 품목에 따른 재고현황 및 진열 상태를 확인한다.
② 영업 마감 시 쇼케이스의 경우 내부 전등의 불을 꺼준다.

5) 제빙기 점검

수시로 얼음 제조 및 청결 상태를 확인한다.

6) 포스 시스템(POS SYSTEM) 점검

① POS는 'Point Of Sales' 약자로써 '판매시점 정보관리'를 의미한다.
② 매장 운영 방식에 따라 '테이블 서비스 시스템'과 '셀프 서비스 시스템'으로 구분되어 각 서비스 방식에 맞는 POS 시스템에 따른 메뉴주문 및 결제, 매출관리 시스템을 사전 숙지한다.
③ 일/월별 매출과 메뉴 빈도를 확인하고, 매출점검 및 마감을 통해 다음 날 영업 시 숙지할 사항을 근무일지에 기록, 전달 뒤 예비 시재금을 준비하여 매장관리의 효율성을 증가시킨다.

7) 기타 장비 점검

① 업종별 특성을 고려한 부가적인 기타 장비 세팅 상태를 점검하여 위생 관리를 철저히 지켜준다.
② 수도, 전기, 가스, 화재예방을 위한 점검 및 바와 홀의 시설 안전을 이중체크한다.

8) 식재료 및 유통기한 점검

① 식재료는 F.I.F.O(First In First Out)를 준수하여 먼저 입고된 식재료가 우선 쓰일 수 있도록 보관하고, 늦게 입고된 식재료를 뒤쪽에 보관하여 순차적으로 사용할 수 있도록 위치 선정 방법에 신경을 써준다. 더불어 모든 식재료에는 제조일자와 유통기한이 기입되어 있어야 하며 오픈 날짜도 함께 기입하여야 한다.
② 변질되기 쉬운 식재료는 바닥에서 6㎝ 이상의 높이에서 보관하고, 냉장고 사용 시 원활한 청소를 통해 보관 기간이 원활할 수 있도록 위생 관리에 신경써야 한다.
③ 효율적인 식재료 관리를 위해 보관 장소, 내용 리스트, 청소 스케줄을 작성해 정기적으로 관리해준다.

3절 매장기물 및 안전관리

1. 세제의 종류 및 활용법

1) 락스

살균소독용으로 염기성 액체 형태로 세균과 바이러스를 제거하는데 주로 사용되며 산화력이 막강하여 표백, 살균용으로 쓰이며 환기가 잘 되는 조건에서 고무장갑, 마스크 등의 보호구를 착용한 뒤 사용하도록 한다.

2) 베이킹소다

세척, 탈취 등 다용도용으로 고체 형태로 흰색의 분말을 물에 희석하여 사용하며 식기와 식품 세척 및 싱크대 세정, 냄새 제거에 탁월하다.

3) 주방세제

액체 형태로 식기 및 조리 기구 세척 시 무색을 띠는 용액을 세척 부위에 직접 세척하여 사용한다.

2. 소독 및 소독제의 종류와 활용법

소독 방법은 크게 청소, 소독, 소독약품의 사용으로 구분된다. 청소라는 정의는「폐기물 관리법」에 따라 오물 또는 오염이 의심되는 물건을 수집하여 위생적인 방법으로 안전하게 처리해야 하는 것을 의미한다.

소독약품의 사용은 의약외품으로서 식품의약품안전처장의 허가를 받은 제품을 용법·용량에 따라 살균, 살충, 구서 등의 소독 시 안전하게 사용하는 방식이다.

1) 소독의 5가지 관리 유형

(1) 소각

폐기물 관리체계 중 중간처리 과정의 하나이며 화학적 방법에 속하는 처리 방법으로 쓰레기를 불에 태워 기체 중에 고온 산화시키는 처리 방법으로 매립 공간을 절약할 수 있으며 지속적인 폐기물 처리 방법이다.

(2) 증기 소독

유통증기를 사용하여 소독기 안의 공기를 빼고 100℃의 고압 증기 속에서 30~60분 이상 살균하는 방법이다.

(3) 끓임 소독

끓는 물중에 소독할 물건을 가라앉혀 100℃ 이상의 물속에 넣어 15분간 이상 살균하는 방식으로 탄산나트륨을 1~2% 넣어서 끓이면 살균효과가 커지는 방법이다.

(4) 약물 소독

소독 대상 물건에 소독 전문제품을 이용하여 병원성 미생물을 불활성화시키는 화학소독제를 사용하는 방식으로 석탄산수, 크레졸수, 승홍수, 생석회, 크롤칼키수, 포르마린 이외에 소독약을 사용하려는 경우 석탄산 3% 수용액에 해당하는 소독력이 있는 약제를 사용하는 방식이다.

(5) 일광 소독

소각 · 증기소독 · 약물소독을 시행하기 어려운 의류, 침구, 도서, 서류, 용구 기타 물건을 일광에 쬐어 약 1% 포함되어 있는 자외선의 살균력을 이용하여 일광 소독하는 방식이다.

4절 전기 및 소방 안전관리

화재 안전 관계법규는 화재로 인한 재해 보상과 보험가입에 관한 법, 화재로 인한 재해 보상과 보험가입에 관한 법 시행령, 화재로 인한 재해 보상과 보험가입에 관한 법 시행규칙, 소방기본법 및 시행령, 시행규칙을 준수해야 한다.

신체손해배상특약부화재보험이란 화재로 인한 건물의 손해와 그 건물의 화재로 타인이 사망 또는 부상한 경우 손해(후유장애 포함) 배상을 담보로 하는 보험을 가리킨다. 보상 범위, 보험가입 회가, 보험가입 대상을 고려하여 화재보험을 계약해야 한다.

1. 전기 사고 유형별 대응 요령

1) 전기 사고 발생 시

화재 진압 시 물을 뿌리면 감전의 위험이 있으므로 분말소화기를 사용하여 화재를 진압한다.

2) 전격(감전) 사고 발생 시

사고자를 안전장소로 구출시킨 뒤 의식, 화상, 출혈 상태를 확인하여 인공호흡 등 응급처치를 실시하면서 119에 신속하게 신고한다.

3) 화상 사고 발생 시

옷을 입은 상태로 차가운 물에 상처 부위를 충분히 식힌 뒤 옷을 가위로 잘라서 벗긴 후 2차 감염을 막기 위해 상처 부위를 거즈로 덮은 상태로 즉시 의사에게 치료를 받을 수 있도록 병원으로 신속히 이동한다.

2. 화재 발생 시 단계별 조치 요령

1) 화재가 발생 또는 발견되는 즉시 소화전 상단의 비상 버튼을 눌러 화재 상황을 건물 내 모든 사람에게 알린다.

2) 건물 내 비상전화 혹은 휴대전화를 이용하여 119소방본부에 신고, 접수 뒤 유독가스가 발생한 경우 옷이나 수건 등을 이용하여 가급적 낮은 자세로 대피한다.

3) 벽면에 부착된 피난유도등을 따라 대피하며 가급적이면 화재 발생지의 반대 방향으로

대피하도록 한다.

4) 초기 진화 시에는 건물 내에 비치된 소화기와 소화전을 사용하여 초기 진화를 시도한다.

5) 화재 장소에서 진화가 안 될 시에는 안내에 따라 외부로 질서 있게 대피한다.

제3장 **창업 매뉴얼**

1절 카페창업 현황

　카페(cafe')의 어원을 살펴보면 '커피'는 영어 'coffee'에서 유래된 말이며 프랑스와 이탈리아 등에서는 커피를 '카페' (cafe', caffe')라 명칭한다. 커피를 파는 집이라는 뜻으로 현재에는 커피를 판매하는 점포를 통칭하는 의미를 가지고 있다. 영국을 비롯한 유럽에서는 가벼운 식사와 함께 음료를 즐길 수 있는 소규모 식당을 가리키며, 격식을 갖추고 방문해야 하는 고급 음식점과는 구별되는 공간이다.

　최근 카페라는 공간은 고객의 선호도 및 구매성향을 고려하여 바쁜 현대인들에게 가벼운 식문화의 개념으로 간식과 식사의 중간 형태의 디저트 카페를 선호함으로써 2000년대 이후 카페의 호황과 카페 창업 열풍이 대중화되기 시작한다. 더불어 식음료서비스 문화의 활성화와 경험 가치를 중요시하는 고객의 감성적 소비 형태가 대두되면서 복합문화공간이 증가함으로써 신속한 서비스와 공간의 재구성, 재방문을 위한 서비스 품질이 중요한 요소로 자리 잡게 된다.

　단순히 음료를 마시고 음식을 섭취하는 공간 그 이상의 공간으로 활용되어지며 공연·전시, 강의·체험, 공방·아트숍, 이벤트, 만남·교류 등 다양한 프로그램을 즐기는 복합문화공간으로 변화하고 있다. 카페 창업은 사회적 부의 창출, 일자리의 창출, 생활공간의 창조, 국가경쟁력 강화, 식문화 기술의 발달, 식재료 등의 자원 활용에 중요한 역할을 수행하고 있다.

카페 창업 전망은 크게 네 가지로 분류할 수 있다.

① 세분화된 고객 취향에 따른 접객 서비스 고도화 (Hospitality)

산업체 현장에서 커피관리 직종군에 요구되는 지식, 기술, 태도 부분의 단계별 기술력과 전문성을 습득하여 고객의 취향과 다양한 니즈에 따른 세분화 된 서비스 매뉴얼로 맞춤식 서비스를 제공한다.

② 사람과 사람을 연결하는 공간 (Engagement)

단순히 음료를 마시는 목적만이 아닌 한 공간에서 다양한 가치 실현을 위한 매개체로써의 역할과 장소를 제공함으로써 복합문화공간의 형태로 인식되고 있다.

③ 지친 일상을 달래주는 치유 공간 (Retreatment)

바쁜 일상을 벗어나 휴일이 되면 휴식을 취하고 여유로운 시간을 보내기 위해 치유의 공간으로 카페를 찾는 사람들이 급증하고 있다.

④ 커피체리가 음료로 완성되어 서비스되는 공간 (Openness)

건강한 먹거리에 대한 관심이 급증하면서 건강한 식음료의 제조 과정과 원재료의 생산 과정의 투명성이 중요하게 인식되면서 커피 산업에도 큰 영향을 미치고 있다.

2절 카페창업 유형 및 운영 절차

성공적인 카페 운영을 위하여 트렌드에 발맞춘 아이템 창출 및 경영 목표를 설정해야 한다. 식음료와 관련한 지식을 기반으로 기술적인 부분에서 전문가로써의 충분한 능력을 갖추기 위한 철저한 준비와 체계적인 경영관리 및 운영 시스템을 마련하도록 해야 한다.

더불어 식음료서비스 산업체 현장에서 요구하는 환경변화에 발맞추어 신속·정확한 서비스 대처능력, 유연한 리더십, 지속적인 혁신을 위한 메뉴 개발, 사회적 책임 달성 등의 역할을 수행해야 한다. 또한 지속가능한 운영을 위한 합리적 의사 결정, 분별력, 건강한 체력 관리가 필수적이다.

카페 유형은 카페에서 판매되는 메뉴와 선택속성에 따라 구분된다. 카페메뉴를 크게 음료와 디저트로 구분하고, 고객의 소비패턴과 선택속성에 따라 프랜차이즈형 카페, 로스터리·드립형 카페, 멀티목적형 카페, 식음료목적형 카페로 분류한다.

1. 카페 유형에 따른 분류

1) 프랜차이즈 카페

보통 직영점과 대리점 시스템으로 운영 및 관리하는 대중 지향형 시스템이다.

2) 로스터리 · 드립형 카페

원두를 직접 볶아 고객의 취향에 따라 싱글오리진 및 블렌딩 커피를 전문적으로 추출하여 서비스가 이루어지는 전문가 지향형 시스템이다.

3) 멀티 목적형 카페

스터디 카페, 북카페, 갤러리 카페, 애견카페, 키즈카페 등 샵앤샵 개념의 형태로 테마를 중심으로 운영되는 볼거리 지향형 시스템이다.

4) 식음료 목적형 카페

브런치와 베이커리 카페 형태로 음식과 음료가 동시에 주문 및 서비스되는 먹을거리 지향형 시스템이다.

2. 카페창업 유형에 따른 운영 형태

1) 생계유지형

수익창출을 통해 생계유지를 위한 운영을 목표로 한다.

2) 체인카페 경영유지형

카페 사업이 성공하면 체인이나 프랜차이즈 카페로 성장시켜 체인을 양도함으로써 큰 수익을 목표로 한다.

3) 복합 문화공간 운영형

여유로운 자금력으로 기존 사업의 효율성을 높이면서 추가 수익을 얻기 위해 공간 효율성을 목표로 한다.

4) 흥미 · 적성을 고려한 직업 생계형

메뉴 조리 업무와 지속적으로 변화하는 업무 환경을 즐기며 직업에 대한 가치추구를 목표로 한다.

5) 사회적 가치 추구 경영형

질적 성장을 추구하는 사업가로써 식음료 직종에 대한 고부가가치를 우선적으로 추구하며 수익창출 및 사회적 책임 달성을 목표로 한다.

3. 카페창업 시 운영 절차

1) 운영 계획서 작성

상권의 조사개요, 목적 및 작성방법, 상권개요, 입지선정, 입지현황, 상권 및 입지분석의 내용을 포함한 현실적이고 명확한 내용을 바탕으로 인구통계학적 측면에서 시간대별로 운영 계획서를 작성해보도록 한다.

2) 초기자금 및 예비비용 확보

초기 창업자는 자금부담의 최소화를 위해 점포, 설비, 식재료 초기 예상비용을 최대한 상세하게 산출하도록 하여 초기자금의 최소화 계획 및 예비비용이 최소 20% 이상 확보되어야 하며 월 투자수익률이 최소 4% 이상 보장될 수 있도록 계획한다.

3) 인적요소 구축

창업의 주체인 창업자와 조직을 구성하는 인적자원의 역량을 고려하여 원활한 업무를 효율적으로 운영할 수 있도록 배치해야 한다.

4) 자신의 환경에 가장 적합한 카페 형태 선택

예비창업자는 카페 유형에 따른 장단점을 고려하여 투자비용, 경험치, 스트레스 지수, 실패에 대한 심리적 부담감, 재무위험, 잠재적 수익성을 고려하여 명확한 콘셉트를 설정한다.

5) 물적 자원 및 서비스 전략 수립

카페에서 무엇을 만들어 판매할 것인가에 대한 계획을 세우고, 판매될 메뉴와 무형의 서비스를 고려하여 메뉴에 대한 상세한 설명, 신속한 메뉴 제작 및 음료 제공을 통해 전문적인 이미지 구축 및 신속한 서비스를 제공할 수 있도록 매뉴얼을 마련하여 체계적인 전략을 수립하도록 한다.

6) 시장조사를 통한 경쟁력 강화

과거와 현재의 시장 상황을 조사 및 분석하여 미래 시장을 예측하고, 창업하고자 하는 카페나

음식점의 성공 가능성 여부, 시장규모, 잠재력, 경쟁전략을 수립하기 위한 활동으로 고객의 특성 및 소비패턴에 대한 구체적인 데이터를 선별하여 목표 시장의 자금규모 파악, 사업의 성공 가능성 평가, 사업 방향을 결정할 수 있다.

<시장조사 시 유의사항>

① 다양한 방법 및 다각도로 접근한다.

② 개별적인 업체의 성과보고서에 의존하지 않는다.

③ 산업체 현장을 직접 탐색한다.

④ 지속적인 시장조사를 통해 지속가능성을 판단한다.

⑤ 외국의 성공사례에 의존하지 않는다.

3절 콘셉트 설정 및 상권분석

콘셉트(Concept)란 자신의 카페가 고객에게 어떻게 인식되는지에 대한 이미지를 가리키며 마케팅 전략, 비전, 목표, 입지, 메뉴, 광고 등 운영 전반에 영향을 미치는 차별화 된 콘셉트 개발은 매우 중요한 요소로 자리잡고 있다.

카페 콘셉트 개발 시 유의사항은 콘셉트의 차별성, 시기 적합한 운영 전략, 식자재 원가를 대비한 메뉴개발, 수익성을 고려를 통한 합리적인 가격 측정, 적절한 상권과 입지 선택 등을 고려해야 한다.

목표고객(Target Customer)을 구체화하여 카페 콘셉트를 완성하기 위한 다음 요소를 대비하고, 목표고객이 카페에 들어와서 경험할 수 있는 요소를 미각(음료의 맛), 시각(전체적인 카페의 이미지 고려), 청각(커피 추출 시 발생하는 소리, 카페의 분위기를 한층 업 시켜주는 음악), 후각(향기를 통해 소비를 촉구시키는 전략) 요소로 상세하게 구분시켜 창업 계획을 구체화시킴으로써 카페 콘셉트를 설정하고 완성시킨다. 콘셉트의 구성 요소는 크게 열 가지로 구분된다.

(1) 메뉴의 종류와 수

카페메뉴에 대한 전체적인 카테고리와 세부적인 메뉴 구성이 결정된 후 주방설계와 주방기기, 인력배치, 식자재 구입 등의 후속 작업이 이루어진다.

(2) 표적시장

성별, 연령, 직업, 소득, 거주지 추구편익, 사용량 등의 변수를 기준으로 주된 대상층을 결정하도록 한다.

(3) 고객 이용 목적

즐거움과 휴식의 공간, 대합실의 역할, 회의 공간, 오락을 즐기는 공간, 북카페 등 이용목적에 따른 콘셉트 설정이 필수적이다.

(4) 운영방법

카페 창업자가 직접 운영하는 방식과 프랜차이즈 경영 시스템을 도입하는 방식 등의 운영 방법을 결정하는 요소가 필요하다.

(5) 입지

추구하고자 하는 카페의 성격과 메뉴 구성에 적합한 물리적 공간인지에 대한 건물 및 상가를 고려하여 자신이 원하는 카페의 유형을 먼저 확정한 후 적합한 상권 및 입지를 찾는 입지론적 접근법과 점포가 확정된 상태에서 그 점포에 적합한 카페의 유형을 설정해 나가는 적지론적 방법론이 있다.

(6) 분위기

점포의 내·외 장식, 매장 및 주방의 설비 수준, 청결도 등이 결합하여 고객을 유치할 수 있는 분위기 인지를 살펴보아야 한다.

(7) 가격

고객이 음료 및 상품, 서비스를 이용함으로써 얻게 되는 가치에 대해 지불하는 대가로써 기업 측면에서는 수익을 일으키는 수단임으로 제공되는 음료와 상품, 서비스에 대한 퀄리티를 객관적으로 측정하여 가격을 선정하도록 한다.

(8) 상호

경쟁자의 제품과 구별하기 위하여 사용되는 특정 기업의 이름, 단어, 로고, 디자인의 총합을 가리키며 상호는 기업명으로써 제품과 동일한 경우도 많으므로 외식업체의 상호는 콘셉트를 어느 정도 연상시킬 수 있도록 구상해야 한다.

(9) 판매 및 서비스 방법

자신만의 판매 전략 및 고부가가치 서비스 전략을 수립하여 지속가능한 경영 방침을 계획하도록 한다.

(10) 규모

점포의 크기는 카페 유형에 따라 달라지므로 분위기와 관련성이 깊은 점을 고려하고, 규모를 감안한 좌석과 테이블 수를 결정하도록 한다.

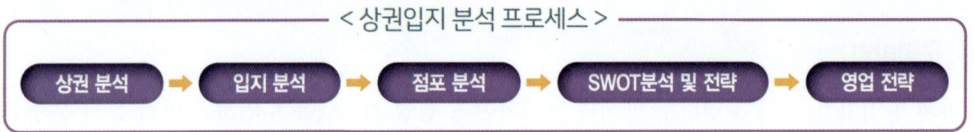

< 상권입지 분석 프로세스 >

상권 분석 → 입지 분석 → 점포 분석 → SWOT분석 및 전략 → 영업 전략

상권이란 창업하고자 하는 점포 선정 전 고객을 끌어들이는 지리적 범위가 어느 정도인지를 파악하는 것이며 창업자가 카페를 오픈하기 전에 개점하고자 하는 입지의 점포가 사업성이 있는지에 대한 가능성을 사전 검토하는 행위이다.

입지란 점포라는 물리적 시설이 위치하게 될 일정한 공간을 말하며 입지력에 따른 고객 유인력, 교통여건, 유동인구, 경쟁력 등을 사전 조사하여 사업 타당성을 분석하고, 최종목표 매출액 및 적정성을 판단하는 중요한 단계이다.

입지 선정 시 고려 사항은 성장성, 접근성, 입지 및 가시성으로 구분된다.

(1) 성장성

상권 내 소비 대상 인구 고려, 소비형태, 소비심리 등 계속 증가가 예상되는 입지인지 고려하도록 한다.

(2) 접근성

대중교통, 승용차, 도보 등 접근 및 용이성을 고려하여 도로망이 잘 갖추어진 곳인지 선별하고 교통체계가 잘 구축된 곳인지를 고려하여 고객의 유동성 여부를 고려하도록 한다.

(3) 입지 및 가시성

다수의 소비층을 유인할 수 있는 시설이 주변에 존재하는지에 대한 여부, 주변 상권이 활성화되어 고객을 흡수할 수 있는 업종들이 다양하게 분포되어 있는지에 대한 세분화 된 고객 수요를 고려하도록 한다.

점포 계약 및 인테리어 절차

점포 계약은 기존의 점포를 임대차 할 경우 기존 점포의 점주와 점포 및 시설물에 대한 양도계약을 체결한 뒤 건물주와 임대차 계약을 체결하고, 중도금 및 잔금을 지불함으로써 소유권이 인정된다.

점포 계약 시 실측 및 도면을 통해 정확한 평수를 확인해야하며 상하수도 시설이 갖추어져 있는지에 대한 여부와 상하수도 체크 및 수도 수압을 면밀히 체크하도록 해야 한다. 더불어 휴게음식점 또는 일반음식점 허가가 가능한지 여부 및 건물에 불법 증축이 없는지에 대한 여부를 반드시 확인하도록 한다.

1. 점포 계약 시 유의사항

1) 계약 전

부동산등기부등본, 토지대장 등을 직접 확인하여 현장을 방문한다. 등기부등본 확인 시 저당권 등의 담보물권, 가등기, 예고등기가 설정되어 있는지 여부 및 토지거래허가구역 등 행정 규제지역 여부를 반드시 확인한다.

2) 계약 체결 시

건물주와 직접 계약하며 대리인과 계약 시에는 건물주의 위임장을 확인 한 뒤 직접 통화를 통해 이중 체크한다. 계약서에는 구체적으로 최소 임차 기간과 임대료 인상한도에 대한 특약사항을 기재하고, 위약금 조항 및 하자 수선에 관한 조항을 구체적으로 확인한다.

3) 계약금 및 잔금 지급 시

각각의 금액을 지불하기 전 등기부를 재확인하여 변동사항을 체크한다. 계약금은 건물주 명의의 통장으로 입금하며 잔금을 지급했을 시 건물주에게 이전등기에 필요한 서류를 확인한다.

4) 이전 등기 신청

60일 이전 관할 등기소에 방문하여 등기 신청을 해야 한다. 기한 안에 신청을 하지 않으면 과태료가 부과되며 등기 신청 후 바로 등기부등본을 확인한다.

2. 인테리어 절차

카페 디자인의 기본 원칙은 고객과 직원들을 위한 즐거운 환경과 효율성을 제공함으로써 전체적인 흐름을 고려한 조화로운 인테리어 설계가 필수적이다. 전반적인 카페 인테리어 설계를 위해 세심한 디자인과 카페 안의 효율적인 공간 분할을 위한 편리성, 청결성, 유동성, 안정성, 쾌적성을 고려하여 레이아웃을 구성하여 편안함과 안정감 있는 공간을 제공하도록 해야 한다.

카페 공간 설계 시 콘셉트를 고려한 좌석 당 안정적인 가구 배치를 확인하고, 편안한 홀 동선 확보를 위해 입구에서 객석, 객석에서 화장실, 객석에서 계산대로 연결되는 동선이 복잡하지 않도록 구성해야하며 효율적인 작업순서를 고려한 주방 설계, 바에서 일하는 직원의 수, 판매하려는 메뉴를 고려하여 주방기기를 효율적으로 배치하도록 한다.

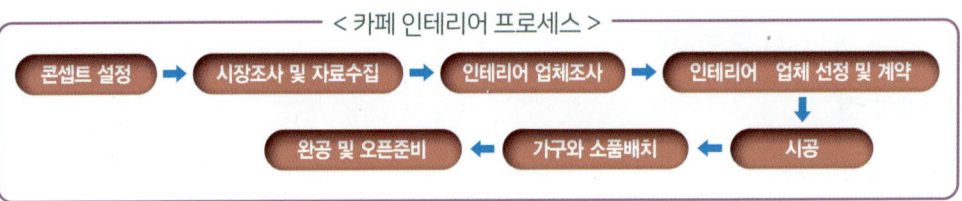

< 카페 인테리어 프로세스 >

3. 카페 공간 설계 시 고려 사항

1) 전용면적의 실측을 통해 실 평수와 계약 평수를 확인한다.

2) 점포실측을 시행하여 현장의 상태를 확인 뒤 평면도면을 작성해준다.

3) 상하수도와 배관 위치 여부 및 변경사항을 미리 체크해준다.

4) 용도지정 지역의 표시확인을 통해 간판 진행 여부를 미리 체크해준다.

5) 가스, 수도, 전기, 전화, 정화조의 설비 및 용량 체크를 통해 증량여부를 확인한다.

6) 냉난방 사용 시 중앙방식 형태인지 개별방식 형태인지 미리 체크해준다.

4. 카페 인테리어 구성 요소별 특징

외부 환경 요소에 해당하는 시설의 외형, 간판, 주차 공간, 안내표지판, 주변 환경 등의 구성요소를 토대로 가시성을 고려하여 시선을 끌 수 있는 카페만의 차별화된 이미지를 전달할 수 있도록 카페의 상호와 업종, 판매하는 품목이 예상될 수 있도록 설계하도록 한다. 더불어 카페 외부와 내부를 연결하는 입구는 입구 설계 시 출입구의 크기, 출입문의 방식, 위치와 방향, 출입구의 수를 고려하여 파사드(Facade)디자인을 전문적으로 하는 인테리어 담당자와 상의하도록 한다.

내부 환경 요소에 해당하는 내부 장식과 벽의 색상, 가구, 장비와 시설물, 공기의 온도 및 정화상태

등의 구성요소를 토대로 고객이 착석해서 머무는 중요한 공간으로 편안함과 안정감을 느낄 수 있도록 하며 더불어 매력적으로 보일 수 있도록 영업공간에 맞는 적절한 레이아웃을 설계하도록 한다.

(1) 의자 및 테이블

음식이나 음료를 먹는 장면을 연출하는 공간으로 크기, 높이, 형태, 배열 등을 고려한다.

(2) 계산대

서비스와 부가가치를 높이기 위한 원활한 소통을 위한 공간으로 효율적인 서비스와 고객의 요구에 바로 응대할 수 있도록 설치해야 한다.

(3) 화장실

점포의 경쟁력을 향상시키는 시각적인 이미지와 청결을 고려하여 설계하도록 한다.

(4) 조명

고객을 유인하는 외부조명과 상품진열대, 화장실, 비상구, 카운터, 안락한 분위기 연출 등 고객의 시선을 사로잡을 수 있도록 한다.

(5) 색상

식음료 공간의 분위기와 미각을 결정하는 중요한 요소이므로 신중하게 선정한다.

(6) 벽

카페 공간 전체 이미지에 큰 영향을 주므로 메인컬러와 보조컬러의 비율을 잘 계산하여 내구성이 견고한 재료 선정 및 마감재를 사용하여 콘셉트에 어울리도록 설계한다.

(7) 바닥

한번 시공하면 교체하기가 어려우므로 예산을 고려하여 신중하게 선택한다.

(8) 천장

색상 및 밝기에 따라 실내 분위기와 공간 면적의 체감도가 달라지므로 신중하게 결정하도록 한다.

(9) 집기와 장비의 내부 진열 상태

커피 잔, 음료 잔, 접시, 냅킨, 상품 등을 진열 및 저장 시 실내분위기와 콘셉트를 고려하여 세팅하도록 한다.

(10) 냉난방설비

온도와 습도는 고객의 불쾌지수와 종사원들의 작업 효율성에 영향을 끼치므로 편안함을 느끼는 온도 범위 기준을 참고하여 겨울에는 18.3~21.1℃, 여름에는 20.6~22.8℃, 습도는 40~60%로 계절과 날씨의 컨디션에 맞출 수 있도록 시설제공 및 이용을 권장하도록 한다.

(11) 배경음악

배경음악에 따라 고객층이 분류되고, 음악의 템포에 따라 매출에도 영향을 미치므로 카페 콘셉트와 분위기를 고려하여 적합한 배경음악을 선정하도록 한다.

기타 유형적 요소에 해당하는 직원의 외모 및 유니폼, 명함, 문구, 영수증, 메모지, 웹사이트 등의 구성요소를 고려하여 카페 콘셉트에 적합한 인력 및 디자인을 배치하도록 한다.

행정절차 및 점검사항

식품접객업의 업종 분류는 유흥주점, 단란주점, 일반음식점, 휴게음식점, 제과점으로 나누어진다. 카페 창업 시 음식점업에 해당하는 인허가 업종으로 사업자등록증을 발급받기 위해서는 건강진단 결과서(보건증) 발급, 위생교육필증, 영업 신고증 발급이 기본적으로 이루어져야 한다.

원활한 카페 오픈을 위해 필수적으로 점검해야하는 행정절차는 다음과 같다. 첫 번째, 개인의 건강상태 점검을 위해 사업장 관할 보건소를 방문하여 대략 30분 정도의 검사를 받은 뒤 일주일 안에 보건증을 수령 받는다. 두 번째, 신규로 카페 창업을 준비하는 예비창업자는 6시간의 위생교육을 받아야 하며 기존 영업자는 매년 3시간의 필수 교육을 이수하여 위생교육필증을 소지하고 있어야 한다. 세 번째, 보건증과 위생교육필증을 발급 받은 후 관할 구청 보건 위생과에 방문하여 영업신고증 신청 및 발급을 통해 영업 신고증을 소지하여야 한다.

1. 사업자 등록 신청

사업장이 확보되고 소관 관청으로부터 사업허가증이 나오면 소방검사필증 등 소정의 서류를 갖추어 본인의 사업장소재지 관할세무서에 사업자등록을 신청하고 나면 접수일로부터 7일 이내에 교부받게 된다. 사업자등록 신청기한은 사업개시일로부터 20일 이내에 필요한 경우 사업개시 전에도 사업자 등록을 신청할 수 있다.

사업장등록 신청서에 기재할 사항으로는, 인적사항과 사업의 종류(업태, 종목), 개업일, 종업원 수 등과 사업장 명세(자가, 타가 및 임대인 명세, 임차료 지급사항), 부가세 과세유형(일반과세자, 간이과세자, 과세특례자, 면세사업자) 등을 기재한다.

사업자등록 신청 기재 사항에서 업태 및 종목의 구분은 향후 부가가치세 신고 및 종합소득신고 시 세액의 결정에 영향을 줄 수 있으므로 본인이 영위하는 사업이 어떤 업종과 종목에 속하는지를 면밀히 검토하도록 한다. 또한 일반과세자, 간이과세자, 과세특례자로 할 것인지에 대해 본인이 영위하고자 하는 사업의 종류 및 형태와 연간 공급대가 예상액을 고려하여 부가가치세 과세유형을 적용하여야 한다.

2. 세무 관련 사이트 가입 신청

사업자등록 후 국세청 홈택스, 가맹점 매출거래정보 통합조회시스템 등 세무 관련 사이트 및 관련 업체에 가입하여 세금 신고 시 기본적인 증빙 관리 및 세금계산서를 발급받도록 한다.

3. 세금정산 구분 유형

1) 과세대상

부가가치세가 과세되는 재화 또는 용역을 공급하는 사업을 영위하는 자를 말한다. 영세율이 적용되는 사업도 0%의 세율로 과세되는 사업이므로 과세사업의 범위에 속한다.

2) 부가가치세 (V.A.T: Value Added Tax)

생산자로부터 도매업자에서 다시 소매업자로 상품의 유통단계마다 증가한 부가가치에 대해 과세되는 소비세를 가리킨다.

구분	일반 과세자	간이 과세자
과세기간	1기 : 1월1일 ~ 6월30일 2기 : 7월1일 ~ 12월31일	1월1일 ~ 12월31일
대상 사업자	간이과세자가 아닌 과세사업자	직전 과세기간 공급대가 4,800만원 미만 (간이과세 배제대상 제외)
세금계산서 발행	발행 원칙	발행 불가 (영수증만 발급 가능)
부가가치세액 (매출세액)	매출액 × 10%	매출액 × 10% × 업종별 부가가치율 (음식점 10%)
매입세액 공제 여부	- 전액 공제 - 의제매입세액 공제	- 매입세액 × 업종별 부가가치율 - 음식업 사업자만 적용
납부세액	매출세액(매출액×10%) - 매입세액(매입액×10%)	매출세액(매출액×10%) × 업종별 부가가치율 －매입세액(매입액×10%) × 업종별 부가가치율
예정신고	있음	7월25일 예정고지
납부의무면제	적용대상 아님	공급대가 2,400만원 미만인 경우
가산세	세금계산서 관련 가산세 없음	세금계산서 관련 가산세 있음
장부기장 의무	부가세법 71조 장부 작성 및 보관	발급받았거나 발급한 영수증

4. 카페 오픈 시 세무 관련 체크사항

1) 창업비용

부가세 신고 시 매입세액공제와 종합소득세 신고 시 경비처리가 가능하므로 커피머신 및 집기비품, 인테리어에서 발생한 지출에 대한 매입 세금계산서를 구비하도록 한다.

2) 원재료 매입비용

유제품 및 미 가공 커피 생두는 부가세 면세품목을 매입한 후 커피로 제조하여 판매를 하는 경우 부가세 신고 시 매입액의 일정 비율만큼 의제매입세액공제를 받을 수 있으므로 계산서 또는 신용카드 매출전표를 증빙 자료로 구비하도록 한다.

3) 인건비 지출

국세청에 4대 보험처리 및 원천세 신고, 지급명세서 증빙 자료를 제출하기 위하여 직원이나 아르바이트생을 고용할 경우 경비로 인정받을 수 있도록 한다.

4) 매월 고정비용 지출

매월 고정적으로 지출되는 통신비, 전기세, 임차료 등에 대한 세금계산서를 수취하도록 하며 지출증빙 및 경비처리를 누락 없이 챙기도록 한다.

5) 카페 오픈 시 세부 점검 체크리스트

위생교육, 건강 진단 결과서(보건증), 영업 허가증, 사업자 등록증, 인테리어(가스 및 전기)공사, 전화번호 신청, POS 및 카드 단말기 설치 등의 세부 점검 항목을 사전 체크하여 카페 오픈에 차질이 없도록 한다.

제4장 **고객 서비스 관리**

1절 **고객 서비스의 이해**

서비스(Service)라는 용어는 라틴어로 노예를 뜻하는 '세르브스(Servus)라는 단어에서 유래되었으며 영어로는 '서비스(Service)', '서비튜드(Servitude)', '서브(Serve)'라는 단어와 같이 '시중을 든다'는 의미를 담고 있다. 고객 서비스(Customer Service)는 고객 만족 수준을 강화시키는 일련의 활동을 가리키며 더불어 재화나 서비스 상품을 구입한 고객에게 지속적인 서비스를 제공하여 보람과 성취감을 느끼는 행위를 의미한다.

1. 식음료서비스 개념 및 역할

식음료 서비스는 고객에게 식욕을 충족시켜 주는 수단으로써 판매되는 물적, 인적 서비스를 제공하는 환대행위라고 할 수 있다. 고객의 사회적, 경제적 계층에 따라 선호도와 필요 욕구가 달라지므로 기계문명에 부응할 수 없는 특수성을 지니고 있어 가치판단에 한정을 둘 수 없는 무형의 서비스 제공을 위한 지속적인 메뉴개발 및 품질 개선이 이루어져야 한다.

또한 수요창출의 극대화에 주력하여 고객의 욕구충족을 위한 최상의 고객만족을 추구함으로써 사회적·문화적 공간을 제공하고, 음식문화의 선도적 역할을 한다.

2. 식음료서비스 품질 향상을 위한 구성요소

시대에 따라 소비의 패턴이 달라지므로 고객의 욕구를 충족시키고, 기술적으로 결함이 없도록 지속적으로 소비자가 진정으로 원하는 것을 알아내는 것이 중요하다. 서비스 품질에 대한 고객들의 인식을 결정하는 가장 중요한 요소는 유형성, 신뢰성, 반응성, 확신성, 공감성 요소로 구분된다.

이러한 식음료부문 종사원의 적극적인 서비스를 통해 업장 측면에서의 효과로써 판촉비 절감의 효과, 판매수익의 증대, 구전광고 효과, 고객의 재방문 효과가 있다.

1) 유형성

서비스 제공에 이용되는 외형적 요인으로 각종 물리적 설비, 기물, 시설 및 서비스 종사자들의 차별화된 이미지 관리 능력이다.

2) 신뢰성

예정된 서비스를 정확하게 수행하는 능력 및 시간을 정확하게 엄수하는 능력이다.

3) 반응성

고객의 요구와 질문 및 불평에 따른 신속한 문제해결 처리 및 서비스를 제공하는 능력이다.

4) 확신성

서비스 종사자들의 지식 및 정중한 태도로 신뢰와 안정성을 결정짓는 능력이다.

5) 공감성

고객에 대한 개별적 배려와 단골 고객에게는 접근의 용이성을 통한 원활한 소통 능력을 의미한다.

3. 가스트로피직스(Gastrophysics) 정의

가스트로노미(Gastronomy, 미식학)와 피직스(Physics, 물리학)의 합성어로 심리학자 찰스 스펜스가 인지과학, 뇌과학, 심리학을 토대로 디자인과 마케팅 분야를 융합하여 인간이 먹는 모든 먹거리의 이해와 지식을 바탕으로 오감 사이의 상호작용에 대한 연구를 통해 심리학의 한 갈래로써 물리적 자극에 의해서 정신세계가 어떻게 반응하는지에 따른 다양한 마케팅 방식을 연구하게 된다.

가스트로피직스의 효과는 다음과 같다.

1) 식기와 음식의 상관관계

일회용이 아닌 무거운 식기에 음식을 담았을 때 소비자의 반응은 긍정적이다.

2) 감각적 자극과 음식의 상관관계

메뉴에 맞춘 음악, 장식, 냄새 등이 곁들어지면 음식의 풍미를 증진시킨다.

3) 개별 맞춤 서비스

진동벨 대신 이름을 부르는 서비스가 재방문 효과가 있다.

2절 고객관리 서비스를 위한 행동수칙
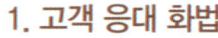

　　고객을 응대하는 경우 고객의 이익이나 입장을 중심으로 서비스 정신에 입각하여 대화를 전개해야 한다. 전달하려는 뜻을 고객에게 명확히 이해시키고, 호칭과 경어를 사용하여 공손한 태도를 연출하도록 한다.

　　고객이 이해하기 쉬운 어휘와 정확한 발음, 적당한 속도와 크기로 고객에게 호감을 줄 수 있도록 정성스런 마음과 감정이 담긴 표정으로 서비스를 제공하도록 한다. 주어진 업무에 대한 차질이 생기지 않도록 자신의 직업관 확립을 위한 지속적인 노력을 통해 일관된 친절함과 진중함을 토대로 고객지향 서비스를 유지하도록 한다.

1. 고객 응대 화법

1) 고객 응대 접객 용어

(1) 접객 3대 용어

어서 오십시오. / 고맙습니다. / 안녕히 가십시오. (또 들려주십시오).

(2) 접객 5대 용어

안녕하십니까? / 무엇을 도와 드릴까요? / 감사합니다. / 죄송합니다. / 안녕히 가십시오.

(3) 접객 8대 용어

어서 오십시오. / 네, 잘 알겠습니다. / 죄송합니다만, / 잠시만 기다려 주시겠습니까? / 기다려 주셔서 감사합니다. / 감사합니다. / 안녕히 가십시오. / 네, 손님.

2. 고객응대 요령 및 안내법

고객에게 양질의 서비스를 제공하고, 세련된 이미지를 연출하기 위해서는 봉사성과 환대정신을 바탕으로 예의바른 몸가짐과 정직하고 성실한 태도를 갖추도록 해야 한다. 나아가 업무의 능률을 높이고, 그 조직에 대한 긍정적인 인상을 남김으로써 효과적인 업무성과 및 전반적인 기능을 향상시킬 수 있다.

1) 고객 응대 시 준수해야 할 태도

(1) 가슴 부분은 일자로 펴고, 머리와 목은 등과 일직선이 되도록 한다.

(2) 표정은 밝고 자연스럽게 미소를 띠며 반가움을 나타내야 한다.

(3) 시선 처리는 고객의 시선과 맞춰주며 가끔 입 언저리를 바라보면서 상대방에게 집중하고 있음을 느끼게 해준다.

(4) 정확한 응대 용어를 사용하며 부드러운 억양 톤을 유지하도록 한다.

2) 고객 응대 시 유의사항

(1) 고객이 기다리지 않도록 먼저 적극적인 태도를 보인다.

(2) 고객의 이야기를 가로막지 않고 끝까지 경청한다.

(3) 고객의 요구사항을 정확하게 판단하여 고객의 니즈에 신속하게 응대한다.

(4) 본인이 해결하기 힘든 요구사항 일 경우 신속히 상급자에게 사실을 보고하여 조치하도록 한다.

(5) 동일한 실수 및 컴플레인이 재발되지 않도록 개선할 문제점을 기록·보관하고 직원들과 공유하여 접객서비스 향상에 뒷받침이 될 수 있도록 한다.

(6) 고객의 불편사항에 주의 깊게 경청하며 과소평가 또는 성급하게 해결하려는 인상을 주지 않도록 일관된 친절함을 제공하도록 한다.

(7) 고객의 불편사항을 경청하는 경우 원인을 파악·분석하고, 긍정적인 자세로 고객의 입장에서 해결방안을 강구하여 고객에게 만족스러운 조치가 이루어지도록 한다.

(8) 불편사항에는 진심으로 사과하고, 지적사항은 메모하는 자세를 통해 세심한 서비스로 응대하도록 한다.

3절 **서비스 품질 향상을 위한 인사 매너**

인사의 의미는 만남의 첫 관문이며 마음가짐의 외적인 표현 수단으로 국적과 세대를 막론하고 통용되고 있는 가장 기본적인 절차이며 관습이다. 또한 고품질의 서비스를 제공하기 위한 기본 매너이자 좋은 이미지를 남기기 위한 기본 매너를 표현하는 수단으로 고객에게 줄 수 있는 필수 요소이다.

직장인에게는 상사에 대한 존경심의 표현, 동료 간에는 우애의 상징, 고객에게는 품격있는 서비스 정신의 표현, 자신에게는 인격과 교양을 표현하는 매우 중요한 행동 양식이다.

1. 인사의 종류

1) 목례

실내나 복도에서 자주 마주치는 경우, 모르는 사내 사람과 마주치는 경우, 통화 중에 고객이 방문하거나 상사가 들어오는 등의 상황에서는 미소를 띠며 가볍게 5° 정도 머리를 숙여 예를 표한다. 상대방이 보지 않아도 같은 공간 안에 들어오고 나갈 때 목례하는 것을 습관화한다.

2) 가벼운 인사

두 번 이상 복도에서 마주치는 경우, 상사 또는 고객과 스쳐 지나갈 경우, 동료나 아랫사람을 화장실 혹은 복도나 엘리베이터에서 만났을 때 등의 상황에서는 바로 선 자세에서 3m 정도 앞을 보고, 상체를 15° 정도 앞으로 숙이며 인사를 한다.

3) 보통 인사

일상생활에서 가장 많이 하는 인사법으로 윗사람이나 내방객을 만나거나 헤어지는 경우, 상사가 외출 또는 귀가 할 경우, 업무 시 지시 및 보고 후의 상황에서는 바로 선 자세에서 1~2m 정도 앞을 보며 상체를 30° 정도 앞으로 숙임과 동시에 "먼저 퇴근해 보도록 하겠습니다." 또는 "내일 뵙겠습니다."라는 인사를 한다.

4) 정중한 인사

공식 석상에서 처음 인사할 경우, 면접 시 인사할 경우, 사죄의 뜻을 전달하는 경우, 예의를 갖추어 부탁할 경우, 고객에게 진정한 마음을 담아 감사의 표현을 전할 때의 상황에서는 바로 선

자세에서 1.5m 정도 앞을 보고 상체를 45° 정도 숙인 후 천천히 상체를 일으키며 정중하게 인사를 한다.

2. 인사 매너법

1) 긍정적 목소리 및 표정 관리

긍정적이고 밝은 이미지를 연출하기 위해 평소보다 2° 정도 높은 음으로 인사말을 건네며 부드러운 미소와 밝고 온화한 표정을 유지한다.

2) 바른 시선 처리

상대의 눈, 전방 1.5미터 바닥, 상대의 눈, 미간 부위를 번갈아가며 자연스럽게 응시한다.

3) 단정한 자세

어깨, 가슴, 허리, 무릎 등에 힘을 빼고, 히프를 뒤로 빼지 않도록 신경 쓰며 자세가 일직선이 되도록 곧게 편다. 남녀 모두 손에 힘을 주지 않도록 하며 여성은 자연스럽게 오른손이 위에 오도록 두 손을 앞으로 모으고, 남성은 두 손을 계란을 쥔 모양으로 감싼 뒤 바지 옆선에 가볍게 닿도록 한다. 또한 무릎과 발뒤꿈치는 서로 붙이고, 양발은 가지런히 자연스럽게 모아 단정한 자세를 유지한다.

4) 올바른 인사법 vs 잘못된 인사법

- 자신이 먼저 다가가서 하는 인사 vs 망설이다가 하는 인사
- 상체를 굽혀 정중하게 하는 인사 vs 고개만 까닥하는 인사
- 밝은 표정의 인사 vs 무표정한 인사
- 상대와 눈을 맞추며 자연스럽게 하는 인사 vs 눈을 마주치지 않고 상투적으로 하는 인사
- 자연스러운 미소를 띠며 마음을 담은 인사 vs 말로만 하는 형식적인 인사
- 인사를 하며 안부를 살피는 인사 vs 상투적으로 인사말만 건네는 인사

4절 긍정적 서비스 이미지 연출법

에티켓의 기본은 상대를 먼저 생각하는 친절한 마음에서 비롯되며 '예의', '예절', '품위'와 같이 사회활동을 하기 위한 기본적인 마음가짐 또는 몸가짐을 의미한다.

에티켓은 의무적, 규범적, 공공의 성격, 외부 지향적 성격을 가지며, 에티켓을 지키지 않으면 매너 없는 사람으로 표현되듯이 호감을 생성하는 이미지의 연출, 즉 이미지 메이킹(Image Making)이 현대 사회에서는 필수적이다. 더불어 첫인상은 이미지(Image)라고도 하며, 다른 사람에게 비추어지는 자신의 모습을 가리킨다.

첫인상의 특징은 4~10초 내에 결정되므로 초두효과(Primacy Effect)라고 하여 처음에 강하게 들어온 정보가 전체적인 이미지 판단에 결정적인 역할을 하는 것처럼 다른 사람들에게 호감가는 인상을 주도록 항상 미소 띤 얼굴과 상대방을 편하게 하는 서비스 습관을 들이도록 해야 한다.

1. 이미지 메이킹

직접 경험을 통해 형상화 되는 외면적(外面的)으로 드러나는 외적 이미지와 눈으로 볼 수 없는 정신적 형상을 의미하는 내적 이미지로 구분된다. 형성 요소에는 용모, 표정, 태도, 언행, 성품이 포함되며 직무에 적합한 이미지 연출을 통해 고품질의 서비스와 이미지를 제공함으로써 고부가 문화 가치를 실현한다.

1) 이미지 메이킹 5단계

2) 이미지 관리과정 4단계

2. 표정 연출법

(1) 무표정한 얼굴보다는 밝은 표정을 유지하기 위해 노력하도록 한다.

(2) 상호 간의 밝은 표정은 업무의 효율을 증진시킨다.

(3) 표정은 내 자신이 보는 것이 아니라 상대에게 보여지는 것이므로 호감을 줄 수 있도록 밝은 표정을 유지한다.

(4) 자연스럽고 부드러운 시선으로 상대를 바라보며 우호적인 태도로서 호감을 형성한다.

(5) 가급적이면 상대의 눈높이를 맞추도록 한다.

(6) 상대의 눈을 보는 것이 중요하며 눈과 눈 사이인 미간과 코 사이를 번갈아 보는 습관을

훈련하여 여유 있는 마음을 갖도록 한다.

(7) 좋은 첫 인상을 만드는 데 가장 중요한 요소는 자연스러운 미소를 연출함으로써 밝은 표정, 음성, 태도를 통해 호감도를 높이도록 한다.

3. 체스(CHES) 법칙

1) C(Chin)

턱은 너무 내리면 눈치를 보는 소심한 이미지와 약간만 들어도 차갑게 혹은 권위적으로 보여질 수 있으므로 안정적인 각도를 유지해야 한다.

2) H(Head)

머리를 한 쪽으로 기울이게 되면 무성의해보이거나 시선이 곁눈질이 될 수 있으므로 주의해야 한다.

3) E(Eye)

아이컨텍을 해야 하는 경우에는 눈동자만 돌리지 않고 고개 전체를 돌려서 상대방을 정면으로 쳐다볼 수 있도록 시선처리에 주의를 기울여 부드러운 인상을 전달한다.

4) S(Smile)

항상 미소를 잃지 않고, 상대방을 환영한다는 의미를 담아 자연스러움, 안정감, 기쁨, 행복감을 느끼게 한다.

4. 유니폼 관리법

1) 세련미와 편안함을 살린 기능성을 겸비한 스타일을 입도록 한다.
2) 단추 및 바느질의 상태 등을 유의해서 항상 깨끗한 옷을 착용한다.
3) 상의나 바지의 포켓 안에 불필요한 것을 넣지 않는다.
4) 명찰은 지정된 위치에 단정히 달아주도록 한다.
5) 와이셔츠는 다림질이 잘 된 것을 착용한다.
6) 구두, 벨트, 양말은 같은 계열의 색으로 통일성을 고려하여 착용한다.
7) 몸의 곡선이 지나치게 드러나거나 과도한 노출은 주변의 시선을 불편하게 할 수 있으므로 기본에 충실한 옷차림을 선택한다.

제5장 고객 서비스 리더십

  서비스 리더로써 갖추어야 할 세 가지 요소는 신념(Concept), 태도(Mind), 능력(Skill)으로 이 세 가지 요소가 상호 조화를 이룰 때 고객만족이 이루어지게 된다.

  첫 번째, 서비스에 대한 개념 적립 및 신념이 자리 잡을 때 비전, 철학, 혁신이 구성되어 머리에 해당하는 신념(Concept)을 갖춘 리더십이 발휘된다. 두 번째, 서비스 리더가 갖추어야 할 사랑과 기쁨, 만족감을 형성하고, 보람을 창조하기 위한 마음 상태와 심적 자세를 갖추어 열정, 애정, 신뢰가 구성되어 가슴에 해당하는 태도(Mind)를 통해 자발적인 고객 만족형 서비스가 연출되어야 한다. 세 번째, 고객의 욕구를 파악하고, 충족시키기 위한 조직적 · 체계적인 서비스를 제공하기 위해 인간과 인간 사이에서 발생하는 문제를 신속하게 창조, 운영, 관계 능력을 구성하여 서비스하는 능력을 함양하도록 해야 한다.

1절   바람직한 리더십 행동덕목

1) 리더는 가장 겸허하고 감사한 마음을 지녀야 한다.

2) 최신 지식에 뒤처지지 않도록 자기계발을 지속적으로 해야 한다.

3) 진실을 직관적으로 간파하는 감각을 길러야 한다.

4) 돌발 상황을 잘 견딜 수 있는 능력을 함양해야 한다.

5) 활동적인 인간형이어야 한다.

6) 경청능력을 통해 통합자의 기능을 수행해야 한다.

7) 상위 리더와의 원활한 소통 및 설득 능력을 갖추어야 한다.

8) 자신에 대한 비판을 참고하고, 다원적 정보통로를 가져야 한다.

9) 하급자들의 잠재된 능력과 개성을 인식하고 존중해줘야 한다.

10) 자발적으로 리딩할 수 있도록 권위를 갖추어야 한다.

11) 항상 나아감과 물러섬을 분명히 해야 한다.

2절 리더십의 역할 및 특징

바람직한 리더십을 발휘하기 위해서는 정확한 지식과 솔선수범을 위한 목표설정을 통해 업무에 대한 열정을 발휘해야 한다. 끊임없이 변화하는 환경적 요인과 외부적 변화에 신속하게 대응할 수 있도록 새로운 기술력과 시스템 도입을 위한 도전적 목표를 설정해야 한다.

더불어 조직구성원들과의 상시적으로 목표와 비전을 공유함으로써 기업에서 추구해야 하는 가치와 동기부여를 재정립하여 진취적으로 기업문화를 변화시켜 나아갈 수 있도록 자발적으로 조직 내의 규범 안에서 업무를 잘 수행해 나아가기 위한 동기화 및 조직화하는 것이 바람직한 리더십의 역할이다.

1. 서번트 리더십(Servant Leadership)이란?

1970년대 후반에 그린리프(Robert K. Greenleaf)에 의해 처음으로 제기된 이론으로 조직 구성원과의 관계 관리를 중시하는 경영방식으로 리더의 모든 경험과 전문 지식을 제공하면서 경청, 감정이입, 칭찬과 격려, 설득에 의하여 리더십을 발휘해 조직문화를 운영하는 방식이다.

2. 참여 서비스 리더십이란?

역사상 가장 커다란 업적을 남긴 군주 중의 한 사람인 세종대왕은 직접 참여와 권한의 위임을 통한 참여적 리더십을 가장 잘 발휘했던 인물로 구성원들에게 힘을 실어주고, 리더로서 진행상황을 점검함으로써 높은 이상을 실현한다.

상시 비전을 개발하고, 탁월한 인재등용으로 올바른 팀을 구성하여 분명한 조직체계를 구성하고,

내부에 긍정적인 문화를 조성하기 위해 코치를 통해 문제점을 치유하며 진행상황을 상시 점검함으로써 조직에 대한 헌신과 기여도를 넓히며 문화를 형성해 간다.

3. 참여 리더십의 특징

1) 경청하는 자세

말로 표현된 것과 외적으로 표현되지 않은 개인의 내면 깊은 곳에서 나오는 음성을 듣는 것을 포함하는 것으로 묵상의 시간과 함께 경청은 필수적이다.

2) 공감하는 자세

각자 다르게 살아온 행동양식과 독특성을 이해하고, 공감하기 위해 노력하며 인정과 공감하는 자세를 가지고 대하는 리더십이다.

3) 치유에 대한 관심

다양한 감정적 상처와 낙담한 경험으로 고통 받는 구성원들을 위해 회복과 치유에 관심을 갖고 선한 영향력으로 대하는 리더십이다.

4) 분명한 인식

섬기는 리더는 상황에 대한 분명한 인식을 기반으로 타당한 대안책을 제시함으로써 확고한 결정과 태도는 분명한 인식을 통해 나타나는 리더십이다.

5) 설득

지위의 권위에 의해 순종을 강요하기보다는 타인을 납득 또는 설득시키는 리더십이다.

6) 폭넓은 사고

전통적인 리더는 단기적인 목표를 성취하기 위하여 리더십을 사용하지만 섬기는 리더는 폭넓은 사고를 통해 미래에 대한 비전을 토대로 현실에 적합한 조치를 취하기 위해 끊임없이 노력하는 리더십이다.

7) 통찰력

통찰력을 통하여 구성원들이 과거로부터의 교훈을 이해할 수 있도록 소통하며 현실을 분명하게 인식시키고, 나아가 어떤 결정으로 인해 수반될 수 있는 미래의 결과에 대한 예측을 공유하는 리더십이다.

8) 청지기 의식

다른 사람들을 섬기기 위해 현재의 직분과 업무를 맡고 있다는 사명·소명 의식을 갖고 진취적으로 일에 전념하는 리더십이다.

9) 타인의 성장에 대한 헌신

본질적인 가치를 추구하기 때문에 타인의 발전이나 기금 마련, 모든 구성원들이 제시한 아이디어와 제안들에 대한 관심 표현, 의사결정 과정에 구성원들의 의견을 적극 수렴하는 등 고객들의 사후관리를 위한 구체적인 행동들을 실천하는 리더십이다.

10) 공동체 형성

조직 안에서 일하는 사람들 사이에서도 공동체 의식을 형성하고자 하는 믿음으로 참다운 공동체 형성을 이루기 위한 수단 및 소통을 중요시하는 리더십이다.

3절 서비스 기업의 특징

'생산' 위주의 경영패러다임이 '서비스' 중심으로 변화하면서 서비스 기업의 '고객만족 경영'에 대한 중요성이 대두되고 있다. 서비스 기업의 특징을 살펴보면 기업이 요구하는 업무와 구성원들이 생각하는 업무의 차이를 제거하여 체계와 체제를 재정립시키고, 원활한 업무의 수행이 가능하도록 시스템화 함으로써 이윤 극대화를 이루도록 한다.

더불어 다양한 소비자의 니즈와 고객이 선호하는 방식의 서비스를 지속적으로 개발하고, 수요조사 및 설문지 작성 등 사전 밀착관리를 통해 개선점을 모색하고 차별화 된 서비스 전략을 실행하도록 계획 및 실행한다. 더불어 관리자를 최일선에 파견하여 구성원들과 동고동락함으로써 자신의 업무와 직업에 대한 긍지를 갖게 하고, 고객들의 니즈를 현장에서 곧바로 경청하도록 한다.

모든 고객에게 우호적인 관계 형성 및 창의적인 고객관리를 위해 노력하는 구성원들에게 칭찬과 보상을 통하여 지속적인 격려를 해주도록 한다. 업무 과정에서 느끼는 불만이나 불편한 사항들이

겉으로 나타나지 않도록 교육시켜 감정적 태도를 없애도록 노력해야하며 같은 실수가 반복되지 않도록 하고, 기업의 이미지를 손실시키는 부정적인 영향을 줄 수 있는 요소는 분명하게 개선시키도록 한다.

　고객의 니즈 사항을 끊임없이 경청 및 수용하여 고객의 만족감을 상승시키고, 고객을 기업의 가족으로 인식시켜 고객의 경험을 효과적으로 반영시키기 위해서는 고객의 참여를 적극적으로 유도하고, 세심한 사후관리를 통해 충성도를 높임으로써 기업의 차별화된 서비스 품질전략을 발휘하도록 해야 한다.

MEMO

Coffee Baristar

제5편

관계법규

제1장 **업장관리**

최저임금제

제1절 의의 및 필요성

1. 최저임금제도의 의의

국가가 노·사 간의 임금결정과정에 개입하여 임금의 최저수준을 정하고, 사용자에게 그 이상의 임금을 지급하도록 법으로 강제함으로써 저임금 근로자를 보호하는 제도이다.

2. 최저임금제도의 필요성

임금은 원래 노사 간의 근로계약 또는 단체협약에 의하여 자주적으로 결정되는 것이 원칙이나, 근로계약의 당사자인 개별근로자와 사용자 간에는 대등한 교섭관계가 이루어질 수 없는 것이 실정이다. 왜냐하면, 사용자의 경우 임금이란 화폐(명목)임금이지만 노동자의 경우 구매력을 의미하는 실질임금이다. 또한 임금이 자본가에게는 코스트(비용)이지만 노동자에게는 생계를 유지하는 원천인 소득으로 이어진다. 그러므로 자본가에게는 임금코스트가 낮을수록 유리하며 노동자에게는 임금수준이 높을수록 좋다는 결론을 내릴 수 있다. 그렇기 때문에 임금결정을 근로계약에만 맡겨놓으면 근로자는 실질적으로 적정임금의 확보가 어렵게 된다. 따라서 최저임금제도를 통한 국가의 강제에 의한 임금액의 보호는 노사 간에 실질적인 교섭 평등관계가 유지될 수 있게 해 준다.

3. 목적

첫째, 저임금 노동자의 보호에 그 목적을 두고 있으며, 오스트레일리아와 영국에서는 기아노동의 방지에 있다.

둘째, 경제 정책적 관점에서는 자유경쟁 시장경제하에서 기업은 경쟁력 향상을 위하여 임금인하에 의한 생산비를 절감하지만, 최저임금제의 실시로 임금의 최저수준이 강제적으로 설정되어 기업 간의 경쟁 조건을 동일하게 하는 효과가 작용하여 불공정한 경쟁이 지양된다.

셋째, 노동쟁의를 방지하여 산업평화를 유지하고자 한다.

넷째, 불황기에 임금수준의 하락을 방지함으로써 유효수요를 창출하고자 한다.

여러 목적에 의해 최저임금제를 실시하고 있지만 최저임금제도는 그 국가 사회가 다름에 따라 상이한 차이가 있다. 그것은 이 제도가 생성 또는 채택하게 된 배경이라든지 제도의 내용, 주로 발휘되고 있는 효과 등이 그 국가의 경제적·사회적 사정에 따라 다르기 때문이다.

최저임금제는 근로자에 대하여 임금의 최저수준을 보장하여 근로자의 생활안정과 노동력의 질적 향상을 기함으로써 국민경제의 건전한 발전에 이바지 하게 함을 목적으로 한다.(최저임금법 제1조)

최저임금제의 실시로 최저임금액 미만의 임금을 받고 있는 근로자의 임금이 최저임금액 이상 수준으로 인상되면서 다음과 같은 효과가 있다.

① 저임금 해소로 임금격차가 완화되고 소득분배 개선에 기여한다.

② 근로자에게 일정한 수준 이상의 생계를 보장해 줌으로써 근로자의 생활을 안정시키고 근로자의 사기를 올려주어 노동생산성이 향상된다.

③ 저임금을 바탕으로 한 경쟁방식을 지양하고 적정한 임금을 지급토록 하여 공정한 경쟁을 촉진하고 경영합리화를 기한다.

4. 최저임금제도의 생성배경

1) 최저임금제도의 성립과 발전과정

최저임금제는 19세기에 들어오면서 저임금 노동자를 보호하기 위한 사회입법의 하나로 보급되기 시작하여 오늘날에 있어서는 선진국은 물론 후진국에 이르기까지 널리 일반화된 제도로서 확립되었다.

최저임금제의 효시는 1894년 뉴질랜드로서 노동쟁의가 발생했던 지역에서 조직화되지 않은 공장노동자들의 혹사를 방지하기 위하여 「산업조정중재법」으로 중재재판소가 최저임금을 결정할 수 있도록 하였다. 그 후 1896년 오스트레일리아의 빅토리아 주의 「공장상점법」이 제정되었다. 1909년 영국은 봉제업 등 4업종 및 임금이 타 업종에 비해 현저히 낮은 업종에 대해 최저임금 결정을 위한 「임금위원회법」을 제정하였고, 1912년 미국은 메사추세츠 주에서 최저임금제를 법제화하였다.

이렇게 각국으로 최저임금제가 확산됨에 따라 1928년 국제노동기구(ILO: International Labor Organization)에서 「최저임금결정제도 설립에 관한 조약(제26호)」이 성립되었다.

현재는 선진국은 말할 것도 없고, 개발도상국을 포함하여 110여 개국이 최저임금제를 실시하고 있다.

우리나라는 1986년 12월 31일 「최저임금법」이 제정되어 1988년부터 실제로 시행되고 있다.

5. 최저임금의 결정

시장가격에 대하여 정부가 힘을 가하는 경우가 있는데, 이를 가격통제라 한다. 가격통제에는 가격상한제와 가격하한제로 나누어 살펴 볼 수 있는데, 최저임금제는 가격하한제에 속한다.

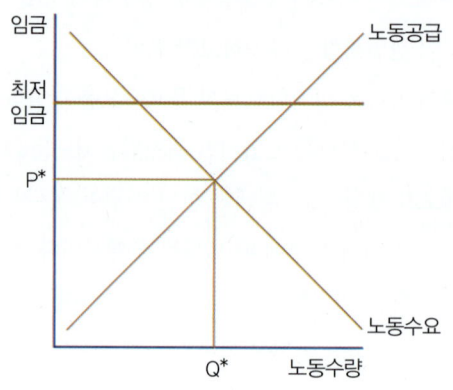

노동시장에서는 노동수요와 노동공급이라는 경제적 힘에 의해 균형임금과 균형고용량이 결정된다. 노동시장에는 여러 유형의 노동시장이 존재하는데, 예를 들어 대학교수의 노동시장, 컴퓨터전문가의 노동시장, 단순노무직 노동시장 등등이 있다. 이중 대학교수나 컴퓨터전문가의 노동시장에서는 현실적으로 그러하듯 이 경쟁원리에 의해서 임금이 결정된다고 하더라도 노동시장에서 결정되는 임금수준이 다른 직종에 비해서 일반적으로 높을 뿐만 아니라 최저생계비를 훨씬 웃돌기 때문에 문제가 되지 않는다. 그러나 단순노무직 노동자의 노동시장에서는 경쟁원리에 의해서 결정되는 임금수준이 다른 직종에 비해서 훨씬 낮을 뿐만 아니라, 최저생계비에도 미치지 못하는 경우가 있다. 어떤 노동시장에서는 수요와 공급 간의 경쟁원리에 의해서 결정되는 균형임금이 최저생계비에도 미치지 못 할 만큼 낮은 수준이어서 정부가 이 같은 노동시장의 노동자들을 제도적으로 보호해야 할 필요가 있다.

이러한 저임금 구조를 개선하기 위해 최저임금은 노동시장의 노동수요와 노동공급의 상호작용으로 만들어진 균형가격보다 높게 책정된다. 그러나 최저임금이 균형가격보다 높게 책정됨으로써 노동공급의 과잉으로 실업이 발생하기도 한다.

2절 최저임금제의 효과

1. 긍정적/ 부정적 효과

1) 긍정적 효과

① 경제적 측면에서 기업경영 합리화를 촉진시킨다.

② 최저임금수준에 못 미치는 임금을 받는 근로자의 경우 생계가 어려워져 사회적 빈곤층을 형성하게 되는데 이를 방지하여 생활보장을 하도록 한다.

③ 근로자에게 일정한 수준 이상의 생계보장으로 노동자의 생활을 안정시킴으로써 노동자의 사기를 증진시켜 노동생산성 향상을 가져온다.

2) 부정적 효과

① 최저임금액을 기준으로 임금을 측정해 3D업종의 경우 임금수준이 다른 업종에 비해 낮아 빈부의 격차를 크게 만든다.

② 비정규직 근로자의 경우 임금인상을 둘러싼 문제가 생길 경우 재계약이 안 될 것을 두려워해 저임금을 그대로 받는다.

③ 감시단속 근로자의 경우 최저임금적용 제외의 경우로 연장근로수당과 같은 수당이 없는 상태에서의 최저임금제도 적용대상에서 배제됨으로써 불이익을 받고 있다.

④ 정신 또는 신체의 장애로 근로능력이 현저히 낮은 자의 경우 구체적인 적용제외 요건이 마련되어 있지 않기 때문에 실질적인 근로능력과는 다르게 일괄되게 처리될 수 있다.

2. 최저임금제가 임금수준 및 임금격차에 미치는 효과

1) 임금수준에 미치는 영향

최저임금제가 실시되면 그 적용부문에서는 생산성의 증가 없이도 강제적인 임금인상이 실시된다. 따라서 이 부분에서의 절대적인 임금인상이 이루어지게 되고, 이미 최저임금 이상의 임금을 받고 있는 노동자계층에서도 이전의 상대적 임금 율에 따른 임금인상을 요구하게 될 것이며 이로 인하여 전반적인 임금수준의 향상이 이루어지게 되나 이전까지의 상대적인 저임금과 고임금의 격차도 줄어들게 될 것이다.

2) 임금격차에 미치는 효과

최저임금제는 임금의 최저 선을 규제하는 것이므로 임금격차에도 영향을 주게 된다. 대체로 임금격차는 노동력의 질적 차이, 노동시장의 구조적 특성에 따른 노동력 이동의 제한성, 그리고 생산물시장의 구종에 따른 노동수요조건의 차이에서 발생하게 된다.

① 기업 내에서의 임금격차에 미치는 효과: 일반적으로 숙련도나 근무 년 수에 따라 다르게 나타난다. 최저임금제가 실시되면 주로 생산성의 차이에서 오는 임금격차가 다소 축소될 것이나 저임금 노동자에게 인상한 폭만큼 축소되지 않을 가능성도 있다. 왜냐하면 저임금노동자의 임금이 인상될 때, 숙련노동자들도 자기들의 임금인상을 요구할 경우가 생기고 사용자 입장에서는 이들의 기업 내의 중요성에 비추어 이를 무시할 수가 없기 때문이다.

② 산업 간 또는 업종 간 임금격차에 미치는 효과 : 우선 전 산업에 걸친 최저임금제가 실시된다면 임금격차는 명백히 감소된다. 그러나 이렇게 일률적으로 최저임금이 정해지지 않고 산업별, 업종별로 최저임금이 결정되면 임금격차의 확대 또는 축소는 단정할 수 없게 된다. 그러나 단체협약의 효력확장 방식으로 최저임금이 정해진 때에는 비조직부분의 임금이 인상되어야 하므로 임금 격차는 축소될 것이다.

3. 고용에 미치는 효과

전통적인 신고전학파적 생각에 의해 완전경쟁을 가정한 노동시장에서의 최저임금제의 고용은 감소한다. 이 경우 노동공급곡선과 노동수요곡선이 만나는 균형이 이루어져 임금과 노동량이 결정된다. 이때 균형임금수준보다 높게 최저임금이 설정된다면 노동량이 해고되고 또 높아진 임금수준으로 인해 노동공급량이 증가되어 실업이 발생된다. 그래서 정부의 간섭은 저생산성 노동자의 고용기회를 축소하고, 자원배분의 비효율성을 낳게 되고 총생산량을 감소시킨다고 본다.

4. 소득분배에 미치는 효과

최저임금제 실시의 목적은 저임금 노동자의 임금소득을 증가시켜 소득분배를 개선하는 데에서도 찾을 수 있다. 그런데 소득분배는 여러 요인에 영향을 받으므로 최저임금제로 인해서 반드시 소득분배가 개선된다고는 할 수 없다.

① 이윤 증가가 없는 상태에서 최저임금제가 실시된다면, 기업가는 최저임금제로 인한 비용 상승의 압박을 일부 미숙련 노동자를 해고시킴으로써 해결하려고 할 것이다. 이런 경우에는 해고된 노동자의 임금으로 남아있는 노동자의 소득을 올려주는 결과를 가져와 소득분배를 악화시킨다.

② 최저임금 상승으로 가격이 상승된 생산물이 사치품이라면 저임금 노동자들의 생활과는 직접 관련이 없으므로 소득 분배가 개선되는 경우이며, 생산물이 일반 대중 소비제품이면 생계비의 상승으로 분배구조는 악화될 수도 있다.

③ 시장에서 형성되는 균형임금이상으로 최저임금의 법적강제 적용은 자원배분의 효율성을 왜곡시킨다고 볼 수 있다.

④ 최저임금제의 실시가 고용의 감소를 가져온다면 해고당한 노동자는 임금소득을 전혀 기대할 수 없고 기업에 계속 고용되어 임금수준이 높아진 노동자의 소득분배 개선은 해고당한 노동자의

희생의 대가로 이루어진다고 할 수 있다고 주장하고, 결과적으로는 최저임금제는 보다 나은 소득재분배 효과를 가져오지 못한다고 결론을 짓고 있다.

⑤ 기업 내에서 노동자들에게 제공되는 직업훈련이 최저임금제의 실시로 감소된다면 장기적인 측면에서 소득분배의 효과를 분석해야할 필요성이 생긴다. 왜냐하면 감소된 직업훈련은 노동자들의 인적자본형성을 둔화시켜, 미래소득의 증가를 제한하기 때문이다.

⑥ 개발도상국에 있어서는 근대화된 도시 공업부문과 전통적인 농업부문의 소득격차가 소득분배 문제의 하나가 되고 있는데, 최저임금제는 농업부문에 적용하기가 곤란하므로, 전체 소득분배 개선에 한계성을 갖는다는 점이다. 이런 경우에 최저임금제는 양부문간의 격차축소에 기여하지 못하고, 도시에서는 높아진 기대소득으로 오히려 농촌인구를 도시로 유인하는 작용을 하기도 한다.

5. 기타 효과

최저임금제는 이상의 효과 이외에도 다음과 같은 몇 가지 요인에 대한 효과를 기대할 수 있다.

1) 기업 간의 과다경쟁 내지 불공정 경쟁을 방지하여 공정경쟁을 확보하는 효과

기업 간의 격렬한 경쟁에서 중소 및 영세기업은 비용을 절감하기 위하여 임금의 인하를 꾀하게 된다. 임금의 최저한을 강제적으로 설정하며 과다경쟁에 의한 노동자임금의 인하를 방지하고 기업 간의 경쟁 조건을 동일화함으로써 자기의 시장기반 확립을 강화하고자 하여 공정 경쟁의 세계를 확보케 하는 효과를 최저임금제가 자아내는 것이다.

2) 기업 경영의 합리화가 촉진된다는 효과

기업가들이 무기력한 상태로부터 충격을 받아 이전부터 유익하던 기술을 채택하거나 새로운 기술을 개발하려고 하며 경영의 합리화, 생산성 향상 등을 자극한다는 것이다.

3) 유효수요 확대와 내수 저축 증대로 경제에 기여하는 효과

최저임금제는 비록 지나친 저임을 받는 일부 노동자에게 해당되는 제도이지만 전체적으로 볼 때 유효수요를 확대하고 내수와 저축을 증대시켜서 궁극적으로 경제의 성장 발전에 기여하는데 큰 몫을 할 수 있다.

최저임금법

1. 총칙

제1조(목적) 이 법은 근로자에 대하여 임금의 최저수준을 보장하여 근로자의 생활안정과 노동력의 질적 향상을 꾀함으로써 국민경제의 건전한 발전에 이바지하는 것을 목적으로 한다.

> **시행령**
>
> **제1조(목적)** 이 영은 「최저임금법」에서 위임된 사항과 그 시행에 필요한 사항을 규정함을 목적으로 한다.

제2조(정의) 이 법에서 "근로자", "사용자" 및 "임금"이란 「근로기준법」 제2조에 따른 근로자, 사용자 및 임금을 말한다.

제3조(적용 범위) ① 이 법은 근로자를 사용하는 모든 사업 또는 사업장(이하 "사업"이라 한다)에 적용한다. 다만, 동거하는 친족만을 사용하는 사업과 가사(家事) 사용인에게는 적용하지 아니한다.

② 이 법은 「선원법」의 적용을 받는 선원과 선원을 사용하는 선박의 소유자에게는 적용하지 아니한다.

2. 최저임금

제4조(최저임금의 결정기준과 구분) ① 최저임금은 근로자의 생계비, 유사 근로자의 임금, 노동생산성 및 소득분배율 등을 고려하여 정한다. 이 경우 사업의 종류별로 구분하여 정할 수 있다.

② 제1항에 따른 사업의 종류별 구분은 제12조에 따른 최저임금위원회의 심의를 거쳐 고용노동부장관이 정한다.

제5조(최저임금액) ① 최저임금액(최저임금으로 정한 금액을 말한다. 이하 같다)은 시간·일(日)·주(週) 또는 월(月)을 단위로 하여 정한다. 이 경우 일·주 또는 월을 단위로 하여 최저임금액을 정할 때에는 시간급(時間給)으로도 표시하여야 한다.

② 1년 이상의 기간을 정하여 근로계약을 체결하고 수습 중에 있는 근로자로서 수습을 시작한 날부터 3개월 이내인 사람에 대하여는 대통령령으로 정하는 바에 따라 제1항에 따른 최저임금액과 다른 금액으로 최저임금액을 정할 수 있다. 다만, 단순노무업무로 고용노동부장관이 정하여 고시한 직종에 종사하는 근로자는 제외한다.

③ 임금이 통상적으로 도급제나 그 밖에 이와 비슷한 형태로 정하여져 있는 경우로서 제1항에 따라 최저임금액을 정하는 것이 적당하지 아니하다고 인정되면 대통령령으로 정하는 바에 따라 최저임금액을 따로 정할 수 있다.

시행령

제3조(수습 중에 있는 근로자에 대한 최저임금액) 「최저임금법」(이하 "법"이라 한다) 제5조제2항 본문에 따라 1년 이상의 기간을 정하여 근로계약을 체결하고 수습 중에 있는 근로자로서 수습을 시작한 날부터 3개월 이내인 사람에 대해서는 같은 조 제1항 후단에 따른 시간급 최저임금액(최저임금으로 정한 금액을 말한다. 이하 같다)에서 100분의 10을 뺀 금액을 그 근로자의 시간급 최저임금액으로 한다.

제4조(도급제 등의 경우 최저임금액 결정의 특례) 법 제5조제3항에 따라 임금이 도급제나 그 밖에 이와 비슷한 형태로 정해진 경우에 근로시간을 파악하기 어렵거나 그 밖에 같은 조 제1항에 따라 최저임금액을 정하는 것이 적합하지 않다고 인정되면 해당 근로자의 생산고(生産高) 또는 업적의 일정단위에 의하여 최저임금액을 정한다.

제5조의2(최저임금의 적용을 위한 임금의 환산) 최저임금의 적용 대상이 되는 근로자의 임금을 정하는 단위기간이 제5조제1항에 따른 최저임금의 단위기간과 다른 경우에 해당 근로자의 임금을 최저임금의 단위기간에 맞추어 환산하는 방법은 대통령령으로 정한다.

시행령

제5조(최저임금의 적용을 위한 임금의 환산) ① 근로자의 임금을 정하는 단위가 된 기간이 그 근로자에게 적용되는 최저임금액을 정할 때의 단위가 된 기간과 다른 경우에는 그 근로자에 대한 임금을 다음 각 호의 구분에 따라 시간에 대한 임금으로 환산한다.

  1. 일(日) 단위로 정해진 임금: 그 금액을 1일의 소정근로시간 수로 나눈 금액

  2. 주(週) 단위로 정해진 임금: 그 금액을 1주의 최저임금 적용기준 시간 수(1주 동안의 소정근로시간 수와 「근로기준법」 제55조제1항에 따라 유급으로 처리되는 시간 수를 합산한 시간 수를 말한다)로 나눈 금액

  3. 월(月) 단위로 정해진 임금: 그 금액을 1개월의 최저임금 적용기준 시간 수(제2호에 따른 1주의 최저임금 적용기준 시간 수에 1년 동안의 평균의 주의 수를 곱한 시간을 12로 나눈 시간 수를 말한다)로 나눈 금액

  4. 시간·일·주 또는 월 외의 일정 기간을 단위로 정해진 임금: 제1호부터 제3호까지의 규정에 준하여 산정(算定)한 금액

② 생산고에 따른 임금지급제나 그 밖의 도급제로 정해진 임금은 그 임금 산정기간(임금 마감일이 있는 경우에는 임금 마감기간을 말한다. 이하 이 항에서 같다)의 임금 총액을 그 임금 산정기간 동안의 총근로시간 수로 나눈 금액을 시간에 대한 임금으로 한다.

③ 근로자가 받는 임금이 제1항이나 제2항에서 정한 둘 이상의 임금으로 되어 있는 경우에는 해당 부분을 대하여 각각 해당 규정에 따라 환산한 금액의 합산액을 그 근로자의 시간에 대한 임금으로 한다.

④ 근로자의 임금을 정한 단위가 된 기간의 소정근로시간 수가 그 근로자에게 적용되는 최저임금액을 정할 때의 단위가 된 기간의 근로시간 수와 다른 경우에는 제1항 각 호의 구분에 따라 그 근로자의 임금을 시간에 대한 임금으로 환산한다.

제6조(최저임금의 효력) ① 사용자는 최저임금의 적용을 받는 근로자에게 최저임금액 이상의 임금을 지급하여야 한다.

② 사용자는 이 법에 따른 최저임금을 이유로 종전의 임금수준을 낮추어서는 아니 된다.

③ 최저임금의 적용을 받는 근로자와 사용자 사이의 근로계약 중 최저임금액에 미치지 못하는 금액을 임금으로 정한 부분은 무효로 하며, 이 경우 무효로 된 부분은 이 법으로 정한 최저임금액과 동일한 임금을 지급하기로 한 것으로 본다.

④ 제1항과 제3항에 따른 임금에는 매월 1회 이상 정기적으로 지급하는 임금을 산입(算入)한다. 다만, 다음 각 호의 어느 하나에 해당하는 임금은 산입하지 아니한다.

1. 「근로기준법」 제2조제1항제8호에 따른 소정(所定)근로시간(이하 "소정근로시간"이라 한다) 또는 소정의 근로일에 대하여 지급하는 임금 외의 임금으로서 고용노동부령으로 정하는 임금

2. 상여금, 그 밖에 이에 준하는 것으로서 고용노동부령으로 정하는 임금의 월 지급액 중 해당

연도 시간급 최저임금액을 기준으로 산정된 월 환산액의 100분의 25에 해당하는 부분

3. 식비, 숙박비, 교통비 등 근로자의 생활 보조 또는 복리후생을 위한 성질의 임금으로서 다음 각 목의 이느 하나에 해당하는 것

　가. 통화 이외의 것으로 지급하는 임금

　나. 통화로 지급하는 임금의 월 지급액 중 해당 연도 시간급 최저임금액을 기준으로 산정된 월 환산액의 100분의 7에 해당하는 부분

⑤ 제4항에도 불구하고 「여객자동차 운수사업법」 제3조 및 같은 법 시행령 제3조제2호다목에 따른 일반택시운송사업에서 운전업무에 종사하는 근로자의 최저임금에 산입되는 임금의 범위는 생산고에 따른 임금을 제외한 대통령령으로 정하는 임금으로 한다.

⑥ 제1항과 제3항은 다음 각 호의 어느 하나에 해당하는 사유로 근로하지 아니한 시간 또는 일에 대하여 사용자가 임금을 지급할 것을 강제하는 것은 아니다.

1. 근로자가 자기의 사정으로 소정근로시간 또는 소정의 근로일의 근로를 하지 아니한 경우

2. 사용자가 정당한 이유로 근로자에게 소정근로시간 또는 소정의 근로일의 근로를 시키지 아니한 경우

⑦ 도급으로 사업을 행하는 경우 도급인이 책임져야 할 사유로 수급인이 근로자에게 최저임금액에 미치지 못하는 임금을 지급한 경우 도급인은 해당 수급인과 연대(連帶)하여 책임을 진다.

⑧ 제7항에 따른 도급인이 책임져야 할 사유의 범위는 다음 각 호와 같다.

1. 도급인이 도급계약 체결 당시 인건비 단가를 최저임금액에 미치지 못하는 금액으로 결정하는 행위

2. 도급인이 도급계약 기간 중 인건비 단가를 최저임금액에 미치지 못하는 금액으로 낮춘 행위

⑨ 두 차례 이상의 도급으로 사업을 행하는 경우에는 제7항의 "수급인"은 "하수급인(下受給人)"으로 보고, 제7항과 제8항의 "도급인"은 "직상(直上) 수급인(하수급인에게 직접 하도급을 준 수급인)"으로 본다.

시행령

제5조의2(월 환산액의 산정) 법 제6조제4항제2호 및 같은 항 제3호나목에 따른 월 환산액은 해당 연도 시간급 최저임금액에 제5조제1항제3호에 따른 1개월의 최저임금 적용기준 시간 수를 곱하여 산정한다.

제5조의3(일반택시운송사업 운전 근로자의 최저임금에 산입되는 임금의 범위) 법 제6조제5항에서 "대통령령으로 정하는 임금"이란 단체협약, 취업규칙, 근로계약에 정해진 지급 조건과 지급률에 따라 매월 1회 이상 지급하는 임금을 말한다. 다만, 다음 각 호의 어느 하나에 해당하는 임금은 산입(算入)하지 아니한다.

　1. 소정근로시간 또는 소정의 근로일에 대하여 지급하는 임금 외의 임금

　2. 근로자의 생활 보조와 복리후생을 위하여 지급하는 임금

제7조(최저임금의 적용 제외) 다음 각 호의 어느 하나에 해당하는 사람으로서 사용자가 대통령령으로

정하는 바에 따라 고용노동부장관의 인가를 받은 사람에 대하여는 제6조를 적용하지 아니한다.

1. 정신장애나 신체장애로 근로능력이 현저히 낮은 사람

2. 그 밖에 최저임금을 적용하는 것이 적당하지 아니하다고 인정되는 사람

> **시행령**
>
> **제6조(최저임금 적용 제외의 인가 기준)** 사용자가 법 제7조에 따라 고용노동부장관의 인가를 받아 최저임금의 적용을 제외할 수 있는 자는 정신 또는 신체의 장애가 업무 수행에 직접적으로 현저한 지장을 주는 것이 명백하다고 인정되는 사람으로 한다.

3. 최저임금의 결정

제8조(최저임금의 결정) ① 고용노동부장관은 매년 8월 5일까지 최저임금을 결정하여야 한다. 이 경우 고용노동부장관은 대통령령으로 정하는 바에 따라 제12조에 따른 최저임금위원회(이하 "위원회"라 한다)에 심의를 요청하고, 위원회가 심의하여 의결한 최저임금안에 따라 최저임금을 결정하여야 한다.

② 위원회는 제1항 후단에 따라 고용노동부장관으로부터 최저임금에 관한 심의 요청을 받은 경우 이를 심의하여 최저임금안을 의결하고 심의 요청을 받은 날부터 90일 이내에 고용노동부장관에게 제출하여야 한다.

④ 위원회는 제3항에 따라 재심의 요청을 받은 때에는 그 기간 내에 재심의하여 그 결과를 고용노동부장관에게 제출하여야 한다.

⑤ 고용노동부장관은 위원회가 제4항에 따른 재심의에서 재적위원 과반수의 출석과 출석위원 3분의 2 이상의 찬성으로 제2항에 따른 당초의 최저임금안을 재의결한 경우에는 그에 따라 최저임금을 결정하여야 한다.

> **시행령**
>
> **제8조(최저임금안의 고시)** 고용노동부장관은 법 제8조제2항에 따라 위원회로부터 최저임금안을 제출받았을 때에는 법 제9조제1항에 따라 지체 없이 사업 또는 사업장(이하 "사업"이라 한다)의 종류별 최저임금안 및 적용 사업의 범위를 고시하여야 한다.
>
> **제7조(최저임금위원회에의 심의 요청)** 고용노동부장관은 법 제8조제1항에 따라 매년 3월 31일까지 최저임금위원회(이하 "위원회"라 한다)에 최저임금에 관한 심의를 요청하여야 한다.

제9조(최저임금안에 대한 이의 제기) ① 고용노동부장관은 제8조제2항에 따라 위원회로부터 최저임금안을 제출받은 때에는 대통령령으로 정하는 바에 따라 최저임금안을 고시하여야 한다.

② 근로자를 대표하는 자나 사용자를 대표하는 자는 제1항에 따라 고시된 최저임금안에 대하여 이의가 있으면 고시된 날부터 10일 이내에 대통령령으로 정하는 바에 따라 고용노동부장관에게

이의를 제기할 수 있다. 이 경우 근로자를 대표하는 자나 사용자를 대표하는 자의 범위는 대통령령으로 정한다.

③ 고용노동부장관은 제2항에 따른 이의가 이유 있다고 인정되면 그 내용을 밝혀 제8조제3항에 따라 위원회에 최저임금안의 재심의를 요청하여야 한다.

④ 고용노동부장관은 제3항에 따라 재심의를 요청한 최저임금안에 대하여 제8조제4항에 따라 위원회가 재심의하여 의결한 최저임금안이 제출될 때까지는 최저임금을 결정하여서는 아니 된다.

시행령

제9조(최저임금안에 대한 이의 제기) 법 제9조제2항 전단에 따라 최저임금안에 대하여 이의를 제기할 때에는 다음 각 호의 사항을 분명하게 적은 이의제기서를 고용노동부장관에게 제출하여야 한다.

1. 이의 제기자의 성명, 주소, 소속 및 직위

2. 이의 제기 대상 업종의 최저임금안의 요지

3. 이의 제기의 사유와 내용

제10조(이의 제기를 할 수 있는 노·사 대표자의 범위) 법 제9조제2항 후단에 따라 근로자를 대표하는 자는 총연합단체인 노동조합의 대표자 및 산업별 연합단체인 노동조합의 대표자로 하고, 사용자를 대표하는 자는 전국적 규모의 사용자단체로서 고용노동부장관이 지정하는 단체의 대표자로 한다.

제10조(최저임금의 고시와 효력발생) ① 고용노동부장관은 최저임금을 결정한 때에는 지체 없이 그 내용을 고시하여야 한다.

② 제1항에 따라 고시된 최저임금은 다음 연도 1월 1일부터 효력이 발생한다. 다만, 고용노동부장관은 사업의 종류별로 임금교섭시기 등을 고려하여 필요하다고 인정하면 효력발생 시기를 따로 정할 수 있다.

제11조(주지 의무) 최저임금의 적용을 받는 사용자는 대통령령으로 정하는 바에 따라 해당 최저임금을 그 사업의 근로자가 쉽게 볼 수 있는 장소에 게시하거나 그 외의 적당한 방법으로 근로자에게 널리 알려야 한다.

시행령

제11조(주지 의무) ① 법 제11조에 따라 사용자가 근로자에게 주지시켜야 할 최저임금의 내용은 다음 각 호와 같다.

1. 적용을 받는 근로자의 최저임금액

2. 법 제6조제4항에 따라 최저임금에 산입하지 아니하는 임금

3. 법 제7조에 따라 해당 사업에서 최저임금의 적용을 제외할 근로자의 범위

4. 최저임금의 효력발생 연월일

② 사용자는 제1항에 따른 최저임금의 내용을 법 제10조제2항에 따른 최저임금의 효력발생일 전날까지 근로자에게 주지시켜야 한다.

4. 최저임금위원회

제12조(최저임금위원회의 설치) 최저임금에 관한 심의와 그 밖에 최저임금에 관한 중요 사항을 심의하기 위하여 고용노동부에 최저임금위원회를 둔다.

제13조(위원회의 기능) 위원회는 다음 각 호의 기능을 수행한다.

1. 최저임금에 관한 심의 및 재심의

2. 최저임금 적용 사업의 종류별 구분에 관한 심의

3. 최저임금제도의 발전을 위한 연구 및 건의

4. 그 밖에 최저임금에 관한 중요 사항으로서 고용노동부장관이 회의에 부치는 사항의 심의

제14조(위원회의 구성 등) ① 위원회는 다음 각 호의 위원으로 구성한다.

1. 근로자를 대표하는 위원(이하 "근로자위원"이라 한다) 9명

2. 사용자를 대표하는 위원(이하 "사용자위원"이라 한다) 9명

3. 공익을 대표하는 위원(이하 "공익위원"이라 한다) 9명

② 위원회에 2명의 상임위원을 두며, 상임위원은 공익위원이 된다.

③ 위원의 임기는 3년으로 하되, 연임할 수 있다.

④ 위원이 궐위(闕位)되면 그 보궐위원의 임기는 전임자(前任者) 임기의 남은 기간으로 한다.

⑤ 위원은 임기가 끝났더라도 후임자가 임명되거나 위촉될 때까지 계속하여 직무를 수행한다.

⑥ 위원의 자격과 임명·위촉 등에 관하여 필요한 사항은 대통령령으로 정한다.

제12조(위원회 위원의 위촉 또는 임명 등) ① 법 제14조제1항에 따른 근로자위원ㆍ사용자위원 및 공익위원은 고용노동부장관의 제청에 의하여 대통령이 위촉한다.

② 법 제14조제2항에 따른 상임위원은 고용노동부장관의 제청에 의하여 대통령이 임명한다.

③ 근로자위원은 총연합단체인 노동조합에서 추천한 사람 중에서 제청하고, 사용자위원은 전국적 규모의 사용자단체 중 고용노동부장관이 지정하는 단체에서 추천한 사람 중에서 제청한다.

④ 위원이 궐위된 경우에는 궐위된 날부터 30일 이내에 후임자를 위촉하거나 임명하여야 한다. 다만, 전임자의 남은 임기가 1년 미만인 경우에는 위촉하거나 임명하지 아니할 수 있다.

제12조의2(위원회 위원의 해촉) 대통령은 법 제14조제1항제1호부터 제3호까지의 규정에 따른 위원이 다음 각 호의 어느 하나에 해당하는 경우에는 해당 위원을 해촉(解囑)할 수 있다.

1. 심신장애로 인하여 직무를 수행할 수 없게 된 경우

2. 직무와 관련된 비위사실이 있는 경우

3. 직무태만, 품위손상이나 그 밖의 사유로 인하여 위원으로 적합하지 아니하다고 인정되는 경우

4. 위원 스스로 직무를 수행하는 것이 곤란하다고 의사를 밝히는 경우

제13조(공익위원의 위촉기준) 공익위원은 다음 각 호의 어느 하나에 해당하는 사람 중에서 위촉한다.

1. 3급 또는 3급 상당 이상의 공무원이었거나 고위공무원단에 속하는 공무원이었던 사람으로서 노동문제에 관한 학식과 경험이 풍부한 사람

2. 5년 이상 대학에서 노동경제, 노사관계, 노동법학, 사회학, 사회복지학, 그 밖에 이와 관련된 분야의 부교수 이상으로 재직 중이거나 재직하였던 사람

3. 10년(제2호에서 규정한 분야의 박사학위 소지자는 5년) 이상 공인된 연구기관에서 노동문제에 관한 연구에 종사하고 있거나 종사하였던 사람

4. 그 밖에 제1호부터 제3호까지의 규정에 상당하는 학식과 경험이 있다고 고용노동부장관이 인정하는 사람

제14조(상임위원의 임용 자격 등) 위원회의 상임위원은 다음 각 호의 어느 하나에 해당하는 사람 중에서 임명한다.

1. 3급 또는 3급 상당 이상 공무원이나 고위공무원단에 속하는 공무원으로서 노동행정 경력이 있는 사람

2. 대학에서 노동경제, 노사관계, 노동법학, 사회학, 사회복지학, 그 밖에 이와 관련된 분야의 부교수 이상으로 5년 이상 재직하였던 사람

제15조(위원장과 부위원장) ① 위원회에 위원장과 부위원장 각 1명을 둔다.

② 위원장과 부위원장은 공익위원 중에서 위원회가 선출한다.

③ 위원장은 위원회의 사무를 총괄하며 위원회를 대표한다.

④ 위원장이 불가피한 사유로 직무를 수행할 수 없을 때에는 부위원장이 직무를 대행한다.

제16조(특별위원) ① 위원회에는 관계 행정기관의 공무원 중에서 3명 이내의 특별위원을 둘 수 있다.

② 특별위원은 위원회의 회의에 출석하여 발언할 수 있다.

③ 특별위원의 자격 및 위촉 등에 관하여 필요한 사항은 대통령령으로 정한다.

> **시행령**
>
> **제15조(특별위원의 위촉 등)** 법 제16조에 따른 특별위원은 관계 행정기관의 3급 또는 3급 상당 이상의 공무원이나 고위공무원단에 속하는 공무원 중에서 고용노동부장관이 위촉한다.

제17조(회의) ① 위원회의 회의는 다음 각 호의 경우에 위원장이 소집한다.

　1. 고용노동부장관이 소집을 요구하는 경우

　2. 재적위원 3분의 1 이상이 소집을 요구하는 경우

　3. 위원장이 필요하다고 인정하는 경우

② 위원장은 위원회 회의의 의장이 된다.

③ 위원회의 회의는 이 법으로 따로 정하는 경우 외에는 재적위원 과반수의 출석과 출석위원 과반수의 찬성으로 의결한다.

④ 위원회가 제3항에 따른 의결을 할 때에는 근로자위원과 사용자위원 각 3분의 1 이상의 출석이 있어야 한다. 다만, 근로자위원이나 사용자위원이 2회 이상 출석요구를 받고도 정당한 이유 없이 출석하지 아니하는 경우에는 그러하지 아니하다.

제18조(의견 청취) 위원회는 그 업무를 수행할 때에 필요하다고 인정하면 관계 근로자와 사용자, 그 밖의 관계인의 의견을 들을 수 있다.

> **시행령**
>
> **제16조(실비변상)** 법 제18조에 따라 위원회(법 제19조제4항에 따라 준용되는 전문위원회를 포함한다)에 출석한 관계 근로자와 사용자, 그 밖의 관계인에게는 예산의 범위에서 수당과 여비를 지급한다.

제19조(전문위원회) ① 위원회는 필요하다고 인정하면 사업의 종류별 또는 특정 사항별로 전문위원회를 둘 수 있다.

② 전문위원회는 위원회 권한의 일부를 위임받아 제13조 각 호의 위원회 기능을 수행한다.

③ 전문위원회는 근로자위원, 사용자위원 및 공익위원 각 5명 이내의 같은 수로 구성한다.

④ 전문위원회에 관하여는 위원회의 운영 등에 관한 제14조제3항부터 제6항까지, 제15조, 제17조 및 제18조를 준용한다. 이 경우 "위원회"를 "전문위원회"로 본다.

> **시행령**
>
> **제17조(전문위원회의 구성)** ① 법 제19조제1항에 따른 전문위원회는 위원회의 위원장이 그 위원 중에서 지명하는 사람으로 구성한다.
>
> ② 위원회의 위원장은 위원회의 위원만으로 제1항의 전문위원회를 구성하기 어렵거나 소관 사항을 전문적으로 심의하기 위하여 필요한 경우에는 전문위원회의 위원을 따로 위촉할 수 있다. 이 경우 따로 위촉하는 전문위원회의 위원 중 근로자위원과 사용자위원의 위촉에 관하여는 제12조제3항을, 공익위원의 위촉기준에 관하여는 제13조를 준용한다.

제20조(사무국) ① 위원회에 그 사무를 처리하게 하기 위하여 사무국을 둔다.

② 사무국에는 최저임금의 심의 등에 필요한 전문적인 사항을 조사·연구하게 하기 위하여 3명 이내의 연구위원을 둘 수 있다.

③ 연구위원의 자격·위촉 및 수당과 사무국의 조직·운영 등에 필요한 사항은 대통령령으로 정한다.

제21조(위원의 수당 등) 위원회 및 전문위원회의 위원에게는 대통령령으로 정하는 바에 따라 수당과 여비를 지급할 수 있다.

제22조(운영규칙) 위원회는 이 법에 어긋나지 아니하는 범위에서 위원회 및 전문위원회의 운영에 관한 규칙을 제정할 수 있다.

5. 보칙

제23조(생계비 및 임금실태 등의 조사) 고용노동부장관은 근로자의 생계비와 임금실태 등을 매년 조사하여야 한다.

> **시행령**
>
> **제19조(실태조사)** 고용노동부장관은 위원회로 하여금 법 제23조에 따른 근로자의 생계비와 임금실태에 관한 조사를 하게 할 수 있다.

제24조(정부의 지원) 정부는 근로자와 사용자에게 최저임금제도를 원활하게 실시하는 데에 필요한 자료를 제공하거나 그 밖에 필요한 지원을 하도록 최대한 노력하여야 한다.

제25조(보고) 고용노동부장관은 이 법의 시행에 필요한 범위에서 근로자나 사용자에게 임금에 관한 사항을 보고하게 할 수 있다.

제26조(근로감독관의 권한) ① 고용노동부장관은 「근로기준법」 제101조에 따른 근로감독관에게

대통령령으로 정하는 바에 따라 이 법의 시행에 관한 사무를 관장하도록 한다.

② 근로감독관은 제1항에 따른 권한을 행사하기 위하여 사업장에 출입하여 장부와 서류의 제출을 요구할 수 있으며 그 밖의 물건을 검사하거나 관계인에게 질문할 수 있다.

③ 제2항에 따라 출입 · 검사를 하는 근로감독관은 그 신분을 표시하는 증표를 지니고 이를 관계인에게 내보여야 한다.

④ 근로감독관은 이 법 위반의 죄에 관하여 「사법경찰관리의 직무를 행할 자와 그 직무범위에 관한 법률」로 정하는 바에 따라 사법경찰관의 직무를 행한다.

> **시행령**
>
> **제20조(근로감독관의 사무 집행)** 법 제26조제1항에 따라 근로감독관이 법의 시행에 관한 사무를 할 때에는 소속 지방고용노동관서의 장의 지휘 · 감독을 받아야 한다.
>
> **제21조(증표)** 법 제26조제3항의 증표는 「근로감독관규정」 제7조에 따른 증표로 한다.

제26조의2(권한의 위임) 이 법에 따른 고용노동부장관의 권한은 대통령령으로 정하는 바에 따라 그 일부를 지방고용노동관서의 장에게 위임할 수 있다.

> **시행령**
>
> **제21조의2(권한의 위임)** 법 제26조의2에 따라 고용노동부장관은 다음 각 호의 권한을 지방고용노동관서의 장에게 위임한다.
>
>   1. 법 제7조에 따른 최저임금 적용 제외의 인가
>
>   2. 법 제25조에 따른 보고의 요구
>
>   3. 법 제31조에 따른 과태료의 부과 · 징수
>
> **제21조의3(고유식별정보의 처리)** 고용노동부장관(제21조의2에 따라 고용노동부장관의 권한을 위임받은 기관을 포함한다)은 법 제7조에 따른 최저임금 적용 제외의 인가에 관한 사무를 수행하기 위하여 불가피한 경우 「개인정보 보호법 시행령」 제19조제1호 또는 제4호에 따른 주민등록번호 또는 외국인등록번호가 포함된 자료를 처리할 수 있다.

6. 벌칙

제28조(벌칙) ①제6조제1항 또는 제2항을 위반하여 최저임금액보다 적은 임금을 지급하거나 최저임금을 이유로 종전의 임금을 낮춘 자는 3년 이하의 징역 또는 2천만원 이하의 벌금에 처한다. 이 경우 징역과 벌금은 병과(倂科)할 수 있다.

② 도급인에게 제6조제7항에 따라 연대책임이 발생하여 근로감독관이 그 연대책임을

이행하도록 시정지시하였음에도 불구하고 도급인이 시정기한 내에 이를 이행하지 아니한 경우 2년 이하의 징역 또는 1천만원 이하의 벌금에 처한다.

③ 제6조의2를 위반하여 의견을 듣지 아니한 자는 500만원 이하의 벌금에 처한다.

제30조(양벌규정) ① 법인의 대표자, 대리인, 사용인, 그 밖의 종업원이 그 법인의 업무에 관하여 제28조의 위반행위를 하면 그 행위자를 벌할 뿐만 아니라 그 법인에도 해당 조문의 벌금형을 과(科)한다.

② 개인의 대리인, 사용인, 그 밖의 종업원이 그 개인의 업무에 관하여 제28조의 위반행위를 하면 그 행위자를 벌할 뿐만 아니라 그 개인에게도 해당 조문의 벌금형을 과한다.

제31조(과태료) ① 다음 각 호의 어느 하나에 해당하는 자에게는 100만원 이하의 과태료를 부과한다.

1. 제11조를 위반하여 근로자에게 해당 최저임금을 같은 조에서 규정한 방법으로 널리 알리지 아니한 자

2. 제25조에 따른 임금에 관한 사항의 보고를 하지 아니하거나 거짓 보고를 한 자

3. 제26조제2항에 따른 근로감독관의 요구 또는 검사를 거부·방해 또는 기피하거나 질문에 대하여 거짓 진술을 한 자

② 제1항에 따른 과태료는 대통령령으로 정하는 바에 따라 고용노동부장관이 부과·징수한다.

③ 제2항에 따른 과태료 처분에 불복하는 자는 그 처분을 고지받은 날부터 30일 이내에 고용노동부장관에게 이의를 제기할 수 있다.

④ 제2항에 따른 과태료 처분을 받은 자가 제3항에 따라 이의를 제기하면 고용노동부장관은 지체 없이 관할 법원에 그 사실을 통보하여야 하며, 그 통보를 받은 관할 법원은 「비송사건절차법」에 따른 과태료 재판을 한다.

⑤ 제3항에 따른 기간에 이의를 제기하지 아니하고 과태료를 내지 아니하면 국세 체납처분의 예에 따라 징수한다.

식품위생법

1. 의의

식품위생법은 식품에 의한 위해를 예방하고 영양을 향상시키기 위한 법률로 1962년 1월 법률 제1007호로 제정 공포되었으며, 이전에는 일제감점기의 법령과 군정법령이 적용되었지만 식품위생법의 제정과 동시에 폐지되었다. 제1조에 의하면 이 법은 식품으로 인하여 생기는 위생상의 위해(危害)를 방지하고 식품영양의 질적 향상을 도모하며 식품에 관한 올바른 정보를 제공하여 국민보건의 증진에 이바지함을 목적으로 한다. 또한 제2조에서는 이 법에서 사용하는 용어의 뜻은 다음과 같이 정의하고 있다.

1. "식품"이란 모든 음식물(의약으로 섭취하는 것은 제외한다)을 말한다.

2. "식품첨가물"이란 식품을 제조·가공·조리 또는 보존하는 과정에서 감미(甘味), 착색(着色), 표백(漂白) 또는 산화방지 등을 목적으로 식품에 사용되는 물질을 말한다. 이 경우 기구(器具)·용기·포장을 살균·소독하는 데에 사용되어 간접적으로 식품으로 옮아갈 수 있는 물질을 포함한다.

3. "화학적 합성품"이란 화학적 수단으로 원소(元素) 또는 화합물에 분해 반응 외의 화학 반응을 일으켜서 얻은 물질을 말한다.

4. "기구"란 다음 각 목의 어느 하나에 해당하는 것으로서 식품 또는 식품첨가물에 직접 닿는 기계·기구나 그 밖의 물건(농업과 수산업에서 식품을 채취하는 데에 쓰는 기계·기구나 그 밖의 물건 및 「위생용품 관리법」 제2조제1호에 따른 위생용품은 제외한다)을 말한다.

　　가. 음식을 먹을 때 사용하거나 담는 것

　　나. 식품 또는 식품첨가물을 채취·제조·가공·조리·저장·소분[(小分): 완제품을 나누어 유통을 목적으로 재포장하는 것을 말한다. 이하 같다]·운반·진열할 때 사용하는 것

5. "용기·포장"이란 식품 또는 식품첨가물을 넣거나 싸는 것으로서 식품 또는 식품첨가물을 주고받을 때 함께 건네는 물품을 말한다.

5의2. "공유주방"이란 식품의 제조·가공·조리·저장·소분·운반에 필요한 시설 또는 기계·기구 등을 여러 영업자가 함께 사용하거나, 동일한 영업자가 여러 종류의 영업에 사용할 수 있는 시설 또는 기계·기구 등이 갖춰진 장소를 말한다.

6. "위해"란 식품, 식품첨가물, 기구 또는 용기·포장에 존재하는 위험요소로서 인체의 건강을 해치거나 해칠 우려가 있는 것을 말한다.

7. "영업"이란 식품 또는 식품첨가물을 채취·제조·가공·조리·저장·소분·운반 또는 판매하거나 기구 또는 용기·포장을 제조·운반·판매하는 업(농업과 수산업에 속하는 식품 채취업은 제외한다. 이하 이 호에서 "식품제조업등"이라 한다)을 말한다. 이 경우 공유주방을 운영하는 업과 공유주방에서 식품제조업등을 영위하는 업을 포함한다.

8. "영업자"란 제37조제1항에 따라 영업허가를 받은 자나 같은 조 제4항에 따라 영업신고를 한 자 또는 같은 조 제5항에 따라 영업등록을 한 자를 말한다.

9. "식품위생"이란 식품, 식품첨가물, 기구 또는 용기·포장을 대상으로 하는 음식에 관한 위생을 말한다.

10. "집단급식소"란 영리를 목적으로 하지 아니하면서 특정 다수인에게 계속하여 음식물을 공급하는 다음 각 목의 어느 하나에 해당하는 곳의 급식시설로서 대통령령으로 정하는 시설을 말한다.

　　가. 기숙사　　나. 학교, 유치원, 어린이집　　다. 병원

라. 「사회복지사업법」 제2조제4호의 사회복지시설,   마. 산업체

바. 국가, 지방자치단체 및 「공공기관의 운영에 관한 법률」 제4조제1항에 따른 공공기관

사. 그 밖의 후생기관 등

11. "식품이력추적관리"란 식품을 제조·가공단계부터 판매단계까지 각 단계별로 정보를 기록·관리하여 그 식품의 안전성 등에 문제가 발생할 경우 그 식품을 추적하여 원인을 규명하고 필요한 조치를 할 수 있도록 관리하는 것을 말한다.

12. "식중독"이란 식품 섭취로 인하여 인체에 유해한 미생물 또는 유독물질에 의하여 발생하였거나 발생한 것으로 판단되는 감염성 질환 또는 독소형 질환을 말한다.

13. "집단급식소에서의 식단"이란 급식대상 집단의 영양섭취기준에 따라 음식명, 식재료, 영양성분, 조리방법, 조리인력 등을 고려하여 작성한 급식계획서를 말한다.

2. 조항과 판례로 알아보는 식품위생

위에서 살펴본 것을 정리하자면 식품위생법의 목적은 첫째로 식품으로 인한 위해의 방지, 둘째로 식품영양의 질적 향상, 셋째로 국민보건의 향상과 증진에 있다고 할 수 있으며 또 식품의 정의는 의약품을 제외한 모든 음식물이라 할 수 있다. 여기까지는 비교적 흔히 알고 있는 수준이라 한다면 지금부터는 좀 더 자세한 조항과 구체적인 판례를 들어 식품위생법에 대해 한층 더 깊게 알아보도록 하겠다.

위 판례들은 판매금지 대상이 되는 인체에 유해한 농약을 사용한 콩나물과 곰팡이 핀 불결한 오징어를 판매·제공하여 식품위생법을 위반한 경우이다. 유해·유독물질이 들어 있거나 묻어 있는 식품이나 불결하거나 다른 물질의 혼입 또는 첨가 기타의 사유로 인체의 건강을 해할 우려가 있는 식품들을 이익을 위해 판매·제공하는 행위는 일어나서는 안되는 일이며 직접적으로 인체를 해한 결과가 일어나지 않았다고 하더라도 당연히 처벌을 받아야하는 사항이라고 생각한다. 이렇듯 식품위생법에서는 식품 및 식품첨가물에 대해 규정함으로서 위해식품을 판매하는 것을 방지하고 있다.

판례

식품 등의 세부표시기준 중 "음주전후" 및 "숙취해소" 표시를 금지하는 규정은 음주로 인한 건강위해적 요소로부터 국민의 건강을 보호한다는 입법 목적 하에 음주를 조장하는 내용의 표시를 금지하고 있으나, "음주전후", "숙취해소"라는 표시는 이를 금지할 만큼 음주를 조장하는 내용이라 볼 수 없고, 식품에 숙취해소 작용이 있음에도 불구하고 이러한 표시를 금지하면 숙취해소용 식품에 관한 정확한 정보 및 제품의 제공을 차단함으로써 숙취해소의 기회를 국민으로부터 박탈하게 될 뿐만 아니라, 보다 나은 숙취해소용 식품을 개발하기 위한 연구와 시도를 차단하는 결과를 초래하므로, 위 규정은 숙취해소용 식품의 제조·판매에 관한 영업의 자유 및 광고표현의 자유를 과잉금지원칙에 위반하여 침해하는 것이다. 특히 청구인들은 "숙취해소용 천연차 및 그 제조방법"에 관하여 특허권을 획득

269

하였음에도 불구하고 위 규정으로 인하여 특허권자인 청구인들조차 그 특허발명제품에 "숙취해소용 천연차"라는 표시를 하지 못하고 "천연차"라는 표시만 할 수밖에 없게 됨으로써 청구인들의 헌법상 보호받는 재산권인 특허권도 침해되었다.【헌법재판소 2000.03.30. 99헌마143】

□ 제3조: 식품 등의 취급

① 누구든지 판매(판매 외의 불특정 다수인에 대한 제공을 포함한다. 이하 같다)를 목적으로 식품 또는 식품첨가물을 채취·제조·가공·사용·조리·저장·소분·운반 또는 진열을 할 때에는 깨끗하고 위생적으로 하여야 한다.

② 영업에 사용하는 기구 및 용기·포장은 깨끗하고 위생적으로 다루어야 한다.

③ 제1항 및 제2항에 따른 식품, 식품첨가물, 기구 또는 용기·포장(이하 "식품등"이라 한다)의 위생적인 취급에 관한 기준은 총리령으로 정한다.

□ 제4조: 위해식품등의 판매 등 금지

누구든지 다음 각 호의 어느 하나에 해당하는 식품등을 판매하거나 판매할 목적으로 채취·제조·수입·가공·사용·조리·저장·소분·운반 또는 진열하여서는 아니 된다.

1. 썩거나 상하거나 설익어서 인체의 건강을 해칠 우려가 있는 것

2. 유독·유해물질이 들어 있거나 묻어 있는 것 또는 그러할 염려가 있는 것. 다만, 식품의약품안전 처장이 인체의 건강을 해칠 우려가 없다고 인정하는 것은 제외한다.

3. 병(病)을 일으키는 미생물에 오염되었거나 그러할 염려가 있어 인체의 건강을 해칠 우려가 있는 것

4. 불결하거나 다른 물질이 섞이거나 첨가(添加)된 것 또는 그 밖의 사유로 인체의 건강을 해칠 우려가 있는 것

5. 제18조에 따른 안전성 심사 대상인 농·축·수산물 등 가운데 안전성 심사를 받지 아니하였거나 안전성 심사에서 식용(食用)으로 부적합하다고 인정된 것

6. 수입이 금지된 것 또는 「수입식품안전관리 특별법」 제20조제1항에 따른 수입신고를 하지 아니하고 수입한 것

7. 영업자가 아닌 자가 제조·가공·소분한 것

□ 제9조: 기구 및 용기·포장에 관한 기준 및 규격

① 식품의약품안전처장은 국민보건을 위하여 필요한 경우에는 판매하거나 영업에 사용하는 기구 및 용기·포장에 관하여 다음 각 호의 사항을 정하여 고시한다.

1. 제조 방법에 관한 기준

2. 기구 및 용기·포장과 그 원재료에 관한 규격

② 식품의약품안전처장은 제1항에 따라 기준과 규격이 고시되지 아니한 기구 및 용기·포장의 기준과 규격을 인정받으려는 자에게 제1항 각 호의 사항을 제출하게 하여 「식품·의약품분야

시험·검사 등에 관한 법률」제6조제3항제1호에 따라 식품의약품안전처장이 지정한 식품전문
시험·검사기관 또는 같은 조 제4항 단서에 따라 총리령으로 정하는 시험·검사기관의 검토를 거쳐
제1항에 따라 기준과 규격이 고시될 때까지 해당 기구 및 용기·포장의 기준과 규격으로 인정할 수
있다.

③ 수출할 기구 및 용기·포장과 그 원재료에 관한 기준과 규격은 제1항 및 제2항에도 불구하고
수입자가 요구하는 기준과 규격을 따를 수 있다.

④ 제1항 및 제2항에 따라 기준과 규격이 정하여진 기구 및 용기·포장은 그 기준에 따라 제조하여야
하며, 그 기준과 규격에 맞지 아니한 기구 및 용기·포장은 판매하거나 판매할 목적으로 제조·
수입·저장·운반·진열하거나 영업에 사용하여서는 아니 된다.

판례 1

카바메이트제 농약을 사용하여 콩나물을 생산하면 인체에 유해한 성분이 콩나물에 잔류되어 있을지도
모른다는 생각을 하면서도 다른 콩나물생산업자와의 경쟁을 위하여 이를 사용한 피고인들은 그 결과로
인하여 피고인들이 재배하여 판매한 콩나물에서 위 농약성분이 검출된 사실을 인정할 수 있으며 그
농약성분이 인체에 유해한 물질이 아니라거나 또는 이에 대한 증명이 없다는 주장은 이유가 없다 할
것이다. 제3조 제1항 제2호는 "유독 또는 유해물질이 함유되었거나 부착한 식품은 이를 판매하지
못한다. 다만 인체의 건강을 해할 우려가 없다고 보건사회부장관이 인정하는 것은 예외로"라고 규정하고
있는데, 동조항의 입법취지는 유해물질이 함유된 식품이 판매를 일반적으로 금지하면서 식품에 따라서
예외적으로 보건사회부장관이 이를 허용할 수 있도록 한 것으로 보이며 현행 법령상 카바메이트제
농약성분이 함유되어 있는 식품의 판매를 허용하는 어떠한 규정도 찾아 볼 수 없다 할 것이다.

【서울형사지방법원 1986.08.16 86노2246】

판례 2

피고인 1은 대형할인점에 공급하였다가 곰팡이가 피거나 내용물이 변질되었다는 등의 이유로 반품된
상품가치가 전혀 없는 오징어를 무상으로 받아 사무실에 보관하면서 보기에 곰팡이가 피지 않아 보이는
오징어를 골라 헐값에 판매하였으며, 피고인 2는 위의 오징어를 물에 씻은 후 불에 조리하여 자신이
운영하는 원래 불결한 식당에서 반찬으로 제공한 사실을 인정할 수 있다. 원래 식품은 사람의 생명, 신체,
건강에 위험을 초래하고 소비대중이 위험성을 미처 인식하지 못하고 이를 섭취함으로써 피해가
신속하고 광범위하게 발생할 위험이 있으며, 또한 일단 피해가 발생되면 사후구제란 별 효과가 없는
경우가 대부분이기 때문에 식품으로 인한 위생상의 위해를 방지하고 식품영양의 질적 향상을

도모함으로써 국민보건의 증진에 이바지함을 목적으로 하여 제정된 식품위생법 제4조 제4호는 위와 같은 불결한 식품으로 인하여 생기는 피해의 특수성을 고려하여 피해방지를 위하여 불결하거나 다른 물질의 혼입 또는 첨가 기타의 사유로 '인체의 건강을 해할 우려가 있는 식품'을 판매하는 등의 행위를 금지하고 있는 것이라고 할 것이므로 그로 인하여 인체의 건강을 해한 결과가 발생하지 아니하였더라도 그러한 우려가 있었음만 인정된다면 위 규정에 의한 처벌대상이 된다고 할 것이다.【대법원 2005.05.13. 선고 2004도7294】

□제36조: 시설기준

① 다음의 영업을 하려는 자는 총리령으로 정하는 시설기준에 맞는 시설을 갖추어야 한다.

　　1. 식품 또는 식품첨가물의 제조업, 가공업, 운반업, 판매업 및 보존업

　　2. 기구 또는 용기 · 포장의 제조업

　　3. 식품접객업

　　4. 공유주방 운영업(제2조제5호의2에 따라 여러 영업자가 함께 사용하는 공유주방을 운영하는 경우로 한정한다. 이하 같다)

② 제1항에 따른 시설은 영업을 하려는 자별로 구분되어야 한다. 다만, 공유주방을 운영하는 경우에는 그러하지 아니하다.

③ 제1항 각 호에 따른 영업의 세부 종류와 그 범위는 대통령령으로 정한다.

□제37조: 영업허가 등

① 제36조제1항 각 호에 따른 영업 중 대통령령으로 정하는 영업을 하려는 자는 대통령령으로 정하는 바에 따라 영업 종류별 또는 영업소별로 식품의약품안전처장 또는 특별자치시장 · 특별자치도지사 · 시장 · 군수 · 구청장의 허가를 받아야 한다. 허가받은 사항 중 대통령령으로 정하는 중요한 사항을 변경할 때에도 또한 같다.

② 식품의약품안전처장 또는 특별자치시장 · 특별자치도지사 · 시장 · 군수 · 구청장은 제1항에 따른 영업허가를 하는 때에는 필요한 조건을 붙일 수 있다.

③ 제1항에 따라 영업허가를 받은 자가 폐업하거나 허가받은 사항 중 같은 항 후단의 중요한 사항을 제외한 경미한 사항을 변경할 때에는 식품의약품안전처장 또는 특별자치시장 · 특별자치도지사 · 시장 · 군수 · 구청장에게 신고하여야 한다.

④ 제36조제1항 각 호에 따른 영업 중 대통령령으로 정하는 영업을 하려는 자는 대통령령으로 정하는 바에 따라 영업 종류별 또는 영업소별로 식품의약품안전처장 또는 특별자치시장 · 특별자치도지사 · 시장 · 군수 · 구청장에게 신고하여야 한다. 신고한 사항 중 대통령령으로 정하는 중요한 사항을 변경하거나 폐업할 때에도 또한 같다.

⑤ 제36조제1항 각 호에 따른 영업 중 대통령령으로 정하는 영업을 하려는 자는 대통령령으로 정하는

바에 따라 영업 종류별 또는 영업소별로 식품의약품안전처장 또는 특별자치시장·특별자치도지사·시장·군수·구청장에게 등록하여야 하며, 등록한 사항 중 대통령령으로 정하는 중요한 사항을 변경할 때에도 또한 같다. 다만, 폐업하거나 대통령령으로 정하는 중요한 사항을 제외한 경미한 사항을 변경할 때에는 식품의약품안전처장 또는 특별자치시장·특별자치도지사·시장·군수·구청장에게 신고하여야 한다.

⑥ 제1항, 제4항 또는 제5항에 따라 식품 또는 식품첨가물의 제조업·가공업(공유주방에서 식품을 제조·가공하는 영업을 포함한다)의 허가를 받거나 신고 또는 등록을 한 자가 식품 또는 식품첨가물을 제조·가공하는 경우에는 총리령으로 정하는 바에 따라 식품의약품안전처장 또는 특별자치시장·특별자치도지사·시장·군수·구청장에게 그 사실을 보고하여야 한다. 보고한 사항 중 총리령으로 정하는 중요한 사항을 변경하는 경우에도 또한 같다.

⑦ 식품의약품안전처장 또는 특별자치시장·특별자치도지사·시장·군수·구청장은 영업자 (제4항에 따른 영업신고 또는 제5항에 따른 영업등록을 한 자만 해당한다)가 「부가가치세법」 제8조에 따라 관할세무서장에게 폐업신고를 하거나 관할세무서장이 사업자등록을 말소한 경우에는 신고 또는 등록 사항을 직권으로 말소할 수 있다.

⑧ 제3항부터 제5항까지의 규정에 따라 폐업하고자 하는 자는 제71조부터 제76조까지의 규정에 따른 영업정지 등 행정 제재처분기간과 그 처분을 위한 절차가 진행 중인 기간(「행정절차법」 제21조에 따른 처분의 사전 통지 시점부터 처분이 확정되기 전까지의 기간을 말한다) 중에는 폐업신고를 할 수 없다.

⑨ 식품의약품안전처장 또는 특별자치시장·특별자치도지사·시장·군수·구청장은 제7항의 직권 말소를 위하여 필요한 경우 관할 세무서장에게 영업자의 폐업여부에 대한 정보 제공을 요청할 수 있다. 이 경우 요청을 받은 관할 세무서장은 「전자정부법」 제39조에 따라 영업자의 폐업여부에 대한 정보를 제공한다.

⑩ 식품의약품안전처장 또는 특별자치시장·특별자치도지사·시장·군수·구청장은 제1항에 따른 허가 또는 변경허가의 신청을 받은 날부터 총리령으로 정하는 기간 내에 허가 여부를 신청인에게 통지하여야 한다.

⑪ 식품의약품안전처장 또는 특별자치시장·특별자치도지사·시장·군수·구청장이 제10항에서 정한 기간 내에 허가 여부 또는 민원 처리 관련 법령에 따른 처리기간의 연장을 신청인에게 통지하지 아니하면 그 기간(민원 처리 관련 법령에 따라 처리기간이 연장 또는 재연장된 경우에는 해당 처리기간을 말한다)이 끝난 날의 다음 날에 허가를 한 것으로 본다.

⑫ 식품의약품안전처장 또는 특별자치시장·특별자치도지사·시장·군수·구청장은 다음 각 호의 어느 하나에 해당하는 신고 또는 등록의 신청을 받은 날부터 3일 이내에 신고수리 여부 또는 등록 여부를 신고인 또는 신청인에게 통지하여야 한다.

　　1. 제3항에 따른 변경신고

2. 제4항에 따른 영업신고 또는 변경신고

3. 제5항에 따른 영업의 등록·변경등록 또는 변경신고

⑬ 식품의약품안전처장 또는 특별자치시장·특별자치도지사·시장·군수·구청장이 제12항에서 정한 기간 내에 신고수리 여부, 등록 여부 또는 민원 처리 관련 법령에 따른 처리기간의 연장을 신고인이나 신청인에게 통지하지 아니하면 그 기간(민원 처리 관련 법령에 따라 처리기간이 연장 또는 재연장된 경우에는 해당 처리기간을 말한다)이 끝난 날의 다음 날에 신고를 수리하거나 등록을 한 것으로 본다.

판 례

단란주점영업을 "주로 주류를 조리·판매하는 영업으로서 손님이 노래를 부르는 행위가 허용되는 영업"으로 규정하고 있으므로, 주로 주류를 조리·판매하는 영업이라고 하더라도 손님으로 하여금 노래를 부를 수 있는 시설을 갖추고 노래를 부를 수 있게 한 바 없는 이상, 위 주점 영업을 식품위생법 소정의 단란주점영업에 해당한다고 볼 수 없다고 판단하여 피고인에 대하여 무죄를 선고한 조치는 정당하고, 거기에 식품위생법상 단란주점영업의 요건에 관한 위법이 없다.【대법원 2008.09.11 선고 2008도2160】

이상의 식품위생법 조항과 그 관련 판례들은 영업에 관한 것이다. 용어의 정의에서 이미 정리했던바 여기서 영업이라 함은 농업 및 수산업을 제외하고 식품을 제조·가공·수입·조리·저장·운반 또는 판매하는 등의 업을 말한다. 영업의 종류 및 업종별 시설기준 등이 상세히 규정되어 있을 뿐만 아니라 영업허가와 신고 등에 관련된 조항도 규정되어있다. 보통 식품과 관련된 영업이라고 하면 막연히 식품제조업이나 식품판매업 정도만 떠올리기 쉬웠는데 용기 등을 제조하는 제조업이나 접객업 등도 "영업"에 포함되었다. 판례에서 보았듯 영업의 종류 중에서도 특히 식품접객업은 음주행위가 허용되지 아니하는 휴게음식점, 식사와 함께 부수적으로 음주행위가 허용되는 일반음식점, 주로 주류를 판매하는 단란주점, 유흥종사자를 두거나 유흥시설을 설치할 수 있는 유흥주점 영업 등으로 정확한 구별 기준이 제시되어 있다.

□ 제44조: 영업자 등의 준수사항

① 제36조제1항 각 호의 영업을 하는 자 중 대통령령으로 정하는 영업자와 그 종업원은 영업의 위생관리와 질서유지, 국민의 보건위생 증진을 위하여 영업의 종류에 따라 다음 각 호에 해당하는 사항을 지켜야 한다.

1. 「축산물 위생관리법」 제12조에 따른 검사를 받지 아니한 축산물 또는 실험 등의 용도로 사용한 동물은 운반·보관·진열·판매하거나 식품의 제조·가공에 사용하지 말 것

2. 「야생생물 보호 및 관리에 관한 법률」을 위반하여 포획·채취한 야생생물은 이를 식품의 제조·가공에 사용하거나 판매하지 말 것

3. 유통기한이 경과된 제품·식품 또는 그 원재료를 제조·가공·조리·판매의 목적으로 소분·운반·진열·보관하거나 이를 판매 또는 식품의 제조·가공·조리에 사용하지 말 것

4. 수돗물이 아닌 지하수 등을 먹는 물 또는 식품의 조리·세척 등에 사용하는 경우에는 「먹는물관리법」 제43조에 따른 먹는물 수질검사기관에서 총리령으로 정하는 바에 따라 검사를 받아 마시기에 적합하다고 인정된 물을 사용할 것. 다만, 둘 이상의 업소가 같은 건물에서 같은 수원(水源)을 사용하는 경우에는 하나의 업소에 대한 시험결과로 나머지 업소에 대한 검사를 갈음할 수 있다.

5. 제15조제2항에 따라 위해평가가 완료되기 전까지 일시적으로 금지된 식품등을 제조·가공·판매·수입·사용 및 운반하지 말 것

6. 식중독 발생 시 보관 또는 사용 중인 식품은 역학조사가 완료될 때까지 폐기하거나 소독 등으로 현장을 훼손하여서는 아니 되고 원상태로 보존하여야 하며, 식중독 원인규명을 위한 행위를 방해하지 말 것

7. 손님을 꾀어서 끌어들이는 행위를 하지 말 것

8. 그 밖에 영업의 원료관리, 제조공정 및 위생관리와 질서유지, 국민의 보건위생 증진 등을 위하여 총리령으로 정하는 사항

② 식품접객영업자는 「청소년 보호법」 제2조에 따른 청소년(이하 이 항에서 "청소년"이라 한다)에게 다음 각 호의 어느 하나에 해당하는 행위를 하여서는 아니 된다.

1. 청소년을 유흥접객원으로 고용하여 유흥행위를 하게 하는 행위

2. 「청소년 보호법」 제2조제5호가목3)에 따른 청소년출입·고용 금지업소에 청소년을 출입시키거나 고용하는 행위

3. 「청소년 보호법」 제2조제5호나목3)에 따른 청소년고용금지업소에 청소년을 고용하는 행위

4. 청소년에게 주류(酒類)를 제공하는 행위

③ 누구든지 영리를 목적으로 제36조제1항제3호의 식품접객업을 하는 장소(유흥종사자를 둘 수 있도록 대통령령으로 정하는 영업을 하는 장소는 제외한다)에서 손님과 함께 술을 마시거나 노래 또는 춤으로 손님의 유흥을 돋우는 접객행위(공연을 목적으로 하는 가수, 악사, 댄서, 무용수 등이 하는 행위는 제외한다)를 하거나 다른 사람에게 그 행위를 알선하여서는 아니 된다.

④ 제3항에 따른 식품접객영업자는 유흥종사자를 고용·알선하거나 호객행위를 하여서는 아니 된다.

판 례 1

음식점을 운영하는 사람이 그 음식점에 들어온 사람들에게 술을 내어 놓을 당시에는 성년자들만이 있었고 그들끼리만 술을 마시다가 나중에 청소년이 들어와서 합석하게 된 경우에는, 처음부터 음식점 운영자가 나중에 그렇게 청소년이 합석하리라는 것을 예견할 만한 사정이 있었거나, 청소년이 합석한 후에 이를 인식하면서 추가로 술을 내어 준 경우가 아닌 이상, 나중에 합석한 청소년이 남아 있던 술을 일부 마셨다고 하더라도 음식점 운영자가 식품위생법 제31조 제2항 제4호 에 규정된 '청소년에게 주류를 제공하는 행위'를 하였다고 볼 수는 없다.【대법원 2005.05.27. 선고 2005두2223】

판 례 2

식품접객영업자인 원고가 수차례에 걸쳐 주점의 종업원인 소외로 하여금 주점에서 술을 마신 고객들과 업소 밖의 여관에 투숙하며 윤락행위를 하도록 알선하였다면, 원고의 이러한 행위가 바로 업소 내에서는 풍기문란행위를 방지하여야 한다는 식품접객영업자로서의 준수사항을 지키지 아니한 경우에 해당한다고 볼 것이고, 따라서 원고의 윤락알선행위가 업소 내에서의 풍기문란행위에 해당하지 아니한다고 판단한 원심은 식품위생법 및 그 시행규칙 소정의 식품접객영업자의 준수사항에 관한 법리를 오해한 것이라고 하지 아니할 수 없다.【대법원 1995.09.26. 선고 95누8898】

판 례 3

원고가 신고한 업종인 일반음식점은 음식류를 조리·판매하는 영업으로서 식사와 함께 부수적으로 음주행위가 허용되는 영업이나, 바(Bar)는 스탠드바를 줄여서 부르는 말로서 주로 양주를 파는 서양식 술집을 의미하여, 주로 주류를 조리·판매하는 영업으로서 손님이 노래를 부르는 행위가 허용되는 단란주점 영업이나 유흥종사자를 두거나 유흥시설을 설치할 수 있고 손님이 노래를 부르거나 춤을 추는 행위가 허용되는 유흥주점영업을 의미하는 것으로 오해될 소지가 있는 점, 특히 섹시바의 종업원이 손님과 함께 술을 마시는 행위는 유흥종사자를 둔 경우에 해당하여 이러한 영업형태는 유흥음식점영업에 해당한다고 보아야 하는 점 등에 볼 때, 원고가 위 영업장의 간판에 일반음식점 이라는 표시와 함께 표시한 "Sexy Bar"라는 문구는 신고된 업종인 일반음식점과 위에서 본 단란주점영업이나 유흥음식점과의 업종구분에 혼동을 줄 수 있는 사항을 표시하였다고 볼 수 있다.【대구지방법원 2006.10.11. 선고 2006구단288】

영업기관뿐만 아니라 영업을 하는 영업자들 또한 식품위생법에 의거하여 준수해야 할 사항들이 있다. 첫 번째 판례는 청소년이 나중에 합석하게 되어 남은 술을 마신 경우에는 식품위생법을 위반하는 행위로 볼 수 없다고 판결하였지만 청소년들이 합석할 것이 예견된 상황이었거나 술을 추가로 내어준 경우였다면 그것은 청소년에게 주류를 제공하는 행위라고 할 수 있을 것이다. 또 다음 판례들은 영업자가 주점 밖에서 윤락행위를 알선하거나 신고한 업종과 다른 업종의 간판을 표시하여 혼동을 주는 등 식품접객영업자로서의 준수사항을 위반한 내용이다. 이러한 판례 외에도 영업자들이 이익을 위해 청소년들에게 주류를 판매하거나 업종을 위장으로 신고하는 경우가 많은데 이러한 위법행위들은 철저하게 단속하여 엄하게 처벌해야 할 것이다.

□제93조: 벌칙

① 다음 각 호의 어느 하나에 해당하는 질병에 걸린 동물을 사용하여 판매할 목적으로 식품 또는 식품첨가물을 제조·가공·수입 또는 조리한 자는 3년 이상의 징역에 처한다.

1. 소해면상뇌증(狂牛病)　　　2. 탄저병

3. 가금 인플루엔자

② 다음 각 호의 어느 하나에 해당하는 원료 또는 성분 등을 사용하여 판매할 목적으로 식품 또는 식품첨가물을 제조·가공·수입 또는 조리한 자는 1년 이상의 징역에 처한다.

1. 마황(麻黃)　　　2. 부자(附子)　　　3. 천오(川烏)

4. 초오(草烏)　　　5. 백부자(白附子)　　　6. 섬수(蟾水)

7. 백선피(白鮮皮)　　　8. 사리풀

③ 제1항 및 제2항의 경우 제조·가공·수입·조리한 식품 또는 식품첨가물을 판매하였을 때에는 그 판매금액의 2배 이상 5배 이하에 해당하는 벌금을 병과(倂科)한다.

④ 제1항 또는 제2항의 죄로 형을 선고받고 그 형이 확정된 후 5년 이내에 다시 제1항 또는 제2항의 죄를 범한 자가 제3항에 해당하는 경우 제3항에서 정한 형의 2배까지 가중한다.

□94조: 벌칙

① 다음 각 호의 어느 하나에 해당하는 자는 10년 이하의 징역 또는 1억원 이하의 벌금에 처하거나 이를 병과할 수 있다.

1. 제4조부터 제6조까지(제88조에서 준용하는 경우를 포함하고, 제93조제1항 및 제3항에 해당하는 경우는 제외한다)를 위반한 자

2. 제8조(제88조에서 준용하는 경우를 포함한다)를 위반한 자

3. 제37조제1항을 위반한 자

② 제1항의 죄로 금고 이상의 형을 선고받고 그 형이 확정된 후 5년 이내에 다시 제1항의 죄를 범한 자는 1년 이상 10년 이하의 징역에 처한다.

③ 제2항의 경우 그 해당 식품 또는 식품첨가물을 판매한 때에는 그 판매금액의 4배 이상 10배 이하에 해당하는 벌금을 병과한다.

□95조: 벌칙

다음 각 호의 어느 하나에 해당하는 자는 5년 이하의 징역 또는 5천만원 이하의 벌금에 처하거나 이를

병과할 수 있다.

    1. 제7조제4항(제88조에서 준용하는 경우를 포함한다) 또는 제9조제4항(제88조에서 준용하는 경우를 포함한다)을 위반한 자

    2의2. 제37조제5항을 위반한 자

    3. 제43조에 따른 영업 제한을 위반한 자

    3의2. 제45조제1항 전단을 위반한 자

    4. 제72조제1항·제3항(제88조에서 준용하는 경우를 포함한다) 또는 제73조제1항에 따른 명령을 위반한 자

    5. 제75조제1항에 따른 영업정지 명령을 위반하여 영업을 계속한 자(제37조제1항에 따른 영업허가를 받은 자만 해당한다)

□96조: 벌칙

제51조 또는 제52조를 위반한 자는 3년 이하의 징역 또는 3천만원 이하의 벌금에 처하거나 이를 병과할 수 있다.

□제97조: 벌칙

다음 각 호의 어느 하나에 해당하는 자는 3년 이하의 징역 또는 3천만원 이하의 벌금에 처한다.

    1. 제12조의2제2항, 제17조제4항, 제31조제1항·제3항, 제37조제3항·제4항, 제39조제3항, 제48조제2항·제10항, 제49조제1항 단서 또는 제55조를 위반한 자

    2. 제22조제1항(제88조에서 준용하는 경우를 포함한다) 또는 제72조제1항·제2항(제88조에서 준용하는 경우를 포함한다)에 따른 검사·출입·수거·압류·폐기를 거부·방해 또는 기피한 자

    4. 제36조에 따른 시설기준을 갖추지 못한 영업자

    5. 제37조제2항에 따른 조건을 갖추지 못한 영업자

    6. 제44조제1항에 따라 영업자가 지켜야 할 사항을 지키지 아니한 자. 다만, 총리령으로 정하는 경미한 사항을 위반한 자는 제외한다.

    7. 제75조제1항에 따른 영업정지 명령을 위반하여 계속 영업한 자(제37조제4항 또는 제5항에 따라 영업신고 또는 등록을 한 자만 해당한다) 또는 같은 조 제1항 및 제2항에 따른 영업소 폐쇄명령을 위반하여 영업을 계속한 자

    8. 제76조제1항에 따른 제조정지 명령을 위반한 자

    9. 제79조제1항에 따라 관계 공무원이 부착한 봉인 또는 게시문 등을 함부로 제거하거나 손상시킨 자

    10. 제86조제2항·제3항에 따른 식중독 원인조사를 거부·방해 또는 기피한 자

□98조: 벌칙

다음 각 호의 어느 하나에 해당하는 자는 1년 이하의 징역 또는 1천만원 이하의 벌금에 처한다.

1. 제44조제3항을 위반하여 접객행위를 하거나 다른 사람에게 그 행위를 알선한 자

2. 제46조제1항을 위반하여 소비자로부터 이물 발견의 신고를 접수하고 이를 거짓으로 보고한 자

3. 이물의 발견을 거짓으로 신고한 자

4. 제45조제1항 후단을 위반하여 보고를 하지 아니하거나 거짓으로 보고한 자

□100조: 양벌규정

법인의 대표자나 법인 또는 개인의 대리인, 사용인, 그 밖의 종업원이 그 법인 또는 개인의 업무에 관하여 제93조제3항 또는 제94조부터 제97조까지의 어느 하나에 해당하는 위반행위를 하면 그 행위자를 벌하는 외에 그 법인 또는 개인에게도 해당 조문의 벌금형을 과(科)하고, 제93조제1항의 위반행위를 하면 그 법인 또는 개인에 대하여도 1억5천만원 이하의 벌금에 처하며, 제93조제2항의 위반행위를 하면 그 법인 또는 개인에 대하여도 5천만원 이하의 벌금에 처한다. 다만, 법인 또는 개인이 그 위반행위를 방지하기 위하여 해당 업무에 관하여 상당한 주의와 감독을 게을리하지 아니한 경우에는 그러하지 아니하다.

□제101조: 과태료

① 다음 각 호의 어느 하나에 해당하는 자에게는 1천만원 이하의 과태료를 부과한다.

1. 제86조제1항을 위반한 자

2. 제88조제1항 전단을 위반하여 신고하지 아니하거나 허위의 신고를 한 자

3. 제88조제2항을 위반한 자. 다만, 총리령으로 정하는 경미한 사항을 위반한 자는 제외한다.

② 다음 각 호의 어느 하나에 해당하는 자에게는 500만원 이하의 과태료를 부과한다.

1. 제3조·제40조제1항 및 제3항(제88조에서 준용하는 경우를 포함한다), 제41조제1항 및 제5항(제88조에서 준용하는 경우를 포함한다)을 위반한 자

1의3. 제19조의4제2항을 위반하여 검사기한 내에 검사를 받지 아니하거나 자료 등을 제출하지 아니한 영업자

3. 제37조제6항을 위반하여 보고를 하지 아니하거나 허위의 보고를 한 자

4. 제42조제2항을 위반하여 보고를 하지 아니하거나 허위의 보고를 한 자

6. 제48조제9항(제88조에서 준용하는 경우를 포함한다)을 위반한 자

7. 제56조제1항을 위반하여 교육을 받지 아니한 자

8. 제74조제1항(제88조에서 준용하는 경우를 포함한다)에 따른 명령에 위반한 자

③ 다음 각 호의 어느 하나에 해당하는 자에게는 300만원 이하의 과태료를 부과한다.

    2. 제44조제1항에 따라 영업자가 지켜야 할 사항 중 총리령으로 정하는 경미한 사항을 지키지 아니한 자

    3. 제46조제1항을 위반하여 소비자로부터 이물 발견신고를 받고 보고하지 아니한 자

    4. 제49조제3항을 위반하여 식품이력추적관리 등록사항이 변경된 경우 변경사유가 발생한 날부터 1개월 이내에 신고하지 아니한 자

    5. 제49조의3제4항을 위반하여 식품이력추적관리정보를 목적 외에 사용한 자

    6. 제88조제2항에 따라 집단급식소를 설치·운영하는 자가 지켜야 할 사항 중 총리령으로 정하는 경미한 사항을 지키지 아니한 자

④ 제1항부터 제3항까지의 규정에 따른 과태료는 대통령령으로 정하는 바에 따라 식품의약품안전처장, 시·도지사 또는 시장·군수·구청장이 부과·징수한다.

□ **제102조: 과태료에 관한 규정 적용의 특례**

제101조의 과태료에 관한 규정을 적용하는 경우 제82조에 따라 과징금을 부과한 행위에 대하여는 과태료를 부과할 수 없다. 다만, 제82조제4항 본문에 따라 과징금 부과처분을 취소하고 영업정지 또는 제조정지 처분을 한 경우에는 그러하지 아니하다.

3. 주요법률내용

1) 식품 또는 식품첨가물에 관한 기준 및 규격

① 식품의약품안전처장은 국민보건을 위하여 필요하면 판매를 목적으로 하는 식품 또는 식품첨가물에 관한 다음 각 호의 사항을 정하여 고시한다.

    1. 제조·가공·사용·조리·보존 방법에 관한 기준

    2. 성분에 관한 규격

② 식품의약품안전처장은 제1항에 따라 기준과 규격이 고시되지 아니한 식품 또는 식품첨가물의 기준과 규격을 인정받으려는 자에게 제1항 각 호의 사항을 제출하게 하여 「식품·의약품분야 시험·검사 등에 관한 법률」 제6조제3항제1호에 따라 식품의약품안전처장이 지정한 식품전문 시험·검사기관 또는 같은 조 제4항 단서에 따라 총리령으로 정하는 시험·검사기관의 검토를 거쳐 제1항에 따른 기준과 규격이 고시될 때까지 그 식품 또는 식품첨가물의 기준과 규격으로 인정할 수 있다.

③ 수출할 식품 또는 식품첨가물의 기준과 규격은 제1항 및 제2항에도 불구하고 수입자가 요구하는 기준과 규격을 따를 수 있다.

④ 제1항 및 제2항에 따라 기준과 규격이 정하여진 식품 또는 식품첨가물은 그 기준에 따라

제조·수입·가공·사용·조리·보존하여야 하며, 그 기준과 규격에 맞지 아니하는 식품 또는 식품첨가물은 판매하거나 판매할 목적으로 제조·수입·가공·사용·조리·저장·소분·운반·보존 또는 진열하여서는 아니 된다.

2) 소비자 등의 위생검사등 요청

① 식품의약품안전처장(대통령령으로 정하는 그 소속 기관의 장을 포함한다. 이하 이 조에서 같다), 시·도지사 또는 시장·군수·구청장은 대통령령으로 정하는 일정 수 이상의 소비자, 소비자단체 또는 「식품·의약품분야 시험·검사 등에 관한 법률」 제6조에 따른 시험·검사기관 중 총리령으로 정하는 시험·검사기관이 식품등 또는 영업시설 등에 대하여 제22조에 따른 출입·검사·수거 등(이하 이 조에서 "위생검사등"이라 한다)을 요청하는 경우에는 이에 따라야 한다. 다만, 다음 각 호의 어느 하나에 해당하는 경우에는 그러하지 아니하다.

    1. 같은 소비자, 소비자단체 또는 시험·검사기관이 특정 영업자의 영업을 방해할 목적으로 같은 내용의 위생검사등을 반복적으로 요청하는 경우

    2. 식품의약품안전처장, 시·도지사 또는 시장·군수·구청장이 기술 또는 시설, 재원(財源) 등의 사유로 위생검사등을 할 수 없다고 인정하는 경우

② 식품의약품안전처장, 시·도지사 또는 시장·군수·구청장은 제1항에 따라 위생검사등의 요청에 따르는 경우 14일 이내에 위생검사등을 하고 그 결과를 대통령령으로 정하는 바에 따라 위생검사등의 요청을 한 소비자, 소비자단체 또는 시험·검사기관에 알리고 인터넷 홈페이지에 게시하여야 한다.

③ 위생검사등의 요청 요건 및 절차, 그 밖에 필요한 사항은 대통령령으로 정한다.

3) 위해식품등에 대한 긴급대응

① 식품의약품안전처장은 판매하거나 판매할 목적으로 채취·제조·수입·가공·조리·저장·소분 또는 운반(이하 이 조에서 "제조·판매등"이라 한다)되고 있는 식품등이 다음 각 호의 어느 하나에 해당하는 경우에는 긴급대응방안을 마련하고 필요한 조치를 하여야 한다.

    1. 국내외에서 식품등 위해발생 우려가 총리령으로 정하는 과학적 근거에 따라 제기되었거나 제기된 경우

    2. 그 밖에 식품등으로 인하여 국민건강에 중대한 위해가 발생하거나 발생할 우려가 있는 경우로서 대통령령으로 정하는 경우

② 제1항에 따른 긴급대응방안은 다음 각 호의 사항이 포함되어야 한다.

    1. 해당 식품등의 종류

281

2. 해당 식품등으로 인하여 인체에 미치는 위해의 종류 및 정도

    3. 제3항에 따른 제조·판매등의 금지가 필요한 경우 이에 관한 사항

    4. 소비자에 대한 긴급대응요령 등의 교육·홍보에 관한 사항

    5. 그 밖에 식품등의 위해 방지 및 확산을 막기 위하여 필요한 사항

③ 식품의약품안전처장은 제1항에 따른 긴급대응이 필요하다고 판단되는 식품등에 대하여는 그 위해 여부가 확인되기 전까지 해당 식품등의 제조·판매등을 금지하여야 한다.

④ 영업자는 제3항에 따른 식품등에 대하여는 제조·판매등을 하여서는 아니 된다.

⑤ 식품의약품안전처장은 제3항에 따라 제조·판매등을 금지하려면 미리 대통령령으로 정하는 이해관계인의 의견을 들어야 한다.

⑥ 영업자는 제3항에 따른 금지조치에 대하여 이의가 있는 경우에는 대통령령으로 정하는 바에 따라 식품의약품안전처장에게 해당 금지의 전부 또는 일부의 해제를 요청할 수 있다.

⑦ 식품의약품안전처장은 식품등으로 인하여 국민건강에 위해가 발생하지 아니하였거나 발생할 우려가 없어졌다고 인정하는 경우에는 제3항에 따른 금지의 전부 또는 일부를 해제하여야 한다.

⑧ 식품의약품안전처장은 국민건강에 급박한 위해가 발생하거나 발생할 우려가 있다고 인정되는 위해식품에 관한 정보를 국민에게 긴급하게 전달하여야 하는 경우로서 대통령령으로 정하는 요건에 해당하는 경우에는 「방송법」 제2조제3호에 따른 방송사업자 중 대통령령으로 정하는 방송사업자에 대하여 이를 신속하게 방송하도록 요청하거나 「전기통신사업법」 제5조에 따른 기간통신사업자 중 대통령령으로 정하는 기간통신사업자에 대하여 이를 신속하게 문자 또는 음성으로 송신하도록 요청할 수 있다.

⑨ 제8항에 따라 요청을 받은 방송사업자 및 기간통신사업자는 특별한 사유가 없는 한 이에 응하여야 한다.

4) 검사명령 등

① 식품의약품안전처장은 다음 각 호의 어느 하나에 해당하는 식품등을 채취·제조·가공·사용·조리·저장·소분·운반 또는 진열하는 영업자에 대하여 「식품·의약품분야 시험·검사 등에 관한 법률」 제6조제3항제1호에 따른 식품전문 시험·검사기관 또는 같은 법 제8조에 따른 국외시험·검사기관에서 검사를 받을 것을 명(이하 "검사명령"이라 한다)할 수 있다. 다만, 검사로써 위해성분을 확인할 수 없다고 식품의약품안전처장이 인정하는 경우에는 관계 자료 등으로 갈음할 수 있다.

    1. 국내외에서 유해물질이 검출된 식품등

    3. 그 밖에 국내외에서 위해발생의 우려가 제기되었거나 제기된 식품등

② 검사명령을 받은 영업자는 총리령으로 정하는 검사기한 내에 검사를 받거나 관련 자료 등을

제출하여야 한다.

③ 제1항 및 제2항에 따른 검사명령 대상 식품등의 범위, 제출 자료 등 세부사항은 식품의약품 안전처장이 정하여 고시한다.

5) 출입·검사·수거 등

① 식품의약품안전처장(대통령령으로 정하는 그 소속 기관의 장을 포함한다. 이하 이 조에서 같다), 시·도지사 또는 시장·군수·구청장은 식품등의 위해방지·위생관리와 영업질서의 유지를 위하여 필요하면 다음 각 호의 구분에 따른 조치를 할 수 있다.

   1. 영업자나 그 밖의 관계인에게 필요한 서류나 그 밖의 자료의 제출 요구

   2. 관계 공무원으로 하여금 다음 각 목에 해당하는 출입·검사·수거 등의 조치

     가. 영업소(사무소, 창고, 제조소, 저장소, 판매소, 그 밖에 이와 유사한 장소를 포함한다)에 출입하여 판매를 목적으로 하거나 영업에 사용하는 식품등 또는 영업시설 등에 대하여 하는 검사

     나. 가목에 따른 검사에 필요한 최소량의 식품등의 무상 수거

     다. 영업에 관계되는 장부 또는 서류의 열람

② 식품의약품안전처장은 시·도지사 또는 시장·군수·구청장이 제1항에 따른 출입·검사·수거 등의 업무를 수행하면서 식품등으로 인하여 발생하는 위생 관련 위해방지 업무를 효율적으로 하기 위하여 필요한 경우에는 관계 행정기관의 장, 다른 시·도지사 또는 시장·군수·구청장에게 행정응원(行政應援)을 하도록 요청할 수 있다. 이 경우 행정응원을 요청받은 관계 행정기관의 장, 시·도지사 또는 시장·군수·구청장은 특별한 사유가 없으면 이에 따라야 한다.

③ 제1항 및 제2항의 경우에 출입·검사·수거 또는 열람하려는 공무원은 그 권한을 표시하는 증표 및 조사기간, 조사범위, 조사담당자, 관계 법령 등 대통령령으로 정하는 사항이 기재된 서류를 지니고 이를 관계인에게 내보여야 한다.

④ 제2항에 따른 행정응원의 절차, 비용 부담 방법, 그 밖에 필요한 사항은 대통령령으로 정한다.

6) 식품위생감시원

① 제22조제1항에 따른 관계 공무원의 직무와 그 밖에 식품위생에 관한 지도 등을 하기 위하여 식품의약품안전처(대통령령으로 정하는 그 소속 기관을 포함한다), 특별시·광역시·특별자치시·도·특별자치도(이하 "시·도"라 한다) 또는 시·군·구(자치구를 말한다. 이하 같다)에 식품위생감시원을 둔다.

② 제1항에 따른 식품위생감시원의 자격·임명·직무범위, 그 밖에 필요한 사항은 대통령령으로 정한다.

7) 소비자식품위생감시원

① 식품의약품안전처장(대통령령으로 정하는 그 소속 기관의 장을 포함한다. 이하 이 조에서 같다), 시·도지사 또는 시장·군수·구청장은 식품위생관리를 위하여「소비자기본법」제29조에 따라 등록한 소비자단체의 임직원 중 해당 단체의 장이 추천한 자나 식품위생에 관한 지식이 있는 자를 소비자식품위생감시원으로 위촉할 수 있다.

② 제1항에 따라 위촉된 소비자식품위생감시원(이하 "소비자식품위생감시원"이라 한다)의 직무는 다음 각 호와 같다.

  1. 제36조제1항제3호에 따른 식품접객업을 하는 자(이하 "식품접객영업자"라 한다)에 대한 위생관리 상태 점검

  2. 유통 중인 식품등이「식품등의 표시·광고에 관한 법률」제4조부터 제7조까지에 따른 표시·광고의 기준에 맞지 아니하거나 같은 법 제8조에 따른 부당한 표시 또는 광고행위의 금지 규정을 위반한 경우 관할 행정관청에 신고하거나 그에 관한 자료 제공

  3. 제32조에 따른 식품위생감시원이 하는 식품등에 대한 수거 및 검사 지원

  4. 그 밖에 식품위생에 관한 사항으로서 대통령령으로 정하는 사항

③ 소비자식품위생감시원은 제2항 각 호의 직무를 수행하는 경우 그 권한을 남용하여서는 아니 된다.

④ 제1항에 따라 소비자식품위생감시원을 위촉한 식품의약품안전처장, 시·도지사 또는 시장·군수·구청장은 소비자식품위생감시원에게 직무 수행에 필요한 교육을 하여야 한다.

⑤ 식품의약품안전처장, 시·도지사 또는 시장·군수·구청장은 소비자식품위생감시원이 다음 각 호의 어느 하나에 해당하면 그 소비자식품위생감시원을 해촉(解囑)하여야 한다.

  1. 추천한 소비자단체에서 퇴직하거나 해임된 경우

  2. 제2항 각 호의 직무와 관련하여 부정한 행위를 하거나 권한을 남용한 경우

  3. 질병이나 부상 등의 사유로 직무 수행이 어렵게 된 경우

⑥ 소비자식품위생감시원이 제2항제1호의 직무를 수행하기 위하여 식품접객영업자의 영업소에 단독으로 출입하려면 미리 식품의약품안전처장, 시·도지사 또는 시장·군수·구청장의 승인을 받아야 한다.

⑦ 소비자식품위생감시원이 제6항에 따른 승인을 받아 식품접객영업자의 영업소에 단독으로 출입하는 경우에는 승인서와 신분을 표시하는 증표 및 조사기간, 조사범위, 조사담당자, 관계 법령 등 대통령령으로 정하는 사항이 기재된 서류를 지니고 이를 관계인에게 내보여야 한다.

⑧ 소비자식품위생감시원의 자격, 직무 범위 및 교육, 그 밖에 필요한 사항은 대통령령으로 정한다.

8) 소비자 위생점검 참여 등

① 대통령령으로 정하는 영업자는 식품위생에 관한 전문적인 지식이 있는 자 또는 「소비자기본법」

제29조에 따라 등록한 소비자단체의 장이 추천한 자로서 식품의약품안전처장이 정하는 자에게 위생관리 상태를 점검받을 수 있다.

② 제1항에 따른 점검 결과 식품의약품안전처장이 정하는 기준에 적합하여 합격한 경우 해당 영업자는 그 합격사실을 총리령으로 정하는 바에 따라 해당 영업소에서 제조·가공한 식품등에 표시하거나 광고할 수 있다.

③ 식품의약품안전처장(대통령령으로 정하는 그 소속 기관의 장을 포함한다. 이하 이 조에서 같다), 시·도지사 또는 시장·군수·구청장은 제1항에 따라 위생점검을 받은 영업소 중 식품의약품안전처장이 정하는 기준에 따른 우수 등급의 영업소에 대하여는 관계 공무원으로 하여금 총리령으로 정하는 일정 기간 동안 제22조에 따른 출입·검사·수거 등을 하지 아니하게 할 수 있다.

④ 식품의약품안전처장, 시·도지사 또는 시장·군수·구청장은 제22조제1항에 따른 출입·검사·수거 등에 참여를 희망하는 소비자를 참여하게 하여 위생 상태를 점검할 수 있다.

⑤ 제1항에 따른 위생점검의 시기 등은 대통령령으로 정한다.

9) 영업허가 등

① 제36조제1항 각 호에 따른 영업 중 대통령령으로 정하는 영업을 하려는 자는 대통령령으로 정하는 바에 따라 영업 종류별 또는 영업소별로 식품의약품안전처장 또는 특별자치시장·특별자치도지사·시장·군수·구청장의 허가를 받아야 한다. 허가받은 사항 중 대통령령으로 정하는 중요한 사항을 변경할 때에도 또한 같다.

② 식품의약품안전처장 또는 특별자치시장·특별자치도지사·시장·군수·구청장은 제1항에 따른 영업허가를 하는 때에는 필요한 조건을 붙일 수 있다.

③ 제1항에 따라 영업허가를 받은 자가 폐업하거나 허가받은 사항 중 같은 항 후단의 중요한 사항을 제외한 경미한 사항을 변경할 때에는 식품의약품안전처장 또는 특별자치시장·특별자치도지사·시장·군수·구청장에게 신고하여야 한다.

④ 제36조제1항 각 호에 따른 영업 중 대통령령으로 정하는 영업을 하려는 자는 대통령령으로 정하는 바에 따라 영업 종류별 또는 영업소별로 식품의약품안전처장 또는 특별자치시장·특별자치도지사·시장·군수·구청장에게 신고하여야 한다. 신고한 사항 중 대통령령으로 정하는 중요한 사항을 변경하거나 폐업할 때에도 또한 같다.

⑤ 제36조제1항 각 호에 따른 영업 중 대통령령으로 정하는 영업을 하려는 자는 대통령령으로 정하는 바에 따라 영업 종류별 또는 영업소별로 식품의약품안전처장 또는 특별자치시장·특별자치도지사·시장·군수·구청장에게 등록하여야 하며, 등록한 사항 중 대통령령으로 정하는 중요한 사항을 변경할 때에도 또한 같다. 다만, 폐업하거나 대통령령으로 정하는 중요한 사항을 제외한 경미한 사항을 변경할 때에는 식품의약품안전처장 또는 특별자치시장·특별자치도지사·

시장·군수·구청장에게 신고하여야 한다.

⑥ 제1항, 제4항 또는 제5항에 따라 식품 또는 식품첨가물의 제조업·가공업(공유주방에서 식품을 제조·가공하는 영업을 포함한다)의 허가를 받거나 신고 또는 등록을 한 자가 식품 또는 식품첨가물을 제조·가공하는 경우에는 총리령으로 정하는 바에 따라 식품의약품안전처장 또는 특별자치시장·특별자치도지사·시장·군수·구청장에게 그 사실을 보고하여야 한다. 보고한 사항 중 총리령으로 정하는 중요한 사항을 변경하는 경우에도 또한 같다.

⑦ 식품의약품안전처장 또는 특별자치시장·특별자치도지사·시장·군수·구청장은 영업자(제4항에 따른 영업신고 또는 제5항에 따른 영업등록을 한 자만 해당한다)가 「부가 가치세법」 제8조에 따라 관할세무서장에게 폐업신고를 하거나 관할세무서장이 사업자등록을 말소한 경우에는 신고 또는 등록 사항을 직권으로 말소할 수 있다.

⑧ 제3항부터 제5항까지의 규정에 따라 폐업하고자 하는 자는 제71조부터 제76조까지의 규정에 따른 영업정지 등 행정 제재처분기간과 그 처분을 위한 절차가 진행 중인 기간(「행정절차법」 제21조에 따른 처분의 사전 통지 시점부터 처분이 확정되기 전까지의 기간을 말한다) 중에는 폐업신고를 할 수 없다.

⑨ 식품의약품안전처장 또는 특별자치시장·특별자치도지사·시장·군수·구청장은 제7항의 직권말소를 위하여 필요한 경우 관할 세무서장에게 영업자의 폐업여부에 대한 정보 제공을 요청할 수 있다. 이 경우 요청을 받은 관할 세무서장은 「전자정부법」 제39조에 따라 영업자의 폐업여부에 대한 정보를 제공한다.

⑩ 식품의약품안전처장 또는 특별자치시장·특별자치도지사·시장·군수·구청장은 제1항에 따른 허가 또는 변경허가의 신청을 받은 날부터 총리령으로 정하는 기간 내에 허가 여부를 신청인에게 통지하여야 한다.

⑪ 식품의약품안전처장 또는 특별자치시장·특별자치도지사·시장·군수·구청장이 제10항에서 정한 기간 내에 허가 여부 또는 민원 처리 관련 법령에 따른 처리기간의 연장을 신청인에게 통지하지 아니하면 그 기간(민원 처리 관련 법령에 따라 처리기간이 연장 또는 재연장된 경우에는 해당 처리기간을 말한다)이 끝난 날의 다음 날에 허가를 한 것으로 본다.

⑫ 식품의약품안전처장 또는 특별자치시장·특별자치도지사·시장·군수·구청장은 다음 각 호의 어느 하나에 해당하는 신고 또는 등록의 신청을 받은 날부터 3일 이내에 신고수리 여부 또는 등록 여부를 신고인 또는 신청인에게 통지하여야 한다.

　　1. 제3항에 따른 변경신고

　　2. 제4항에 따른 영업신고 또는 변경신고

　　3. 제5항에 따른 영업의 등록·변경등록 또는 변경신고

⑬ 식품의약품안전처장 또는 특별자치시장·특별자치도지사·시장·군수·구청장이 제12항에서

정한 기간 내에 신고수리 여부, 등록 여부 또는 민원 처리 관련 법령에 따른 처리기간의 연장을 신고인이나 신청인에게 통지하지 아니하면 그 기간(민원 처리 관련 법령에 따라 처리기간이 연장 또는 재연장된 경우에는 해당 처리기간을 말한다)이 끝난 날의 다음 날에 신고를 수리하거나 등록을 한 것으로 본다.

10) 영업허가 등의 제한

① 다음 각 호의 어느 하나에 해당하면 제37조제1항에 따른 영업허가를 하여서는 아니 된다.

1. 해당 영업 시설이 제36조에 따른 시설기준에 맞지 아니한 경우

2. 제75조제1항 또는 제2항에 따라 영업허가가 취소(제44조제2항제1호를 위반하여 영업허가가 취소된 경우와 제75조제1항제19호에 따라 영업허가가 취소된 경우는 제외한다)되거나 「식품 등의 표시·광고에 관한 법률」 제16조제1항·제2항에 따라 영업허가가 취소되고 6개월이 지나기 전에 같은 장소에서 같은 종류의 영업을 하려는 경우. 다만, 영업시설 전부를 철거하여 영업허가가 취소된 경우에는 그러하지 아니하다.

3. 제44조제2항제1호를 위반하여 영업허가가 취소되거나 제75조제1항제19호에 따라 영업허가가 취소되고 2년이 지나기 전에 같은 장소에서 제36조제1항제3호에 따른 식품 접객업을 하려는 경우

4. 제75조제1항 또는 제2항에 따라 영업허가가 취소(제4조부터 제6조까지, 제8조 또는 제44조제2항제1호를 위반하여 영업허가가 취소된 경우와 제75조제1항제19호에 따라 영업허가가 취소된 경우는 제외한다)되거나 「식품 등의 표시·광고에 관한 법률」 제16조제1항·제2항에 따라 영업허가가 취소되고 2년이 지나기 전에 같은 자(법인인 경우에는 그 대표자를 포함한다)가 취소된 영업과 같은 종류의 영업을 하려는 경우. 다만, 영업시설 전부를 철거(행정 제재처분을 회피하기 위하여 영업시설을 철거한 경우는 제외한다)하여 영업허가가 취소된 경우에는 그러하지 아니하다.

5. 제44조제2항제1호를 위반하여 영업허가가 취소되거나 제75조제1항제19호에 따라 영업허가가 취소된 후 3년이 지나기 전에 같은 자(법인인 경우에는 그 대표자를 포함한다)가 제36조제1항제3호에 따른 식품접객업을 하려는 경우

6. 제4조부터 제6조까지 또는 제8조를 위반하여 영업허가가 취소되고 5년이 지나기 전에 같은 자(법인인 경우에는 그 대표자를 포함한다)가 취소된 영업과 같은 종류의 영업을 하려는 경우

7. 제36조제1항제3호에 따른 식품접객업 중 국민의 보건위생을 위하여 허가를 제한할 필요가 뚜렷하다고 인정되어 시·도지사가 지정하여 고시하는 영업에 해당하는 경우

8. 영업허가를 받으려는 자가 피성년후견인이거나 파산선고를 받고 복권되지 아니한 자인 경우

② 다음 각 호의 어느 하나에 해당하는 경우에는 제37조제4항에 따른 영업신고 또는 같은 조 제5항에

따른 영업등록을 할 수 없다.

1. 제75조제1항 또는 제2항에 따른 등록취소 또는 영업소 폐쇄명령(제44조제2항제1호를 위반하여 영업소 폐쇄명령을 받은 경우와 제75조제1항제19호에 따라 영업소 폐쇄명령을 받은 경우는 제외한다)이나 「식품 등의 표시·광고에 관한 법률」 제16조제1항부터 제4항까지에 따른 등록취소 또는 영업소 폐쇄명령을 받고 6개월이 지나기 전에 같은 장소에서 같은 종류의 영업을 하려는 경우. 다만, 영업시설 전부를 철거하여 등록취소 또는 영업소 폐쇄명령을 받은 경우에는 그러하지 아니하다.

2. 제44조제2항제1호를 위반하여 영업소 폐쇄명령을 받거나 제75조제1항제19호에 따라 영업소 폐쇄명령을 받은 후 1년이 지나기 전에 같은 장소에서 제36조제1항제3호에 따른 식품접객업을 하려는 경우

3. 제75조제1항 또는 제2항에 따른 등록취소 또는 영업소 폐쇄명령(제4조부터 제6조까지, 제8조 또는 제44조제2항제1호를 위반하여 등록취소 또는 영업소 폐쇄명령을 받은 경우와 제75조제1항제19호에 따라 영업소 폐쇄명령을 받은 경우는 제외한다)이나 「식품 등의 표시·광고에 관한 법률」 제16조제1항부터 제4항까지에 따른 등록취소 또는 영업소 폐쇄명령을 받고 2년이 지나기 전에 같은 자(법인인 경우에는 그 대표자를 포함한다)가 등록취소 또는 폐쇄명령을 받은 영업과 같은 종류의 영업을 하려는 경우. 다만, 영업시설 전부를 철거(행정 제재처분을 회피하기 위하여 영업시설을 철거한 경우는 제외한다)하여 등록취소 또는 영업소 폐쇄명령을 받은 경우에는 그러하지 아니하다.

4. 제44조제2항제1호를 위반하여 영업소 폐쇄명령을 받거나 제75조제1항제19호에 따라 영업소 폐쇄명령을 받고 2년이 지나기 전에 같은 자(법인인 경우에는 그 대표자를 포함한다)가 제36조제1항제3호에 따른 식품접객업을 하려는 경우

5. 제4조부터 제6조까지 또는 제8조를 위반하여 등록취소 또는 영업소 폐쇄명령을 받고 5년이 지나지 아니한 자(법인인 경우에는 그 대표자를 포함한다)가 등록취소 또는 폐쇄명령을 받은 영업과 같은 종류의 영업을 하려는 경우

11) 영업 승계

① 영업자가 영업을 양도하거나 사망한 경우 또는 법인이 합병한 경우에는 그 양수인·상속인 또는 합병 후 존속하는 법인이나 합병에 따라 설립되는 법인은 그 영업자의 지위를 승계한다.

② 다음 각 호의 어느 하나에 해당하는 절차에 따라 영업 시설의 전부를 인수한 자는 그 영업자의 지위를 승계한다. 이 경우 종전의 영업자에 대한 영업 허가·등록 또는 그가 한 신고는 그 효력을 잃는다.

1. 「민사집행법」에 따른 경매

2. 「채무자 회생 및 파산에 관한 법률」에 따른 환가(換價)

3. 「국세징수법」, 「관세법」 또는 「지방세징수법」에 따른 압류재산의 매각

4. 그 밖에 제1호부터 제3호까지의 절차에 준하는 절차

③ 제1항 또는 제2항에 따라 그 영업자의 지위를 승계한 자는 총리령으로 정하는 바에 따라 1개월 이내에 그 사실을 식품의약품안전처장 또는 특별자치시장·특별자치도지사·시장·군수·구청장에게 신고하여야 한다.

④ 식품의약품안전처장 또는 특별자치시장·특별자치도지사·시장·군수·구청장은 제3항에 따른 신고를 받은 날부터 3일 이내에 신고수리 여부를 신고인에게 통지하여야 한다.

⑤ 식품의약품안전처장 또는 특별자치시장·특별자치도지사·시장·군수·구청장이 제4항에서 정한 기간 내에 신고수리 여부 또는 민원 처리 관련 법령에 따른 처리기간의 연장을 신고인에게 통지하지 아니하면 그 기간(민원 처리 관련 법령에 따라 처리기간이 연장 또는 재연장된 경우에는 해당 처리기간을 말한다)이 끝난 날의 다음 날에 신고를 수리한 것으로 본다.

⑥ 제1항 및 제2항에 따른 승계에 관하여는 제38조를 준용한다. 다만, 상속인이 제38조제1항제8호에 해당하면 상속받은 날부터 3개월 동안은 그러하지 아니하다.

12) 건강진단

① 총리령으로 정하는 영업자 및 그 종업원은 건강진단을 받아야 한다. 다만, 다른 법령에 따라 같은 내용의 건강진단을 받는 경우에는 이 법에 따른 건강진단을 받은 것으로 본다.

② 제1항에 따라 건강진단을 받은 결과 타인에게 위해를 끼칠 우려가 있는 질병이 있다고 인정된 자는 그 영업에 종사하지 못한다.

③ 영업자는 제1항을 위반하여 건강진단을 받지 아니한 자나 제2항에 따른 건강진단 결과 타인에게 위해를 끼칠 우려가 있는 질병이 있는 자를 그 영업에 종사시키지 못한다.

④ 제1항에 따른 건강진단의 실시방법 등과 제2항 및 제3항에 따른 타인에게 위해를 끼칠 우려가 있는 질병의 종류는 총리령으로 정한다.

13) 식품위생교육

① 대통령령으로 정하는 영업자 및 유흥종사자를 둘 수 있는 식품접객업 영업자의 종업원은 매년 식품위생에 관한 교육(이하 "식품위생교육"이라 한다)을 받아야 한다.

② 제36조제1항 각 호에 따른 영업을 하려는 자는 미리 식품위생교육을 받아야 한다. 다만, 부득이한 사유로 미리 식품위생교육을 받을 수 없는 경우에는 영업을 시작한 뒤에 식품의약품안전처장이 정하는 바에 따라 식품위생교육을 받을 수 있다.

③ 제1항 및 제2항에 따라 교육을 받아야 하는 자가 영업에 직접 종사하지 아니하거나 두 곳 이상의

장소에서 영업을 하는 경우에는 종업원 중에서 식품위생에 관한 책임자를 지정하여 영업자 대신 교육을 받게 할 수 있다. 다만, 집단급식소에 종사하는 조리사 및 영양사 (「국민영양관리법」 제15조에 따라 영양사 면허를 받은 사람을 말한다. 이하 같다)가 식품위생에 관한 책임자로 지정되어 제56조제1항 단서에 따라 교육을 받은 경우에는 제1항 및 제2항에 따른 해당 연도의 식품위생교육을 받은 것으로 본다.

④ 제2항에도 불구하고 다음 각 호의 어느 하나에 해당하는 면허를 받은 자가 제36조제1항제3호에 따른 식품접객업을 하려는 경우에는 식품위생교육을 받지 아니하여도 된다.

    1. 제53조에 따른 조리사 면허

    2. 「국민영양관리법」 제15조에 따른 영양사 면허

    3. 「공중위생관리법」 제6조의2에 따른 위생사 면허

⑤ 영업자는 특별한 사유가 없는 한 식품위생교육을 받지 아니한 자를 그 영업에 종사하게 하여서는 아니 된다.

⑥ 식품위생교육은 집합교육 또는 정보통신매체를 이용한 원격교육으로 실시한다. 다만, 제2항(제88조제3항에서 준용하는 경우를 포함한다)에 따라 영업을 하려는 자가 미리 받아야 하는 식품위생교육은 집합교육으로 실시한다.

⑦ 제6항에도 불구하고 식품위생교육을 받기 어려운 도서·벽지 등의 영업자 및 종업원인 경우 또는 식품의약품안전처장이 「감염병의 예방 및 관리에 관한 법률」 제2조에 따른 감염병이 유행하여 국민건강을 해칠 우려가 있다고 인정하는 경우 등 불가피한 사유가 있는 경우에는 총리령으로 정하는 바에 따라 식품위생교육을 실시할 수 있다.

⑧ 제1항 및 제2항에 따른 교육의 내용, 교육비 및 교육 실시 기관 등에 관하여 필요한 사항은 총리령으로 정한다.

14) 영업 제한

① 특별자치시장·특별자치도지사·시장·군수·구청장은 영업 질서와 선량한 풍속을 유지하는 데에 필요한 경우에는 영업자 중 식품접객영업자와 그 종업원에 대하여 영업시간 및 영업행위를 제한할 수 있다.

② 제1항에 따른 제한 사항은 대통령령으로 정하는 범위에서 해당 특별자치시·특별자치도·시·군·구의 조례로 정한다.

15) 영업자 등의 준수사항

① 제36조제1항 각 호의 영업을 하는 자 중 대통령령으로 정하는 영업자와 그 종업원은 영업의 위생관리와 질서유지, 국민의 보건위생 증진을 위하여 영업의 종류에 따라 다음 각 호에

해당하는 사항을 지켜야 한다.

1. 「축산물 위생관리법」 제12조에 따른 검사를 받지 아니한 축산물 또는 실험 등의 용도로 사용한 동물은 운반·보관·진열·판매하거나 식품의 제조·가공에 사용하지 말 것

2. 「야생생물 보호 및 관리에 관한 법률」을 위반하여 포획·채취한 야생생물은 이를 식품의 제조·가공에 사용하거나 판매하지 말 것

3. 유통기한이 경과된 제품·식품 또는 그 원재료를 제조·가공·조리·판매의 목적으로 소분·운반·진열·보관하거나 이를 판매 또는 식품의 제조·가공·조리에 사용하지 말 것

4. 수돗물이 아닌 지하수 등을 먹는 물 또는 식품의 조리·세척 등에 사용하는 경우에는 「먹는물관리법」 제43조에 따른 먹는물 수질검사기관에서 총리령으로 정하는 바에 따라 검사를 받아 마시기에 적합하다고 인정된 물을 사용할 것. 다만, 둘 이상의 업소가 같은 건물에서 같은 수원(水源)을 사용하는 경우에는 하나의 업소에 대한 시험결과로 나머지 업소에 대한 검사를 갈음할 수 있다.

5. 제15조제2항에 따라 위해평가가 완료되기 전까지 일시적으로 금지된 식품등을 제조·가공·판매·수입·사용 및 운반하지 말 것

6. 식중독 발생 시 보관 또는 사용 중인 식품은 역학조사가 완료될 때까지 폐기하거나 소독 등으로 현장을 훼손하여서는 아니 되고 원상태로 보존하여야 하며, 식중독 원인규명을 위한 행위를 방해하지 말 것

7. 손님을 꾀어서 끌어들이는 행위를 하지 말 것

8. 그 밖에 영업의 원료관리, 제조공정 및 위생관리와 질서유지, 국민의 보건위생 증진 등을 위하여 총리령으로 정하는 사항

② 식품접객영업자는 「청소년 보호법」 제2조에 따른 청소년(이하 이 항에서 "청소년"이라 한다)에게 다음 각 호의 어느 하나에 해당하는 행위를 하여서는 아니 된다.

1. 청소년을 유흥접객원으로 고용하여 유흥행위를 하게 하는 행위

2. 「청소년 보호법」 제2조제5호가목3)에 따른 청소년출입·고용 금지업소에 청소년을 출입시키거나 고용하는 행위

3. 「청소년 보호법」 제2조제5호나목3)에 따른 청소년고용금지업소에 청소년을 고용하는 행위

4. 청소년에게 주류(酒類)를 제공하는 행위

③ 누구든지 영리를 목적으로 제36조제1항제3호의 식품접객업을 하는 장소(유흥종사자를 둘 수 있도록 대통령령으로 정하는 영업을 하는 장소는 제외한다)에서 손님과 함께 술을 마시거나 노래 또는 춤으로 손님의 유흥을 돋우는 접객행위(공연을 목적으로 하는 가수, 악사, 댄서, 무용수 등이 하는 행위는 제외한다)를 하거나 다른 사람에게 그 행위를 알선하여서는 아니 된다.

④ 제3항에 따른 식품접객영업자는 유흥종사자를 고용·알선하거나 호객행위를 하여서는 아니 된다.

16) 보험 가입

① 제36조제1항에 따라 공유주방 운영업을 하는 자는 식품등의 위해로 인하여 소비자에게 발생할 수 있는 손해를 배상하기 위하여 책임보험에 가입하여야 한다.

② 제1항에 따른 책임보험의 종류 등 보험 가입에 필요한 사항은 대통령령으로 정한다.

17) 위해식품등의 회수

① 판매의 목적으로 식품등을 제조·가공·소분·수입 또는 판매한 영업자(「수입식품안전관리 특별법」 제15조에 따라 등록한 수입식품등 수입·판매업자를 포함한다. 이하 이 조에서 같다)는 해당 식품등이 제4조부터 제6조까지, 제7조제4항, 제8조, 제9조제4항 또는 제12조의2제2항을 위반한 사실(식품등의 위해와 관련이 없는 위반사항을 제외한다)을 알게 된 경우에는 지체 없이 유통 중인 해당 식품등을 회수하거나 회수하는 데에 필요한 조치를 하여야 한다. 이 경우 영업자는 회수계획을 식품의약품안전처장, 시·도지사 또는 시장·군수·구청장에게 미리 보고하여야 하며, 회수결과를 보고받은 시·도지사 또는 시장·군수·구청장은 이를 지체 없이 식품의약품안전처장에게 보고하여야 한다. 다만, 해당 식품등이 「수입식품안전관리 특별법」에 따라 수입한 식품등이고, 보고의무자가 해당 식품등을 수입한 자인 경우에는 식품의약품안전처장에게 보고하여야 한다.

② 식품의약품안전처장, 시·도지사 또는 시장·군수·구청장은 제1항에 따른 회수에 필요한 조치를 성실히 이행한 영업자에 대하여 해당 식품등으로 인하여 받게 되는 제75조 또는 제76조에 따른 행정처분을 대통령령으로 정하는 바에 따라 감면할 수 있다.

③ 제1항에 따른 회수대상 식품등·회수계획·회수절차 및 회수결과 보고 등에 관하여 필요한 사항은 총리령으로 정한다.

18) 식품등의 이물 발견보고 등

① 판매의 목적으로 식품등을 제조·가공·소분·수입 또는 판매하는 영업자는 소비자로부터 판매 제품에서 식품의 제조·가공·조리·유통 과정에서 정상적으로 사용된 원료 또는 재료가 아닌 것으로서 섭취할 때 위생상 위해가 발생할 우려가 있거나 섭취하기에 부적합한 물질[이하 "이물(異物)"이라 한다]을 발견한 사실을 신고받은 경우 지체 없이 이를 식품의약품안전처장, 시·도지사 또는 시장·군수·구청장에게 보고하여야 한다.

② 「소비자기본법」에 따른 한국소비자원 및 소비자단체와 「전자상거래 등에서의 소비자보호에 관한 법률」에 따른 통신판매중개업자로서 식품접객업소에서 조리한 식품의 통신판매를 전문적으로 알선하는 자는 소비자로부터 이물 발견의 신고를 접수하는 경우 지체 없이 이를 식품의약품 안전처장에게 통보하여야 한다.

③ 시·도지사 또는 시장·군수·구청장은 소비자로부터 이물 발견의 신고를 접수하는 경우 이를 식품의약품안전처장에게 통보하여야 한다.

④ 식품의약품안전처장은 제1항부터 제3항까지의 규정에 따라 이물 발견의 신고를 통보받은 경우 이물혼입 원인 조사를 위하여 필요한 조치를 취하여야 한다.

⑤ 제1항에 따른 이물 보고의 기준·대상 및 절차 등에 필요한 사항은 총리령으로 정한다.

19) 위생등급

① 식품의약품안전처장 또는 특별자치시장·특별자치도지사·시장·군수·구청장은 총리령으로 정하는 위생등급 기준에 따라 위생관리 상태 등이 우수한 식품등의 제조·가공업소(공유주방에서 제조·가공하는 업소를 포함한다), 식품접객업소(공유주방에서 조리·판매하는 업소를 포함한다) 또는 집단급식소를 우수업소 또는 모범업소로 지정할 수 있다.

② 식품의약품안전처장(대통령령으로 정하는 그 소속 기관의 장을 포함한다), 시·도지사 또는 시장·군수·구청장은 제1항에 따라 지정한 우수업소 또는 모범업소에 대하여 관계 공무원으로 하여금 총리령으로 정하는 일정 기간 동안 제22조에 따른 출입·검사·수거 등을 하지 아니하게 할 수 있으며, 시·도지사 또는 시장·군수·구청장은 제89조제3항제1호에 따른 영업자의 위생관리시설 및 위생설비시설 개선을 위한 융자 사업과 같은 항 제6호에 따른 음식문화 개선과 좋은 식단 실천을 위한 사업에 대하여 우선 지원 등을 할 수 있다.

③ 식품의약품안전처장 또는 특별자치시장·특별자치도지사·시장·군수·구청장은 제1항에 따라 우수업소 또는 모범업소로 지정된 업소가 그 지정기준에 미치지 못하거나 영업정지 이상의 행정처분을 받게 되면 지체 없이 그 지정을 취소하여야 한다.

④ 제1항 및 제3항에 따른 우수업소 또는 모범업소의 지정 및 그 취소에 관한 사항은 총리령으로 정한다.

20) 식품안전관리인증기준의 교육훈련기관 지정 등

① 식품의약품안전처장은 제48조제5항에 따른 교육훈련을 전문적으로 수행하기 위하여 식품안전관리인증기준 교육훈련기관(이하 "교육훈련기관"이라 한다)을 지정하여 교육훈련의 실시를 위탁할 수 있다.

② 제1항에 따라 교육훈련기관으로 지정받으려는 자는 총리령으로 정하는 지정기준을 갖추어 식품의약품안전처장에게 신청하여야 한다.

③ 제1항에 따라 교육훈련기관으로 지정받은 자는 지정된 내용 중 총리령으로 정하는 사항이 변경된 경우에는 변경사유가 발생한 날부터 1개월 이내에 식품의약품안전처장에게 신고하여야 한다.

④ 교육훈련기관은 제48조제5항에 따른 교육훈련을 수료한 사람에게 교육훈련수료증을 발급하여야 한다.

Coffee Baristar ● ● ●

⑤ 교육훈련기관은 교육훈련에 관한 자료의 보관 등 총리령으로 정하는 사항을 준수하여야 한다.

⑥ 식품의약품안전처장은 지정된 교육훈련기관의 인력·시설·설비 보유현황 및 활용도, 교육·훈련과정 운영실태 및 교육서비스의 적절성·충실성 등을 평가하여 그 평가 내용을 공표할 수 있다.

⑦ 식품의약품안전처장은 제6항에 따른 평가를 위하여 필요한 경우에는 교육훈련기관에 관련 자료의 제출을 요구할 수 있다.

⑧ 식품의약품안전처장은 교육훈련기관이 다음 각 호의 어느 하나에 해당하는 경우에는 기간을 정하여 시정을 명할 수 있다.

    1. 제3항에 따른 변경신고를 하지 아니한 경우

    2. 제5항에 따른 교육훈련기관의 준수사항을 위반한 경우

⑨ 제1항부터 제8항까지에서 규정한 사항 외에 교육훈련기관의 지정 절차, 교육 내용·시기·방법, 실시 비용 등에 필요한 사항은 총리령으로 정한다.

21) 교육훈련기관의 지정취소 등

① 식품의약품안전처장은 교육훈련기관이 다음 각 호의 어느 하나에 해당하는 경우에는 그 지정을 취소하거나 1년 이내의 범위에서 기간을 정하여 업무의 전부 또는 일부를 정지할 수 있다. 다만, 제1호 및 제4호의 경우에는 그 지정을 취소하여야 한다.

    1. 거짓 또는 그 밖의 부정한 방법으로 교육훈련기관의 지정을 받은 경우

    2. 정당한 사유 없이 1년 이상 계속하여 교육훈련과정을 운영하지 아니하는 경우

    3. 제48조의4제2항에 따른 지정기준에 적합하지 아니하게 된 경우

    4. 제48조의4제4항에 따른 교육훈련수료증을 거짓 또는 그 밖의 부정한 방법으로 발급한 경우

    5. 제48조의4제6항에 따른 평가를 실시한 결과 교육훈련실적 및 교육훈련내용이 매우 부실하여 지정 목적을 달성할 수 없다고 인정되는 경우

    6. 제48조의4제8항에 따른 시정명령을 받고도 정당한 사유 없이 정해진 기간 내에 이를 시정하지 아니하는 경우

② 식품의약품안전처장은 제1항에 따라 교육훈련기관의 지정이 취소된 자(법인인 경우 그 대표자를 포함한다)에 대해서는 지정이 취소된 날부터 3년 이내에 교육훈련기관으로 지정해서는 아니 된다.

③ 제1항에 따른 지정취소 및 업무정지 처분의 세부기준은 그 위반 행위의 유형과 위반 정도 등을 고려하여 총리령으로 정한다.

22) 식품이력추적관리 등록기준 등

① 식품을 제조·가공 또는 판매하는 자 중 식품이력추적관리를 하려는 자는 총리령으로 정하는

등록기준을 갖추어 해당 식품을 식품의약품안전처장에게 등록할 수 있다. 다만, 영유아식 제조·가공업자, 일정 매출액·매장면적 이상의 식품판매업자 등 총리령으로 정하는 자는 식품의약품 안전처장에게 등록하여야 한다.

② 제1항에 따라 등록한 식품을 제조·가공 또는 판매하는 자는 식품이력추적관리에 필요한 기록의 작성·보관 및 관리 등에 관하여 식품의약품안전처장이 정하여 고시하는 기준(이하 "식품이력 추적관리기준"이라 한다)을 지켜야 한다.

③ 제1항에 따라 등록을 한 자는 등록사항이 변경된 경우 변경사유가 발생한 날부터 1개월 이내에 식품의약품안전처장에게 신고하여야 한다.

④ 제1항에 따라 등록한 식품에는 식품의약품안전처장이 정하여 고시하는 바에 따라 식품이력 추적관리의 표시를 할 수 있다.

⑤ 식품의약품안전처장은 제1항에 따라 등록한 식품을 제조·가공 또는 판매하는 자에 대하여 식품이력추적관리기준의 준수 여부 등을 3년마다 조사·평가하여야 한다. 다만, 제1항 단서에 따라 등록한 식품을 제조·가공 또는 판매하는 자에 대하여는 2년마다 조사·평가하여야 한다.

⑥ 식품의약품안전처장은 제1항에 따라 등록을 한 자에게 예산의 범위에서 식품이력추적관리에 필요한 자금을 지원할 수 있다.

⑦ 식품의약품안전처장은 제1항에 따라 등록을 한 자가 식품이력추적관리기준을 지키지 아니하면 그 등록을 취소하거나 시정을 명할 수 있다.

⑧ 식품의약품안전처장은 제1항에 따른 등록의 신청을 받은 날부터 40일 이내에, 제3항에 따른 변경신고를 받은 날부터 15일 이내에 등록 여부 또는 신고수리 여부를 신청인 또는 신고인에게 통지하여야 한다.

⑨ 식품의약품안전처장이 제8항에서 정한 기간 내에 등록 여부, 신고수리 여부 또는 민원 처리 관련 법령에 따른 처리기간의 연장을 신청인 또는 신고인에게 통지하지 아니하면 그 기간(민원 처리 관련 법령에 따라 처리기간이 연장 또는 재연장된 경우에는 해당 처리기간을 말한다)이 끝난 날의 다음 날에 등록을 하거나 신고를 수리한 것으로 본다.

⑩ 식품이력추적관리의 등록절차, 등록사항, 등록취소 등의 기준 및 조사·평가, 그 밖에 등록에 필요한 사항은 총리령으로 정한다.

23) 식품이력추적관리정보의 기록·보관 등

① 제49조제1항에 따라 등록한 자(이하 이 조에서 "등록자"라 한다)는 식품이력추적관리기준에 따른 식품이력추적관리정보를 총리령으로 정하는 바에 따라 전산기록장치에 기록·보관하여야 한다.

② 등록자는 제1항에 따른 식품이력추적관리정보의 기록을 해당 제품의 유통기한 등이 경과한 날부터 2년 이상 보관하여야 한다.

③ 등록자는 제1항에 따라 기록·보관된 정보가 제49조의3제1항에 따른 식품이력추적 관리시스템에 연계되도록 협조하여야 한다.

24) 식품이력추적관리시스템의 구축 등

① 식품의약품안전처장은 식품이력추적관리시스템을 구축·운영하고, 식품이력추적관리시스템과 제49조의2제1항에 따른 식품이력추적관리정보가 연계되도록 하여야 한다.

② 식품의약품안전처장은 제1항에 따라 식품이력추적관리시스템에 연계된 정보 중 총리령으로 정하는 정보는 소비자 등이 인터넷 홈페이지를 통하여 쉽게 확인할 수 있도록 하여야 한다.

③ 제2항에 따른 정보는 해당 제품의 유통기한 또는 품질유지기한이 경과한 날부터 1년 이상 확인할 수 있도록 하여야 한다.

④ 누구든지 제1항에 따라 연계된 정보를 식품이력추적관리 목적 외에 사용하여서는 아니 된다.

25) 조리사

① 집단급식소 운영자와 대통령령으로 정하는 식품접객업자는 조리사(調理士)를 두어야 한다. 다만, 다음 각 호의 어느 하나에 해당하는 경우에는 조리사를 두지 아니하여도 된다.

  1. 집단급식소 운영자 또는 식품접객영업자 자신이 조리사로서 직접 음식물을 조리하는 경우
  2. 1회 급식인원 100명 미만의 산업체인 경우
  3. 제52조제1항에 따른 영양사가 조리사의 면허를 받은 경우

② 집단급식소에 근무하는 조리사는 다음 각 호의 직무를 수행한다.

  1. 집단급식소에서의 식단에 따른 조리업무[식재료의 전(前)처리에서부터 조리, 배식 등의 전 과정을 말한다]
  2. 구매식품의 검수 지원
  3. 급식설비 및 기구의 위생·안전 실무
  4. 그 밖에 조리실무에 관한 사항

26) 영양사

① 집단급식소 운영자는 영양사(營養士)를 두어야 한다. 다만, 다음 각 호의 어느 하나에 해당하는 경우에는 영양사를 두지 아니하여도 된다.

  1. 집단급식소 운영자 자신이 영양사로서 직접 영양 지도를 하는 경우
  2. 1회 급식인원 100명 미만의 산업체인 경우
  3. 제51조제1항에 따른 조리사가 영양사의 면허를 받은 경우

② 집단급식소에 근무하는 영양사는 다음 각 호의 직무를 수행한다.

1. 집단급식소에서의 식단 작성, 검식(檢食) 및 배식관리
2. 구매식품의 검수(檢受) 및 관리
3. 급식시설의 위생적 관리
4. 집단급식소의 운영일지 작성
5. 종업원에 대한 영양 지도 및 식품위생교육

27) 조리사의 면허

① 조리사가 되려는 자는 「국가기술자격법」에 따라 해당 기능 분야의 자격을 얻은 후 특별자치시장·특별자치도지사·시장·군수·구청장의 면허를 받아야 한다.

② 제1항에 따른 조리사의 면허 등에 관하여 필요한 사항은 총리령으로 정한다.

28) 결격사유

다음 각 호의 어느 하나에 해당하는 자는 조리사 면허를 받을 수 없다.

1. 「정신건강증진 및 정신질환자 복지서비스 지원에 관한 법률」 제3조제1호에 따른 정신질환자. 다만, 전문의가 조리사로서 적합하다고 인정하는 자는 그러하지 아니하다.
2. 「감염병의 예방 및 관리에 관한 법률」 제2조제13호에 따른 감염병환자. 다만, 같은 조 제4호나목에 따른 B형간염환자는 제외한다.
3. 「마약류관리에 관한 법률」 제2조제2호에 따른 마약이나 그 밖의 약물 중독자
4. 조리사 면허의 취소처분을 받고 그 취소된 날부터 1년이 지나지 아니한 자

29) 명칭 사용 금지

조리사가 아니면 조리사라는 명칭을 사용하지 못한다.

30) 교육

① 식품의약품안전처장은 식품위생 수준 및 자질의 향상을 위하여 필요한 경우 조리사와 영양사에게 교육(조리사의 경우 보수교육을 포함한다. 이하 이 조에서 같다)을 받을 것을 명할 수 있다. 다만, 집단급식소에 종사하는 조리사와 영양사는 2년마다 교육을 받아야 한다.

② 제1항에 따른 교육의 대상자·실시기관·내용 및 방법 등에 관하여 필요한 사항은 총리령으로 정한다.

③ 식품의약품안전처장은 제1항에 따른 교육 등 업무의 일부를 대통령령으로 정하는 바에 따라 관계 전문기관이나 단체에 위탁할 수 있다.

31) 식품위생심의위원회의 설치 등

식품의약품안전처장의 자문에 응하여 다음 각 호의 사항을 조사 · 심의하기 위하여 식품의약품
안전처에 식품위생심의위원회를 둔다.

1. 식중독 방지에 관한 사항
2. 농약 · 중금속 등 유독 · 유해물질 잔류 허용 기준에 관한 사항
3. 식품등의 기준과 규격에 관한 사항
4. 그 밖에 식품위생에 관한 중요 사항

32) 심의위원회의 조직과 운영

① 심의위원회는 위원장 1명과 부위원장 2명을 포함한 100명 이내의 위원으로 구성한다.
② 심의위원회의 위원은 다음 각 호의 어느 하나에 해당하는 사람 중에서 식품의약품안전처장이
임명하거나 위촉한다. 다만, 제3호의 사람을 전체 위원의 3분의 1 이상 위촉하고, 제2호와
제4호의 사람을 합하여 전체 위원의 3분의 1 이상 위촉하여야 한다.

   1. 식품위생 관계 공무원
   2. 식품등에 관한 영업에 종사하는 사람
   3. 시민단체의 추천을 받은 사람
   4. 제59조에 따른 동업자조합 또는 제64조에 따른 한국식품산업협회(이하 "식품위생단체"라
   한다)의 추천을 받은 사람
   5. 식품위생에 관한 학식과 경험이 풍부한 사람

③ 심의위원회 위원의 임기는 2년으로 하되, 공무원인 위원은 그 직위에 재직하는 기간 동안
재임한다. 다만, 위원이 궐위된 경우 그 보궐위원의 임기는 전임위원 임기의 남은 기간으로 한다.
④ 심의위원회에 식품등의 국제 기준 및 규격을 조사 · 연구할 연구위원을 둘 수 있다.
⑤ 제4항에 따른 연구위원의 업무는 다음 각 호와 같다. 다만, 다른 법령에 따라 수행하는 관련
업무는 제외한다.

   1. 국제식품규격위원회에서 제시한 기준 · 규격 조사 · 연구
   2. 국제식품규격의 조사 · 연구에 필요한 외국정부, 관련 소비자단체 및 국제기구와 상호협력
   3. 외국의 식품의 기준 · 규격에 관한 정보 및 자료 등의 조사 · 연구
   4. 그 밖에 제1호부터 제3호까지에 준하는 사항으로서 대통령령으로 정하는 사항

⑥ 이 법에서 정한 것 외에 심의위원회의 조직 및 운영에 필요한 사항은 대통령령으로 정한다.

33) 동업자조합

(1) 설립

① 영업자는 영업의 발전과 국민보건 향상을 위하여 대통령령으로 정하는 영업 또는 식품의 종류별로 동업자조합(이하 "조합"이라 한다)을 설립할 수 있다.

② 조합은 법인으로 한다.

③ 조합을 설립하려는 경우에는 대통령령으로 정하는 바에 따라 조합원 자격이 있는 자 10분의 1(20명을 초과하면 20명으로 한다) 이상의 발기인이 정관을 작성하여 식품의약품안전처장의 설립인가를 받아야 한다.

④ 식품의약품안전처장은 제3항에 따라 설립인가의 신청을 받은 날부터 30일 이내에 설립인가 여부를 신청인에게 통지하여야 한다.

⑤ 식품의약품안전처장이 제4항에서 정한 기간 내에 인가 여부 또는 민원 처리 관련 법령에 따른 처리기간의 연장을 신청인에게 통지하지 아니하면 그 기간(민원 처리 관련 법령에 따라 처리기간이 연장 또는 재연장된 경우에는 해당 처리기간을 말한다)이 끝난 날의 다음 날에 인가를 한 것으로 본다.

⑥ 조합은 제3항에 따른 설립인가를 받는 날 또는 제5항에 따라 설립인가를 한 것으로 보는 날에 성립된다.

⑦ 조합은 정관으로 정하는 바에 따라 하부조직을 둘 수 있다.

(2) 조합의 사업

조합은 다음 각 호의 사업을 한다.

1. 영업의 건전한 발전과 조합원 공동의 이익을 위한 사업
2. 조합원의 영업시설 개선에 관한 지도
3. 조합원을 위한 경영지도
4. 조합원과 그 종업원을 위한 교육훈련
5. 조합원과 그 종업원의 복지증진을 위한 사업
6. 식품의약품안전처장이 위탁하는 조사·연구 사업
7. 조합원의 생활안정과 복지증진을 위한 공제사업
8. 제1호부터 제5호까지에 규정된 사업의 부대사업

(3) 조합의 공제회 설립·운영

① 조합은 조합원의 생활안정과 복지증진을 도모하기 위하여 식품의약품안전처장의 인가를 받아 공제회를 설립하여 공제사업을 영위할 수 있다.

② 공제회의 구성원(이하 "공제회원"이라 한다)은 공제사업에 필요한 출자금을 납부하여야 한다.

③ 공제회의 설립인가 절차, 운영 등에 관하여 필요한 사항은 대통령령으로 정한다.

④ 조합이 제1항에 따라 공제사업을 하기 위하여 공제회를 설립하고자 하는 때에는 공제회원의 자격에 관한 사항, 출자금의 부담기준, 공제방법, 공제사업에 충당하기 위한 책임준비금 및 비상위험준비금 등 공제회의 운영에 관하여 필요한 사항을 포함하는 공제정관을 작성하여 식품의약품안전처장의 인가를 받아야 한다. 공제정관을 변경하고자 하는 때에도 또한 같다.

⑤ 공제회는 법인으로 하며, 주된 사무소의 소재지에서 설립등기를 함으로써 성립한다.

(4) 공제사업의 내용

공제회는 다음 각 호의 사업을 한다.

1. 공제회원에 대한 공제급여 지급
2. 공제회원의 복리 · 후생 향상을 위한 사업
3. 기금 조성을 위한 사업
4. 식품위생 영업자의 경영개선을 위한 조사 · 연구 및 교육 사업
5. 식품위생단체 등의 법인에의 출연
6. 공제회의 목적달성에 필요한 대통령령으로 정하는 수익사업

(5) 공제회에 대한 감독

① 식품의약품안전처장은 공제회에 대하여 감독상 필요한 경우에는 그 업무에 관한 사항을 보고하게 하거나 자료의 제출을 명할 수 있으며, 소속 공무원으로 하여금 장부 · 서류, 그 밖의 물건을 검사하게 할 수 있다.

② 제1항에 따라 조사 또는 검사를 하는 공무원 등은 그 권한을 표시하는 증표 및 조사기간, 조사범위, 조사담당자, 관계 법령 등 대통령령으로 정하는 사항이 기재된 서류를 가지고 이를 관계인에게 보여주어야 한다.

③ 식품의약품안전처장은 공제회의 운영이 적정하지 아니하거나 자산상황이 불량하여 공제회원 등의 권익을 해칠 우려가 있다고 인정하면 업무집행방법 및 자산예탁기관의 변경, 가치가 없다고 인정되는 자산의 손실처리 등 필요한 조치를 명할 수 있다.

④ 공제회가 제3항의 개선명령을 이행하지 아니한 경우 식품의약품안전처장은 공제회의 임직원의 징계 · 해임을 요구할 수 있다.

(6) 대의원회

① 조합원이 500명을 초과하는 조합은 정관으로 정하는 바에 따라 총회를 갈음할 수 있는 대의원회를 둘 수 있다.

② 대의원은 조합원이어야 한다.

(7) 다른 법률의 준용

① 조합에 관하여 이 법에서 규정하지 아니한 것에 대하여는 「민법」 중 사단법인에 관한 규정을 준용한다.

② 공제회에 관하여 이 법에서 규정하지 아니한 것에 대해서는 「민법」 중 사단법인에 관한 규정과 「상법」 중 주식회사의 회계에 관한 규정을 준용한다.

(8) 자율지도원 등

① 조합은 조합원의 영업시설 개선과 경영에 관한 지도 사업 등을 효율적으로 수행하기 위하여 자율지도원을 둘 수 있다.

② 조합의 관리 및 운영 등에 필요한 기준은 대통령령으로 정한다.

34) 식품산업협회

(1) 설립

① 식품산업의 발전과 식품위생의 향상을 위하여 한국식품산업협회(이하 "협회"라 한다)를 설립한다.

② 제1항에 따라 설립되는 협회는 법인으로 한다.

③ 협회의 회원이 될 수 있는 자는 영업자 중 식품 또는 식품첨가물을 제조·가공·운반·판매·보존하는 자 및 그 밖에 식품 관련 산업을 운영하는 자로 한다.

④ 협회에 관하여 이 법에서 규정하지 아니한 것에 대하여는 「민법」 중 사단법인에 관한 규정을 준용한다.

(2) 협회의 사업

협회는 다음 각 호의 사업을 한다.

1. 식품산업에 관한 조사·연구

2. 식품 및 식품첨가물과 그 원재료(原材料)에 대한 시험·검사 업무

3. 식품위생과 관련한 교육

4. 영업자 중 식품이나 식품첨가물을 제조·가공·운반·판매 및 보존하는 자의 영업시설 개선에 관한 지도

5. 회원을 위한 경영지도

6. 식품안전과 식품산업 진흥 및 지원·육성에 관한 사업

7. 제1호부터 제5호까지에 규정된 사업의 부대사업

(3) 준용

협회에 관하여는 제63조제1항을 준용한다. 이 경우 "조합"은 "협회"로, "조합원"은 "협회의 회원"으로 본다.

35) 식품안전정보원

(1) 식품안전정보원의 설립

① 식품의약품안전처장의 위탁을 받아 제49조에 따른 식품이력추적관리업무와 식품안전에 관한 업무 중 제68조제1항 각 호에 관한 업무를 효율적으로 수행하기 위하여 식품안전정보원(이하 "정보원"이라 한다)를 둔다.

② 정보원은 법인으로 한다.

③ 정보원의 정관에는 다음 각 호의 사항을 기재하여야 한다.

    1. 목적

    2. 명칭

    3. 주된 사무소가 있는 곳

    4. 자산에 관한 사항

    5. 임원 및 직원에 관한 사항

    6. 이사회의 운영

    7. 사업범위 및 내용과 그 집행

    8. 회계

    9. 공고의 방법

    10. 정관의 변경

    11. 그 밖에 정보원의 운영에 관한 중요 사항

④ 정보원이 정관의 기재사항을 변경하려는 경우에는 식품의약품안전처장의 인가를 받아야 한다.

⑤ 정보원에 관하여 이 법에서 규정된 것 외에는 「민법」 중 재단법인에 관한 규정을 준용한다.

(2) 정보원의 사업

① 정보원은 다음 각 호의 사업을 한다.

    1. 국내외 식품안전정보의 수집·분석·정보제공 등

    1의2. 식품안전정책 수립을 지원하기 위한 조사·연구 등

    2. 식품안전정보의 수집·분석 및 식품이력추적관리 등을 위한 정보시스템의 구축·운영 등

    3. 식품이력추적관리의 등록·관리 등

    4. 식품이력추적관리에 관한 교육 및 홍보

    5. 식품사고가 발생한 때 사고의 신속한 원인규명과 해당 식품의 회수·폐기 등을 위한 정보제공

    6. 식품위해정보의 공동활용 및 대응을 위한 기관·단체·소비자단체 등과의 협력 네트워크 구축·운영

7. 소비자 식품안전 관련 신고의 안내 · 접수 · 상담 등을 위한 지원

8. 그 밖에 식품안전정보 및 식품이력추적관리에 관한 사항으로서 식품의약품안전처장이 정하는 사업

② 식품의약품안전처장은 정보원의 설립 · 운영 등에 필요한 비용을 지원할 수 있다.

(3) 사업계획서 등의 제출

① 정보원은 총리령으로 정하는 바에 따라 매 사업연도 개시 전에 사업계획서와 예산서를 식품의약품 안전처장에게 제출하여 승인을 받아야 한다.

② 정보원은 식품의약품안전처장이 지정하는 공인회계사의 검사를 받은 매 사업연도의 세입 · 세출결산서를 식품의약품안전처장에게 제출하여 승인을 받아 결산을 확정한 후 그 결과를 다음 사업연도 5월 말까지 국회에 보고하여야 한다.

(4) 지도 · 감독 등

① 식품의약품안전처장은 정보원에 대하여 감독상 필요한 때에는 그 업무에 관한 사항을 보고하게 하거나 자료의 제출, 그 밖에 필요한 명령을 할 수 있고, 소속 공무원으로 하여금 그 사무소에 출입하여 장부 · 서류 등을 검사하게 할 수 있다.

② 제1항에 따라 출입 · 검사를 하는 공무원은 그 권한을 표시하는 증표 및 조사기간, 조사범위, 조사담당자, 관계 법령 등 대통령령으로 정하는 사항이 기재된 서류를 지니고 이를 관계인에게 내보여야 한다.

③ 정보원에 대한 지도 · 감독에 관하여 그 밖에 필요한 사항은 총리령으로 정한다.

36) 건강 위해가능 영양성분 관리

① 국가 및 지방자치단체는 식품의 나트륨, 당류, 트랜스지방 등 영양성분(이하 "건강 위해가능 영양성분"이라 한다)의 과잉섭취로 인한 국민보건상 위해를 예방하기 위하여 노력하여야 한다.

② 식품의약품안전처장은 관계 중앙행정기관의 장과 협의하여 건강 위해가능 영양성분 관리 기술의 개발 · 보급, 적정섭취를 위한 실천방법의 교육 · 홍보 등을 실시하여야 한다.

③ 건강 위해가능 영양성분의 종류는 대통령령으로 정한다.

37) 건강 위해가능 영양성분 관리 주관기관 설립 · 지정)

① 식품의약품안전처장은 건강 위해가능 영양성분 관리를 위하여 다음 각 호의 사업을 주관하여 수행할 기관(이하 "주관기관"이라 한다)을 설립하거나 건강 위해가능 영양성분 관리와 관련된 사업을 하는 기관 · 단체 또는 법인을 주관기관으로 지정할 수 있다.

1. 건강 위해가능 영양성분 적정섭취 실천방법 교육 · 홍보 및 국민 참여 유도

2. 건강 위해가능 영양성분 함량 모니터링 및 정보제공

3. 건강 위해가능 영양성분을 줄인 급식과 외식, 가공식품 생산 및 구매 활성화

4. 건강 위해가능 영양성분 관리 실천사업장 운영 지원

5. 그 밖에 식품의약품안전처장이 필요하다고 인정하는 건강 위해가능 영양성분 관리사업

② 식품의약품안전처장은 주관기관에 대하여 예산의 범위에서 설립·운영 및 제1항 각 호의 사업을 수행하는 데 필요한 경비의 전부 또는 일부를 지원할 수 있다.

③ 제1항에 따라 설립되는 주관기관은 법인으로 한다.

④ 제1항에 따라 설립되는 주관기관에 관하여 이 법에서 규정된 것을 제외하고는 「민법」 중 재단법인에 관한 규정을 준용한다.

⑤ 식품의약품안전처장은 제1항에 따라 지정된 주관기관이 다음 각 호의 어느 하나에 해당하는 경우 지정을 취소할 수 있다. 다만, 제1호에 해당하는 경우에는 지정을 취소하여야 한다.

1. 거짓이나 그 밖의 부정한 방법으로 지정을 받은 경우

2. 제6항에 따른 지정기준에 적합하지 아니하게 된 경우

⑥ 주관기관의 설립, 지정 및 지정 취소의 기준·절차 등에 필요한 사항은 대통령령으로 정한다.

38) 사업계획서 등의 제출

주관기관은 총리령으로 정하는 바에 따라 전년도의 사업 실적보고서와 해당 연도의 사업계획서를 작성하여 식품의약품안전처장에게 제출하여야 한다. 다만, 제70조의8제1항에 따라 지정된 주관기관의 경우 같은 항 각 호의 사업 수행과 관련된 사항으로 한정한다.

39) 지도·감독 등

① 식품의약품안전처장은 주관기관에 대하여 감독상 필요한 때에는 그 업무에 관한 사항을 보고하게 하거나 자료의 제출, 그 밖에 필요한 명령을 할 수 있다. 다만, 제70조의8제1항에 따라 지정된 주관기관에 대한 지도·감독은 같은 항 각 호의 사업 수행과 관련된 사항으로 한정한다.

② 주관기관에 대한 지도·감독에 관하여 그 밖에 필요한 사항은 총리령으로 정한다.

40) 시정명령

① 식품의약품안전처장, 시·도지사 또는 시장·군수·구청장은 제3조에 따른 식품등의 위생적 취급에 관한 기준에 맞지 아니하게 영업하는 자와 이 법을 지키지 아니하는 자에게는 필요한 시정을 명하여야 한다.

② 식품의약품안전처장, 시·도지사 또는 시장·군수·구청장은 제1항의 시정명령을 한 경우에는 그 영업을 관할하는 관서의 장에게 그 내용을 통보하여 시정명령이 이행되도록 협조를 요청할 수 있다.

③ 제2항에 따라 요청을 받은 관계 기관의 장은 정당한 사유가 없으면 이에 응하여야 하며, 그

조치결과를 지체 없이 요청한 기관의 장에게 통보하여야 한다.

41) 폐기처분 등

① 식품의약품안전처장, 시·도지사 또는 시장·군수·구청장은 영업자(「수입식품안전관리 특별법」 제15조에 따라 등록한 수입식품등 수입·판매업자를 포함한다. 이하 이 조에서 같다)가 제4조부터 제6조까지, 제7조제4항, 제8조, 제9조제4항, 제12조의2제2항 또는 제44조제1항제3호를 위반한 경우에는 관계 공무원에게 그 식품등을 압류 또는 폐기하게 하거나 용도·처리방법 등을 정하여 영업자에게 위해를 없애는 조치를 하도록 명하여야 한다.

② 식품의약품안전처장, 시·도지사 또는 시장·군수·구청장은 제37조제1항, 제4항 또는 제5항을 위반하여 허가받지 아니하거나 신고 또는 등록하지 아니하고 제조·가공·조리한 식품 또는 식품첨가물이나 여기에 사용한 기구 또는 용기·포장 등을 관계 공무원에게 압류하거나 폐기하게 할 수 있다.

③ 식품의약품안전처장, 시·도지사 또는 시장·군수·구청장은 식품위생상의 위해가 발생하였거나 발생할 우려가 있는 경우에는 영업자에게 유통 중인 해당 식품등을 회수·폐기하게 하거나 해당 식품등의 원료, 제조 방법, 성분 또는 그 배합 비율을 변경할 것을 명할 수 있다.

④ 제1항 및 제2항에 따른 압류나 폐기를 하는 공무원은 그 권한을 표시하는 증표 및 조사기간, 조사범위, 조사담당자, 관계 법령 등 대통령령으로 정하는 사항이 기재된 서류를 지니고 이를 관계인에게 내보여야 한다.

⑤ 제1항 및 제2항에 따른 압류 또는 폐기에 필요한 사항과 제3항에 따른 회수·폐기 대상 식품등의 기준 등은 총리령으로 정한다.

⑥ 식품의약품안전처장, 시·도지사 및 시장·군수·구청장은 제1항에 따라 폐기처분명령을 받은 자가 그 명령을 이행하지 아니하는 경우에는 「행정대집행법」에 따라 대집행을 하고 그 비용을 명령위반자로부터 징수할 수 있다.

41) 위해식품등의 공표

① 식품의약품안전처장, 시·도지사 또는 시장·군수·구청장은 다음 각 호의 어느 하나에 해당되는 경우에는 해당 영업자에 대하여 그 사실의 공표를 명할 수 있다. 다만, 식품위생에 관한 위해가 발생한 경우에는 공표를 명하여야 한다.

  1. 제4조부터 제6조까지, 제7조제4항, 제8조 또는 제9조제4항 등을 위반하여 식품위생에 관한 위해가 발생하였다고 인정되는 때

  2. 제45조제1항 또는 「식품 등의 표시·광고에 관한 법률」 제15조제2항에 따른 회수계획을 보고받은 때

② 제1항에 따른 공표방법 등 공표에 관하여 필요한 사항은 대통령령으로 정한다.

42) 시설 개수명령 등

① 식품의약품안전처장, 시·도지사 또는 시장·군수·구청장은 영업시설이 제36조에 따른 시설기준에 맞지 아니한 경우에는 기간을 정하여 그 영업자에게 시설을 개수(改修)할 것을 명할 수 있다.

② 건축물의 소유자와 영업자 등이 다른 경우 건축물의 소유자는 제1항에 따른 시설 개수명령을 받은 영업자 등이 시설을 개수하는 데에 최대한 협조하여야 한다.

43) 허가취소 등

① 식품의약품안전처장 또는 특별자치시장·특별자치도지사·시장·군수·구청장은 영업자가 다음 각 호의 어느 하나에 해당하는 경우에는 대통령령으로 정하는 바에 따라 영업허가 또는 등록을 취소하거나 6개월 이내의 기간을 정하여 그 영업의 전부 또는 일부를 정지하거나 영업소 폐쇄(제37조제4항에 따라 신고한 영업만 해당한다. 이하 이 조에서 같다)를 명할 수 있다. 다만, 식품접객영업자가 제13호(제44조제2항에 관한 부분만 해당한다)를 위반한 경우로서 청소년의 신분증 위조·변조 또는 도용으로 식품접객영업자가 청소년인 사실을 알지 못하였거나 폭행 또는 협박으로 청소년임을 확인하지 못한 사정이 인정되는 경우에는 대통령령으로 정하는 바에 따라 해당 행정처분을 면제할 수 있다.

　1. 제4조부터 제6조까지, 제7조제4항, 제8조, 제9조제4항 또는 제12조의2제2항을 위반한 경우

　3. 제17조제4항을 위반한 경우

　4. 제22조제1항에 따른 출입·검사·수거를 거부·방해·기피한 경우

　5. 제31조제1항 및 제3항을 위반한 경우

　6. 제36조를 위반한 경우

　7. 제37조제1항 후단, 제3항, 제4항 후단을 위반하거나 같은 조 제2항에 따른 조건을 위반한 경우

　7의2. 제37조제5항에 따른 변경 등록을 하지 아니하거나 같은 항 단서를 위반한 경우

　8. 제38조제1항제8호에 해당하는 경우

　9. 제40조제3항을 위반한 경우

　10. 제41조제5항을 위반한 경우

　10의2. 제41조의2제1항을 위반한 경우

　12. 제43조에 따른 영업 제한을 위반한 경우

　13. 제44조제1항·제2항 및 제4항을 위반한 경우

14. 제45조제1항 전단에 따른 회수 조치를 하지 아니한 경우

14의2. 제45조제1항 후단에 따른 회수계획을 보고하지 아니하거나 거짓으로 보고한 경우

15. 제48조제2항에 따른 식품안전관리인증기준을 지키지 아니한 경우

15의2. 제49조제1항 단서에 따른 식품이력추적관리를 등록하지 아니 한 경우

16. 제51조제1항을 위반한 경우

17. 제71조제1항, 제72조제1항·제3항, 제73조제1항 또는 제74조제1항(제88조에 따라 준용되는 제71조제1항, 제72조제1항·제3항 또는 제74조제1항을 포함한다)에 따른 명령을 위반한 경우

18. 제72조제1항·제2항에 따른 압류·폐기를 거부·방해·기피한 경우

19. 「성매매알선 등 행위의 처벌에 관한 법률」 제4조에 따른 금지행위를 한 경우

② 식품의약품안전처장 또는 특별자치시장·특별자치도지사·시장·군수·구청장은 영업자가 제1항에 따른 영업정지 명령을 위반하여 영업을 계속하면 영업허가 또는 등록을 취소하거나 영업소 폐쇄를 명할 수 있다.

③ 식품의약품안전처장 또는 특별자치시장·특별자치도지사·시장·군수·구청장은 다음 각 호의 어느 하나에 해당하는 경우에는 영업허가 또는 등록을 취소하거나 영업소 폐쇄를 명할 수 있다.

1. 영업자가 정당한 사유 없이 6개월 이상 계속 휴업하는 경우

2. 영업자(제37조제1항에 따라 영업허가를 받은 자만 해당한다)가 사실상 폐업하여 「부가가치세법」 제8조에 따라 관할세무서장에게 폐업신고를 하거나 관할세무서장이 사업자등록을 말소한 경우

④ 식품의약품안전처장 또는 특별자치시장·특별자치도지사·시장·군수·구청장은 제3항제2호의 사유로 영업허가를 취소하기 위하여 필요한 경우 관할 세무서장에게 영업자의 폐업여부에 대한 정보 제공을 요청할 수 있다. 이 경우 요청을 받은 관할 세무서장은 「전자정부법」 제39조에 따라 영업자의 폐업여부에 대한 정보를 제공한다.

⑤ 제1항 및 제2항에 따른 행정처분의 세부기준은 그 위반 행위의 유형과 위반 정도 등을 고려하여 총리령으로 정한다.

44) 품목 제조정지 등

① 식품의약품안전처장 또는 특별자치시장·특별자치도지사·시장·군수·구청장은 영업자가 다음 각 호의 어느 하나에 해당하면 대통령령으로 정하는 바에 따라 해당 품목 또는 품목류(제7조 또는 제9조에 따라 정하여진 식품등의 기준 및 규격 중 동일한 기준 및 규격을 적용받아 제조·가공되는 모든 품목을 말한다. 이하 같다)에 대하여 기간을 정하여 6개월 이내의 제조정지를 명할 수 있다.

　1. 제7조제4항을 위반한 경우

　2. 제9조제4항을 위반한 경우

    3의2. 제12조의2제2항을 위반한 경우

    5. 제31조제1항을 위반한 경우

② 제1항에 따른 행정처분의 세부기준은 그 위반 행위의 유형과 위반 정도 등을 고려하여 총리령으로 정한다.

45) 영업허가 등의 취소 요청

① 식품의약품안전처장은 「축산물위생관리법」, 「수산업법」, 「양식산업발전법」 또는 「주류 면허 등에 관한 법률」에 따라 허가 또는 면허를 받은 자가 제4조부터 제6조까지 또는 제7조제4항을 위반한 경우에는 해당 허가 또는 면허 업무를 관할하는 중앙행정기관의 장에게 다음 각 호의 조치를 하도록 요청할 수 있다. 다만, 주류(酒類)는 「보건범죄단속에 관한 특별조치법」 제8조에 따른 유해 등의 기준에 해당하는 경우로 한정한다.

    1. 허가 또는 면허의 전부 또는 일부 취소

    2. 일정 기간의 영업정지

    3. 그 밖에 위생상 필요한 조치

② 제1항에 따라 영업허가 등의 취소 요청을 받은 관계 중앙행정기관의 장은 정당한 사유가 없으면 이에 따라야 하며, 그 조치결과를 지체 없이 식품의약품안전처장에게 통보하여야 한다.

46) 행정 제재처분 효과의 승계

    영업자가 영업을 양도하거나 법인이 합병되는 경우에는 제75조제1항 각 호, 같은 조 제2항 또는 제76조제1항 각 호를 위반한 사유로 종전의 영업자에게 행한 행정 제재처분의 효과는 그 처분기간이 끝난 날부터 1년간 양수인이나 합병 후 존속하는 법인에 승계되며, 행정 제재처분 절차가 진행 중인 경우에는 양수인이나 합병 후 존속하는 법인에 대하여 행정 제재처분 절차를 계속할 수 있다. 다만, 양수인이나 합병 후 존속하는 법인이 양수하거나 합병할 때에 그 처분 또는 위반사실을 알지 못하였음을 증명하는 때에는 그러하지 아니하다.

47) 폐쇄조치 등

① 식품의약품안전처장, 시·도지사 또는 시장·군수·구청장은 제37조제1항, 제4항 또는 제5항을 위반하여 허가받지 아니하거나 신고 또는 등록하지 아니하고 영업을 하는 경우 또는 제75조제1항 또는 제2항에 따라 허가 또는 등록이 취소되거나 영업소 폐쇄명령을 받은 후에도 계속하여 영업을 하는 경우에는 해당 영업소를 폐쇄하기 위하여 관계 공무원에게 다음 각 호의 조치를 하게 할 수 있다.

    1. 해당 영업소의 간판 등 영업 표지물의 제거나 삭제

2. 해당 영업소가 적법한 영업소가 아님을 알리는 게시문 등의 부착

3. 해당 영업소의 시설물과 영업에 사용하는 기구 등을 사용할 수 없게 하는 봉인(封印)

② 식품의약품안전처장, 시·도지사 또는 시장·군수·구청장은 제1항제3호에 따라 봉인한 후 봉인을 계속할 필요가 없거나 해당 영업을 하는 자 또는 그 대리인이 해당 영업소 폐쇄를 약속하거나 그 밖의 정당한 사유를 들어 봉인의 해제를 요청하는 경우에는 봉인을 해제할 수 있다. 제1항제2호에 따른 게시문 등의 경우에도 또한 같다.

③ 식품의약품안전처장, 시·도지사 또는 시장·군수·구청장은 제1항에 따른 조치를 하려면 해당 영업을 하는 자 또는 그 대리인에게 문서로 미리 알려야 한다. 다만, 급박한 사유가 있으면 그러하지 아니하다.

④ 제1항에 따른 조치는 그 영업을 할 수 없게 하는 데에 필요한 최소한의 범위에 그쳐야 한다.

⑤ 제1항의 경우에 관계 공무원은 그 권한을 표시하는 증표 및 조사기간, 조사범위, 조사담당자, 관계 법령 등 대통령령으로 정하는 사항이 기재된 서류를 지니고 이를 관계인에게 내보여야 한다.

48) 면허취소 등

① 식품의약품안전처장 또는 특별자치시장·특별자치도지사·시장·군수·구청장은 조리사가 다음 각 호의 어느 하나에 해당하면 그 면허를 취소하거나 6개월 이내의 기간을 정하여 업무정지를 명할 수 있다. 다만, 조리사가 제1호 또는 제5호에 해당할 경우 면허를 취소하여야 한다.

1. 제54조 각 호의 어느 하나에 해당하게 된 경우

2. 제56조에 따른 교육을 받지 아니한 경우

3. 식중독이나 그 밖에 위생과 관련한 중대한 사고 발생에 직무상의 책임이 있는 경우

4. 면허를 타인에게 대여하여 사용하게 한 경우

5. 업무정지기간 중에 조리사의 업무를 하는 경우

② 제1항에 따른 행정처분의 세부기준은 그 위반 행위의 유형과 위반 정도 등을 고려하여 총리령으로 정한다.

49) 청문

식품의약품안전처장, 시·도지사 또는 시장·군수·구청장은 다음 각 호의 어느 하나에 해당하는 처분을 하려면 청문을 하여야 한다.

2. 제48조제8항에 따른 식품안전관리인증기준적용업소의 인증취소

2의2. 제48조의5제1항에 따른 교육훈련기관의 지정취소

3. 제75조제1항부터 제3항까지의 규정에 따른 영업허가 또는 등록의 취소나 영업소의 폐쇄명령

4. 제80조제1항에 따른 면허의 취소

50) 영업정지 등의 처분에 갈음하여 부과하는 과징금 처분

① 식품의약품안전처장, 시·도지사 또는 시장·군수·구청장은 영업자가 제75조제1항 각 호 또는 제76조제1항 각 호의 어느 하나에 해당하는 경우에는 대통령령으로 정하는 바에 따라 영업정지, 품목 제조정지 또는 품목류 제조정지 처분을 갈음하여 10억원 이하의 과징금을 부과할 수 있다. 다만, 제6조를 위반하여 제75조제1항에 해당하는 경우와 제4조, 제5조, 제7조, 제12조의2, 제37조, 제43조 및 제44조를 위반하여 제75조제1항 또는 제76조제1항에 해당하는 중대한 사항으로서 총리령으로 정하는 경우는 제외한다.

② 제1항에 따른 과징금을 부과하는 위반 행위의 종류·정도 등에 따른 과징금의 금액과 그 밖에 필요한 사항은 대통령령으로 정한다.

③ 식품의약품안전처장, 시·도지사 또는 시장·군수·구청장은 과징금을 징수하기 위하여 필요한 경우에는 다음 각 호의 사항을 적은 문서로 관할 세무관서의 장에게 과세 정보 제공을 요청할 수 있다.

   1. 납세자의 인적 사항

   2. 사용 목적

   3. 과징금 부과기준이 되는 매출금액

④ 식품의약품안전처장, 시·도지사 또는 시장·군수·구청장은 제1항에 따른 과징금을 기한 내에 납부하지 아니하는 때에는 대통령령으로 정하는 바에 따라 제1항에 따른 과징금 부과처분을 취소하고 제75조제1항 또는 제76조제1항에 따른 영업정지 또는 제조정지 처분을 하거나 국세 체납처분의 예 또는 「지방행정제재·부과금의 징수 등에 관한 법률」에 따라 징수한다. 다만, 다음 각 호의 어느 하나에 해당하는 경우에는 국세 체납처분의 예 또는 「지방행정제재·부과금의 징수 등에 관한 법률」에 따라 징수한다.

   2. 제37조제3항, 제4항 및 제5항에 따른 폐업 등으로 제75조제1항 또는 제76조제1항에 따른 영업정지 또는 제조정지 처분을 할 수 없는 경우

⑤ 제1항 및 제4항 단서에 따라 징수한 과징금 중 식품의약품안전처장이 부과·징수한 과징금은 국가에 귀속되고, 시·도지사가 부과·징수한 과징금은 시·도의 식품진흥기금(제89조에 따른 식품진흥기금을 말한다. 이하 이 항에서 같다)에 귀속되며, 시장·군수·구청장이 부과·징수한 과징금은 시·도와 시·군·구의 식품진흥기금에 귀속된다. 이 경우 시·도 및 시·군·구에 귀속시키는 방법 등은 대통령령으로 정한다.

⑥ 시·도지사는 제91조에 따라 제1항에 따른 과징금을 부과·징수할 권한을 시장·군수·구청장에게 위임한 경우에는 그에 필요한 경비를 대통령령으로 정하는 바에 따라 시장·군수·구청장에게 교부할 수 있다.

⑦ 식품의약품안전처장, 시·도지사 또는 시장·군수·구청장은 제4항에 따라 체납된 과징금의

징수를 위하여 다음 각 호의 어느 하나에 해당하는 자료 또는 정보를 해당 각 호의 자에게 각각 요청할 수 있다. 이 경우 요청을 받은 자는 정당한 사유가 없으면 그 요청에 따라야 한다.

    1. 「건축법」 제38조에 따른 건축물대장 등본: 국토교통부장관

    2. 「공간정보의 구축 및 관리 등에 관한 법률」 제71조에 따른 토지대장 등본: 국토교통부장관

    3. 「자동차관리법」 제7조에 따른 자동차등록원부 등본: 시·도지사

51) 위해식품등의 판매 등에 따른 과징금 부과 등

① 식품의약품안전처장, 시·도지사 또는 시장·군수·구청장은 위해식품등의 판매 등 금지에 관한 제4조부터 제6조까지의 규정 또는 제8조를 위반한 경우 다음 각 호의 어느 하나에 해당하는 자에 대하여 그가 판매한 해당 식품등의 판매금액을 과징금으로 부과한다.

    1. 제4조제2호·제3호 및 제5호부터 제7호까지의 규정을 위반하여 제75조에 따라 영업정지 2개월 이상의 처분, 영업허가 및 등록의 취소 또는 영업소의 폐쇄명령을 받은 자

    2. 제5조, 제6조 또는 제8조를 위반하여 제75조에 따라 영업허가 및 등록의 취소 또는 영업소의 폐쇄명령을 받은 자

② 제1항에 따른 과징금의 산출금액은 대통령령으로 정하는 바에 따라 결정하여 부과한다.

③ 제2항에 따라 부과된 과징금을 기한 내에 납부하지 아니하는 경우 또는 제37조제3항, 제4항 및 제5항에 따라 폐업한 경우에는 국세 체납처분의 예 또는 「지방행정제재·부과금의 징수 등에 관한 법률」에 따라 징수한다.

④ 제1항에 따른 과징금 및 체납 과징금의 징수를 위한 정보·자료의 제공 요청, 부과·징수한 과징금의 귀속 및 귀속 비율과 징수 절차 등에 관하여는 제82조제3항 및 제5항부터 제7항까지의 규정을 준용한다.

52) 위반사실 공표

식품의약품안전처장, 시·도지사 또는 시장·군수·구청장은 제72조, 제75조, 제76조, 제79조, 제82조 또는 제83조에 따라 행정처분이 확정된 영업자에 대한 처분 내용, 해당 영업소와 식품등의 명칭 등 처분과 관련한 영업 정보를 대통령령으로 정하는 바에 따라 공표하여야 한다.

53) 국고 보조

식품의약품안전처장은 예산의 범위에서 다음 경비의 전부 또는 일부를 보조할 수 있다.

1. 제22조제1항(제88조에서 준용하는 경우를 포함한다)에 따른 수거에 드는 경비

3. 조합에서 실시하는 교육훈련에 드는 경비

4. 제32조제1항에 따른 식품위생감시원과 제33조에 따른 소비자식품위생감시원 운영에 드는 경비

5. 정보원의 설립 · 운영에 드는 경비

6. 제60조제6호에 따른 조사 · 연구 사업에 드는 경비

7. 제63조제1항(제66조에서 준용하는 경우를 포함한다)에 따른 조합 또는 협회의 자율지도원 운영에 드는 경비

8. 제72조(제88조에서 준용하는 경우를 포함한다)에 따른 폐기에 드는 경비

54) 식중독에 관한 조사 보고

① 다음 각 호의 어느 하나에 해당하는 자는 지체 없이 관할 특별자치시장 · 시장(「제주특별자치도 설치 및 국제자유도시 조성을 위한 특별법」에 따른 행정시장을 포함한다. 이하 이 조에서 같다) · 군수 · 구청장에게 보고하여야 한다. 이 경우 의사나 한의사는 대통령령으로 정하는 바에 따라 식중독 환자나 식중독이 의심되는 자의 혈액 또는 배설물을 보관하는 데에 필요한 조치를 하여야 한다.

　　1. 식중독 환자나 식중독이 의심되는 자를 진단하였거나 그 사체를 검안(檢案)한 의사 또는 한의사

　　2. 집단급식소에서 제공한 식품등으로 인하여 식중독 환자나 식중독으로 의심되는 증세를 보이는 자를 발견한 집단급식소의 설치 · 운영자

② 특별자치시장 · 시장 · 군수 · 구청장은 제1항에 따른 보고를 받은 때에는 지체 없이 그 사실을 식품의약품안전처장 및 시 · 도지사(특별자치시장은 제외한다)에게 보고하고, 대통령령으로 정하는 바에 따라 원인을 조사하여 그 결과를 보고하여야 한다.

③ 식품의약품안전처장은 제2항에 따른 보고의 내용이 국민보건상 중대하다고 인정하는 경우에는 해당 시 · 도지사 또는 시장 · 군수 · 구청장과 합동으로 원인을 조사할 수 있다.

④ 식품의약품안전처장은 식중독 발생의 원인을 규명하기 위하여 식중독 의심환자가 발생한 원인시설 등에 대한 조사절차와 시험 · 검사 등에 필요한 사항을 정할 수 있다.

55) 식중독대책협의기구 설치

① 식품의약품안전처장은 식중독 발생의 효율적인 예방 및 확산방지를 위하여 교육부, 농림축산식품부, 보건복지부, 환경부, 해양수산부, 식품의약품안전처, 질병관리청, 시 · 도 등 유관기관으로 구성된 식중독대책협의기구를 설치 · 운영하여야 한다.

② 제1항에 따른 식중독대책협의기구의 구성과 세부적인 운영사항 등은 대통령령으로 정한다.

56) 집단급식소

① 집단급식소를 설치 · 운영하려는 자는 총리령으로 정하는 바에 따라 특별자치시장 · 특별자치

도지사·시장·군수·구청장에게 신고하여야 한다. 신고한 사항 중 총리령으로 정하는 사항을 변경하려는 경우에도 또한 같다.

② 집단급식소를 설치·운영하는 자는 집단급식소 시설의 유지·관리 등 급식을 위생적으로 관리하기 위하여 다음 각 호의 사항을 지켜야 한다.

1. 식중독 환자가 발생하지 아니하도록 위생관리를 철저히 할 것
2. 조리·제공한 식품의 매회 1인분 분량을 총리령으로 정하는 바에 따라 144시간 이상 보관할 것
3. 영양사를 두고 있는 경우 그 업무를 방해하지 아니할 것
4. 영양사를 두고 있는 경우 영양사가 집단급식소의 위생관리를 위하여 요청하는 사항에 대하여는 정당한 사유가 없으면 따를 것
5. 「축산물 위생관리법」 제12조에 따라 검사를 받지 아니한 축산물 또는 실험 등의 용도로 사용한 동물을 음식물의 조리에 사용하지 말 것
6. 「야생생물 보호 및 관리에 관한 법률」을 위반하여 포획·채취한 야생생물을 음식물의 조리에 사용하지 말 것
7. 유통기한이 경과한 원재료 또는 완제품을 조리할 목적으로 보관하거나 이를 음식물의 조리에 사용하지 말 것
8. 수돗물이 아닌 지하수 등을 먹는 물 또는 식품의 조리·세척 등에 사용하는 경우에는 「먹는물관리법」 제43조에 따른 먹는물 수질검사기관에서 총리령으로 정하는 바에 따라 검사를 받아 마시기에 적합하다고 인정된 물을 사용할 것. 다만, 둘 이상의 업소가 같은 건물에서 같은 수원(水源)을 사용하는 경우에는 하나의 업소에 대한 시험결과로 나머지 업소에 대한 검사를 갈음할 수 있다.
9. 제15조제2항에 따라 위해평가가 완료되기 전까지 일시적으로 금지된 식품등을 사용·조리하지 말 것
10. 식중독 발생 시 보관 또는 사용 중인 식품은 역학조사가 완료될 때까지 폐기하거나 소독 등으로 현장을 훼손하여서는 아니 되고 원상태로 보존하여야 하며, 식중독 원인규명을 위한 행위를 방해하지 말 것
11. 그 밖에 식품등의 위생적 관리를 위하여 필요하다고 총리령으로 정하는 사항을 지킬 것

③ 집단급식소에 관하여는 제3조부터 제6조까지, 제7조제4항, 제8조, 제9조제4항, 제22조, 제37조제7항·제9항, 제39조, 제40조, 제41조, 제48조, 제71조, 제72조 및 제74조를 준용한다.

④ 특별자치시장·특별자치도지사·시장·군수·구청장은 제1항에 따른 신고 또는 변경신고를 받은 날부터 3일 이내에 신고수리 여부를 신고인에게 통지하여야 한다.

⑤ 특별자치시장·특별자치도지사·시장·군수·구청장이 제4항에서 정한 기간 내에 신고수리 여부 또는 민원 처리 관련 법령에 따른 처리기간의 연장을 신고인에게 통지하지 아니하면 그 기간(민원

처리 관련 법령에 따라 처리기간이 연장 또는 재연장된 경우에는 해당 처리기간을 말한다)이 끝난 날의 다음 날에 신고를 수리한 것으로 본다.

⑥ 제1항에 따라 신고한 자가 집단급식소 운영을 종료하려는 경우에는 특별자치시장·특별자치도지사·시장·군수·구청장에게 신고하여야 한다.

⑦ 집단급식소의 시설기준과 그 밖의 운영에 관한 사항은 총리령으로 정한다.

57) 식품진흥기금

① 식품위생과 국민의 영양수준 향상을 위한 사업을 하는 데에 필요한 재원에 충당하기 위하여 시·도 및 시·군·구에 식품진흥기금(이하 "기금"이라 한다)을 설치한다.

② 기금은 다음 각 호의 재원으로 조성한다.

　　1. 식품위생단체의 출연금

　　2. 제82조, 제83조 및 「건강기능식품에 관한 법률」 제37조, 「식품 등의 표시·광고에 관한 법률」 제19조 및 제20조에 따라 징수한 과징금

　　3. 기금 운용으로 생기는 수익금

　　4. 그 밖에 대통령령으로 정하는 수입금

③ 기금은 다음 각 호의 사업에 사용한다.

　　1. 영업자(「건강기능식품에 관한 법률」에 따른 영업자를 포함한다)의 위생관리시설 및 위생설비시설 개선을 위한 융자 사업

　　2. 식품위생에 관한 교육·홍보 사업(소비자단체의 교육·홍보 지원을 포함한다)과 소비자식품 위생감시원의 교육·활동 지원

　　3. 식품위생과 「국민영양관리법」에 따른 영양관리(이하 "영양관리"라 한다)에 관한 조사·연구 사업

　　4. 제90조에 따른 포상금 지급 지원

　　4의2. 「공익신고자 보호법」 제29조제2항에 따라 지방자치단체가 부담하는 보상금(이 법 및 「건강기능식품에 관한 법률」 위반행위에 관한 신고를 원인으로 한 보상금에 한정한다) 상환액의 지원

　　5. 식품위생에 관한 교육·연구 기관의 육성 및 지원

　　6. 음식문화의 개선과 좋은 식단 실천을 위한 사업 지원

　　7. 집단급식소(위탁에 의하여 운영되는 집단급식소만 해당한다)의 급식시설 개수·보수를 위한 융자 사업

　　7의2. 제47조의2에 따른 식품접객업소의 위생등급 지정 사업 지원

　　8. 그 밖에 대통령령으로 정하는 식품위생, 영양관리, 식품산업 진흥 및 건강기능식품에 관한 사업

④ 기금은 시·도지사 및 시장·군수·구청장이 관리·운용하되, 그에 필요한 사항은 대통령령으로 정한다.

58) 영업자 등에 대한 행정적·기술적 지원

국가와 지방자치단체는 식품안전에 대한 영업자 등의 관리능력을 향상하기 위한 기반조성 및 역량 강화에 필요한 시책을 수립·시행하여야 하며, 이를 위한 재원을 마련하고 기술개발, 조사·연구 사업, 해외 정보의 제공 및 국제협력체계의 구축 등에 필요한 행정적·기술적 지원을 할 수 있다.

59) 포상금 지급

① 식품의약품안전처장, 시·도지사 또는 시장·군수·구청장은 이 법에 위반되는 행위를 신고한 자에게 신고 내용별로 1천만원까지 포상금을 줄 수 있다.
② 제1항에 따른 포상금 지급의 기준·방법 및 절차 등에 관하여 필요한 사항은 대통령령으로 정한다.

60) 정보공개

① 식품의약품안전처장은 보유·관리하고 있는 식품등의 안전에 관한 정보 중 국민이 알아야 할 필요가 있다고 인정하는 정보에 대하여는 「공공기관의 정보공개에 관한 법률」에서 허용하는 범위에서 이를 국민에게 제공하도록 노력하여야 한다.
② 제1항에 따라 제공되는 정보의 범위, 제공 방법 및 절차 등에 필요한 사항은 대통령령으로 정한다.

61) 식품안전관리 업무 평가

① 식품의약품안전처장은 식품안전관리 업무 수행 실적이 우수한 시·도 또는 시·군·구에 표창 수여, 포상금 지급 등의 조치를 하기 위하여 시·도 및 시·군·구에서 수행하는 식품안전관리 업무를 평가할 수 있다.
② 제1항에 따른 평가 기준·방법 등에 관하여 필요한 사항은 총리령으로 정한다.

62) 벌칙 적용에서 공무원 의제

안전성심사위원회 및 심의위원회의 위원 중 공무원이 아닌 사람은 「형법」 제129조부터 제132조까지의 규정을 적용할 때에는 공무원으로 본다.

62) 권한의 위임

이 법에 따른 식품의약품안전처장의 권한은 대통령령으로 정하는 바에 따라 그 일부를 시·도지사,

식품의약품안전평가원장 또는 지방식품의약품안전청장에게, 시ㆍ도지사의 권한은 그 일부를 시장ㆍ군수ㆍ구청장 또는 보건소장에게 각각 위임할 수 있다.

63) 수수료

다음 각 호의 어느 하나에 해당하는 자는 총리령으로 정하는 수수료를 내야 한다.

1. 제7조제2항 또는 제9조제2항에 따른 기준과 규격의 인정을 신청하는 자

1의2. 제7조의3제2항에 따른 농약 및 동물용 의약품의 잔류허용기준 설정을 요청하는 자

2. 제18조에 따른 안전성 심사를 받는 자

3의3. 제23조제2항에 따른 재검사를 요청하는 자

5. 제37조에 따른 허가를 받거나 신고 또는 등록을 하는 자

6. 제48조제3항(제88조에서 준용하는 경우를 포함한다)에 따른 식품안전관리인증기준 적용업소 인증 또는 변경 인증을 신청하는 자

6의2. 제48조의2제2항에 따른 식품안전관리인증기준적용업소 인증 유효기간의 연장신청을 하는 자

7. 제49조제1항에 따른 식품이력추적관리를 위한 등록을 신청하는 자

8. 제53조에 따른 조리사 면허를 받는 자

9. 제88조에 따른 집단급식소의 설치ㆍ운영을 신고하는 자

상가건물 임대차보호법

제1조: 의의

상가 건물임대차에 관해 민법에 대한 특례를 규정함으로서 국민 경제생활의 안정을 보장하기 위해 제정한 법(2001. 12. 29, 법률 제6542)이다. 부동산 업자나 건물주들의 횡포로부터 영세 임차인들의 권리를 보호하고 과도한 임대료 인상을 막기 위해 2001년 제정되었다.

제2조: 적용 범위

① 이 법은 상가건물(제3조제1항에 따른 사업자등록의 대상이 되는 건물을 말한다)의 임대차(임대차 목적물의 주된 부분을 영업용으로 사용하는 경우를 포함한다)에 대하여 적용한다. 다만, 제14조의2에 따른 상가건물임대차위원회의 심의를 거쳐 대통령령으로 정하는 보증금액을 초과하는 임대차에 대하여는 그러하지 아니하다. 〈개정 2020. 7. 31.〉

② 제1항 단서에 따른 보증금액을 정할 때에는 해당 지역의 경제 여건 및 임대차 목적물의 규모 등을 고려하여 지역별로 구분하여 규정하되, 보증금 외에 차임이 있는 경우에는 그 차임액에

「은행법」에 따른 은행의 대출금리 등을 고려하여 대통령령으로 정하는 비율을 곱하여 환산한 금액을 포함하여야 한다. 〈개정 2010. 5. 17.〉

③ 제1항 단서에도 불구하고 제3조, 제10조제1항, 제2항, 제3항 본문, 제10조의2부터 제10조의9까지의 규정 및 제19조는 제1항 단서에 따른 보증금액을 초과하는 임대차에 대하여도 적용한다.

시행령

제2조(적용범위) ① 「상가건물 임대차보호법」(이하 "법"이라 한다) 제2조제1항 단서에서 "대통령령으로 정하는 보증금액"이란 다음 각 호의 구분에 의한 금액을 말한다.

　1. 서울특별시 : 9억원

　2. 「수도권정비계획법」에 따른 과밀억제권역(서울특별시는 제외한다) 및 부산광역시: 6억9천만원

　3. 광역시(「수도권정비계획법」에 따른 과밀억제권역에 포함된 지역과 군지역, 부산광역시는 제외한다), 세종특별자치시, 파주시, 화성시, 안산시, 용인시, 김포시 및 광주시: 5억4천만원

　4. 그 밖의 지역 : 3억7천만원

② 법 제2조제2항의 규정에 의하여 보증금외에 차임이 있는 경우의 차임액은 월 단위의 차임액으로 한다.

③ 법 제2조제2항에서 "대통령령으로 정하는 비율"이라 함은 1분의 100을 말한다.

제3조: 대항력 등

① 임대차는 그 등기가 없는 경우에도 임차인이 건물의 인도와 「부가가치세법」 제8조, 「소득세법」 제168조 또는 「법인세법」 제111조에 따른 사업자등록을 신청하면 그 다음 날부터 제3자에 대하여 효력이 생긴다.

② 임차건물의 양수인(그 밖에 임대할 권리를 승계한 자를 포함한다)은 임대인의 지위를 승계한 것으로 본다.

③ 이 법에 따라 임대차의 목적이 된 건물이 매매 또는 경매의 목적물이 된 경우에는 「민법」 제575조제1항·제3항 및 제578조를 준용한다.

④ 제3항의 경우에는 「민법」 제536조를 준용한다.

제4조: 확정일자 부여 및 임대차정보의 제공 등

① 제5조제2항의 확정일자는 상가건물의 소재지 관할 세무서장이 부여한다.

② 관할 세무서장은 해당 상가건물의 소재지, 확정일자 부여일, 차임 및 보증금 등을 기재한 확정일자부를 작성하여야 한다. 이 경우 전산정보처리조직을 이용할 수 있다.

③ 상가건물의 임대차에 이해관계가 있는 자는 관할 세무서장에게 해당 상가건물의 확정일자 부여일, 차임 및 보증금 등 정보의 제공을 요청할 수 있다. 이 경우 요청을 받은 관할 세무서장은 정당한 사유 없이 이를 거부할 수 없다.

④ 임대차계약을 체결하려는 자는 임대인의 동의를 받아 관할 세무서장에게 제3항에 따른 정보제공을 요청할 수 있다.

⑤ 확정일자부에 기재하여야 할 사항, 상가건물의 임대차에 이해관계가 있는 자의 범위, 관할 세무서장에게 요청할 수 있는 정보의 범위 및 그 밖에 확정일자 부여사무와 정보제공 등에 필요한 사항은 대통령령으로 정한다.

시행령

제3조(확정일자부 기재사항 등) ① 상가건물 임대차 계약증서 원본을 소지한 임차인은 법 제4조제1항에 따라 상가건물의 소재지 관할 세무서장에게 확정일자 부여를 신청할 수 있다. 다만, 「부가가치세법」 제8조제3항에 따라 사업자 단위 과세가 적용되는 사업자의 경우 해당 사업자의 본점 또는 주사무소 관할 세무서장에게 확정일자 부여를 신청할 수 있다.

② 확정일자는 제1항에 따라 확정일자 부여의 신청을 받은 세무서장(이하 "관할 세무서장"이라 한다)이 확정일자 번호, 확정일자 부여일 및 관할 세무서장을 상가건물 임대차 계약증서 원본에 표시하고 관인을 찍는 방법으로 부여한다.

③ 관할 세무서장은 임대차계약이 변경되거나 갱신된 경우 임차인의 신청에 따라 새로운 확정일자를 부여한다.

④ 관할 세무서장이 법 제4조제2항에 따라 작성하는 확정일자부에 기재하여야 할 사항은 다음 각 호와 같다.

    1. 확정일자 번호

    2. 확정일자 부여일

    3. 임대인·임차인의 인적사항

       가. 자연인인 경우: 성명, 주민등록번호(외국인은 외국인등록번호)

       나. 법인인 경우: 법인명, 대표자 성명, 법인등록번호

       다. 법인 아닌 단체인 경우: 단체명, 대표자 성명, 사업자등록번호·고유번호

    4. 임차인의 상호 및 법 제3조제1항에 따른 사업자등록 번호

    5. 상가건물의 소재지, 임대차 목적물 및 면적

    6. 임대차기간

    7. 보증금·차임

⑤ 제1항부터 제4항까지에서 규정한 사항 외에 확정일자 부여 사무에 관하여 필요한 사항은 법무부령으로 정한다.

제5조: 보증금의 회수

① 임차인이 임차건물에 대하여 보증금반환청구소송의 확정판결, 그 밖에 이에 준하는

집행권원에 의하여 경매를 신청하는 경우에는 「민사집행법」 제41조에도 불구하고 반대의무의 이행이나 이행의 제공을 집행개시의 요건으로 하지 아니한다.

② 제3조제1항의 대항요건을 갖추고 관할 세무서장으로부터 임대차계약서상의 확정일자를 받은 임차인은 「민사집행법」에 따른 경매 또는 「국세징수법」에 따른 공매 시 임차건물(임대인 소유의 대지를 포함한다)의 환가대금에서 후순위권리자나 그 밖의 채권자보다 우선하여 보증금을 변제받을 권리가 있다.

③ 임차인은 임차건물을 양수인에게 인도하지 아니하면 제2항에 따른 보증금을 받을 수 없다.

④ 제2항 또는 제7항에 따른 우선변제의 순위와 보증금에 대하여 이의가 있는 이해관계인은 경매법원 또는 체납처분청에 이의를 신청할 수 있다.

⑤ 제4항에 따라 경매법원에 이의를 신청하는 경우에는 「민사집행법」 제152조부터 제161조까지의 규정을 준용한다.

⑥ 제4항에 따라 이의신청을 받은 체납처분청은 이해관계인이 이의신청일부터 7일 이내에 임차인 또는 제7항에 따라 우선변제권을 승계한 금융기관 등을 상대로 소(訴)를 제기한 것을 증명한 때에는 그 소송이 종결될 때까지 이의가 신청된 범위에서 임차인 또는 제7항에 따라 우선변제권을 승계한 금융기관 등에 대한 보증금의 변제를 유보(留保)하고 남은 금액을 배분하여야 한다. 이 경우 유보된 보증금은 소송 결과에 따라 배분한다.

⑦ 다음 각 호의 금융기관 등이 제2항, 제6조제5항 또는 제7조제1항에 따른 우선변제권을 취득한 임차인의 보증금반환채권을 계약으로 양수한 경우에는 양수한 금액의 범위에서 우선변제권을 승계한다.

  1. 「은행법」에 따른 은행

  2. 「중소기업은행법」에 따른 중소기업은행

  3. 「한국산업은행법」에 따른 한국산업은행

  4. 「농업협동조합법」에 따른 농협은행

  5. 「수산업협동조합법」에 따른 수협은행

  6. 「우체국예금·보험에 관한 법률」에 따른 체신관서

  7. 「보험업법」 제4조제1항제2호라목의 보증보험을 보험종목으로 허가받은 보험회사

  8. 그 밖에 제1호부터 제7호까지에 준하는 것으로서 대통령령으로 정하는 기관

⑧ 제7항에 따라 우선변제권을 승계한 금융기관 등(이하 "금융기관등"이라 한다)은 다음 각 호의 어느 하나에 해당하는 경우에는 우선변제권을 행사할 수 없다.

  1. 임차인이 제3조제1항의 대항요건을 상실한 경우

  2. 제6조제5항에 따른 임차권등기가 말소된 경우

  3. 「민법」 제621조에 따른 임대차등기가 말소된 경우

⑨ 금융기관등은 우선변제권을 행사하기 위하여 임차인을 대리하거나 대위하여 임대차를 해지할 수 없다.

시행령

제3조의2(이해관계인의 범위) 법 제4조제3항에 따라 정보의 제공을 요청할 수 있는 상가건물의 임대차에 이해관계가 있는 자(이하 "이해관계인"이라 한다)는 다음 각 호의 어느 하나에 해당하는 자로 한다.

1. 해당 상가건물 임대차계약의 임대인·임차인

2. 해당 상가건물의 소유자

3. 해당 상가건물 또는 그 대지의 등기부에 기록된 권리자 중 법무부령으로 정하는 자

4. 법 제5조제7항에 따라 우선변제권을 승계한 금융기관 등

5. 제1호부터 제4호까지에서 규정한 자에 준하는 지위 또는 권리를 가지는 자로서 임대차 정보의 제공에 관하여 법원의 판결을 받은 자

제3조의3(이해관계인 등이 요청할 수 있는 정보의 범위) ① 제3조의2제1호에 따른 임대차계약의 당사자는 관할 세무서장에게 다음 각 호의 사항이 기재된 서면의 열람 또는 교부를 요청할 수 있다.

1. 임대인·임차인의 인적사항(제3조제4항제3호에 따른 정보를 말한다. 다만, 주민등록번호 및 외국인등록번호의 경우에는 앞 6자리에 한정한다)

2. 상가건물의 소재지, 임대차 목적물 및 면적

3. 사업자등록 신청일

4. 보증금·차임 및 임대차기간

5. 확정일자 부여일

6. 임대차계약이 변경되거나 갱신된 경우에는 변경·갱신된 날짜, 새로운 확정일자 부여일, 변경된 보증금·차임 및 임대차기간

7. 그 밖에 법무부령으로 정하는 사항

② 임대차계약의 당사자가 아닌 이해관계인 또는 임대차계약을 체결하려는 자는 관할 세무서장에게 다음 각 호의 사항이 기재된 서면의 열람 또는 교부를 요청할 수 있다.

1. 상가건물의 소재지, 임대차 목적물 및 면적

2. 사업자등록 신청일

3. 보증금 및 차임, 임대차기간

4. 확정일자 부여일

5. 임대차계약이 변경되거나 갱신된 경우에는 변경·갱신된 날짜, 새로운 확정일자 부여일, 변경된 보증금·차임 및 임대차기간

6. 그 밖에 법무부령으로 정하는 사항

③ 제1항 및 제2항에서 규정한 사항 외에 임대차 정보의 제공 등에 필요한 사항은 법무부령으로 정한다.

제6조: 임차권등기명령

① 임대차가 종료된 후 보증금이 반환되지 아니한 경우 임차인은 임차건물의 소재지를 관할하는 지방법원, 지방법원지원 또는 시·군법원에 임차권등기명령을 신청할 수 있다.

② 임차권등기명령을 신청할 때에는 다음 각 호의 사항을 기재하여야 하며, 신청 이유 및 임차권등기의 원인이 된 사실을 소명하여야 한다.

　1. 신청 취지 및 이유

　2. 임대차의 목적인 건물(임대차의 목적이 건물의 일부분인 경우에는 그 부분의 도면을 첨부한다)

　3. 임차권등기의 원인이 된 사실(임차인이 제3조제1항에 따른 대항력을 취득하였거나 제5조제2항에 따른 우선변제권을 취득한 경우에는 그 사실)

　4. 그 밖에 대법원규칙으로 정하는 사항

③ 임차권등기명령의 신청에 대한 재판, 임차권등기명령의 결정에 대한 임대인의 이의신청 및 그에 대한 재판, 임차권등기명령의 취소신청 및 그에 대한 재판 또는 임차권등기명령의 집행 등에 관하여는 「민사집행법」 제280조제1항, 제281조, 제283조, 제285조, 제286조, 제288조 제1항·제2항 본문, 제289조, 제290조제2항 중 제288조제1항에 대한 부분, 제291조, 제293조를 준용한다. 이 경우 "가압류"는 "임차권등기"로, "채권자"는 "임차인"으로, "채무자"는 "임대인"으로 본다.

④ 임차권등기명령신청을 기각하는 결정에 대하여 임차인은 항고할 수 있다.

⑤ 임차권등기명령의 집행에 따른 임차권등기를 마치면 임차인은 제3조제1항에 따른 대항력과 제5조제2항에 따른 우선변제권을 취득한다. 다만, 임차인이 임차권등기 이전에 이미 대항력 또는 우선변제권을 취득한 경우에는 그 대항력 또는 우선변제권이 그대로 유지되며, 임차권등기 이후에는 제3조제1항의 대항요건을 상실하더라도 이미 취득한 대항력 또는 우선변제권을 상실하지 아니한다.

⑥ 임차권등기명령의 집행에 따른 임차권등기를 마친 건물(임대차의 목적이 건물의 일부분인 경우에는 그 부분으로 한정한다)을 그 이후에 임차한 임차인은 제14조에 따른 우선변제를 받을 권리가 없다.

⑦ 임차권등기의 촉탁, 등기관의 임차권등기 기입 등 임차권등기명령의 시행에 관하여 필요한 사항은 대법원규칙으로 정한다.

⑧ 임차인은 제1항에 따른 임차권등기명령의 신청 및 그에 따른 임차권등기와 관련하여 든 비용을 임대인에게 청구할 수 있다.

⑨ 금융기관등은 임차인을 대위하여 제1항의 임차권등기명령을 신청할 수 있다. 이 경우 제3항·제4항 및 제8항의 "임차인"은 "금융기관등"으로 본다.

제7조: 「민법」에 따른 임대차등기의 효력 등

① 「민법」 제621조에 따른 건물임대차등기의 효력에 관하여는 제6조제5항 및 제6항을 준용한다.

② 임차인이 대항력 또는 우선변제권을 갖추고 「민법」 제621조제1항에 따라 임대인의 협력을 얻어 임대차등기를 신청하는 경우에는 신청서에 「부동산등기법」 제74조제1호부터 제6호까지의 사항 외에 다음 각 호의 사항을 기재하여야 하며, 이를 증명할 수 있는 서면(임대차의 목적이 건물의 일부분인 경우에는 그 부분의 도면을 포함한다)을 첨부하여야 한다.

1. 사업자등록을 신청한 날
2. 임차건물을 점유한 날
3. 임대차계약서상의 확정일자를 받은 날

제9조: 임대차기간 등

① 기간을 정하지 아니하거나 기간을 1년 미만으로 정한 임대차는 그 기간을 1년으로 본다. 다만, 임차인은 1년 미만으로 정한 기간이 유효함을 주장할 수 있다.

② 임대차가 종료한 경우에도 임차인이 보증금을 돌려받을 때까지는 임대차 관계는 존속하는 것으로 본다.

제10조: 계약갱신 요구 등

① 임대인은 임차인이 임대차기간이 만료되기 6개월 전부터 1개월 전까지 사이에 계약갱신을 요구할 경우 정당한 사유 없이 거절하지 못한다. 다만, 다음 각 호의 어느 하나의 경우에는 그러하지 아니하다.

1. 임차인이 3기의 차임액에 해당하는 금액에 이르도록 차임을 연체한 사실이 있는 경우
2. 임차인이 거짓이나 그 밖의 부정한 방법으로 임차한 경우
3. 서로 합의하여 임대인이 임차인에게 상당한 보상을 제공한 경우
4. 임차인이 임대인의 동의 없이 목적 건물의 전부 또는 일부를 전대(轉貸)한 경우
5. 임차인이 임차한 건물의 전부 또는 일부를 고의나 중대한 과실로 파손한 경우
6. 임차한 건물의 전부 또는 일부가 멸실되어 임대차의 목적을 달성하지 못할 경우
7. 임대인이 다음 각 목의 어느 하나에 해당하는 사유로 목적 건물의 전부 또는 대부분을 철거하거나 재건축하기 위하여 목적 건물의 점유를 회복할 필요가 있는 경우
   가. 임대차계약 체결 당시 공사시기 및 소요기간 등을 포함한 철거 또는 재건축 계획을 임차인에게 구체적으로 고지하고 그 계획에 따르는 경우
   나. 건물이 노후·훼손 또는 일부 멸실되는 등 안전사고의 우려가 있는 경우

다. 다른 법령에 따라 철거 또는 재건축이 이루어지는 경우

8. 그 밖에 임차인이 임차인으로서의 의무를 현저히 위반하거나 임대차를 계속하기 어려운 중대한 사유가 있는 경우

② 임차인의 계약갱신요구권은 최초의 임대차기간을 포함한 전체 임대차기간이 10년을 초과하지 아니하는 범위에서만 행사할 수 있다.

③ 갱신되는 임대차는 전 임대차와 동일한 조건으로 다시 계약된 것으로 본다. 다만, 차임과 보증금은 제11조에 따른 범위에서 증감할 수 있다.

④ 임대인이 제1항의 기간 이내에 임차인에게 갱신 거절의 통지 또는 조건 변경의 통지를 하지 아니한 경우에는 그 기간이 만료된 때에 전 임대차와 동일한 조건으로 다시 임대차한 것으로 본다. 이 경우에 임대차의 존속기간은 1년으로 본다.

⑤ 제4항의 경우 임차인은 언제든지 임대인에게 계약해지의 통고를 할 수 있고, 임대인이 통고를 받은 날부터 3개월이 지나면 효력이 발생한다.

제10조의3: 권리금의 정의 등

① 권리금이란 임대차 목적물인 상가건물에서 영업을 하는 자 또는 영업을 하려는 자가 영업시설 · 비품, 거래처, 신용, 영업상의 노하우, 상가건물의 위치에 따른 영업상의 이점 등 유형 · 무형의 재산적 가치의 양도 또는 이용대가로서 임대인, 임차인에게 보증금과 차임 이외에 지급하는 금전 등의 대가를 말한다.

② 권리금 계약이란 신규임차인이 되려는 자가 임차인에게 권리금을 지급하기로 하는 계약을 말한다.

제10조의4: 권리금 회수기회 보호 등

① 임대인은 임대차기간이 끝나기 6개월 전부터 임대차 종료 시까지 다음 각 호의 어느 하나에 해당하는 행위를 함으로써 권리금 계약에 따라 임차인이 주선한 신규임차인이 되려는 자로부터 권리금을 지급받는 것을 방해하여서는 아니 된다. 다만, 제10조제1항 각 호의 어느 하나에 해당하는 사유가 있는 경우에는 그러하지 아니하다.

1. 임차인이 주선한 신규임차인이 되려는 자에게 권리금을 요구하거나 임차인이 주선한 신규임차인이 되려는 자로부터 권리금을 수수하는 행위

2. 임차인이 주선한 신규임차인이 되려는 자로 하여금 임차인에게 권리금을 지급하지 못하게 하는 행위

3. 임차인이 주선한 신규임차인이 되려는 자에게 상가건물에 관한 조세, 공과금, 주변 상가건물의 차임 및 보증금, 그 밖의 부담에 따른 금액에 비추어 현저히 고액의 차임과 보증금을 요구하는 행위

4. 그 밖에 정당한 사유 없이 임대인이 임차인이 주선한 신규임차인이 되려는 자와 임대차계약의

체결을 거절하는 행위

② 다음 각 호의 어느 하나에 해당하는 경우에는 제1항제4호의 정당한 사유가 있는 것으로 본다.

1. 임차인이 주선한 신규임차인이 되려는 자가 보증금 또는 차임을 지급할 자력이 없는 경우

2. 임차인이 주선한 신규임차인이 되려는 자가 임차인으로서의 의무를 위반할 우려가 있거나 그 밖에 임대차를 유지하기 어려운 상당한 사유가 있는 경우

3. 임대차 목적물인 상가건물을 1년 6개월 이상 영리목적으로 사용하지 아니한 경우

4. 임대인이 선택한 신규임차인이 임차인과 권리금 계약을 체결하고 그 권리금을 지급한 경우

③ 임대인이 제1항을 위반하여 임차인에게 손해를 발생하게 한 때에는 그 손해를 배상할 책임이 있다. 이 경우 그 손해배상액은 신규임차인이 임차인에게 지급하기로 한 권리금과 임대차 종료 당시의 권리금 중 낮은 금액을 넘지 못한다.

④ 제3항에 따라 임대인에게 손해배상을 청구할 권리는 임대차가 종료한 날부터 3년 이내에 행사하지 아니하면 시효의 완성으로 소멸한다.

⑤ 임차인은 임대인에게 임차인이 주선한 신규임차인이 되려는 자의 보증금 및 차임을 지급할 자력 또는 그 밖에 임차인으로서의 의무를 이행할 의사 및 능력에 관하여 자신이 알고 있는 정보를 제공하여야 한다.

제10조의5: 권리금 적용 제외

제10조의4는 다음 각 호의 어느 하나에 해당하는 상가건물 임대차의 경우에는 적용하지 아니한다.

1. 임대차 목적물인 상가건물이 「유통산업발전법」 제2조에 따른 대규모점포 또는 준대규모점포의 일부인 경우(다만, 「전통시장 및 상점가 육성을 위한 특별법」 제2조 제1호에 따른 전통시장은 제외한다)

2. 임대차 목적물인 상가건물이 「국유재산법」에 따른 국유재산 또는 「공유재산 및 물품 관리법」에 따른 공유재산인 경우

제10조의6: 표준권리금계약서의 작성 등

국토교통부장관은 법무부장관과 협의를 거쳐 임차인과 신규임차인이 되려는 자의 권리금 계약 체결을 위한 표준권리금계약서를 정하여 그 사용을 권장할 수 있다.

제10조의7: 권리금 평가기준의 고시

국토교통부장관은 권리금에 대한 감정평가의 절차와 방법 등에 관한 기준을 고시할 수 있다.

제10조의8: 차임연체와 해지

임차인의 차임연체액이 3기의 차임액에 달하는 때에는 임대인은 계약을 해지할 수 있다.

제10조의9: 계약 갱신요구 등에 관한 임시 특례

임차인이 이 법(법률 제17490호 상가건물 임대차보호법 일부개정법률을 말한다) 시행일부터 6개월까지의 기간 동안 연체한 차임액은 제10조제1항제1호, 제10조의4제1항 단서 및 제10조의8의 적용에 있어서는 차임연체액으로 보지 아니한다. 이 경우 연체한 차임액에 대한 임대인의 그 밖의 권리는 영향을 받지 아니한다.

제11조: 차임 등의 증감청구권

① 차임 또는 보증금이 임차건물에 관한 조세, 공과금, 그 밖의 부담의 증감이나 「감염병의 예방 및 관리에 관한 법률」 제2조제2호에 따른 제1급감염병 등에 의한 경제사정의 변동으로 인하여 상당하지 아니하게 된 경우에는 당사자는 장래의 차임 또는 보증금에 대하여 증감을 청구할 수 있다. 그러나 증액의 경우에는 대통령령으로 정하는 기준에 따른 비율을 초과하지 못한다.

② 제1항에 따른 증액 청구는 임대차계약 또는 약정한 차임 등의 증액이 있은 후 1년 이내에는 하지 못한다.

③ 「감염병의 예방 및 관리에 관한 법률」 제2조제2호에 따른 제1급감염병에 의한 경제사정의 변동으로 차임 등이 감액된 후 임대인이 제1항에 따라 증액을 청구하는 경우에는 증액된 차임 등이 감액 전 차임 등의 금액에 달할 때까지는 같은 항 단서를 적용하지 아니한다.

> **시행령**
>
> **제4조(차임 등 증액청구의 기준)** 법 제11조제1항의 규정에 의한 차임 또는 보증금의 증액청구는 청구당시의 차임 또는 보증금의 100분의 5의 금액을 초과하지 못한다.

제12조: 월 차임 전환 시 산정률의 제한

보증금의 전부 또는 일부를 월 단위의 차임으로 전환하는 경우에는 그 전환되는 금액에 다음 각 호 중 낮은 비율을 곱한 월 차임의 범위를 초과할 수 없다.

1. 「은행법」에 따른 은행의 대출금리 및 해당 지역의 경제 여건 등을 고려하여 대통령령으로 정하는 비율
2. 한국은행에서 공시한 기준금리에 대통령령으로 정하는 배수를 곱한 비율

> **시행령**
>
> **제5조(월차임 전환 시 산정률)** ① 법 제12조제1호에서 "대통령령으로 정하는 비율"이란 연 1할2푼을 말한다.
>
> ② 법 제12조제2호에서 "대통령령으로 정하는 배수"란 4.5배를 말한다.

제14조: 보증금 중 일정액의 보호

① 임차인은 보증금 중 일정액을 다른 담보물권자보다 우선하여 변제받을 권리가 있다. 이 경우 임차인은 건물에 대한 경매신청의 등기 전에 제3조제1항의 요건을 갖추어야 한다.

② 제1항의 경우에 제5조제4항부터 제6항까지의 규정을 준용한다.

③ 제1항에 따라 우선변제를 받을 임차인 및 보증금 중 일정액의 범위와 기준은 임대건물가액(임대인 소유의 대지가액을 포함한다)의 2분의 1 범위에서 해당 지역의 경제 여건, 보증금 및 차임 등을 고려하여 제14조의2에 따른 상가건물임대차위원회의 심의를 거쳐 대통령령으로 정한다.

시행령

제6조(우선변제를 받을 임차인의 범위) 법 제14조의 규정에 의하여 우선변제를 받을 임차인은 보증금과 차임이 있는 경우 법 제2조제2항의 규정에 의하여 환산한 금액의 합계가 다음 각호의 구분에 의한 금액 이하인 임차인으로 한다.

1. 서울특별시 : 6천500만원

2. 「수도권정비계획법」에 따른 과밀억제권역(서울특별시는 제외한다): 5천500만원

3. 광역시(「수도권정비계획법」에 따른 과밀억제권역에 포함된 지역과 군지역은 제외한다), 안산시, 용인시, 김포시 및 광주시: 3천8백만원

4. 그 밖의 지역 : 3천만원

제7조(우선변제를 받을 보증금의 범위 등) ①법 제14조의 규정에 의하여 우선변제를 받을 보증금중 일정액의 범위는 다음 각호의 구분에 의한 금액 이하로 한다.

1. 서울특별시 : 2천200만원

2. 「수도권정비계획법」에 따른 과밀억제권역(서울특별시는 제외한다): 1천900만원

3. 광역시(「수도권정비계획법」에 따른 과밀억제권역에 포함된 지역과 군지역은 제외한다), 안산시, 용인시, 김포시 및 광주시: 1천300만원

4. 그 밖의 지역 : 1천만원

② 임차인의 보증금중 일정액이 상가건물의 가액의 2분의 1을 초과하는 경우에는 상가건물의 가액의 2분의 1에 해당하는 금액에 한하여 우선변제권이 있다.

③ 하나의 상가건물에 임차인이 2인 이상이고, 그 각 보증금중 일정액의 합산액이 상가건물의 가액의 2분의 1을 초과하는 경우에는 그 각 보증금중 일정액의 합산액에 대한 각 임차인의 보증금중 일정액의 비율로 그 상가건물의 가액의 2분의 1에 해당하는 금액을 분할한 금액을 각 임차인의 보증금중 일정액으로 본다.

제14조의2: 상가건물임대차위원회

① 상가건물 임대차에 관한 다음 각 호의 사항을 심의하기 위하여 법무부에 상가건물임대차위원회(이하 "위원회"라 한다)를 둔다.

    1. 제2조제1항 단서에 따른 보증금액

    2. 제14조에 따라 우선변제를 받을 임차인 및 보증금 중 일정액의 범위와 기준

② 위원회는 위원장 1명을 포함한 10명 이상 15명 이하의 위원으로 성별을 고려하여 구성한다.

③ 위원회의 위원장은 법무부차관이 된다.

④ 위원회의 위원은 다음 각 호의 어느 하나에 해당하는 사람 중에서 위원장이 임명하거나 위촉하되, 제1호부터 제6호까지에 해당하는 위원을 각각 1명 이상 임명하거나 위촉하여야 하고, 위원 중 2분의 1 이상은 제1호ㆍ제2호 또는 제7호에 해당하는 사람을 위촉하여야 한다.

    1. 법학ㆍ경제학 또는 부동산학 등을 전공하고 상가건물 임대차 관련 전문지식을 갖춘 사람으로서 공인된 연구기관에서 조교수 이상 또는 이에 상당하는 직에 5년 이상 재직한 사람

    2. 변호사ㆍ감정평가사ㆍ공인회계사ㆍ세무사 또는 공인중개사로서 5년 이상 해당 분야에서 종사하고 상가건물 임대차 관련 업무경험이 풍부한 사람

    3. 기획재정부에서 물가 관련 업무를 담당하는 고위공무원단에 속하는 공무원

    4. 법무부에서 상가건물 임대차 관련 업무를 담당하는 고위공무원단에 속하는 공무원(이에 상당하는 특정직공무원을 포함한다)

    5. 국토교통부에서 상가건물 임대차 관련 업무를 담당하는 고위공무원단에 속하는 공무원

    6. 중소벤처기업부에서 소상공인 관련 업무를 담당하는 고위공무원단에 속하는 공무원

    7. 그 밖에 상가건물 임대차 관련 학식과 경험이 풍부한 사람으로서 대통령령으로 정하는 사람

⑤ 그 밖에 위원회의 구성 및 운영 등에 필요한 사항은 대통령령으로 정한다.

시행령

제7조의2(상가건물임대차위원회의 구성) 법 제14조의2제4항제7호에서 "대통령령으로 정하는 사람"이란 다음 각 호의 어느 하나에 해당하는 사람을 말한다.

1. 특별시 · 광역시 · 특별자치시 · 도 및 특별자치도(이하 "시 · 도"라 한다)에서 상가건물 정책 또는 부동산 관련 업무를 담당하는 주무부서의 실 · 국장

2. 법무사로서 5년 이상 해당 분야에서 종사하고 상가건물 임대차 관련 업무 경험이 풍부한 사람

제7조의6(위원회의 회의) ① 위원회의 회의는 매년 1회 개최되는 정기회의와 위원장이 필요하다고 인정하거나 위원 3분의 1 이상이 요구하는 경우에 개최되는 임시회의로 구분하여 운영한다.

② 위원장은 위원회의 회의를 소집하고, 그 의장이 된다.

③ 위원회의 회의는 재적위원 과반수의 출석으로 개의하고, 출석위원 과반수의 찬성으로 의결한다.

④ 위원회의 회의는 비공개로 한다.

⑤ 위원장은 위원이 아닌 사람을 회의에 참석하게 하여 의견을 듣거나 관계 기관 · 단체 등에 필요한 자료, 의견 제출 등 협조를 요청할 수 있다.

제7조의7(실무위원회) ① 위원회에서 심의할 안건의 협의를 효율적으로 지원하기 위하여 위원회에 실무위원회를 둔다.

② 실무위원회는 다음 각 호의 사항을 협의 · 조정한다.

1. 심의안건 및 이와 관련하여 위원회가 위임한 사항

2. 그 밖에 위원장 및 위원이 실무협의를 요구하는 사항

③ 실무위원회의 위원장은 위원회의 간사가 되고, 실무위원회의 위원은 다음 각 호의 사람 중에서 그 소속기관의 장이 지명하는 사람으로 한다.

1. 기획재정부에서 물가 관련 업무를 담당하는 5급 이상의 국가공무원

2. 법무부에서 상가건물 임대차 관련 업무를 담당하는 5급 이상의 국가공무원

3. 국토교통부에서 상가건물 임대차 관련 업무를 담당하는 5급 이상의 국가공무원

4. 중소벤처기업부에서 소상공인 관련 업무를 담당하는 5급 이상의 국가공무원

5. 시 · 도에서 소상공인 또는 민생경제 관련 업무를 담당하는 5급 이상의 지방공무원

제7조의8(전문위원) ① 위원회의 심의사항에 관한 전문적인 조사 · 연구업무를 수행하기 위하여 5명 이내의 전문위원을 둘 수 있다.

② 전문위원은 법학, 경제학 또는 부동산학 등에 학식과 경험을 갖춘 사람 중에서 법무부장관이 위촉하고, 임기는 2년으로 한다.

제20조: 상가건물임대차분쟁조정위원회

① 이 법의 적용을 받는 상가건물 임대차와 관련된 분쟁을 심의·조정하기 위하여 대통령령으로 정하는 바에 따라 「법률구조법」 제8조에 따른 대한법률구조공단의 지부, 「한국토지주택공사법」에 따른 한국토지주택공사의 지사 또는 사무소 및 「한국감정원법」에 따른 한국감정원의 지사 또는 사무소에 상가건물임대차분쟁조정위원회(이하 "조정위원회"라 한다)를 둔다. 특별시·광역시·특별자치시·도 및 특별자치도는 그 지방자치단체의 실정을 고려하여 조정위원회를 둘 수 있다.

② 조정위원회는 다음 각 호의 사항을 심의·조정한다.

　　1. 차임 또는 보증금의 증감에 관한 분쟁

　　2. 임대차 기간에 관한 분쟁

　　3. 보증금 또는 임차상가건물의 반환에 관한 분쟁

　　4. 임차상가건물의 유지·수선 의무에 관한 분쟁

　　5. 권리금에 관한 분쟁

　　6. 그 밖에 대통령령으로 정하는 상가건물 임대차에 관한 분쟁

③ 조정위원회의 사무를 처리하기 위하여 조정위원회에 사무국을 두고, 사무국의 조직 및 인력 등에 필요한 사항은 대통령령으로 정한다.

④ 사무국의 조정위원회 업무담당자는 「주택임대차보호법」 제14조에 따른 주택임대차분쟁조정위원회 사무국의 업무를 제외하고 다른 직위의 업무를 겸직하여서는 아니 된다.

제21조: 주택임대차분쟁조정위원회 준용

조정위원회에 대하여는 이 법에 규정한 사항 외에는 주택임대차분쟁조정위원회에 관한 「주택임대차보호법」 제14조부터 제29조까지의 규정을 준용한다. 이 경우 "주택임대차분쟁조정위원회"는 "상가건물임대차분쟁조정위원회"로 본다.

커피바리스타 이론서

2025년 08월 22일 9판 인쇄일
2021년 05월 14일 발행일

지은이 최종대 · 김영아 · 임은정 · 곽봉준 공저
펴낸이 김미아
인쇄처 ㈜아이엠애드

펴낸곳 돌샘 **한수북스**
출판등록 제303-2003-000031호
주소 서울 성동구 왕십리로 311-1
전화 02.2281.8013
누리집 www.hansoo.or.kr
ISBN 979-11-85174-58-7